新文科·数字经济系列教材

数字经济学

王永进 编著

中国教育出版传媒集团
高等教育出版社·北京

内容简介

本书系统地对数字经济的基本概念、运行特征、运作规律及应用进行了介绍。全书共十三章，编写过程坚持从浅入深、由表及里的阐述逻辑，系统讲述数字经济学的基本概念、基本原理以及其在产业组织、经济增长、国际贸易、区域与城市经济学、劳动经济学、产权经济学、媒体经济学和货币经济学等领域中的应用。

本书在内容选择上坚持基础与前沿兼顾，力图以深入浅出的语言反映该领域的最新进展；理论与应用相结合，全面展示数字经济学在经济学各个分支领域的应用；力求创新，在介绍数字经济研究前沿进展基础上，对于一些开放性问题提出了自己的思考。本书在行文风格上，采用故事演绎与逻辑推理相结合，以古今中外的典故引出问题，然后以严谨的数学语言对经济活动进行严格证明；立足中国特色，透过中国传统文化诠释数字经济学的核心概念并展示其理论洞穿力。本书设置有丰富的即测即评习题和思考题帮助学生增进对教材内容的理解。

本书既可作为高等学校数字经济学专业本科生和研究生的教材，也可供理论研究者和实际工作者参阅。

图书在版编目（CIP）数据

数字经济学 / 王永进编著. -- 北京 : 高等教育出版社, 2023. 4

ISBN 978-7-04-059604-5

Ⅰ. ①数… Ⅱ. ①王… Ⅲ. ①信息经济学-高等学校-教材 Ⅳ. ①F49

中国国家版本馆 CIP 数据核字(2023)第 008190 号

数字经济学
Shuzi Jingjixue

策划编辑 赵　鹏　　责任编辑 付雅楠　　封面设计 姜　磊　　版式设计 杨　树
责任绘图 黄云燕　　责任校对 刘娟娟　　责任印制 田　甜

出版发行 高等教育出版社
社　　址 北京市西城区德外大街 4 号
邮政编码 100120
印　　刷 北京鑫海金澳胶印有限公司
开　　本 787 mm×1092 mm　1/16
印　　张 20. 25
字　　数 430 千字
购书热线 010-58581118
咨询电话 400-810-0598
网　　址 http://www.hep.edu.cn
　　　　 http://www.hep.com.cn
网上订购 http://www.hepmall.com.cn
　　　　 http://www.hepmall.com
　　　　 http://www.hepmall.cn
版　　次 2023 年 4 月第 1 版
印　　次 2023 年 4 月第 1 次印刷
定　　价 54. 00 元

物 料 号 59604-00

前　言

“在那里，心是无畏的，头也抬得高昂；在那里，知识是自由的……”

——泰戈尔《吉檀迦利》

一、数字经济学与“新”理论

经济学是关于人如何做选择的学科。数字经济学则是研究数字技术如何影响人们选择行为的学科。随着互联网、大数据、人工智能和机器学习日新月异的发展，人们的消费、生产和生活正在经历着深刻的改变。微信、QQ 和电子邮件部分替代了面对面交流，人们足不出户而只需要轻松一点就能选购到自己满意的产品和了解天下信息，越来越多的工作正在被机器人替代，存储、计算和传输技术的进步使得数据成为关键生产要素……数字技术不仅带来了新的产品、生产要素和商业模式，而且改变了人们的消费、工作和生活方式。

那么，以互联网、大数据、人工智能、机器学习为核心的数字技术革命能否带来经济理论的革新呢？ 对此，一个误区是，在数字经济时代经济学的基本原理已经不再适用了。这种观点就如同是看到鸟在天上飞就否认万有引力定律一样，显然是站不住脚的。我们相信，“在局限条件下的趋利避害”依然是人们行为选择的基本法则。新的理论并不是对经济学基本法则的否定，而是经济学基本法则在新场景下的应用而已。正所谓，“日光之下，并无新事”，改变的只是局限条件，而不是基本原则。另一个误区则是认为新的理论只能解释新现象。这个误区实际上是忽略了“理论”的一般性这一基本属性。好的理论不仅要能够解释个例，同时也要具有一般性。新的理论当然需要解释新现象，但如果只能解释新现象，却没有一般性，就算不得是好的理论。因此，每一次新理论的诞生都为人们认识世界（包括新现象和老问题）提供新的视角和方法，而每一次观察角度的转变都使得人们对世界的认识达到前所未有的境界。

例如，通常人们认为，“外部性理论”是由马歇尔在《经济学原理》(1890 年)和庇古在《福利经济学》(1920 年)中提出的，并被科斯在 1960 年《社会成本问题》一文中发扬光大。实际上，外部性问题是自古就有的。唐代诗人李白“不敢高声语，恐惊天上人”的诗句正是在讲“负外部性”；而法国数学家、经济学家和哲学家安东尼・奥古斯丁・古诺在《关于财富理论之数学原则的研究》(1838 年)中对寡头市场模型的数学证明，也蕴含“外部性”的思想。当我们理解了李白的诗句与古诺模型的思想后便不难发现，外部性理论其实可以解释历史上的很多事件。而这些事件在“外部性理论”提出之前就已经存在了。例如，南宋末年，虽然岳飞曾多次有机会把金兵彻底击退，并迎回徽、钦二帝，但是为什么宋高宗赵构并未支持岳飞这么做，而是偏信秦桧的一家之言，连续发出十二道金牌召回岳飞呢？ 从外部性的角度来看，宋高宗这么做是完全可以理解的：破金兵，迎回徽、钦二帝虽然对宋朝整体有利，但代价是宋高宗个人皇位不保。当某种物品或服务对社会产生正向外部性，而成本由私人承担时，这种物品或服务的提供就会低于社会最优水平，这正是“外部性理论”的核心结论。

再举一个产权经济学应用的例子。武侠小说《倚天屠龙记》中称，江湖中流传着一句口号：“武林至尊，宝刀屠龙，号令天下，莫敢不从！ 倚天不出，谁与争锋？”但是，纵观整部小说不难发现，整个江湖似乎都在争夺“屠龙刀”而不是“倚天剑”。这是为什么呢？ 从产权归属来看，倚天剑和屠龙刀同为郭靖和黄蓉所铸，倚天剑传给了郭襄，屠龙刀则传给了郭破虏。后来，郭襄创立峨眉派，倚天剑也由峨眉派掌门继承。因此，倚天剑的产权归属是清晰的。与之不同的是，在襄阳城破之日，郭破虏与父母同时殉难，屠龙刀遂流入江湖。因此，屠龙刀的产权界定是不清晰的，谁抢到就是谁的。对于无主之物，整个江湖为之争得头破血流也就不足为怪了。再者，从成本收益的角度来看，屠龙刀的持有者谢逊，杀人无数，人人得而诛之，争夺屠龙刀的成本较低。而一旦成功，就可以“号令天下，莫敢不从”。但抢夺倚天剑不仅会违背江湖道义，而且意味着要与峨眉派甚至武当派为敌，毕竟武当派和峨眉派的交情可以追溯到创派伊始。经济学理论一般性的穿透力由此可见一斑。

鉴于此，数字经济“新理论”不仅能够帮助我们理解数字经济时代的特有现象，而且可以加深我们对其他经济和社会现象的认识。例如，当产品具有“网络效应”属性时，企业可以通过采用不同的产品标准来抢夺市场。但如果两家企业的客户基础接近而兼容成本较低，选择“兼容”的产品标准会更加明智。如果我们把“兼容”与家庭稳定相类比，那么该命题所引申出来的推论是：“门当户对”和“夫（妇）唱妇（夫）随”有助于实现家庭的稳定。具体地，在家庭中，夫妻双方组成家庭后，两个家庭的资源可以相互共享。但作为代价，双方必须相敬如宾、相互包容，家庭才会更加稳定。“门当户对”意味着两个家庭拥有的社会资源相当，从而一方会更愿意与对方分享资源；“夫（妇）唱妇（夫）随”则意味着双方相互兼容，可以显著降低协调成本，从而使家庭结构更加稳定。这就是中国传统文化价值观背后所蕴藏的经济学逻辑。综上所述，虽然“网络效应理论”是由于数字产品变得更加重要而被提出的，但是，该理论不仅能够用来研究网络企业的竞争行为，也同样可以用来分析其他经济和社会问题。

因此，卓越的经济学家就如同高明的医生，既要理解个别事物，也必须认识普遍事理；既要知其然，也要知其所以然。不知其所以然者，不能教授别人，知识难以累积，用经济学的语言来说就是无法实现规模报酬递增。反之，如果只知道普遍规律而忽略个别事物，理论就变得无用。

二、学习理论的方法

在经济学里，当我们提到“某理论”，通常指的是某一个数学模型。尽管理论的集合要包含经济学模型，然而，文字表达的理论常常由于晦涩难懂而容易引发争论，不便于知识传播和积累。而以数学符号表达的理论则由于“假设清晰、逻辑自洽”大大方便了人们的交流，因而成为表达理论内涵的主要方式。故此，数学好的人在学习现代经济学理论时具有某种先天优势。但是，这并不是说数学好就一定能成为好的经济学家。要学好经济学理论，能够进行数学推导和证明只是完成了第一步。除此之外，还需要理解每一个公式和结论背后的经济学含义，进而参透每个结论背后的关键假设。表面上看起来，很多理论的关键结论都是通过数学推导证明出来的。然而，真实的情况并非如此。多数经济学理论其实是先有结论而后有数学推导，数学证明只不过是为了更加清晰地展示理论的内容。

2008 年诺贝尔经济学奖得主保罗 · 克鲁格曼（Paul Krugman）为我们提供了一个好的例证。克鲁格曼是一个公认的理论天才，他同时在国际贸易、经济地理、汇率和国际金融危机等领域做出了卓越的贡献，其对复杂问题进行简化的能力令人叹为观止。据说，克鲁格曼在提出“汇率目标区理论”①时，首先把所有的结论都写了下来，后来为了把其脑海中的逻辑机制展示给期刊的编辑和读者，他不得不去学习了随机分析这门课。令人感到惊讶的是，在用随机分析进行推导之后，一开始写下的所有结论和图表竟然不需要做任何修改，二者严丝合缝、毫厘不差。

另外一个典故，同样也是关于保罗·克鲁格曼的。传闻，为了完成《空间经济：城市、区域与国际贸易》这本新经济地理学的奠基之作，当时在伦敦经济学院担任教职的维纳布尔斯（Anthony J. Venables）特意把克鲁格曼和另一名合作者藤田昌久（Masahisa Fujita）请到伦敦经济学院访问。克鲁格曼的主要工作是每天早上在黑板上把结论写下来，等到夜幕降临的时候再回来“检查”工作完成没有。而维纳布尔斯和藤田昌久则负责证明和演算。

无独有偶，2016 年诺贝尔经济学奖得主奥利弗·哈特（Oliver Hart）也是一位拥有敏锐经济学直觉的一流高手。虽然是数学专业出身，但哈特的每篇论文总是先用故事和例子把理论要表达的核心思想讲述出来，接下来才是引入复杂的数学模型。

通过上面的两个案例，我们可以看到优秀的经济学论文的创作过程，但要真正理解每一个理论模型却不是一件简单的事。究其原因，学习理论实际上是一个“逆向工程”，而作者并不会把理论创作的所有过程全盘托出。我们或许不难理解数学推导的每一个步骤，再费些工夫也能搞清楚每个结论的经济学含义，但复现论文的创造过程绝不是一件容易的事。如克鲁格曼这样的学者天分太高，不会把论文的每一句话都掰开揉碎了仔细讲明白，或者会假设普通读者可以理解其所要表达的内容。甚至有时候，数学证明与文字表述也不一致。初学者若照样学样，很可能画虎不成反类犬。还有一类论文虽然发表在顶级期刊上，却不够深入浅出，使读者读起来一头雾水。很多时候，读者自以为数学推导已经学会，就假装读明白了，其实不过是自欺欺人罢了。按照这样的方式读论文，论文阅读越多，脑子也越糊涂，有害无益。

在阅读本书时，建议读者带着如下问题来学习每一个理论模型：对于每一个公式，能否讲出其背后的经济学逻辑（直觉）？每个结论背后的关键假设是什么？ 如果修改某一个假定，结论会如何变化？ 如何对理论进行简化？ 该理论的预测是否与现实

① 该文名为“Target Zones and Exchange Rate Dynamics”，于 1991 年发表于 Quarterly Journal of Economics。

一致？如此举一反三，终能把书读薄、读透，方可达到“运用之妙，存乎于心”的境界。其实，上述法则，并非只对经济学适用，对于理工科而言也是如此。

因此，在进行理论学习的过程中，切忌浅尝辄止，只关注数学推导而忽略经济学内容，总要如“孔子学琴”般“三月不知肉味”，直至洞彻理论模型的精髓。据《孔子家语·辩乐解第三十五》记载，孔子学习弹琴经历了“得其数、得其志和得其为人”三个阶段。所谓“得其数”，指的是演奏技法的熟练；所谓“得其志”，指的是对音乐思想情感的领悟；所谓“得其为人”则是指超越乐曲本身的意趣，由作品内联想到作品外，达到与作者的高度共鸣。

与“孔子学琴”的三阶段相类比，读理论文献也存在“得其数、得其志和得其为人”三重境界。第一重境界是“得其数”，是指学习文章建模技巧和实证方法；第二重境界是“得其志”，是指理解模型背后的经济学含义，并把握文章论证过程；第三重境界是“得其为人”，是指参透作者写文章的动机，以及写文章所试图隐藏或不处理的问题，体会作者为什么要这么处理，而不是那样处理，思考文章存在哪些不足之处。孟子说：“颂其诗，读其书，不知其人，可乎？”①就是说，读一个人的作品，如果不知道他的时代和为人，你怎么能够明白他的作品呢？因此，在该阶段，可以追溯某位学者所有作品，或对该领域的所有相关文献进行扩展阅读，或与现实问题相对照。书读到这个阶段，虽然未曾见过作者，但思想会与作者在某个地方相遇。这种奇妙体验，只能意会而不可言传。

三、本书的内容

本书分为三大部分：第一部分从五个方面介绍数字经济的核心特征，即消费者搜寻模式、网络效应、声誉效应、明星效应和长尾效应。第二部分则重点考察数字经济的运行模式及新业态，包括平台和双边市场、数字贸易、媒体经济学以及劳动力市场。第三部分介绍数字经济的驱动要素，包括人工智能与机器人、数字货币与区块链、大数据的经济学分析三个方面。

与已有教材相比，本书具有以下特点：

第一，**涵盖面广**。目前市面上虽然已经有一些与数字经济学相关的著作，但这些著作大多是讨论数字经济的某个方面，比如

---

① 出自《孟子·万章下》。

有的侧重介绍信息产品或平台经济，有的着重介绍数字货币。与之相比，本书内容涵盖了搜寻理论、网络经济、声誉和信息、人工智能、大数据、数字货币、跨境电商、平台经济与数字媒体等诸多内容，并从消费者、企业、劳动力市场和宏观经济增长等方面全方位介绍数字技术的影响。

第二，**理论性强**。从个别现象上升到一般规律是实现知识积累的关键。如凯恩斯所指出的，卓越的经济学家就如同高明的医生，既要理解个别事物，也必须认识普遍事理。然而，目前关于数字经济的书籍，介绍个别现象的多，讲一般规律的少。与之不同的是，本书侧重探讨个别现象背后的一般性规律。

第三，**贴近前沿**。数字经济作为新兴现象，很多相关理论并未形成体系吸纳进教材。为此，本书在写作过程中吸收了最新的前沿研究成果，并力求用最简洁的语言把问题讲清楚。

第四，**深入浅出**。本书写作的基本原则是（模型）简洁、（意思）信达和（证明）严格。为了便于读者理解理论的核心思想，本书力求在忠于原文（此谓“信达”）的前提下，用最“简洁”的模型把理论“严格”证明出来。

在书稿付梓之时，编者要感谢南开大学的多位本科生、硕士生和博士生，他们负责本书的资料整理工作。本书能够在这么短的时间内出版，与他们的辛苦付出是分不开的。具体分工如下（按拼音排序）：

陈菲（第四章“声誉效应”）、戴萌萌（第九章“媒体经济学”第三节）、冯笑（第八章“数字贸易”第二节）、苏韧（第九章“媒体经济学”第二节）、孙竹维雪（第三章“网络效应”）、邱金元（第七章“平台与双边市场”）、王妮妮、王文斌（第五章“明星效应”；第六章“长尾效应”）、谢芳（第十二章“数字货币与区块链”；第十三章“大数据的经济学分析”）、颜茜楠（第九章“媒体经济学”第一节）、殷亚洁（第十一章“人工智能与机器人”）、张嘉宇（第二章“消费者搜寻模式”）、张书维（第十章“数字经济与劳动力市场”）、朱柿颖（第一章“绪论”第一、二节；第八章“数字贸易”第一节；第十章“数字经济与劳动力市场”第一节）。

在书稿完成后，博士生陈菲、刘卉、刘玉莹、朱柿颖、冯笑、李宁宁、王文斌、谢芳、杨璐帮助笔者进行了书稿校对工作，在此表示感谢。

特别感谢高等教育出版社赵鹏和付雅楠编辑，他们的认真编辑对于本书出版意义重大，也感谢高等教育出版社各位领导对本书出版的支持。另外，如果没有南开大学经济学院诸位领导和老师的支持，本书也是不可能出版的。南开大学国际经济贸易系一直以来都有紧跟国家重大战略和经济学前沿的传统。面对新一轮科技革命，南开大学国际经济贸易系成立了“数字经济与贸易”特色班并于 2020 年正式招收第一届学生。在筹备特色班的过程中，我们意识到，数字经济专业人才的培养急需数字经济学教材。必须承认的是，数字技术以及其对人类社会的影响仍在继续，相关的研究更是方兴未艾。在这样的时间节点写教材既费力也有些冒险，因为最好的史书往往产生于一件事情完成之后和下一个新的阶段到来之前。然而，时不我待，为了给南开大学“数字经济与贸易”特色班的同学们准备上课讲义，我还是毅然决然地承担起这项工作。特别感谢佟家栋教授和盛斌教授在本书出版过程中给予的关心和帮助。

本书既可以作为高年级本科生和研究生的数字经济学教材，也适合对数字经济感兴趣的研究人员作为参考资料。本书各章在内容安排上是独立和完整的，因此，读者在阅读本书的过程中不需要从第一章开始按照顺序进行。对数学公式和技术细节不感兴趣的读者完全可以略过数学证明的部分。

笔者虽然希望尽可能地覆盖更多、更新的内容，但限于个人能力和精力，挂一漏万在所难免。恳请各位读者批评指正！

南开大学经济学院　王永进
2022 年 12 月

谨以此诗献给追求真理的人们：

星　空

当我从外太空俯瞰地面夜晚的灯，
当我在地球上仰望星空。
物理学家问星辰为何如此陈列，
经济学家问国家因何而衰荣。
不同的学科，相似的追寻。
谁都无法逃离这伟大的法则，
在内心深处留下久久不能远去的回声。
我多想唱诗来赞美，
你是否也不约而同。
来吧，放下成见。
来吧，勇敢追寻。
不要害怕失去什么，
我们本是那匆匆的过客，
留给世界的只有背影。

目　录

第二部分 数字经济的运行模式

第三部分 数字经济的驱动要素

第一章

绪论

“经济学大师……能够深谙个例又洞悉一般，他必须为了未来、立足历史来研究现在。”

——约翰·梅纳德·凯恩斯《阿尔弗雷德·马歇尔：1842—1924》

数字技术是数字经济产生的根源。数字技术对经济学的影响体现在两个方面：其一，在数字经济时代，新要素、新产品和新商业模式的出现为经济学研究提供了新的研究对象；其二，数字技术改变了经济学的研究方法，如机器学习方法、文本分析，这为我们开展经济学研究提供了新的研究工具和数据。本书所讲的数字经济学，涉及的是前者，主要是研究数字经济的运行规律。

本章结构安排如下：第一节就数字技术的核心概念（包括人工智能、机器学习、大数据）进行介绍和辨析；第二节，介绍数字经济分类和统计方法，使得我们对数字经济的内涵有直观的认识；第三节介绍数字经济学这门学科的主要内容。

第一节　数 字 技 术

数字技术是在产品、服务和工具中嵌入或使用的信息通信技术的总称（Hollis 等）。数字技术的范围较广，代表性的数字技术主要包括人工智能、机器学习、大数据、信息通信基础设施、物联网以及机器人和传感器组件等。下文分别选取具有代表性的人工智能、机器学习、大数据以及信息通信基础设施等数字技术进行介绍。

一、人工智能

《人工智能标准化白皮书（2018 版）》将人工智能（artificial intelligence，AI）定义为利用数字计算机或者数字计算机控制的机器模拟、延伸和扩展人类的智能，感知环境、获取知识并使用知识获得最佳结果的理论、方法、技术和应用系统。

当前，人工智能的应用主要包括自然语言处理、专家系统、视觉系统、手写识别等。随着人工智能不断升级,其正在加速向工业、医疗、出行等居民工作与生活的方方面面渗透。

从劳动力就业的角度,人工智能会对劳动者的就业机会产生正、反两方面的影响。一方面,人工智能会取代从事低技能工作的劳动者。工人学习新技能需要花费时间与精力,因此,在短期内人工智能会降低就业率。麦肯锡咨询公司指出,现阶段大约一半的生产活动能够被人工智能替代以实现自动化生产。另一方面,人工智能的应用能够在新的行业创造新的就业机会,并且为被自动化取代的工人和具备更高技能的劳动者提供岗位。

二、机器学习

机器学习(machine learning,ML)是人工智能的核心。机器学习可以从任务 T、性能度量 P 和经验 E 三个方面来界定。如果一个计算机程序在任务 T 上以性能度量 P 衡量的性能随着经验 E 而自我完善,那么我们称这个计算机程序在从经验 E 中学习(Mitchell,1997)。与传统的编写规则不同,机器学习是通过一套特定的算法,使得机器从数据中挖掘意义,并为机器赋予学习的能力,从而使得机器能够基于采样数据以识别并解决不同问题。

研究发现,机器学习会通过提高预测的准确性优化企业内部的工作与管理流程。一是在运用人工智能减少企业重复性工作的基础上,机器学习能够发现关键问题,并提出解决方案,使得劳动者能够更有效地完成工作。二是运用类似机器学习的新兴数字技术,有效降低预测中存在的误差,提高准确性。三是通过机器学习,增强机器的识别与解决问题的能力,以进一步优化企业内部的管理流程和不同部门的任务对接(Chase,2019)。

机器学习与人工智能的区别:机器学习是一种分析工具,主要是基于过去的数据来预测未来。与之不同的是,人工智能则可以解决人类过去所不能解决的复杂问题。这并不是贬低机器学习的作用。实际上,人工智能在很多领域的应用是靠机器学习驱动的。例如,自动驾驶车辆是建立在机器学习的数据收集、分析和预测的基础之上的。

三、大数据

自 1980 年阿尔文·托夫勒(Alvin Toffler)首次提出"大数据"(big data)的概念,之后的学者也意识到提升数据处理技术的重要意义。大数据是指一种规模大到在获取、存储、管理、分析方面大大超出传统数据库软件工具能力范围的数据集合。IBM 公司将大数据的特征总结为"5V",即 volume(数据量大)、velocity(增长与处理速度快)、variety(种类和来源多样)、value(低价值密度)、veracity(数据准确性)。

随着数字化与信息化技术的发展,大数据在经济发展中扮演着愈发重要的角色。第一,大数据为不同主体提供具有针对性的高质量数据,提高数据信息的准确性,并保证数据的时效性与透明度。第二,在生产与流通的过程中,大数据逐渐成为核心的生产要素,这不仅丰富了要素的供给,并且使得在生产和交易的过程中,产生、处理、分析数据能够创造附加价值。

然而，由于大数据容量大，存储和计算的压力大，且价值密度低，对机器算法的要求较高，普通决策者很难运用复杂的数据处理算法处理数据，因此大数据的价值很难被完全挖掘出来。

四、信息通信基础设施

信息通信基础设施是指实施和运营通信服务系统和网络，以及支持应用程序、数字内容和电子商务所需的设备和软件(Mind Commerce,2020)。从国家的角度来看，信息通信基础设施是一国信息化建设的基础力量，建立统一、现代化且满足数字经济要求的信息通信基础设施是提高国家竞争力的关键任务。从居民的角度来看，信息通信基础设施也是保障居民生产和生活基本设施的重要组成部分。

信息通信基础设施会通过降低成本、提高企业创新能力、开拓进入市场的渠道，促进一国经济的发展。

可以发现，人工智能与机器学习、大数据与信息通信基础设施、人工智能与大数据等数字技术相辅相成。其中，机器学习是人工智能的核心，人工智能主要通过机器学习优化数据处理算法，提升数据分析技术。大数据对数据的传输和储存要求较高，而建立一个信息通信基础设施为决策者收集高质量数据、获取即时性信息奠定了坚实的基础。当企业需要创建或使用人工智能时，只有基于输入的大数据，人工智能算法才能发挥职能。

第二节 数字经济分类和统计

不同国家的官方机构与学者，或是世界组织机构对数字经济的界定存在一定的差异性。本节介绍数字经济分类和统计的常见方法。

一、数字经济的分类

根据 Bukht 和 Heeks(2018)的研究，数字经济包括三个层次的内容。第一层为核心层，是指硬件制造、信息服务、电信等数字(IT/ICT)部门(digital sector)；第二层为窄口径，是指包括平台经济和数字服务在内的数字经济领域(digital economy)；第三层为宽口径，主要是将电子商务、工业 4.0 包括在内的数字化经济领域(digitalised economy)。类似地，美国经济分析局(BEA)也把数字经济分为三类：一是计算机网络存在和运行所需的“数字基础设施”；二是“电子商务”；三是数字经济用户创建和访问的“内容数字媒体”(Barefoot 等,2018)。

近年来，我国的研究机构对数字经济的分类进行尝试性研究。例如，中国信息化百人会依据数字技术与其他领域的融合程度,将数字经济划分为基础型数字经济、融合型数字经济、效率型数字经济、新生型数字经济和福利型数字经济五种类型。第一,传统的信息产业构成了基础型数字经济,基础型数字经济是数字经济的内核;第二,融合型数字经济是将信息采集、传输、存储、处理等信息设备不断融入传统产业的生产、销售、流通、服务等各个环节;第三,效率型数字经济主要是将数字技术运用于传统产业,促进提升全要素生产率并进一步提高产出增长份额;第四,数字经济的发展不断推动新技术、新产品、新业态的出现,这就产生了新生型数字经济;第五,福利型数字经济是指数字技术为消费者剩余和社会福利带来正的外部效应的数字经济。

根据2021年国家统计局发布的《数字经济及其核心产业统计分类(2021)》,数字经济是指以数据资源作为关键生产要素、以现代信息网络作为重要载体、以信息通信技术的有效使用作为效率提升和经济结构优化的重要推动力的一系列经济活动。这是政府结合我国数字经济的发展全貌对数字经济内涵进行的明确界定。

数字经济由数字产业化和产业数字化两部分组成。数字产业化为数字经济的核心产业,是为产业数字化发展提供数字技术、产品、服务、基础设施和解决方案,以及完全依赖于数字技术、数据要素的各类经济活动,是数字经济发展的基础。内容具体包括数字产品制造业、数字产品服务业、数字技术应用业和数字要素驱动业。而产业数字化主要包括数字化效率提升业,是通过应用数字技术和数据资源为传统产业增加产出和提升效率,以实现数字技术与实体经济的融合。可以发现,我国的数字产业化大致相当于数字经济的核心层,产业数字化类似于数字经济的窄口径和宽口径之和。具体地,数字经济可以细分为如下具体小类:①数字产品制造业。②数字产品服务业。③数字技术应用业。④数字要素驱动业。⑤数字化效率提升业。

二、数字经济的统计

在数字经济的统计中采用客观全面的数据、统一合理的统计方法对于充分掌握地区、国家乃至世界各国的数字经济发展状态,进而对数字经济发展过程中出现的各种问题进行有针对性的管制具有重大意义。

目前国内外数字经济的统计方法存在如下问题:

(1) 国际上关于数字技术的统计口径无法对接。各国与各组织机构使用的数字经济统计方法、规定的统计范围并不一致,这加剧了各国对比数字经济的整体发展水平和细分数字经济产业的难度,使得各国公布的数据不具有可比性。

(2) 统计部门收集的数字经济相关数据存在质量问题。其一,数字经济的渗透性与融合性等特点是普通国民经济核算方法难以全面测度数字经济的重要原因,很多数字经济统计项目与传统经济的统计项目界限模糊,无法进行准确的测度(Brynjolfsson 和 Collis,2019)。其二,由于数字经济的发展迅速,不同统计项目的数据汇总频率不同,需要准确进行区分。其三,相关数据的收集具备一定的复杂性和限制性,用户对数字技术相关数据的质量、时效和范围提出更高的要求，这为数据来源、数据处理技术和数据传输技术带来较大的压力。

(3) 统计机构普遍使用的国民经济统计方法无法充分反映数字经济对社会带来的积极影响。一方面，由于数字经济的发展会催化新模式与新业态的出现，因此在统计系统中存在无法及时补充完善统计项目的可能性，从而缺乏对新技术、新产品和服务的系统性了解。另一方面，当前各国使用的统计方法与测算范围尚未考虑到数字经济带来的社会福利，包括数字经济的绿色生产与环境保护、促进城镇化、提高居民消费满意度等方面(Broughton 等，2018；Watanabe 等，2018)。目前国际上比较流行的做法是采用数字经济卫星账户(DESA)对数字经济进行测算(许宪春和张美慧，2020)。数字经济卫星账户是对国民经济核算框架的拓展，主要指在国民经济核算中心框架外，按照国际统一的国民账户的概念和分类要求单独设立的能够反映数字经济规模及其对宏观经济贡献的账户体系。数字经济卫星账户以国民经济核算逻辑为基础，对国民经济核算的分类核算方法进行进一步的细化，能够提供对国内经济的贡献和相关行业的深入分析(Robbins 和 Robbins，2007；Boz，2011；Ribarsky 和 Ahmad，2018)。采用数字经济卫星账户的代表是美国经济分析局(BEA)和经济合作与发展组织(OECD)。

Barefoot 等(2018)根据 BEA 的供给—使用框架，把数字经济卫星账户的测算分为三个步骤，如图 1-1 所示：第一步，定义数字经济。明确通过数字经济卫星账户进行测算的数字产品范围。从广义层面上，这应当包括与数字经济相关的所有商品和服务。第二步，根据数字经济的定义识别相关的产品和服务。参照各国官方和组织机构对数字经济的界定，选择相符合的数字经济生产与使用名录。第三步，根据 BEA 的供给—使用框架识别出生产这些产品和服务的产业，进而估计产出、增加值、就业和成本等变量。构建完善的数字经济供给表和使用表，针对数字经济产业部门与产品部门特征活动进行区分，并计算各类指标，通过分析能够对数字经济国民消费总额、增加值等进行计算。除此之外，同样能够得到数字经济发展规模、对整体经济发展的贡献水平等指标，以对数字经济进行全面深入的统计。

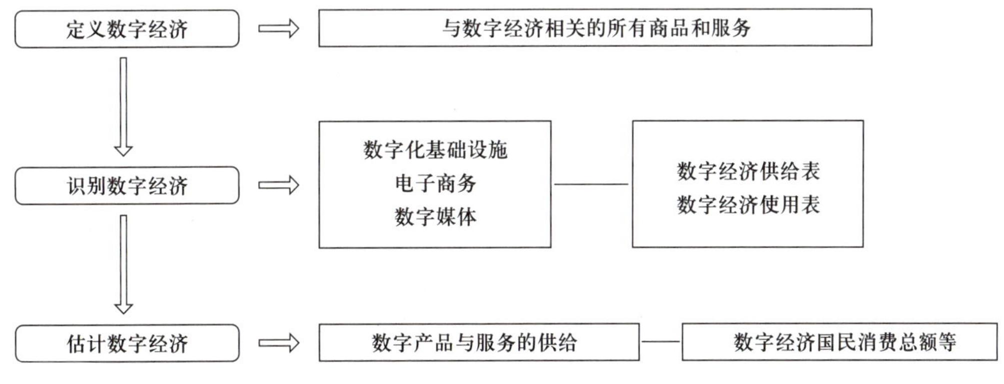

图 1-1 数字经济卫星账户的测算步骤

第三节 数字经济学

数字经济学是研究数字技术对经济活动影响的一门学科。概括起来,数字技术的经济影响主要体现为“三新”:其一是“新的约束条件”。这些约束条件使得数字经济表现出与传统经济截然不同的特征。例如,信息网络和通信技术的快速发展在降低人们的搜寻成本和提升匹配效率的同时,也导致了“信息超载”和“信息拥挤”;“网络效应”的放大把“标准制定”推向史无前例的重要位置,这对企业而言既是机遇,也是挑战;信息的快速传播既有利于优质产品脱颖而出,从而放大“明星效应”,同时也为小企业的生存提供了商机,从而形成“长尾经济”。其二是“新模式和新业态”,如平台经济、数字贸易、数字媒体以及零工经济等。平台经济的快速发展不仅改变了人们的消费模式和就业模式,而且在重新塑造经济结构和人们的生活方式。过去,人们的消费和就业只能局限于邻近的区域。如今,人们只需要移动手指,就能轻易地从各种购物平台购买到全世界的产品。其三是“新产品和生产要素”,如信息产品、数字货币和大数据。以大数据为例,数据虽然是自古就存在的,但在没有计算机的时代,信息难以转化为数据,从而不能成为关键生产要素。为此,本书将围绕着“三新”展开分析。

本书第一部分介绍数字经济的核心特征,主要讲述数字经济中的新现象和运行机制。

数字技术对消费者的影响很大,电子商务的兴起改变了人们的购物方式、搜寻成本和搜寻模式。为此,本书第二章首先介绍消费者搜寻模式,并分析数字技术如何通过降低消费者的搜寻成本来影响价格分布、市场结构和宏观经济。

第三章介绍“网络效应”。所谓“网络效应”,是单个参与人收益受到本组或外组参与人数目的影响。例如,消费者数目的增加会增加企业的利润,进而引起厂商数目的增加,而厂商数目的增加又进一步增加了消费者效用。医院病人的增加有助于提高医生的诊断水平和医疗水平,这又会反过来吸引更多的病人。从本质上来说,“网络效应”刻画的是经济中的“正反馈机制”。实际上,新经济地理模型中也存在类似的“正反馈机制”,因而“网络效应”也不能算是崭新的现象。“网络效应”之所以成为“数字经济”的关键特征,其主要原因有二:其一,现代信息网络强化了产品的“网络效应”特征。特别是多数数字产品都呈现出“网络效应”特征。其二,“网络效应”正在改变企业的竞争模式和盈利方式。“网络效应”的存在强化了先行者的竞争优势,能够较早占领市场的企业,就更容易在长期竞争中立于不败之地。因此,在数字经济时代,企业需要快速出击,以赢得先行者优势。而后来的竞争者则需要在兼容和独立之间做出选择。

第四章介绍“声誉效应”。有效的信息沟通和传递是市场交易顺利进行的前提,而信息不对称会导致市场失灵。互联网的兴起则可以通过客户反馈和平台认证以及促进信息传播等降低买卖双方的信息不对称,从而降低信息不对称所引发的“逆向选择”和“道德风险”。本章首先介绍声誉的运行机制,进而阐明互联网对声誉机制和信息甄别的作用。

第五章和第六章分别介绍“明星效应”和“长尾效应”。一方面，平台经济的发展使得消费者可以更容易地对产品进行比较，从而使得高质量产品更容易脱颖而出，进而使得优秀的企业更容易脱颖而出。而拥有技术、财力和声誉优势的企业可以通过引进更为先进的技术加强“明星效应”。另一方面，互联网在强化“明星效应”的同时也降低了企业运营的固定成本，并为小企业提供了商机，从而产生了“长尾效应”。

第二部分讲述数字经济的“运作模式新业态”，重点考察平台与双边市场的运行机制以及其在数字贸易、数字媒体以及劳动力市场方面的影响。

第七章首先介绍平台和双边市场的概念、特征以及定价机制。平台经济已经成为数字经济的核心特征，其在人们生活中日益变得不可或缺。平台介入的市场通常也被称为“多边市场”或“双边市场”。由于平台通常会连接多个市场，因此，平台的定价方式与传统企业有着显著不同。例如，传统企业通常会采用边际成本加成定价，因此，价格总是不低于边际成本。而平台则经常会以低于成本的价格对平台的一方定价以吸引另一方的加入。这种独特的定价方式，意味着无法根据价格水平的高低判断平台是否存在垄断行为。

第八章介绍数字贸易。数字技术一方面创造了新的贸易标的物，如数字产品和要素的贸易；另一方面在重塑传统商品贸易的贸易方式，并改变地理在国际贸易中的重要作用。

第九章介绍媒体经济学。媒体在人们的生活中扮演着越来越重要的角色。报刊、电视、网站等各式各样的媒体产品不仅占据了人们大量的闲暇时光，也极大地改变了人们的办公方式和商业模式。数字媒体不仅是数字经济的重要内容，而且是数字贸易的主要部分。与普通商品相比，媒体内容和媒体市场具备一些独特的性质，而数字媒体的介入不仅仅是就媒体数字化而言，更重要的是还会改变媒体的市场结构和运作机制。例如，“新闻汇总者”这种新的新闻获取渠道的出现会导致不同媒体报道事件出现内容重叠的现象。

第十章介绍数字技术对劳动力市场的影响。数字技术催生零工经济、居家办公等新的就业模式，并使得在线劳动力市场成为就业市场的重要部分。本章要回答的问题是：在线劳动力平台的运行机制是什么？平台与劳动力之间关系的法律界定会对平台与劳动力带来什么样的影响？什么是零工经济？零工经济下的就业模式与传统雇佣模式有何区别？信息通信技术进步与零工经济是什么关系？居家办公会如何影响收入分配？

第三部分介绍数字经济的驱动要素及底层技术，包括机器人和人工智能、区块链和数字货币、大数据与机器学习技术。

第十一章介绍人工智能的定义与当前发展状况，探讨人工智能与人的关系，并研究了人工智能对技术创新和经济增长的影响。在本章中我们会看到，虽然人工智能在预测方面会超越人类，但最终做出价值判断的还是人类。因此，机器人不会在所有方面替代人类。此外，人工智能一方面使得生产过程越来越自动化，另一方面正在改变知识的创造过程。由此引出的一个猜测是人工智能会不会带来“技术奇点”，也就是导致知识、技术的爆炸式增长。在这一章我们也会对该问题进行阐释。

第十二章介绍货币数字化、数字货币的基本概念，区块链的定义、共识和区块链的三元悖论,并对代表性的私人数字货币和央行数字货币以及其对电子商务的影响进行分析。

第十三章介绍数据的属性,数据与信息(information)、想法(ideas)的区别,以及数据市场面临的挑战,并分析数据产权归属的界定会如何影响产出、消费者隐私和社会福利。

最后,在进入本书的学习之前,笔者在这里列出“数字经济的十一条定律”。其中,有些定律是传统经济就存在的,但数字技术使其影响被放大和强化,也有一些定律是数字经济所独有的。

数字经济的十一条定律

定律 1:信息不对称程度与价格离散度呈倒 U 形关系。

定律 2:超级明星企业与小企业可以共同存在。

定律 3:网络经济可能带来垄断和消费者协调问题,并引起市场失灵。

定律 4:偶然事件的作用会被放大。

定律 5:市场竞争会增加消费者福利,但却可能提高产品价格。

定律 6:声誉、消费者预期等无形资产对于企业成败至关重要。

定律 7:平台企业通常在市场的一端征收高价格,而在另一端进行补贴。

定律 8:距离依然是影响贸易和人类生活的重要变量。

定律 9:就业和工作、企业和员工可能分离。

定律 10:机器人会在一些领域替代人类,在另一些领域则会成为人类的助手。

定律 11:新技术总是引起人们的幻想和狂妄,但最终无法逃离资源的局限。

本章小结

数字技术的蓬勃发展不仅催生了数字产业,而且也在重塑传统产业。因此,需要数字经济学这门新的学科对数字经济的运行规律、运行模式以及驱动要素进行系统的研究。本章对数字技术的核心概念、数字经济统计和分类方法以及数字经济学这门学科的主要内容进行了简要介绍。根据本章的分析,我们得出如下结论:

1. 数字技术是在产品、服务和工具中嵌入或使用的信息通信技术的总称。数字技术的范围较广,代表性的数字技术主要包括人工智能、机器学习、大数据、信息通信基础设施、物联网以及机器人和传感器组件等。

2. 机器学习与人工智能的区别是:机器学习是一种分析工具,主要是基于过去的数据来预测未来;人工智能则可以解决人类过去所不能解决的复杂问题。

3. 机器学习是人工智能的基础,人工智能在很多领域的应用是靠机器学习来驱动的。

4. 数字经济由数字产业化和产业数字化两种类型组成。数字产业化为数字经济的核心产业,内容具体包括数字产品制造业、数字产品服务业、数字技术应用业和数字要素驱动业。产业数字化主要包括数字化效率提升业,是通过应用数字技术和数据资源为传统产业增加产出和提升效率,以实现数字技术与实体经济的融合。

5. 数字经济学是研究数字技术对经济活动影响的一门学科。数字技术对于经济运行带来了新的约束条件、新的运行模式和业态以及新产品和新要素。

思考题

1. 数字技术都包括哪些内容？数字技术革命与传统的技术革命有何区别？

2. 为何信息技术进步没有带来美国的生产率增长？

3. 现有的国民经济统计账户是否能够充分度量数字技术和数字经济的影响？

4. 请结合自身经历说明数字技术对经济、社会和生活的影响。

即测即评

本章参考文献

1. Barefoot K, Curtis D, Jolliff W A, et al. Defining and Measuring the Digital Economy. Bureau of Economic Analysis, 2018, Working Paper.

2. Boz M. Leakages and Value Added in International Tourism Revenues: Tourism Satellite Account as A Measurement Method. International Journal of Business and Social Science, 2011, 2(24): 198-206.

3. Broughton A, Gloster R, Marvell R, et al. The Experiences of Individuals in the Gig Economy. Project Report, Department for Business, Energy and Industrial Strategy, 2018.

4. Brynjolfsson E, Collis A. How Should We Measure the Digital Economy? Harvard Business Review,2019: 1-8.

5. Bukht R, Heeks R. Defining, Conceptualising and Measuring the Digital Economy. International Organizations Research Journal, 2018, 13(2): 143-172.

6. Chase C. How the Digital Economy is Impacting the Supply Chain. Journal of Business Forecasting, 2019, 38(2): 16-21.

7. Mind Commerce ICT Infrastructure Information and Reports, 2020.

8. Mitchell T M. Machine Learning. New York: McGraw-Hill, Inc., 1997.

9. Ribarsky J, Ahmad N. Towards A Framework for Measuring the Digital Economy. Paper Prepared for the 35th Iariw General Conference, Session 2A: The Digital Economy-Conceptual and Measurement Issues, 2018.

10. Robbins C A, Robbins C E. Research and Development Satellite Account Update Estimates for 1959-2004. Survey Of Current Business, 2007(10): 49-64.

11. Watanabe C, Tou Y, Neittaanmäki P. A New Paradox of the Digital Economy - Structural Sources of the Limitation of GDP Statistics. Technology in Society, 2018, 55(10): 9-23.

12. 许宪春,张美慧.中国数字经济规模测算研究:基于国际比较的视角.中国工业经济,2020(5):23-41.

第一部分

数字经济的核心特征

第二章

消费者搜寻模式

"生活就像一盒什锦巧克力,你永远不知道下一块是什么味道。"

——温斯顿·格鲁姆《阿甘正传》

人生中的很多选择都充满了不确定性。因此,人们每天投入大量的时间用于搜寻。经验研究表明,由于搜寻成本的存在,哪怕是完全同质的产品,不同地点和商家的价格也存在差异。"一价定律"只是经济学家的美好希冀,在现实中从未实现过。随着数字技术的进步,消费者的搜寻成本和搜寻方式正在发生剧烈的变化。电子商务的兴起使得消费者只需要移动手指就能够轻易地了解产品信息。那么,数字技术会如何改变人们的搜寻方式?数字技术所带来的搜寻成本下降是否能够达到"一价定律"?搜寻成本又会如何影响市场结构呢?为了回答这些问题,系统地研究消费者搜寻方式是十分重要的。如 Anderson 和 Renault(2017)在《博弈论和产业组织手册》第 8 章所指出的,"如果无法理解消费者搜寻,那也很难理解互联网对市场机制运行的影响"。

本章结构安排如下:第一节介绍经典"搜寻理论"模型,包括固定样本量搜寻(fixed sample search)模型和顺序搜寻(sequential search)模型。第二节介绍信息清算所(information clearinghouse)模型。该模型的特征是一部分消费者可以通过各式各样的信息清算所(如出版物、价格网站或手机购物 App)获得出价企业的价格列表,并从出价最低的企业处购买。第三节介绍搜寻成本下降对市场结构(包括市场份额、生产者数量以及生产者成本分布)的影响。最后,我们将总结消费者搜寻理论中的一些重要结论和特征。

第一节 经典"搜寻理论"模型

本节重点介绍两种类型的消费者搜寻模型:固定样本量搜寻模型和顺序搜寻模型。其中,顺序搜寻模型又可以分为随机顺序搜寻(random sequential search)模型和定序搜寻(ordered search)模型。

在正式介绍搜寻模型之前,需要先了解消费者效用函数和需求函数的关系。令消费者效用函数为拟线性形式：

$$u(q)+y$$

式中：q 是同质产品的消费量；y 是价格为 1 的计价产品的消费量。

因此，对同质产品支付价格 p 且收入为 M 的消费者而言，其间接效用为：

$$V(p,M)=v(p)+M$$

式中：$v(p)$ 是 p 的非增函数，$v(p)$ 表示间接效用函数中只与价格有关的部分。

根据“罗伊恒等式”①（Roy's identity），可得同质产品的需求为：

$$q(p)=-\frac{\frac{\partial V(p,M)}{\partial p}}{\frac{\partial V(p,M)}{\partial M}}=-\frac{v'(p)}{1}=-v'(p)$$

为了获得这种产品，消费者必须先从一个提供该产品的商店获取报价。假定每个报价的搜寻成本为 c。在获得 n 个报价之后，消费者从每单位价格为 p 的企业购买 $q(p)$ 个单位的产品。消费者的间接效用为：

$$V(p,M)=v(p)+M-cn$$

在接下来的分析中，我们假定消费者在进入搜寻之前只知道价格的整体分布情况，但不知道每个特定商店的具体定价。此外，令企业的边际成本为常数 m，消费者数量为 μ，企业数目为 1 且连续分布在区间 $[0,1]$ 中，因此每个企业的消费者数目为 μ。

一、固定样本量搜寻模型

在固定样本量搜寻模型中，消费者首先决定搜寻的样本量 n，并获取报价企业的价格，之后从提供最低价格的企业购买。

（一）Stigler 模型

Stigler（1961）最早建立了固定样本量搜寻模型，并确立了企业搜寻样本的决策规则。具体地，其模型设定为：①每个消费者的购买数量为常数 $K\geqslant 1$，即 $q(p)=-v'(p)=K$；②消费者的搜寻过程遵循固定样本量搜寻方式；③企业的价格分布定义在区间 $[\underline{p},\overline{p}]$，且分布函数为外生的非退化累积概率分布函数 $F(p)$。

假定消费者选择一个固定的样本量 n 来最小化总购买成本。其中，总预期购买成本包括预期购买成本和搜寻成本。总预期购买成本的表达式为：

$$E[C]=KE[p_{\min}^{(n)}]+cn$$

其中，$E[p_{\min}^{(n)}]=E[\min\{p_1,p_2,\cdots,p_n\}]$，即最低报价的期望。由于 n 次抽取中最低价格的

---

① 罗伊恒等式是指需求函数与间接效用函数之间的固定关系表达式，即 $q(p)=-\frac{\partial V/\partial p}{\partial V/\partial M}$，$\frac{\partial V}{\partial p}$，$\frac{\partial V}{\partial M}$分别表示 V 对 p 和 M 的一阶偏导数。

分布是 $F_{\min}^{(n)}(p)=1-[1-F(p)]^n$,那么有:

$$E[C]=K\int_{\underline{p}}^{\bar{p}} p\mathrm{d}F_{\min}^{(n)}(p)+cn$$

$$=K\left[\underline{p}+\int_{\underline{p}}^{\bar{p}}[1-F(p)]^n\mathrm{d}p\right]+cn$$

其中,第二个等式通过分部积分而来。注意第二个等式右边第一项为预期购买价格,是样本量 n 的减函数,第二项为搜寻成本。消费者根据预期效用最大化,选择最优的搜寻次数 n^* 次,则成交价格的累积概率分布函数为:

$$F_{\min}^{(n^*)}(p)=1-[1-F(p)]^{n^*}$$

若搜寻样本量从 $n-1$ 增加至 n 时,消费者的预期收益是:

$$E[B^{(n)}]=(E[p_{\min}^{(n-1)}]-E[p_{\min}^{(n)}])\times K \tag{2-1}$$

式中:$E[B^{(n)}]$是指搜寻样本量从 $n-1$ 增加至 n 给消费者带来的边际收益;$p_{\min}^{(n)}$($p_{\min}^{(n-1)}$)表示前 $n(n-1)$ 次搜寻的最低价。

$E[B^{(n)}]$随 n 的增加而下降,随 K 的增加而增加。由此可知,消费者搜寻次数越多,获取的报价越低。

尽管 Stigler 模型假定每个个体无弹性地购买 K 单位产品,但需求定律(law of demand)的另一个版本仍然成立:每个企业的预期需求是其价格的非增函数。在这里,一个要价为 p 的企业会被 μn^* 个消费者访问。该企业提供最低价格的概率是$[1-F(p)]^{n^*-1}$。因此,其预期需求为:

$$Q(p)=\mu n^* K[1-F(p)]^{n^*-1} \tag{2-2}$$

显然,$Q(p)$是 p 的减函数。

Stigler 模型意味着当价格更加离散时(在均值扩展的意义上),预期交易价格(命题 2-1)和包含搜寻成本在内的预期总成本(命题 2-2)更低。[①]

命题 2-1

假定价格分布 G 是价格分布 F 的均值扩展,那么对于一个获得了 $n(n>1)$ 个报价的消费者,在价格分布 G 下的预期交易价格严格低于价格分布 F 下的预期交易价格。

命题 2-2

假定当价格分布为 F,且 G 是 F 的均值扩展时,分布 G 下消费者的预期总成本严格小于分布 F 下消费者的预期总成本。

乍看之下,在价格更加离散的环境中,参与固定样本量搜寻的消费者支付的平均价格

---

① 如果(a) $\int_{-\infty}^{+\infty}[G(p)-F(p)]\mathrm{d}p=0$ 且(b) $\int_{-\infty}^{z}[G(p)-F(p)]\mathrm{d}p\geq 0$,那么 G 是 F 的均值扩展。注意(a)等价于 F 和 G 的均值相等,这两个条件意味着存在内点使得 F 和 G 相等。内点表示不在集合边界上的点。

更低,预期总成本也更低,这似乎令人惊讶。然而在直觉上并不难理解:在价格更加离散的环境中,价格分布的左尾,即“便宜货”的部分将变得更厚,因此搜寻带来的预期收益更大。

(二)Burdett 和 Judd 模型

Stigler 模型虽然在理论上推导出价格离散与消费者搜寻是可以同时存在的,但是该模型并没有求解出价格的分布函数。Burdett 和 Judd(1983)首次证明了当存在搜寻成本时,即便消费者和企业均是同质的情况下,也会产生价格离散均衡,并且给出了价格分布函数的具体表达式。Burdett 和 Judd(1983)的具体模型设定如下:①消费者具有单位需求,其保留价格为 v(保留价格即决定买与不买的门槛价格);②消费者参与最优固定样本量搜寻;③每个企业的边际成本为 m,并且将最优地向所有消费者收取唯一的垄断价格 $p^*=v$;④被索取垄断价格的消费者获取足够的剩余以支付获得单一报价的成本。

令 θ_i 表示消费者恰好搜寻 i 家企业的概率(或者是搜寻 i 次的消费者占比),则最优搜寻分布可以由 $\langle\theta_n\rangle_{n=1}^{\infty}$ 表示,其中,$\langle\theta_n\rangle_{n=1}^{\infty}$ 是消费者搜寻次数的分布。如果 $\theta_1=1$,那么所有的消费者仅搜寻一家企业。如果 $\theta_1=0$,那么,消费者至少搜寻两家企业,以此类推。消费者从搜寻企业中价格最低的企业购买产品。

给定价格分布 $F(p)$,消费者将样本量从 $n-1$ 扩大到 n 时预期收益增幅为:

$$E[B^{(n)}]=E[p_{\min}^{(n-1)}]-E[p_{\min}^{(n)}]$$

由于预期收益随 n 的增加严格递减,因此,最优搜寻样本量 n 满足:

$$E[B^{(n+1)}]<c\leqslant E[B^{(n)}]$$

接下来,我们研究均衡的搜寻次数分布。首先,我们证明 $\theta_1>0$。我们通过反证法进行证明。若所有消费者搜寻次数均大于 1($n\geqslant 2$),即 $\theta_1=0$。此时,由于企业以相同的成本生产同质产品,且进行价格竞争,则根据 Bertrand 悖论可知,最优的定价策略是在边际成本处定价。[①] 然而,如果所有的企业定价均按边际成本定价,那么对于消费者来说仅仅从一家企业抽样是最优的,这就与我们 $\theta_1=0$ 的假定矛盾了。因此,在任何均衡时都有 $\theta_1>0$。

接下来,考虑所有消费者恰好获取一个报价的情况($\theta_1=1$)。在该情况下,每家企业将最优地收取垄断价格 $p^*=v$。显然,该均衡不存在价格离散。因此,在任何价格离散均衡下都有 $\theta_1\neq 1$。

由上述分析可知,若均衡结果存在价格离散,总是有 $\theta_1\in(0,1)$ 成立,也就是说总是存在搜寻一次和搜寻两次的消费者。由于消费者是同质的,这意味着消费者搜寻一次和两次的收益是无差异的,即 $E[B^{(2)}]=c$。从而在任何价格离散均衡下满足:

$$E[B^{(1)}]>E[B^{(2)}]=c>E[B^{(3)}]>\cdots>E[B^{(n)}]$$

因此,在任何价格离散均衡下,$\theta_1,\theta_2>0$。然而对于所有的 $i>2$,都有 $\theta_i=0$。换言之,总是

---

① Bertrand 悖论:若两家企业生产同质产品,边际成本相同且开展价格竞争,则均衡价格等于边际成本。

有 $\theta_1+\theta_2=1$。

令 $\theta_1=\theta,\theta_2=1-\theta$,如果企业 i 收取垄断价格,那么它的预期利润是:

$$E[\pi_i|p_i=v]=(v-m)\times\mu\theta$$

如果企业 i 收取的价格为 $p_i<v$,那么它的预期利润是:

$$E[\pi_i|p_i\leqslant v]=(p_i-m)\times\mu(\theta+(1-\theta)(1-F(p_i)))$$

因此,对于一个给定的搜寻次数分布,若存在价格离散,则企业的价格分布 $F(\cdot)$ 必须满足两种情况下的预期利润相同,即:

$$\theta+(1-\theta)(1-F(p_i))=\frac{v-m}{p_i-m}\theta \quad 或 \quad F(p_i)=1-\frac{v-p}{p_i-m}\frac{\theta}{1-\theta} \tag{2-3}$$

该累积概率分布函数在区间 $[m+\theta(v-m),v]$ 上是定义良好的。

最后,仍需要确定 θ 的均衡值。因为每个消费者在搜寻一家或两家企业之间必须是无差异的,即 $E[B^{(2)}]=c$。

注意,当 $\theta=0$ 或 $\theta=1$ 时,$E[B^{(2)}]=0$,然而对于所有的 $\theta\in(0,1)$ 都有 $E[B^{(2)}]>0$。Burdett 和 Judd 证明了 $E[B^{(2)}]$ 是拟凹的。因此,当 c 充分小时,一般有两种价格离散均衡。一种是相对较高比例的消费者进行两次搜寻,另一种是相对较低比例的消费者进行两次搜寻。

总结:Burdett 和 Judd(1983)证明了价格离散均衡甚至可以在所有企业和消费者事前完全相同的情况下产生。在均衡价格分布下,所有的企业都有一个正的加成。比例为 θ 的消费者不会在商店之间比较,他们从随机遇到的商家购买。剩余比例的消费者是"逛街购物者"(shoppers),这些消费者先选取两家商店,然后再从提供较低价格的商店购买。

(三)MacMinn 模型

同样是假定固定样本量搜寻,MacMinn(1980)证明当存在成本异质性时,也会出现价格离散。其基本设定如下:①消费者有价值为 v 的单位需求;②消费者进行固定样本量搜寻;③企业可观察到自己的边际成本服从定义在 $[\underline{m},\overline{m}]$ 的非退化分布 $G(m)$,其中 $\overline{m}<v$ 并且有 $G(\overline{m})=1,G(\underline{m})=0$。

为了计算边际成本为 m 的企业的收益函数,考虑如下虚拟的情形:每个企业汇报自己的边际成本类型 m',存在某个中介机构,该机构根据企业汇报的成本类型分配收益 $R(m')$。对于真实边际成本类型为 m,汇报边际成本类型为 m' 的企业而言,其利润表达式为:

$$\pi(m,m')=R(m')-m[1-G(m')]^{n^*-1}$$

为了使企业汇报真实边际成本,则必须使得企业在汇报边际成本刚好为 m 时利润最大,即:

$$\left.\frac{\partial\pi(m,m')}{\partial m'}\right|_{m'=m}=0$$

或

$$R'(m)+m(n^*-1)[1-G(m)]^{n^*-2}G'(m)=0$$

移项取积分有：

$$R(m)=\int_{m}^{\overline{m}} m(n^*-1)[1-G(m)]^{n^*-2}G'(m)\mathrm{d}m = m[1-G(m)]^{n^*-1}+\int_{m}^{\overline{m}}[1-G(t)]^{n^*-1}\mathrm{d}t \tag{2-4}$$

在均衡状态下，边际成本为 m 的企业的预期收益等于企业的报价 $p(m)$ 乘以其出价最低的概率 $[1-G(m)]^{n^*-1}$。将 $R(m)=p(m)[1-G(m)]^{n^*-1}$ 代入式(2-4)中，可以得到当消费者从 n^* 家企业中搜寻时，边际成本为 m 的企业的均衡价格为：

$$p(m)=m+\int_{m}^{\overline{m}}\left(\frac{1-G(t)}{1-G(m)}\right)^{n^*-1}\mathrm{d}t \tag{2-5}$$

注意，当消费者最优地参与一个包含 n^* 家企业的固定样本量搜寻时，每个企业本质上是在参与一场拍卖。每个企业与其他 n^*-1 家企业展开竞争，报价最低的企业赢得了这次拍卖。令 $m_{\min}^{n^*-1}$ 是 n^*-1 家中的最低成本，可以证明：

$$p(m)=E[m_{\min}^{n^*-1}\mid m_{\min}^{n^*-1}\geqslant m] \tag{2-6}$$

对于 G 是均匀分布的特殊情况，有 $1-G(t)=\dfrac{\overline{m}-t}{\overline{m}-\underline{m}}$。此时，均衡价格策略可以转化为：

$$p(m)=m+\int_{m}^{\overline{m}}\left(\frac{1-G(t)}{1-G(m)}\right)^{n^*-1}\mathrm{d}t=m+\int_{m}^{\overline{m}}\left(\frac{\overline{m}-t}{\overline{m}-m}\right)^{n^*-1}\mathrm{d}t=\frac{m-\overline{m}}{n^*}+m,$$

$$p(m)=\frac{n^*-1}{n^*}m+\frac{1}{n^*}\overline{m} \tag{2-7}$$

均衡的价格分布 $F(p)$ 可以表示为：

$$F(p)=\Pr(p(m)\leqslant p)=\Pr(m\leqslant p^{-1}(p))=G(p^{-1}(m))$$

为了确保消费者抽样 n^* 家企业是最优的，必须有 $E[B^{(n^*+1)}]<c\leqslant E[B^{(n^*)}]$ 成立。其中，$E[B^{(n)}]$ 的表达式如先前当 $K=1$ 时在式(2-1)中定义的一样，是报价数量从 $n-1$ 增加至 n 时带来的预期收益。如 Stigler 模型，搜寻成本的下降使得最优搜寻样本量 n^* 增加（消费者最优地从更多的企业搜寻）。因此，MacMinn 证明了在搜寻成本足够低时会存在价格离散均衡。

进一步地，由式(2-7)可知，均衡价格的方差(σ_p^2)为：

$$\sigma_p^2=\left(\frac{n^*-1}{n^*}\right)^2\sigma_m^2 \tag{2-8}$$

式中：n^* 是消费者的最优搜寻样本量；σ_m^2 是企业边际成本的方差。

这个模型中出现了两个有趣的结果。第一，价格的方差随企业的边际成本的方差增加而增加，这个结果是自然的。第二，随着样本量的增加，均衡价格的方差也会增加，这意味着在这个考虑消费者和企业之间有交互作用的固定样本量搜寻模型中，价格离散度与搜寻成本成反比。

结论 2-1

在 MacMinn 模型中,搜寻成本下降增加了均衡价格的方差。

由式(2-7)可知,企业的定价区间为$(m,\overline{m}]$,在搜寻成本极高以至于所有消费者只搜寻一次的特殊情况下,所有企业会按照$p(m)=\overline{m}$定价。此时,价格离散会消失。而在搜寻成本足够低,从而消费者会搜寻所有产品时,价格$p(m)$会逼近其边际成本,此时的价格离散度是最大的。

(四)Diamond 悖论和 Rothschild 批判

Diamond 悖论的定义:即使企业是完全同质的,但当存在任何搜寻摩擦时,垄断价格就是均衡价格。

Stigler 模型因两个原因受到了批评,即所谓的 Rothschild 批判。第一,该模型假定的搜寻过程也许不是最优的。固定样本量搜寻的一个明显缺点是,它不能整合在搜寻过程中获得的新信息,比如早期搜寻中获得的异常低的价格。实际上,一旦获得足够低的报价,那么继续搜寻所带来价格降低的收益将下降到搜寻的边际成本以下。这就引出了顺序搜寻理论(sequential search theory),消费者搜寻停止的规则是搜寻的预期收益与保留价格(reservation price)相等。在下一小节,我们将对顺序搜寻理论进行详细介绍。第二,价格分布F是外生的,这并不是基于最优的企业行为。事实上,根据式(2-2),一个边际成本为常数m的代表性企业的预期利润为:

$$\pi(p)=(p-m)Q(p)$$

即没有任何的成本异质性,每个企业面临完全相同的预期利润函数。那么,为什么企业不选择相同的利润最大化价格,或者换句话说,利润最大化的企业所产生的价格分布如何能与消费者所寻找的价格分布一致呢?

Diamond(1971)进一步证明,在高成本搜寻条件下,唯一均衡状态是所有企业收取相同的价格,即垄断价格。Diamond 模型基本假定是:①消费者有相同的向下倾斜的需求函数,即$-v''(p)=q'(p)<0$;②消费者遵循顺序搜寻;③垄断的企业将向所有消费者收取唯一的垄断价格p^*;④消费者被收取垄断价格后还存在消费者剩余,以弥补获得单一报价的成本,即$v(p^*)>c$。

在这个环境下,所有的企业标出垄断价格。消费者访问一家商店,以标出的价格p^*购买,并获得剩余$v(p^*)-c>0$。给定消费者的停止规则,每家企业的最优反应是收取垄断价格;给定每家企业的要价p^*,每个消费者的最优反应是仅搜寻一次。为了证明该均衡的唯一性,假设存在一个均衡,其中某个企业标出的价格低于垄断价格(显然,高于垄断价格是一种非占优策略)。令p'为标出的最低价格,标出最低价格的企业最高可以将价格提高到p^*或$p'+c$来盈利。任意访问哪家企业的消费者仍将理性地购买,因为额外搜寻的边际收益小于额外搜寻的边际成本,因此,这样的一家企业通过这个策略将不会失去任何消费者,并且会提高从每个消费者获得的收益。

二、顺序搜寻模型

(一) Reinganum 模型(随机顺序搜寻模型)

Reinganum(1979)第一个证明了进行最优化决策的消费者和企业在顺序搜寻的设定下可以引起价格离散。Reinganum 模型的具体设定如下:①消费者有相同的需求,$-v'(p)=q(p)=Kp^{\varepsilon}$,其中 $\varepsilon<-1$,$K>0$;②消费者参与最优顺序搜寻;③企业的边际成本在区间 $[\underline{m},\overline{m}]$ 服从分布 $G(m)$;④当边际成本 $\overline{m}$ 的企业收取垄断价格时,消费者剩余超过获得单一报价的成本,即 $v\left(\dfrac{\varepsilon}{1+\varepsilon}\overline{m}\right)>c$。

Reinganum 首先计算了顺序搜寻设定下的最优保留价格。假定消费者面临着定义在 $[\underline{p},\overline{p}]$ 上的价格分布 $F(p)$,消费者拥有“自由回忆”(free recall),也就是说,其可以记得搜寻过的每一种产品的价格。若消费者已经搜寻了 $n(n\geqslant 1)$ 个产品,且最低价格 $z\equiv\min(p_1,p_2,\cdots,p_n)$,则继续搜寻给消费者带来的预期收益增加额为:

$$B(z)=\int_{\underline{p}}^{z}[v(p)-v(z)]\mathrm{d}F(p)=\int_{\underline{p}}^{z}-v'(p)F(p)\mathrm{d}p$$

其中,第二个等式通过分部积分可得。使用莱布尼茨定律(Leibniz's law),我们有:

$$B'(z)=-v'(z)F(z)=Kz^{\varepsilon}F(z)>0 \tag{2-9}$$

因此,当消费者已经确定了一个相对低的价格时,额外的搜寻带来的预期收益将会更低。因为搜寻是昂贵的($c>0$),消费者必须衡量继续搜寻的预期收益和成本。继续搜寻的预期净收益是:

$$h(z)\equiv B(z)-c$$

如果继续搜寻的预期收益超过了额外的成本即 $h(z)>0$,消费者会继续搜寻。如果 $h(z)<0$,消费者停止搜寻,并以价格 z 购买。

一个消费者的最优顺序搜寻策略可以被总结为:

情况 1:如果 $h(\overline{p})<0$,$\int_{\underline{p}}^{\overline{p}}v(p)\mathrm{d}F(p)<c$,那么消费者不会进行搜寻。

情况 2:如果 $h(\overline{p})<0$,$\int_{\underline{p}}^{\overline{p}}v(p)\mathrm{d}F(p)\geqslant c$,那么保留价格 $r=\overline{p}$,消费者仅搜索一次。

情况 3:如果 $h(\overline{p})>0$,那么消费者的最优策略是一直搜寻,直至他获得的报价小于等于保留价格 r,其中 r 满足:

$$h(r)=\int_{\underline{p}}^{r}[v(p)-v(r)]\mathrm{d}F(p)-c=0 \tag{2-10}$$

注意,$h(\underline{p})=-c<0$,$h(\overline{p})\geqslant 0$,$h'(z)=B'(z)>0$,因此,式(2-10)所决定价格是唯一的。如果消费者观察到的价格超过 r,那么他将会拒绝这个价格并且继续搜寻,当消费者观察到低于 r 的价格时,他将会接受这个价格并且停止搜寻。

情况 1 意味着该产品市场不存在。情况 2 发生时,所有企业的价格相同,不会出现价格离散。为此,接下来我们只关注情况 3。

对式(2-10)中的 r 和 c 全微分,再联立式(2-9)可以得到$\frac{dr}{dc}=\frac{1}{Kr^{\varepsilon}F(r)}>0$。因此,搜寻成本的增加将会导致更高的保留价格。特别地,对于 $q(r)=1$, $dr/dc=1/F(r)>1$ 的特殊情况,搜寻成本增加 1 单位,保留价格增加幅度超过 1,即有一种搜寻成本增加的“放大效应”。

Reinganum 通过引入企业的异质性成本来避免 Rothschild 的批判和 Diamond 悖论。因为每家企业 j 有着不同的边际成本 m_j,所以即使它们是垄断者时,要价也是不同的。

假定价格高于 r 的企业比例为 λ, $0\leqslant\lambda\leqslant1$。由于每家企业有 μ 个消费者,那么当要价为 p_j 时,一家代表性企业的预期利润为:

$$E\pi_j=\begin{cases}(p_j-m_j)q(p_j)\left(\dfrac{\mu}{1-\lambda}\right), & \text{当 } p_j\leqslant r\\ 0, & \text{当 } p_j>r\end{cases}$$

利润最大化意味着:

$$(p_j-m_j)q'(p_j)+q(p_j)=0$$

对 $q(p)$ 求导可得 $q'(p)=\varepsilon Kp^{\varepsilon-1}$,因此有 $p_j=\left(\dfrac{\varepsilon}{\varepsilon+1}\right)m_j$。此时,均衡价格的取值范围为区间 $[\underline{m}\varepsilon/(1+\varepsilon),\overline{m}\varepsilon/(1+\varepsilon)]$,分布函数为 $\hat{F}(p)=G[p(1+\varepsilon)/\varepsilon]$。

进一步,如果 $r<\overline{m}\varepsilon/(1+\varepsilon)$,要价在区间 $(r,\overline{m}\varepsilon/(1+\varepsilon)]$ 的企业将无法卖出产品。因此,价格分布为:

$$F(p)=\begin{cases}\hat{F}(p), & \text{当 } p<r\\ 1, & \text{当 } p=r\end{cases}$$

不难验证,给定价格分布 $F(p)$,搜寻的预期净收益为:

$$\begin{aligned}h(r)&=\int_{\underline{p}}^{r}[v(p)-v(r)]dF(p)-c\\&=\int_{\underline{p}}^{r}[v(p)-v(r)]d\hat{F}(p)+[1-\hat{F}(r)][v(r)-v(r)]-c\\&=\int_{\underline{p}}^{r}[v(p)-v(r)]d\hat{F}(p)-c=0\end{aligned}$$

在本模型中,向下倾斜的需求和异质性成本在产生价格离散均衡方面共同发挥了关键作用。①需求曲线向下倾斜的必要性。首先假定成本是异质性的,但是每个消费者希望购买一单位价值为 v 的商品,则保留价格 $r=v$。因此,所有的企业都会把价格定在 $p=v$。②成本异质性的必要性。如果需求曲线向下倾斜但是企业有相同的边际成本 m,那么在给定保留价格的情况下,每家企业都将有动机设定一个相同的价格 $p^*=\min\{r,m\varepsilon/(1+\varepsilon)\}$。这导致回到了情况 2。

最终,我们考察价格分布的方差将如何随搜寻成本变化。均衡时价格的方差为:

$$\begin{aligned}\sigma^2 &= E(p^2) - [E(p)]^2 \\ &= \int_{\underline{p}}^{r} p^2 \mathrm{d}F(p) - \left[\int_{\underline{p}}^{r} p \mathrm{d}F(p)\right]^2 \\ &= \int_{\underline{p}}^{r} p^2 \hat{f}(p)\mathrm{d}p + [1-\hat{F}(r)]r^2 - \left\{\int_{\underline{p}}^{r} p\hat{f}(p)\mathrm{d}p + [1-\hat{F}(r)]r\right\}^2\end{aligned}$$

式中:$\hat{f}(p)$是$\hat{F}(p)$的概率密度函数。

对上式求一阶偏导数可得:

$$\begin{aligned}\frac{\mathrm{d}\sigma^2}{\mathrm{d}r} &= 2r[1-\hat{F}(r)] - 2\left\{\int_{\underline{p}}^{r} p\hat{f}(p)\mathrm{d}p + [1-\hat{F}(r)]r\right\}[1-\hat{F}(r)] \\ &= 2[1-\hat{F}(r)][r-E(p)] \geqslant 0\end{aligned}$$

当$r<\overline{m}\varepsilon/(1+\varepsilon)$时,不等式是严格的。因此,我们有:

结论 2-2

在 Reinganum 模型中,搜寻成本下降缩小了均衡价格的方差。

显然,结论 2-2 与结论 2-1 是相反的。因此,根据模型不同,搜寻成本下降可能与更高或更低的价格离散水平有关。在 Reinganum 模型中,搜寻成本下降降低了消费者的保留价格,因此使得“高成本”企业将它们的价格从垄断价格降到保留价格。因为低成本企业的垄断价格低于保留价格,所以它们的价格保持不变,因此更低的搜寻成本缩小了价格范围。在 MacMinn 模型中,更低的搜寻成本引起消费者在购买之前从更多的企业搜寻,导致了每家企业有了更多的竞争对手,结果是“投标阴影”(bid shading)(定价高于边际成本)的比例下降,其定价趋向于每个企业本身的边际成本,而每家企业的边际成本具有异质性,因此这就提高了价格离散的水平。

(二)定序搜寻模型

在固定样本量搜寻和随机搜寻模型中,消费者随机地与企业相遇,而在定序搜寻模型中,消费者按照某种预先确定的顺序(比如地理位置远近)搜索产品。例如,一个进入某个购物街的消费者。该消费者路过一排销售者,沿路观察他们的价格。其不得不先路过离入口最近的销售者,获得其报价,再获得离入口较远的销售者的报价。

消费者定序搜寻的例子并不局限于空间结构的市场。近年来,追踪消费者在线搜寻在技术上已经变得可行。通过与广告企业和价格比较网站合作,销售者可以获得消费者之前浏览其他销售者的信息,然后提供相应的报价。① 另一个例子是在线位置付费搜寻引擎(pay-for-placement search engines)。比如百度搜索引擎从商家那里收取费用,并在搜寻结果中把支付金额最高的卖家显示在列表的顶端。在一些流行的消费领域,做广告

① 例如,cookies 和 web banners(或 web bugs)的组合允许跟踪用户在多个网站上的点击,以达到广告投放或其他营销目的。

的企业愿意为点击量付费,以使自己被显示在搜寻结果的顶端。

假设:消费者搜寻并购买一单位同质产品,按照企业已知的预先确定的顺序进行搜寻。有 $N(N\leqslant\infty)$ 家企业,消费者的数目标准化为 1。对于从企业获得的每个报价,消费者需支付常数搜寻成本 $s\geqslant 0$,服从定义在 $[\underline{s},\bar{s}]\subset\mathbb{R}_+$ 的分布 G。为了简化说明,我们假设 G 是二次可微的,并且其概率密度函数 g 在定义域内为正。对于消费者来说产品的价值为 v。企业在搜寻次序中的位置标记为 $k=1,\cdots,N$,即消费者首先搜寻企业 1,然后是企业 2,以此类推,边际成本为 0。博弈的顺序如下:①企业同时选择它们的价格;②消费者观察价格,进行搜寻并做出购买的决策,我们在博弈中寻找一个纯策略的子博弈完美均衡。

均衡的性质:企业价格被限制在一个紧区间 $[0,v]$ 内,消费者对企业收取的给定(可观察到的)价格向量 $\boldsymbol{p}=(p_1,\cdots,p_k,\cdots,p_N)$ 做出选择,$p_k\in[0,v]$,$1\leqslant k\leqslant N$。消费者进行的搜寻次数取决于消费者的搜寻成本,搜寻成本为 s 的消费者将搜寻 $k=k(s)$ 次,并且从企业 k 购买产品,以使得 $ks+p_k$ 最小化。企业 $k(1\leqslant k\leqslant N)$ 的需求函数为 $D_k(\boldsymbol{p})$,利润函数为 $\Pi_k(\boldsymbol{p})=p_kD_k(\boldsymbol{p})$。活跃企业的数目 $n(n\geqslant 2)$ 由自由进入条件决定。在描述搜寻均衡之前,我们先描述定序搜寻模型中所有均衡的一般性质。

命题 2-3

对于活跃企业,均衡价格、利润和价格差异随搜寻次序增加严格递减(对于 $k'<k$,$\Pi_{k'}(p)>\Pi_k(p)$),只有搜寻次序中排名靠前的企业是活跃的。

证明:除非一家企业有一个较低的价格,否则消费者不会继续进行昂贵的搜寻来访问这家企业,因此,活跃企业收取的均衡价格必须严格下降。如果企业 k 是活跃的,那么所有之前的企业 $k'(k'<k)$ 必须也是活跃的。可用反证法证明,假设企业 k' 是不活跃的,因此必须获得零利润,但这并不是均衡状态,因为企业 k' 可以设定价格等于 p_k 来吸引所有企业 k 的消费者并且获得正的利润(只要 $p_k>0$)。接下来需要证明活跃企业的均衡价格不能为 0,由于边际成本被标准化为 0,所以要价为 0 的活跃企业 k 利润为 0,但是企业可以通过收取足够低的价格 $p_k=\varepsilon$,向那些搜寻成本为 $s(s>\varepsilon)$ 的消费者销售,从而获得正的利润。因为活跃企业的需求为正,所以这种消费者的数目也为正。

对于活跃企业,价格和利润随搜寻次序增加而严格下降。相反,假设均衡时活跃企业 $k'<k$, $\Pi_{k'}(\boldsymbol{p})\leqslant\Pi_k(\boldsymbol{p})$。那么通过降低价格至 $p_k\neq 0$,企业 k' 可以向所有 k 和 k' 的消费者销售,因此获得严格高于 $\Pi_k(\boldsymbol{p})$ 的利润。最后,假设企业 k 和他的两个"邻居"都是活跃的,企业 k 的消费者更喜欢从 k 购买而不是从 $k-1$ 或 $k+1$ 处购买。因此,对于这些消费者,一定有 $p_k\leqslant p_{k-1}-s$,$p_k\leqslant p_{k+1}+s$ 或 $p_k-p_{k+1}\leqslant s\leqslant p_{k-1}-p_k$。$p_k-p_{k-1}\leqslant -s<0$ 意味着 $p_k\leqslant p_{k-1}$ 或 $\partial p_k/\partial k\leqslant 0$。同时,因为企业 k 的需求严格为正,这就意味着 $p_{k-1}-p_k>p_k-p_{k+1}$ 或 $\partial(p_{k-1}-p_k)/\partial k<0$,即价格差异随搜寻次序增加而严格降低。

实证研究发现,当企业知道消费者搜寻的历史时,它们会根据这些信息进行价格歧视。Deck 和 Wilson(2006)研究表明,销售者在消费者搜寻列表中的位置越高,要价就越高。我们证明了对于一个预先确定的搜寻顺序，均衡定价确实具有这样的模式。

假设 v 足够高，企业 1 的需求等于搜寻成本为 $s(s>p_1-p_2)$ 的消费者数目，则企业 1 的利润为：

$$\Pi_1(\boldsymbol{p})=p_1[1-G(p_1-p_2)] \tag{2-11}$$

相似地，企业 $k\in\{2,\cdots,n-1\}$ 的需求等于搜寻成本满足 $p_k-p_{k+1}<s<p_{k-1}-p_k$ 的消费者的数目，因此企业 k 的利润为：

$$\Pi_k(\boldsymbol{p})=p_k[G(p_{k-1}-p_k)-G(p_k-p_{k+1})] \tag{2-12}$$

最后，搜寻成本低于 $p_{n-1}-p_n$ 的消费者比例为 $G(p_{n-1}-p_n)$，于是企业 n 的利润为：

$$\Pi_n(\boldsymbol{p})=p_nG(p_{n-1}-p_n) \tag{2-13}$$

因为 G 是增函数且$\partial(p_{k-1}-p_k)/\partial k<0$，所以进入企业 k 的消费者数目随 k 的增加而下降。

企业 k 的均衡行为可描述为对于所有 $1\leqslant k\leqslant n$，都有 $\partial\Pi_k(\boldsymbol{p})/\partial p_k=0$。$n$ 个一阶条件构成了 n 个方程组，对于 $1\leqslant k\leqslant n$ 有：

$$\begin{cases}1-G(p_1-p_2)-p_1g(p_1-p_2)=0\\ \cdots\cdots\\ G(p_{k-1}-p_k)-G(p_k-p_{k+1})-p_k[g(p_{k-1}-p_k)+g(p_k-p_{k+1})]=0\\ \cdots\cdots\\ G(p_{n-1}-p_n)-p_ng(p_{n-1}-p_n)=0\end{cases} \tag{2-14}$$

对于企业 k，二阶充分条件为：

$$\begin{aligned}\frac{\partial^2\Pi_k(\boldsymbol{p})}{\partial p_k^2}&=-2[g(p_{k-1}-p_k)+g(p_k-p_{k+1})]\\&\quad-p_k[-g'(p_{k-1}-p_k)+g'(p_k-p_{k+1})]<0\end{aligned}$$

其中，企业 1 省略了包含 p_{k-1} 的项，企业 n 省略了包含 p_{k+1} 的项，g' 表示概率密度函数的导数。

进一步地，$\partial^2\Pi_k(\boldsymbol{p})/\partial p_k^2$ 的绝对值大于交叉偏导，即：

$$\frac{\partial^2\Pi_k(\boldsymbol{p})}{\partial p_k^2}+\sum_{j\neq k}|\partial^2\Pi_k(\boldsymbol{p})/\partial p_k\partial p_j|=g(p_k-p_{k+1})-p_{k+1}g'(p_k-p_{k+1})<0$$

所以最优对策函数斜率小于 1，从而均衡是唯一且稳定的。

命题 2-4

在定序搜寻模型中，当价格战略互补时，活跃企业的均衡价格和利润随着活跃企业数目的增加而下降。

证明：考虑活跃企业为 n 的市场上的均衡，增加企业 $n+1$，由于其要价过高导致该企业并不活跃。若企业 $n+1$ 希望售出产品，就需要有一个更低的价格，这导致了企业 n 的价格下降，因为价格是战略互补的。同理，前面的所有企业都将降低价格。企业 $k-1$ 更低的价格给了企业 k 进一步降低价格的动机。因此，活跃企业更多的市场上的价格比更集中市场的价格低。这也会降低均衡的企业利润。

当一个额外的企业进入市场，占据搜寻次序的第 $n+1$ 位时，在价格是战略互补的情况下，所有企业的均衡价格和利润都将下降。下面证明活跃企业的数目可以是内生的。

活跃企业的数目：当存在进入成本（或固定的生产成本）$f\in(0,v)$ 时，自由进入企业的数目为 $N\equiv\max\{k\geqslant0:\Pi_k^*(k)-f\geqslant0\}$。

虽然消费者随机抽样的假设可以简化搜寻市场的分析，但在现实生活中，搜寻通常是非随机的。我们证明了搜寻的有序性对市场势力的显著影响。人们通常认为，市场结构和企业战略是市场势力的主要决定因素（供给侧因素）。本节说明了需求方面的因素（如消费者搜寻技术）也同样重要。

定序搜寻模型的结果可能扩展到搜寻顺序没有完全确定的情况。例如，在互联网上的一次搜寻可能出现几页搜寻结果，每页只有很少的结果。在一页中的所有选项都可以被平等地访问，而移动到下一页可能需要更多的时间。在该模型中，消费者支付搜寻成本在定序的选项集合之间移动，并且可以在列表中以一定成本随机搜寻，该模型应该会产生类似于这样的结果，即价格会随着页面数量增加而下降。这种模式可能适用的情况包括：一个寻找便宜货的人决定是否去一个区域购物中心，这需要从城市通勤很长时间去搜寻；或者司机选择哪个出口，以便抵达位于选定出口的加油站。

只要企业知道特定消费者的搜寻顺序，基准模型就适用，即使所有消费者不遵循相同的搜寻顺序。如果企业无法区分不同搜寻路径的消费者，那么多个市场入口就会使问题复杂化。我们可以考虑一个有两个入口的市场，有固定比例的消费者进入市场，此时价格离散均衡仍然存在，并呈现出 U 形价格格局：价格从市场区域的每一端向中心下降。

由于处于消费者搜寻次序中顶端的企业获得更高的利润，可以预料顶端位置将面临竞争。这种竞争的形式可能是在线按位置付费搜索引擎中的出价拍卖，也可能是为企业优先选择一种具有吸引力的名称（例如“AAA 联合管道企业”）。

第二节 信息清算所模型

在现实生活中，消费者有两种方式获得产品价格信息：其一是自我搜寻，其过程可以是固定样本量搜寻或顺序搜寻；其二是通过信息清算所（包括出版物、购物网站或 App）来获得产品信息。本节构造了一个一般化的信息清算所模型。本节参考了 Baye 和 Morgan（2001）以及 Baye、Morgan 和 Scholten（2004）的研究。

一、一般化模型

假定市场上的企业数目为 $n>1$，企业边际成本为 m。这个市场上有一个价格信息清算所，企业必须决定价格以及是否在信息清算所中列出产品价格。令 p_i 表示企业 i 的要价,列出这个价格企业需要花费 $\phi(\phi\geq 0)$。

消费者是连续的且数目为 1。所有消费者对其单位需求有一个最大支付意愿 $v(v>m)$。在这些消费者中有比例 $S(S>0)$ 的消费者是价格敏感的"逛街购物者",这些消费者首先咨询信息清算所,然后以列出来的不超过 v 的最低价格购买。如果没有价格在信息清算所列出或者所有列出的价格都超过 v,那么"逛街购物者"将随机访问一家不在信息清算所列出价格的线下企业购买产品,只要其价格不超过 v,此时每家企业"忠诚的"消费者数目均为 L。

令 $0\leq\phi\leq\frac{n-1}{n}(v-m)S$,则可以证明,如果 $L>0$ 就会出现价格离散均衡。

命题 2-5

在一般化的信息清算所模型中,如果不允许对"忠诚的"消费者和"逛街购物者"进行价格歧视,则有:

(1) 每个企业在信息清算所列出其价格的概率为 $\alpha=1-\left(\frac{n}{n-1}\frac{\phi}{(v-m)S}\right)^{\frac{1}{n-1}}$。

(2) 企业在信息清算所列出的价格服从分布:

$$F(p)=\frac{1}{\alpha}\left(1-\left(\frac{\frac{n}{n-1}\phi+(v-p)L}{(p-m)S}\right)^{\frac{1}{n-1}}\right),p\in[p_0,v]$$

式中:$p_0=m+(v-m)\frac{L}{L+S}+\frac{n}{n-1}\frac{\phi}{L+S}$。

(3) 每家企业的均衡预期利润为:

$$E\pi=(v-m)L+\frac{1}{n-1}\phi$$

证明:首先,存在某个在信息清算所列出价格的企业,且剩余企业中恰好有 i 家企业列出价格。则该企业列出的价格比其他 i 家企业价格更低的概率为 $(1-F(p))^i$,而剩余的企业中恰好有 i 家企业列出价格的概率为 $\alpha^i(1-\alpha)^{n-1-i}$,于是其预期利润为:

$$E\pi(p)=(p-m)\left(L+\left(\sum_{i=0}^{n-1}\binom{n-1}{i}\alpha^i(1-\alpha)^{n-1-i}(1-F(p))^i\right)S\right)-\phi$$

式中:$p-m$ 为绝对成本加成率;L 为"忠诚的"的消费者数目。

通过二项式定理 $(x+y)^n=\sum_{i=0}^{n}\binom{n}{k}x^{n-i}y^i$,我们可以将其重写为:

$$E\pi(p)=(p-m)(L+((1-\alpha F(p))^{n-1})S)-\phi$$

如果该企业不在信息清算所列出价格,只有当其他的 i 家企业都不在信息清算所列出价格时,才会有"价格比较者"来购买产品,其预期利润为:

$$E\pi=(v-m)\left(L+\frac{S}{n}(1-\alpha)^{n-1}\right)$$

令 $E\pi(p)=E\pi$,可以得到价格分布为:

$$F(p)=\frac{1}{\alpha}\left(1-\left(\frac{\phi+(v-p)L+(v-m)\frac{S}{n}(1-\alpha)^{n-1}}{(p-m)S}\right)^{\frac{1}{n-1}}\right)$$

进一步由 $F(v)=1$ 和 $F(p_0)=0$ 可以计算出 α 和 p_0。证毕。

由命题 2-5 可知,当 $L=0$ 且 $\phi=0$ 时,$p_0=m+(v-m)\frac{L}{L+S}+\frac{n/(n-1)}{L+S}\phi=m,\alpha=1$,且对于所有的 $p\geqslant p_0$,有 $F(p)=1$。因此,如果不存在"忠诚的"消费者,且搜寻成本为 0,所有企业的价格均等于边际成本。

二、特例 1: Rosenthal 模型

为了考察偏好异质性的重要性,在本节我们考察 $\phi=0$ 的特例,该特例最早是由 Rosenthal(1980)提出的,因此,也被称作 Rosenthal 模型。在该模型中,每家企业有 $L(L>0)$个"忠诚的"消费者。

因为 $\phi=0$,所以从命题 2-5 可知 $\alpha=1$,即所有的 n 家企业都将在信息清算所列出其价格。使用命题 2-5 的事实,可以得到均衡价格分布:

$$F(p)=1-\left(\frac{(v-p)L}{(p-m)S}\right)^{\frac{1}{n-1}},\quad p\in[p_0,v] \tag{2-15}$$

式中:$p_0=m+(v-m)\frac{L}{L+S}$。

Rosenthal 模型中产生的价格离散源于消费者偏好的外生差异。购物者认为所有的产品都是相同的,并且以最低的价格购买。每家企业都有 L 名"忠诚的"消费者,价格离散均衡是由该类消费者的存在引起的。显然,当所有消费者均为"忠诚的"消费者时($L\to\infty$),有 $p_0\to v$,价格离散会消失。在另外一个极端,假若所有消费者均为"逛街购物者"($L\to 0$),则有 $F(p)=1,p_0=m$,也不存在价格离散。

当"忠诚的"消费者数目的比例介于 0 和 1 之间时,企业会把价格定在区间$(m,v]$。其逻辑是,企业对于"忠诚的"消费者要价 v 以获取最大利润,但是如果所有企业这样做,此时若一家企业轻微地降低了价格,那么这家企业就会获得所有的购物者。当然,企业也不会把价格降到边际成本,因为那将导致企业利润为零。因此,唯一的均衡是混合策略:企业随机化它们的价格,有一部分企业为了吸引购物者定价相对较低,也有一部分定价相当高以获取"忠诚的"消费者的利润。

比较 Rosenthal 模型和 Burdett 和 Judd 的搜寻理论模型可以发现,二者的结论惊人地

相似。在 Burdett 和 Judd 模型中,即使有一个企业的连续体,每个消费者仍然仅在有限的企业数量中搜寻(一个或者两个)。进一步地,在 Burdett 和 Judd 模型中,每家企业存在比例为 $\mu\theta$ 的固定消费者仅在一家企业消费,比例为 $(1-\theta)\mu$ 的消费者在两家企业抽样并选择两个价格中的最低价格,因此他们属于"逛街购物者"。由于这个原因,在 Rosenthal 模型中,式(2-5)中给出的均衡价格分布与式(2-3)中 Burdett 和 Judd 模型的均衡价格分布是相同的(对"忠诚的"消费者和"逛街购物者"的变量重新标记)。

三、特例 2: Varian 模型

在一般化模型和 Rosenthal 模型中,我们把 L 理解为"忠诚的"消费者数目。根据 Varian(1980),该理论也可以从信息不对称的角度进行解读,由此,我们可以分析信息成本与价格离散之间的关系。具体地,假定有几家企业,有 S 名"消息灵通的消费者"(informed consumers)和 L 名"消息不灵通的消费者"(uninformed consumers)。令 $U(U>0)$ 表示不进入信息清算所的消息不灵通的消费者的总数,则每家企业有 $L=\dfrac{U}{n}$名这样的消费者来访问。

假定 $\phi=0$,即对于企业来说在信息清算所列出价格是免费的。因此有 $\alpha=1$,即所有的 n 家企业都在信息清算所列出它们的价格。通过在命题 2-5 中设定 $L=U/n$,可知均衡价格分布是:

$$F(p)=1-\left(\frac{v-p}{p-m}\frac{U/n}{S}\right)^{\frac{1}{n-1}} \quad (\text{定义在区间}[p_0,v]\text{上})$$

式中:$p_0=m+(v-m)\dfrac{U/n}{U/n+S}$。

进一步地,我们可以内生化"消息灵通的消费者"的比例。具体地,假定 S 名"消息灵通的消费者"进入信息清算所的成本是 κ_S,L 名"消息不灵通的消费者"进入信息清算所的成本是 κ_L。令 $E[p_{\min}^{(n)}]$表示进入信息清算所的消费者的预期价格,$E(p)$表示不进入信息清算所的消费者的预期价格,其具体表达式分别为:

$$E[p_{\min}^{(n)}]=\int_{p_0}^{v}p\mathrm{d}F_{\min}^{(n)}(p) \text{ 和 } E[p]=\int_{p_0}^{v}p\mathrm{d}F(p)$$

式中:$F_{\min}^{(n)}(p)$是信息清算所价格的累积分布函数。

用 $VOI^{(n)}$ 表示信息清算所蕴含的信息价值。若 $\kappa_S\leqslant VOI^{(n)}\leqslant\kappa_L$,则 S 名消费者将最优地使用信息清算所,L 名消费者不使用,即

$$VOI^{(n)}=E[p]-E[p_{\min}^{(n)}] \tag{2-16}$$

值得强调的是,在 Varian 模型中,当一个"消息不灵通的消费者"决定成为"消息灵通的消费者"时,价格离散水平不是消费者信息成本的单调函数。当信息成本足够高时,没有消费者选择成为消息灵通的消费者,那么所有企业都会索取垄断价格 v。根据 Bertrand

悖论,当消费者的信息成本为0时,所有的消费者都会选择成为“消息灵通的消费者”,在对称的均衡中所有的企业都会令价格等于边际成本。

结论2-3

价格离散程度与消费者信息成本呈倒U形关系。

四、企业数目与价格离散

通常,经济学家使用变异系数(coefficient of variation,标准差与均值之比)(Sorensen,2000;Carlson 和 Pescatrice,1980)或价格变幅(range of prices)(Brynjolfsson 和 Smith,2000)来衡量同质产品市场的价格离散程度。当一价定律成立时,市场上所有企业收取同样的价格,这两种价格离散的度量指标均为零。本节使用价格变幅来衡量价格离散程度。

假定存在$n(n\geqslant 2)$家企业,对于给定产品的要价按照从低到高排列,即$p_1\leqslant p_2\leqslant\cdots\leqslant p_n$,我们定义差额$G=p_2-p_1$为最低的两个价格之间的差距,则预期差额可用$E(G)$表示。

考虑两种市场结构:第一个市场有两家企业;第二个市场企业的数目严格大于2。我们把第一个市场称为小市场,把第二个市场称为大市场。

命题2-6

在一般模型,Rosenthal 模型以及 Varian 模型中,价格离散(以预期差额$E(G)$衡量)在小市场(当两家企业列出价格)比大市场(当任意大数目的企业列出价格)更大。

命题2-6等价于:当市场上竞争的企业数目趋向于无穷时,最低的两个价格之间的差额$E(G)$趋近于0。

Baye、Morgan 和 Scholten(2004)的实证研究表明价格离散的系统性差异取决于定价的企业数量:当定价企业的数量较少时,价格离散水平较大。例如,对于只有两家企业列出价格的产品,它们价格之间的差距(这也是价格变幅)平均为23%。相比之下,对于有17个企业列出价格的产品(样本中的平均值),两个最低价格之间的差距下降至大约3.5%。

五、信息清算所的最优收费

上面所有的模型都假定了企业在信息清算所列出自己的价格是免费的。Baye 和 Morgan(2001)指出,企业在信息清算所列出自己的价格以及消费者进入信息清算所获取价格列表一般都是昂贵的。例如,报纸向列出价格的企业收取广告费,向想要获取价格信息的消费者收取订阅费;许多网络下的环境也是如此。此外,信息清算所自身也是一个经济主体,可能有动机去内生地选择广告费和订阅费以最大化其预期利润。为此,在本小节我们把企业进入信息清算所的成本统一称为“广告费”。

参考 Baye 和 Morgan(2001),考虑两个除地理位置以外完全相同的企业,每个市场由一家单独的本地企业服务。距离或者其他的交易成本阻止一个市场的消费者在另一个市场购买这种产品,因此本地市场中的每家企业都是一个垄断者。现在想象一个承包者创建了一个信息清算所来服务所有的市场。在互联网时代,人们可以把信息清算所看作一个虚拟的商场,它的创建扩大了消费者和企业的商业机会。现在每家本地企业为了获得其他市场的消费者,可以选择向承包者支付广告费 ϕ 以在信息清算所列出价格。每个消费者可以选择向承包者支付 κ 从而在信息清算所中购买本地市场以外企业的产品。

垄断的承包者首先设定 κ 和 ϕ 以最大化其预期利润。给定这个费用,利润最大化的企业定价后决定是否在信息清算所列出其价格。相似地,消费者最优地决定是否支付 κ 以进入信息清算所。在上述环境下,消费者可以轻松地点击鼠标研究信息清算所中的价格(如果他是一个订阅者),也可以访问本地的企业。通过手中的信息,消费者决定是否购买并且从哪家企业购买。

为了分析简化,我们假定信息清算所对消费者免费,其唯一的收入来源是企业交的广告费($\phi>0$)。Baye 和 Morgan 证明了承包者会将 κ 设置得足够低使得所有消费者订阅($l=0$),并且向列出价格的企业收取严格正的费用,从而最大化其预期利润。在后面的章节中,我们会看到,这样的收费方式是平台收费的一个普遍规律。

结合命题 2-5,我们可以得到均衡时企业定价和列出价格决定的特征。每家企业在信息清算所列出价格的概率为:

$$\alpha=1-\left(\frac{2\phi}{(v-m)S}\right)\in(0,1)$$

当一家企业在信息清算所列出价格时,其要价服从分布:

$$F(p)=\frac{1}{\alpha}\left(1-\left(\frac{\phi}{(p-m)S}\right)\right),\quad p\in[p_0,v]$$

式中:$p_0=m+\frac{2\phi}{S}$。

当一家企业不列出价格时,其要价为 v,该企业的预期利润为:

$$E\pi=\phi$$

接下来,参考 Baye 和 Morgan(2001),我们通过承包者的利润最大化问题决定 ϕ 的水平以最大化其预期利润,从而将广告费内生化。具体地,信息清算所的利润为:

$$E[\Pi]=2\alpha\phi=2\left(1-\frac{2\phi}{S(v-m)}\right)\phi$$

从而可以解得最优广告费为:

$$\phi^*=\frac{S(v-m)}{4} \tag{2-17}$$

由式(2-17)可知,最优广告费与消费者数量 S 以及消费者的保留价格 v 正相关。

第三节 搜寻成本与市场结构

市场结构不仅会影响消费者福利,而且是决定收入分配的重要变量。在本章前两节中,我们重点考察了电子商务对价格水平以及价格离散程度的影响。这方面的文献在过去20年迅猛增加。与之形成鲜明对比的是,很少有研究考察互联网的扩散如何影响生产者的数量和种类。

本节将分析电子商务的出现和扩散如何影响均衡的市场结构(包括价格、市场份额、生产者数量以及生产者成本分布)。我们会发现,电子商务的引入会导致低效率企业萎缩和退出,以及市场份额从低效率向高效率企业转移。

一、基本设定

假定每个消费者消费一单位产品,但面临不同的搜寻成本 $s\in\mathbb{R}_+$。消费者总数是固定的,且标准化为1。为了简化模型,我们假设所有消费者的搜寻成本服从均匀分布。

假定1:对于 $a>0$,搜寻成本在$[0,a]$中均匀分布,其概率密度及累积概率分布函数为:

$$q(s)=\begin{cases}1/a, & 0\leqslant s\leqslant a\\ 0, & s>a\end{cases},\quad Q(s)=\begin{cases}s/a, & 0\leqslant s\leqslant a\\ 1, & s>a\end{cases}$$

显然,平均搜寻成本随参数 a 下降而单调递减。

企业的边际成本为 $c>0$,具有异质性且为企业的私人信息,我们假设边际成本服从帕累托分布。

假定2:边际成本服从帕累托分布,其概率密度及累积概率分布函数为:

$$\gamma(c)=\begin{cases}kc^{k-1}, & 0\leqslant c\leqslant 1\\ 0, & c>1\end{cases},\quad \Gamma(s)=\begin{cases}c^k, & 0\leqslant c\leqslant 1\\ 1, & c>1\end{cases}\text{(其中 }k>1\text{)}$$

企业的数目 L 是由零利润条件(zero-profit condition)内生决定的。企业和消费者的决策顺序如下:①在初期,潜在的企业将考虑是否进入。如果某企业决定进入,则需要支付进入沉没成本 κ,并发现其边际成本 $c\in[0,1]$。②企业根据自己的边际成本决定是否退出,选择留下来的企业决定最优的价格和产量。由于生产需要一个固定的经营成本 v,为了进一步简化模型,我们假设该固定成本为0,以下推导直接省略,这对于所有企业都是相同的。

二、消费者问题

令价格的累积概率分布函数和概率密度函数分别为 F 和 f,消费者知道价格分布但是必须花费一定的搜寻成本去了解任何特定企业的价格。消费者的搜寻遵循顺序搜寻模式。对于搜寻成本为 s 的消费者而言,存在一个保留价格 $\rho(s)$,当 $p\leqslant\rho(s)$ 时,消费者停止搜寻,而当 $p>\rho(s)$ 时,消费者继续搜寻,其中,$\rho(s)$ 满足:

$$s=\int_0^{\rho(s)}[\rho(s)-p]f(p)\mathrm{d}p \tag{2-18}$$

其中,等式左边为搜寻的边际成本,等式右边为搜寻的预期收益。对式(2-18)分部积分可以得到:

$$s=\int_0^{\rho(s)}F(p)\mathrm{d}p \tag{2-19}$$

对 s 求导可得 $1=F[\rho(s)]\rho'(s)$,这表明 $\rho(s)$ 在 s 上严格单调递增,因此在定义域内可逆。其经济学含义是:搜寻成本越高,则消费者搜寻的保留价格 $\rho(s)$ 也就越高,从而搜寻概率($P\{p>\rho(s)\}=1-F(\rho(s))$)越低。

由于消费者的搜寻成本与保留价格存在一一对应的关系,即每个消费者都对应一个搜寻成本,令 $r=\rho(s)$,$r\in[\rho(0),\rho(a)]$,可得 $s=\rho^{-1}(r)$,将其代入式(2-19)得到:

$$\rho^{-1}(r)=\int_0^r F(p)\mathrm{d}p$$

令 $G(r)$ 和 $g(r)$ 表示保留价格的概率分布函数和概率密度函数,则由式(2-19)可得:

$$G(r)=Q[\rho^{-1}(r)]=\frac{\rho^{-1}(r)}{a}=\frac{\int_0^r F(p)\mathrm{d}p}{a} \tag{2-20}$$

对 $G(r)$ 关于 r 求导,可得:

$$g(r)=\frac{F(r)}{a} \tag{2-21}$$

三、企业问题

假定:①企业只知道边际成本分布 Γ,却不知道竞争对手的边际成本,从而就不知道竞争对手设定的价格。②企业只知道消费者的搜寻成本分布 Q,但不知道任何消费者的搜寻成本。给定搜寻成本和边际成本的分布,每家企业基于需求函数决定最优价格。

我们首先确定市场份额函数 $x(p)$。根据最优搜寻规则,对于定价为 p 的消费者而言,只有保留价格 $\rho(s)$ 大于 p 的消费者才有可能从该企业购买商品。同时,由于消费者与企业的匹配是随机的,且每个消费者从任意一家 $p<r$ 的企业购买产品的概率为 $\frac{g(r)}{LF(r)}$,其中,L 表示市场上经营的企业总数,从而价格低于 r 的企业的数目为 $LF(r)$。由此可以得到:

$$x(p)=\int_p^{\rho(a)}\frac{g(r)}{LF(r)}\mathrm{d}r \tag{2-22}$$

将式(2-21)代入式(2-22)可得：

$$x(p)=\frac{1}{aL}\int_{p}^{\rho(a)}\mathrm{d}r=\frac{1}{aL}(\rho(a)-p) \tag{2-23}$$

式中：$\rho(a)$表示搜寻成本为 a 的消费者的保留价格——决定是否继续搜寻的门槛价格。显然，$x'(p)=-\frac{1}{aL}<0$。

对于边际成本为 c 的企业而言，其利润函数可以表示为：

$$\pi(c)=\max_{p}\frac{(p-c)(\rho(a)-p)}{aL} \tag{2-24}$$

由利润最大化的一阶条件可得：

$$p(c)=\frac{\rho(a)+c}{2} \text{ 和 } \pi(c)=\frac{(\rho(a)-c)^2}{4aL} \tag{2-25}$$

四、行业均衡

根据式(2-25)可知，向下倾斜的需求具有三个行业均衡的重要性质。

性质 1：均衡价格函数 $p(c)$ 随边际成本递增，即 $p'(c)=\frac{1}{2}>0,(\forall c)$。

性质 2：需求函数 $x[p(c)]$ 随边际成本递减，即$\frac{\mathrm{d}[x[p(c)]]}{\mathrm{d}c}<0,(\forall c)$。

性质 3：利润函数随边际成本递减，即 $\pi'(c)<0,(\forall c)$。

根据性质 3 可知，存在一个边际成本的临界值 $\bar{c}>0$，使得边际成本满足 $c\leqslant\bar{c}$ 的企业决定留在该行业生产，边际成本高于 $\bar{c}$ 的企业退出，其中：

$$0=\pi(\bar{c})=[p(\bar{c})-\bar{c}]x[p(\bar{c})]=\frac{[\rho(a)-\bar{c}]^2}{4aL} \tag{2-26}$$

容易解得 $\bar{c}=\rho(a)$。

初始阶段涉及事前相同的潜在进入者决定进入该行业，因此，在达到均衡时进入的预期利润等于进入的沉没成本，即：

$$\kappa=\int_{0}^{\bar{c}}\pi(c)\gamma(c)\mathrm{d}c=\int_{0}^{\bar{c}}[p(c)-c]x[p(c)]\gamma(c)\mathrm{d}c \tag{2-27}$$

我们将具体表达式代入可以得到：

$$\begin{aligned}\kappa&=\int_{0}^{\bar{c}}\frac{kc^{k-1}[\rho(a)-c]^2}{4aL}\mathrm{d}c\\&=\frac{1}{4aL}\int_{0}^{\rho(a)}(kc^{k-1}\rho(a)^2-2k\rho(a)c^k+kc^{k+1})\mathrm{d}c\\&=\frac{[\rho(a)]^{k+2}}{2aL(k+1)(k+2)}\end{aligned}$$

从而可解得企业数量为 $L=\frac{[\rho(a)]^{k+2}}{2\kappa a(k+1)(k+2)}$，注意这个自由进入条件意味着事前零利润以及事后正利润。

最后，注意性质 1 意味着价格将在区间$[\underline{p},\bar{p}]$分布，且 $\underline{p}=p(0)=\rho(a)/2$ 和 $\bar{p}=p(\bar{c})=\rho(a)$。由$p(c)=[\rho(a)+c]/2$ 和 $\Gamma(c)$的表达式可以得到价格的累积概率分布函数为：

$$\begin{aligned} F(q)=P\{p(c)\leqslant q\mid\pi(c)\geqslant 0\}&=\frac{P\{c\leqslant p^{-1}(q)\&c\leqslant\bar{c}\}}{P\{c\leqslant\bar{c}\}}=\frac{\Gamma[p^{-1}(q)]}{\Gamma(\bar{c})} \\ &=\left(\frac{2q-\rho(a)}{\bar{c}}\right)^k=\left(\frac{2q}{\rho(a)}-1\right)^k,\quad q\in[\underline{p},\bar{p}] \end{aligned} \tag{2-28}$$

其中，对于 $q<\underline{p}$ 有 $F(q)=0$，对于 $q>\bar{p}$ 有 $F(q)=1$。

我们使用式(2-19)，令 $s=a$，再将式(2-28)的价格分布代入可得：

$$\begin{aligned} \int_0^{\rho(s)}F(p)\,\mathrm{d}p-s&=\int_{\rho(a)/2}^{\rho(a)}\left(\frac{2p}{\rho(a)}-1\right)^k\mathrm{d}p-a \\ &=\frac{\rho(a)}{2(k+1)}\left(\frac{2p}{\rho(a)}-1\right)^{k+1}\Bigg|_{\rho(a)/2}^{\rho(a)}-a=\frac{\rho(a)}{2(k+1)}-a=0 \end{aligned}$$

从而得到最高保留价格和企业数目的表达式：

$$\rho(a)=2a(k+1)\text{ 和 }L=\frac{[2a(k+1)]^{k+1}}{(k+2)\kappa} \tag{2-29}$$

我们的目标是确定搜寻成本下降的影响。特别地，我们感兴趣的是搜寻成本转换如何影响价格分布、停止经营临界成本 $\bar{c}$ 和企业数量 L。

命题 2-7

当搜寻成本下降时，企业价格 $p(c)$下降，且临界边际成本 $\bar{c}$ 也将下降，经营中的企业数量 L 也会下降。

证明：由式(2-29)我们可以得到$\rho(a)=2a(k+1)$，显然搜寻成本下降意味着参数 a 下降，从而引起$\rho(a)$下降。

由式(2-25)可知 $p(c)=\frac{\rho(a)+c}{2}$，因此搜寻成本下降意味着给定任何一家企业的边际成本 c，企业价格 $p(c)$都将下降。又由式(2-26)可以得到临界边际成本 $\bar{c}=\rho(a)$，因此，$\bar{c}$ 也将下降。最后，由式(2-29)显然可以看出随着搜寻成本下降，经营中的企业数量 L 也会下降。证毕。

推论 2-1

搜寻成本下降导致了低边际成本企业的利润增加：对于每个 a，存在 $\hat{c}(a)<\bar{c}(a)$使得对于所有 $c<\hat{c}(a)$都有 $\pi_a(c;a)<0$。

证明：令 $\delta(a)\equiv\frac{1}{aL(a)}$，$\delta(a)$ 可以被理解为在给定搜寻成本水平下每家企业的消费者密度，则将 L 代入可得 $\delta(a)\equiv\frac{(k+2)\kappa}{[2(k+1)]^{k+1}}a^{-k-2}$，容易看出 $\delta(a)$ 是 a 的减函数。由此，利润函数可以改写为：

$$\pi(c;a)=\frac{1}{4}\delta(a)[\rho(a)-c]^2$$

对该函数关于 a 求导，我们得到：

$$\begin{aligned}\pi_a[c,a]&=\frac{1}{4}[\rho(a)-c]^2\delta'(a)+\frac{1}{2}\delta(a)[\rho(a)-c]\frac{\partial\rho(a)}{\partial a}\\&=\frac{1}{4}[\rho(a)-c]\left\{[\rho(a)-c]\delta'(a)+2\delta(a)\frac{\partial\rho(a)}{\partial a}\right\}\\&=-\frac{1}{4}[\rho(a)-c]\frac{\delta(a)}{a}[k\rho(a)-(k+2)c]\end{aligned}$$

因此，对于任意 $c\leqslant\frac{k}{k+2}\rho(a)$，$\pi_a[c,a]<0$，随着搜寻成本下降，边际成本较低的企业利润增加。

基于同样的原因，我们还可以得到这样一个结论：随着消费者搜寻成本下降，低成本企业的市场份额增加，高成本企业的份额下降。定义 $X(c,a)=Lx(c;a)$ 表示成本为 c 的企业的销售额，则 $X(c,a)=Lx(c;a)=\frac{a-2c(k+1)}{4a(k+1)}$。则对于任意两家企业 $c_1<c_2$，其市场份额的比值为：

$$\frac{X(c_1,a)}{X(c_2,a)}=\frac{a-2c_1(k+1)}{a-2c_2(k+1)}=1+\frac{2(c_2-c_1)(k+1)}{a-2c_2(k+1)}$$

由此，我们得到如下推论：

推论 2-2

搜寻成本下降导致了高效率企业市场份额增加，而低效率企业市场份额下降，优化了资源配置。

本章小结

传统的经济学更为强调卖方行为和供给侧，而数字技术的进步使得买方消费者的主动性日益增强，并对市场结构和企业行为带来显著影响。数字经济的蓬勃发展带来了更加透明便捷的信息服务，不断地改变着消费者的搜寻方式，使得消费者和生产者相互匹配的搜寻过程更加便利。本章系统地介绍了消费者搜寻模式以及搜寻成本变化对价格分布和市场结构的影响。根据本章的分析，我们得出的结论如下：

1. 不存在“适用于一切”的价格离散均衡模型，不同的模型适用于分析不同的市场环境。例如，搜寻理论模型最适用于分析消费者必须访问不同的商店或企业的网站以收集价格信息的环境；清算所模型适用于分析消费者可以访问一个价格列表的环境，例如，在一份报纸或一个价格比较网站上。

2. 当存在搜寻成本时，即便企业或消费者在事前是完全相同的，依然可能产生价格离散。

3. 搜寻成本与价格离散程度之间呈倒U形关系。因此，消费者搜寻成本的下降并不一定消除价格离散。

4. 价格分布不仅取决于搜寻成本，而且还依赖于市场结构，包括购买者的数量、成本的分布、消费者的需求弹性等。

5. 竞争加剧（企业的数量增加）可以增加或减少离散水平，取决于新进入企业是否会带来更多的“忠实”顾客。

6. 线上购物平台的一个重要角色是“信息看门人”，他们一方面向企业收取广告费，另一方面也帮助消费者获得产品信息。

7. 电子商务兴起所导致的搜寻成本下降对行业中的不同类型企业的影响是不同的。高成本企业会收缩甚至被迫退出，而低成本企业的市场份额则会增加。因此，在市场集中度增加的同时，资源配置效率也得到改善。

思考题

1. 固定样本量搜寻和顺序搜寻两种搜寻条件有什么异同，什么时候顺序搜寻更加符合现实条件？

2. 固定样本量搜寻的 Stigler 模型、Burdett 和 Judd 模型、MacMinn 模型以及顺序搜寻的 Reinganum 模型、定序搜寻模型分别证明在哪些特定的条件下依然存在价格离散？这些条件分别有什么特征？

3. 求证命题 2-5 在允许价格歧视下的均衡：

令 $0\leqslant\phi\leqslant\frac{n-1}{n}(v-m)S$。如果允许对“忠诚的”消费者和“逛街购物者”进行价格歧视，那么有：

(1) 当一个企业不列出其价格时，它的要价等于 v。

(2) 每个企业在信息清算所列出其价格的概率为 $\alpha=1-\left(\frac{\frac{n}{n-1}\phi}{(v-m)S}\right)^{\frac{1}{n-1}}$。

(3) 当一个企业在信息清算所列出其价格时服从分布：

$$F(p)=\frac{1}{\alpha}\left(1-\left(\frac{\frac{n}{n-1}\phi}{(p-m)S}\right)^{\frac{1}{n-1}}\right),p_0=m+\frac{n\phi}{(n-1)S}$$

（4）每家企业的均衡预期利润为：

$$E\pi=(v-m)L+\frac{1}{n-1}\phi$$

4. 给定搜寻成本服从参数为 1 的均匀分布，边际成本服从参数为 5 的帕累托分布，其中沉没成本为 1。计算边际成本为 2 的企业的均衡价格和利润，以及市场上的企业数目和价格分布函数。并计算当边际成本缩减到 1 时，上述值有何变化？是否验证了命题 2-7 及其推论？

5. 假设有 $N>1$ 家对称的、销售同质品且边际成本为常数 c 的企业；每个消费者需求一单位产品且最大支付意愿为 v；有份额为 μ 的“消息灵通者”和 $1-\mu$ 的“消息不灵通者”。其中，“消息灵通者”可以通过信息清算所了解所有产品的价格，并从出价最低的企业处购买产品。而“消息不灵通者”则遵循无成本回忆（free call）的顺序搜寻，其搜寻成本为 s，且能够免费获得一次产品价格信息。

求证：

（1）消费者的保留价格为 $\rho=c+s/(1-A)$，其中：

$$A=\int_0^1\frac{\mathrm{d}z}{1+[\mu/(1-\mu)]Nz^{N-1}}\in(0,1)$$

（2）价格离散度与“消息灵通者”比重 μ 呈倒 U 形关系，即存在 $\bar{\mu}\in(0,1)$，使得价格离散 $E(p-p_{\min})$ 在 $(0,\bar{\mu})$ 递增而在 $(\bar{\mu},1)$ 递减。

提示：请参考 Pennerstorfer, et al. Information and Price Dispersion: Theory and Evidence. International Economic Review, 2020, 61(2): 871-899。

即测即评

本章参考文献

1. Baye M R, Morgan J. Information Gatekeepers on the Internet and the Competitiveness of Homogeneous Product Markets. American Economic Review, 2001, 91: 454-474.

2. Baye M R, Morgan J. Price Dispersion in the Lab and on the Internet: Theory and Evidence. Rand Journal of Economics, 2004, 35: 449-466.

3. Baye M R, Morgan J, Scholten P. Price Dispersion in the Small and in the Large: Evidence from An Internet Price Comparison Site. Journal of Industrial Economics, 2004, 52: 463-496.

4. Brynjolfsson E, Smith M. Frictionless Commerce? A Comparison of Internet and Conventional Retailers. Management Science, 2000, 46(4): 563-585.

5. Burdett K, Judd K L. Equilibrium Price Dispersion. Econometrica, 1983, 51: 955-969.

6. Carlson J A, Pescatrice D R. Persistent Price Distributions. Journal of Economics and Business, 1980, 33(1): 21-27.

7. Deck C A, Wilson B J. Tracking Customer Search to Price Discriminate. Economic Inquiry, 2006, 44: 280-295.

8. Diamond P. A Model of Price Adjustment. Journal of Economic Theory, 1971, 3: 156-168.

9. Macminn R D. Search and Market Equilibrium. Journal of Political Economy, 1980, 88(2): 308-327.

10. Reinganum J F. A Simple Model of Equilibrium Price Dispersion. Journal of Political Economy, 1979, 87: 851-858.

11. Rosenthal R W. A Model in Which an Increase in the Number of Sellers Leads to A Higher Price. Econometrica, 1980, 48(6): 1575-1580.

12. Sorensen A. Equilibrium Price Dispersion in Retail Markets for Prescription Drugs. Journal Political Economy, 2000, 108(4): 833-850.

13. Stigler G J. The Economics of Information. Journal of Political Economy,1961, 69: 213-225.

14. Varian H R. A Model of Sales. American Economic Review, 1980, 70: 651-659.

第三章

网络效应

"杰出的科学家往往会比一个相对不知名的研究人员获得更多的荣誉,即使他们的工作是相似的;这也意味着,荣誉通常会更多地归功于已经成名的研究人员。"

——Robert K. Merton《科学中的"马太效应"》

在传统的工业社会中,企业的产生和消亡是渐进的。但在信息经济时代,垄断只不过是暂时的。今天在市场上流行的技术,很有可能在一夜之间就被更为先进的技术替代。导致这一转变的关键是:传统工业社会是受规模经济驱动的,而新经济的驱动理论则是网络效应。所谓网络效应,是指连接到一个较大的网络要优于连接到一个较小的网络。网络效应的本质是"正反馈",即偶然的成功会引发更大的成功,而偶然的失误则会引起失败。

尽管正反馈并不是新鲜事物,但与传统工业经济不同的是,信息经济时代,正反馈正在以一种新的更强烈的形式出现。在传统社会中,正反馈机制通常是发生在供给侧而不是需求侧的。以内部规模经济为例,生产规模的扩大有助于企业摊平沉没成本,从而提高企业的竞争优势。但是,由于管理大型组织的困难,供给侧的规模经济通常会在企业达到一定规模后消失。所以,传统的市场结构大多属于寡头市场,而不是垄断市场。再如,在新经济地理学中,一个城市人口的集聚会吸引企业入驻,企业数目的增加则通过提供更多的产品种类和就业岗位进一步吸引人口流入,从而形成人口从外围向中心城市的集聚。而人口的集聚又强化了其对企业的吸引力。因此,正反馈机制会促使大城市的规模进一步扩大,但城市规模扩大的同时也会带来房价上涨和交通拥堵问题,并最终限制了人口流入。

而在信息经济时代,这种正反馈机制已经不再局限在产业或者区位层面,而是具体到了企业层面,这是数字经济时代的网络效应与传统的规模经济的一个本质区别。例如,微信的用户数目越多,则使用微信给用户带来的体验也就越好。

本章结构安排如下:第一节介绍网络效应的定义和特征;第二节给出网络产品的需求函数;第三节分析网络产品市场结构与绩效的关系(分直接网络效应和间接网络效应两种情况讨论);第四节讨论兼容策略和公共政策选择。

第一节 网络效应的定义和特征

如果每个用户的效用随着某种产品或其兼容产品数目或用户数目的增加而增加，则称该产品存在网络效应（network effects）。[①]

根据网络效应所影响的人群特征，可以把网络效应分为直接网络效应和间接网络效应两类。其中，直接网络效应又被称为组内网络效应，而间接网络效应也被称为组间网络效应。

直接网络效应（direct network effects）是指某一类用户的效用取决于本组用户的数目。有的平台只有一组用户，如所有通信软件的用户构成了一组用户，这些用户通过平台进行沟通和交流。而在另一些平台上则会有两组或多组用户。例如，电商平台有买家和卖家两组用户。通信软件就是一个具有直接网络效应的平台，它把有通信需求的人聚集在一起。通信网络上的用户越多，通信业务的价值就越大。典型的即时通信软件，如微信、QQ，都具有直接网络效应的特征。

间接网络效应（indirect network effects）是指在平台上一类用户的活动会影响另一类用户。例如，软件平台将程序员和最终用户聚集在一起。最终用户可能不关心其他最终用户的存在，只关心程序员的数量和质量，而程序员则只关心最终用户的数量和需求。再如，网上购物平台，如淘宝、京东、拼多多等，通常拥有两类用户：商家和消费者。商家关心的是平台能够吸引到多少消费者，而消费者关心的是平台上的商家的数量和产品质量。因此，卖家数目越多且提供的产品质量越高，则消费者就越愿意使用该平台，这就是间接网络效应。有买卖双方参与的平台，也被称为双边平台（two-sided platforms）。[②]

关于网络效应，有几点需要注意：第一，网络效应既可能为正，也可能为负。道路拥堵和交通堵塞是典型的负面网络效应。在某一特定时刻选择某一特定道路的司机越多，该道路上的交通就越拥堵，每一个司机的效用就越低。广告会干扰消费者浏览网页，因此，广告商的增加会对读者形成负面网络效应。第二，网络效应的效果取决于群体类型。例如，当一部分人的偏好占主导从而形成时尚和潮流时，这对那些偏好与潮流一致的人群会产生正面网络效应，对于其他人群则会产生负面网络效应。第三，在现实中，平台的用户存在不同的群体，不同群体的社会规范和偏好是有差异的。此时，网络的用户不仅关心网络的规模，而且关注网络成员的身份。第四，由于个体用户对用户数量的信息是不完全的，因此，消费者在购买产品时是基于预期的网络规模进行决策的。

下面通过更为严格的数学推导来阐述直接网络效应和间接网络效应的区别和联系。

---

① 本节参考了 Belleflamme 和 Peitz（2015）。

② 本书第七章会对平台进行更为详细的介绍。

一、直接网络效应

当消费者对某商品的购买意愿与购买该产品的消费者总数(网络规模)正相关时,我们称这种产品具有正向的直接网络效应。存在直接网络效应的效用函数形式如下:

$$U_{ij}=a_i+f_i(n_j^e) \tag{3-1}$$

式中:U_{ij}表示消费者 i 使用一单位产品 j(换言之属于网络 j)所产生的效用。该效用由两部分组成:第一项 a_i 表示独立效用(stand-alone benefits);第二项 $f_i(n_j^e)$ 刻画直接网络效用(direct network benefits)。n_j^e 表示(预期)消费者数目。

$f_i(0)=0$ 且 $f_i'>0$,意味着在网络规模为零的网络中,网络效用为零。随着网络规模扩大,即网络中的消费者数量增加,网络效用会增加。这两种效用可能因消费者而异。

式(3-1)所给出的效用函数可以描述网络或通信市场中的直接网络效应。直接网络效应的典型例子是本地电话交换机,如图 3-1 中的星形网络所示。消费者 A 购买从其所在位置到本地的交换机(线路 AS)来访问网络。如果消费者 B 购买了一个类似的线路(线路 BS),那么用户 A 和 B 可以相互通话。线路 AS 和 BS 可以看作两种互补产品,当它们组合在一起时,就会创造出一个有价值的系统。如果网络由 n 个用户组成,则有 $n(n-1)/2$ 个这样的系统。一个额外的用户加入网络将创建 n 个新系统,这将使所有现有的用户受益。整个网络的价值总和是 n 的二次函数。

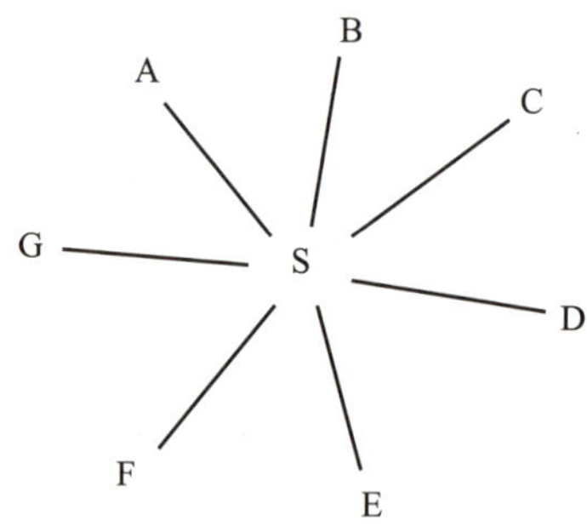

图 3-1 一个简单的星形网络

式(3-1)的隐含假设是,网络效应是单调递增且匿名的。单调递增意味着无论网络规模多大,当一个新用户加入网络后,网络中原来的用户 i 的收益将上升。匿名意味着,新用户对网络的影响,仅与新用户数量有关,与每个用户的身份无关。这些假设是为了让模型易于处理,但现实情况可能更为复杂。在现实中,比起与虚拟的人联系,每个人可能有更高的动机与附近的熟人互动。例如,人们购买手机时,更看重与家人和朋友通话的功能,而不是被随机的人或企业联系到。在有计算机的家庭比例很高的地区,或者当周围朋友和家人都有家用计算机的时候,人们也倾向于购买家用计算机。因此,网络效应仍然被假定为单调递增,但仅限于社区内部。受资源的限制以及社区间利益不协调的影响,正向网络效应的假设不一定总是成立。

二、间接网络效应

间接网络效应也称组间网络效应,是指一类参与者的效用受到另一组参与者数目的影响。例如,计算机软件的种类越多,消费者从购买计算机中所获得的效用也就越大。令

消费者数目为 n,企业数目(产品种类)为 m。博弈过程如下:消费者在第一阶段购买硬件,但不知道第二阶段会有多少软件可用。软件生产者观察消费者第一阶段的购买决策后,决定在第二阶段提供多少种软件。

我们使用 CES(常数替代弹性)效用函数描述用户的效用水平,它随着可用软件种类的增加而增加。具体地,消费者效用函数为如下形式:

$$U = q_0 + \mu\left[\left(\int_0^m q_j^{\rho}\mathrm{d}j\right)^{\frac{1}{\rho}}\right]^{\beta} \tag{3-2}$$

式中:q_0 为外部商品数量;μ 为外生参数,该参数可能因消费者而异;q_j 为软件 j 的数量。

我们假设 $0<\rho<1$(垄断竞争的标准限制)和 $\beta<\rho$,这意味着软件的种类数是边际效用递减的。

消费者是同质的,且收入为 I。他们可以将收入 I 用于购买竞争性供应的外部商品,也可以用于购买价格为 $\hat{p}_h$ 的硬件和价格为 p_j 的软件 j。用 $E=\int_0^m p_j q_j \mathrm{d}_j$ 表示软件的总支出,我们可以将消费者的预算约束表示为:$q_0+\hat{p}_h+E=I$。将后一个表达式与式(3-2)联立,可以将消费者购买硬件和软件组合的间接效用写为:

$$v = I - \hat{p}_h - E + \mu\left[\left(\int_0^m q_j^{\rho}\mathrm{d}j\right)^{\frac{1}{\rho}}\right]^{\beta} \tag{3-3}$$

根据式(3-3),用户只能从硬件和软件组成的系统中获得效用,单独的硬件不提供独立效用。

生产方面,市场结构为垄断竞争:①企业可以自由进入市场,但每一家企业需要付出一个固定成本 f;②进入市场后,每家企业不考虑其定价对市场价格指数的影响,但面临一条向下倾斜的需求曲线。令企业生产的边际成本等于 c,则每种产品 j 的垄断价格 $p_j=c/\rho$。则自由进入条件,也就是零利润条件为:

$$(p_j-c)q_j-f=0 \Leftrightarrow q_j=\frac{\rho}{1-\rho}\frac{f}{c}\equiv q \tag{3-4}$$

在这里,我们得出垄断市场结构一个经常出现的结论:企业的产量(规模)为常数 $q=\frac{\rho}{1-\rho}\frac{f}{c}$。之所以有这个结论,是因为价格(相对)加成率($p_j/c$)是常数,于是产品的绝对加成率($p_j-c$)与边际成本的比值也是一个常数。而产品的价格加成率之所以是常数,其原因有两个:其一是效用函数为 CES 形式。其二,企业在定价时,把行业的价格指数视为外生给定的。也就是说,市场上的企业数目足够多,以至于每家企业相对于市场的规模足够小,从而可以忽略其价格对行业价格的影响。这两个条件改变其中的任何一个,产量为常数的结论就不再成立。

根据式(3-4),我们得到每个企业的销售收入为:$r_j=p_jq=cq_j/\rho=\frac{f}{1-\rho}$,于是,企业的销售收入也是一个常数。根据产品市场均衡条件($mr_j=nE$),我们可以进一步得到:

$$m=\frac{(1-\rho)nE}{f} \tag{3-5}$$

现在我们可以将式(3-4)和式(3-5)代入式(3-3),得到:

$$v = I - \hat{p}_h - E + \mu q^{\beta}\left(\frac{nE}{f}\right)^{\frac{\beta}{\rho}} = I - \hat{p}_h - E + \mu A n^{\alpha} E^{\alpha} \tag{3-6}$$

其中,$\alpha \equiv \beta/\rho$,$A \equiv q^{\beta}/f^{\alpha}$。根据式(3-6),我们可以求解出最优的软件支出为:

$$E^* = (\mu\alpha A n^{\alpha})^{\frac{\alpha}{1-\alpha}} \tag{3-7}$$

将式(3-7)代入式(3-6),我们可以得到消费者的间接效用函数:

$$v = I - \hat{p}_h + \mu^{\frac{1}{1-\alpha}} K n^{\frac{\alpha}{1-\alpha}} \tag{3-8}$$

其中,$K \equiv (1-\alpha)(\alpha A)^{\frac{1}{1-\alpha}}$。令 $a = I - \hat{p}_h$,$f_i(n) = \mu_i^{\frac{1}{1-\alpha}} K n^{\frac{\alpha}{1-\alpha}}$,则不难发现,直接网络效应可以视为间接效用函数的简化形式(reduced form)。

我们把硬件和软件共同组合而成的产品称为“系统”。每个系统都由一个硬件与不同种类的软件组成。这种硬件加软件的模式适用于许多结合信息技术和信息产品的市场。例如,消费者在计算机上使用多个应用程序,在音响上听多个 CD,在操作台或游戏机上玩多个游戏等。因此,消费者对特定硬件的效用,随着可用于该硬件的兼容应用程序的数量增加而提高。令 m_j 表示系统 j 上的软件数量,由于消费者效用通常是取决于软件数量的,我们令消费者 i 使用系统 j 的效用为 $U_{ij} = g_i(m_j)$,$g_i' > 0$。通常,应用程序的数量和质量会随着使用系统 j 的消费者数量的增加而增加。例如,购买游戏机或电子书阅读器的人越多,对应的游戏或电子书的数量也会增加。因此,我们可以把 m_j 写成 $m_j = h(n_j^e)$,其中 $h' > 0$。令 $f_i(n_j^e) = g_i(m_j) = g_i[h(n_j^e)]$,这让我们回到式(3-1)。

命题 3-1

在买卖双方存在间接网络效应的环境中,消费者参与度和使用强度会影响到产品质量、价格和种类,因此,直接网络效应可以视为间接网络效应的简化形式。

第二节 网络效应与需求函数

本节讨论存在网络效应的情况下消费者的需求函数。具体地,我们会区分两种情形:情形 Ⅰ,消费者对网络效应的偏好程度存在差异;情形 Ⅱ,消费者效用函数中的独立效用有差异。

一、网络产品的需求:情形 Ⅰ

令消费者效用函数为如下形式:

$$U(\theta) = a + \theta v n^e \tag{3-9}$$

其中，$\theta\in[0,1]$度量了消费者对网络效应的偏好程度，θ 取值越高，则意味着网络效应给消费者带来的效用越高。假定消费者之间对网络效应的偏好是有差异的。对于最渴望网络效应的消费者（$\theta=1$）而言，其网络效用为 vn^e，而对于最不渴望的消费者（$\theta=0$），其效用不随网络的预期规模变化，所有消费者对技术的独立效用估值 a 都相同。

如果该技术以价格 p 出售，预期的网络规模为 n^e，则存在 θ 的一个临界值 $\hat{\theta}$，使得对于 $\theta\in[\hat{\theta},1]$ 的消费者购买该技术，$\theta\in[0,\hat{\theta})$ 的消费者不购买该技术，于是购买该技术的消费者的数目为 $n=1-\hat{\theta}$，其中，$\hat{\theta}$满足：

$$a+\hat{\theta}vn^e-p=0\Leftrightarrow\hat{\theta}=\frac{p-a}{vn^e}$$

由此得到该技术的需求为：$n=1-\hat{\theta}=1-\frac{p-a}{vn^e}$，当消费者预期是理性的，即预期的消费者数目与实际消费者数目相等时，该技术的需求为：

$$n=1-\frac{p-a}{vn}\Leftrightarrow vn^2-vn+p-a=0 \tag{3-10}$$

图 3-2 展示了消费者数目与价格之间的关系。令 $p(n)=-vn^2+vn+a$，对于给定的价格，即对应多个数量或网络规模。例如，对于区间$(a,a+v/4)$的任何价格 p，有两个与此价格对应的网络规模：①网络规模为 $n_1(p)$，水平线 p^* 穿过 $p(n)$ 曲线的第一个交点；②网络规模为 $n_2(p)$，水平线 p^* 穿过 $p(n)$ 曲线的第二个交点，其中：

$$n_1(p)=\frac{1}{2}-\sqrt{\frac{1}{4}-\frac{p-a}{v}};\quad n_2(p)=\frac{1}{2}+\sqrt{\frac{1}{4}-\frac{p-a}{v}} \tag{3-11}$$

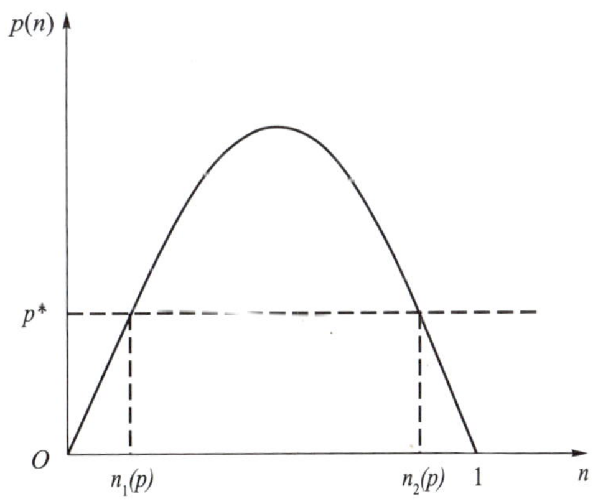

图 3-2　消费者的期望需求

命题 3-2

由于网络效应对消费者效用的影响不同，在给定的价格下，网络规模往往存在多重均衡。

多重均衡直接来自网络效应引起的协调问题。每一个均衡都依赖于自我实现的预期(self-fulfilling prophecies)。

当出现多重均衡时,我们需要一个规则来进行选择。一个解决方案是在模型中引入动态调整过程。假设我们从一个特定的均衡开始加入一点扰动,使得价格略有变化,或者一些消费者改变了他们的决定,我们就发现小规模的网络均衡 $n_1(p)$ 是不稳定的。如果价格稍微上涨,或者某些消费者退出,则会导致消费者愿意支付的价格低于实际价格,最终的结果将是所有的消费者都离开。类似地,如果价格稍微降低,或者一个额外的消费者加入,则网络效应会推动消费者持续加入直到达到均衡 $n_2(p)$ 为止。因此,一旦网络达到 $n_1(p)$,几乎可以肯定它将达到更大规模 $n_2(p)$,因为只需要稍微降低价格就可以实现这一点。因此,我们将均衡 $n_1(p)$ 称为网络的临界需求。

二、网络产品的需求:情形Ⅱ

在这部分模型设定中,我们假定式(3-1)中的独立效用部分是有差异的,不是所有消费者对该技术的网络效用都有相同的评价。具体地,令效用函数为如下形式:

$$U(\theta)=\theta a+vn^e \tag{3-12}$$

其中,$\theta\in[0,1]$ 在消费者之间是有差异的。最急切的消费者($\theta=1$)对该技术的内在质量评价是 $a(a>0)$,而最不急切的消费者($\theta=0$)对其评价为 0。给定价格 p 和期望网络规模 n^e,存在一个 $\theta\in[0,1]$ 的临界点 $\tilde{\theta}$,使得 $\theta\in[\tilde{\theta},1]$ 的消费者购买该技术,其中 $\tilde{\theta}$ 满足:

$$\tilde{\theta}a+vn^e-p=0\Leftrightarrow\tilde{\theta}=(p-vn^e)/a$$

我们注意到 $\tilde{\theta}\geqslant 0$ 等价于 $n^e\leqslant p/v$,$\tilde{\theta}\leqslant 1$ 等价于 $n^e\geqslant(p-a)/v$。因此,对于给定价格 p 和期望网络规模 n^e,采用该技术的实际用户数为:

$$n(p,n^e)=\begin{cases}0 & ,n^e<(p-a)/v\\ 1-\dfrac{p-vn^e}{a} & ,(p-a)/v\leqslant n^e\leqslant p/v\\ 1 & ,n^e>p/v\end{cases} \tag{3-13}$$

假定消费者是理性预期的,即 $n=n^e$。根据式(3-13)中的需求函数可知,当 $0<n=n^e<1$ 时,需求函数可以整理为:

$$n(p)=\max\left\{0,\min\left\{\frac{a-p}{a-v},1\right\}\right\} \tag{3-14}$$

为了保证需求曲线向右下方倾斜,我们假定 $v<a$。显然,当 $p\leqslant v$ 时,$n(p)=1$;当 $p>a$ 时,有 $n(p)=0$ 成立(见图 3-3)。

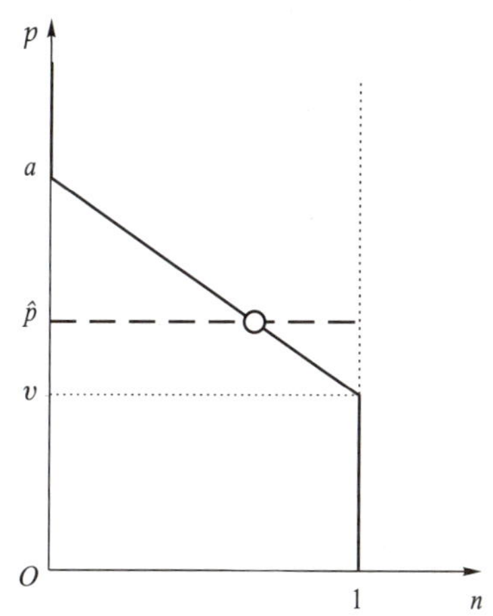

图 3-3　消费者独立效用不同时的需求函数

第三节　网络产品的市场结构与市场绩效

本节讨论具有网络效应的产品或技术的市场结构与市场绩效的关系。本节第一部分考察直接网络效应情况下市场结构对市场绩效的影响；第二部分以共享单车为例考察间接网络效应情况下市场结构与市场绩效的关系；第三部分讲述企业的兼容策略。

一、直接网络效应

我们通过比较完美竞争(perfect competition)①和垄断两种特殊的情形，考察在直接网络效应的情况下，市场结构对于价格和社会福利的影响。假设边际成本为常数 $c(c \geqslant 0)$，c 可以理解为生产一单位网络产品或为网络增加一个新用户的边际成本。我们的目标是推导出在市场结构为完美竞争或垄断时均衡状态下的网络规模。假设现在不存在价格歧视，这意味着所有的消费者都支付相同的价格。

我们依次考虑了关于消费者异质性的两种情况。

（一）异质性网络效用（different network benefits）

当消费者之间对网络效应的偏好存在差异时，网络产品的反需求函数由式(3-10)给出：

$$p(n) = a + vn(1 - n)$$

① 本书之所以把 perfect competition 翻译为“完美竞争”而非“完全竞争”，其原因是，在“完美竞争”的市场结构中，价格 = 边际成本 = 消费者的保留价格，社会福利达到最大化，也就是完美的境界，从而不存在进一步改进福利的可能。

由于 $a+v/4$ 是消费者愿意支付的最高价格，我们假设 $c<a+v/4$，否则市场会消失。在完美竞争下，该技术以边际成本定价（$p=c$）。回顾式（3-11），我们发现：当$c\leqslant a$ 时，$n^c=1$，而当 $c>a$ 时，需求为：

$$n^c=\frac{1}{2}+\sqrt{\frac{1}{4}-\frac{c-a}{v}} \tag{3-15}$$

垄断厂商决定最优网络规模 n 使利润 π 最大化：

$$\pi(n)=n[a+vn(1-n)-c] \quad \text{s.t. } n\leqslant 1$$

由于利润是 n 的三次函数，一阶导数是二次函数，这意味着一阶条件存在两个根：

$$\frac{\partial\pi}{\partial n}=a-c+2vn-3vn^2=0\Leftrightarrow n=\frac{1}{3}\pm\sqrt{\frac{1}{9}-\frac{c-a}{3v}}$$

根据二阶条件，我们容易验证最大根对应最大值，最小根对应最小值。因此可以得出结论：

$$n^m=\frac{1}{3}+\sqrt{\frac{1}{9}-\frac{c-a}{3v}} \tag{3-16}$$

显然，$n^m\leqslant 1\Leftrightarrow c\geqslant a-v$。因此，对于 $a-v\leqslant c<a+v/4$，最优价格存在一个内点解：

$$p^m=\frac{1}{9}\left[3(2a+c)+v+\sqrt{v(3(a-c))+v}\right]>c \tag{3-17}$$

否则 $c<a-v$，市场被完全覆盖，$n^m=1$，$p^m=a>c$。

（二）异质性独立效用（different stand-alone benefits）

当消费者之间的差异表现为独立效用差异时，需求函数和反需求函数分别为：

$$n=(a-p)/(a-v) \text{ 和 } p=a-(a-v)n, v<a$$

我们假设 $c<a$ 来保证市场的存在。在完美竞争市场下，$p=c$。此时，若 $v<c$，则需求为 $n^c=\dfrac{a-c}{a-v}$；若 $c<v<a$，则需求为 $n^c=1$。

对于垄断厂商，最大化问题可以写成：

$$\pi=\max_n n[a-(a-v)n-c] \quad \text{s.t. } n\leqslant 1$$

利润最大化的一阶条件为：$n=(a-c)/2(a-v)$，经过计算得到 $n<1$ 的充要条件是 $c\geqslant 2v-a$。因此，垄断厂商的最优决策为：

$$\begin{cases} n^m=\dfrac{a-c}{2(a-v)}, & p^m=\dfrac{a+c}{2}, \quad 2v-a\leqslant c<a \\ n^m=1, & p^m=v, \quad 0\leqslant c\leqslant 2v-a \end{cases} \tag{3-18}$$

我们通过比较完全竞争和垄断发现，在两种市场结构下可以得到以下结论。

命题 3-3

垄断企业的网络规模小于完美竞争企业,而定价高于完美竞争企业。

如图 3-4 所示,当边际成本足够低时,完美竞争和垄断都导致完全市场覆盖。然而,我们可以验证在垄断市场结构中定价仍然更高。因此,网络效应的存在没有改变垄断相对于完美竞争降低了福利的一般结论。尽管与完美竞争企业相比,垄断企业更有能力"内部化"网络效应,即垄断者意识到,价格降低提高了消费者对网络规模的预期,从而提高了需求。

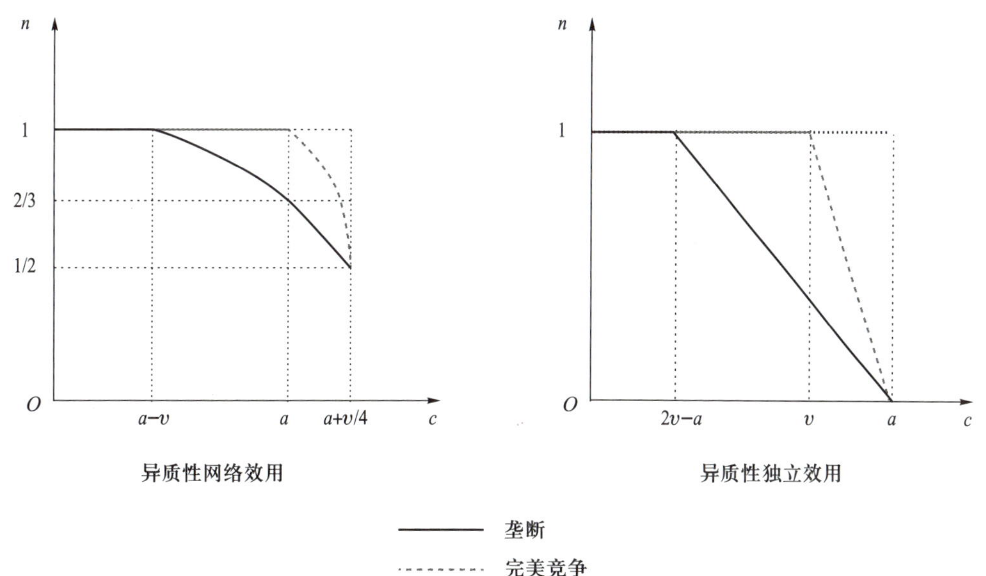

图 3-4 垄断和完美竞争市场下的网络产品供给

我们现在推导社会最优的网络产品规模。我们把社会福利定义为消费者剩余和企业利润的总和:

$$W(n)=\int_{1-n}^{1}[U(\theta,n)-p(n,n)]\mathrm{d}\theta+n[p(n,n)-c]=\int_{1-n}^{1}U(\theta,n)\mathrm{d}\theta-nc$$

对应效用函数 $U(\theta,n)$ 表达式的两种情况,社会福利的表达式可以进一步整理为:

$$U(\theta,n)=\begin{cases}a+\theta vn\\ \theta a+vn\end{cases}\rightarrow W(n)=\begin{cases}n(a+vn-c)-\dfrac{n^2}{2}vn\\ n(a+vn-c)-\dfrac{n^2}{2}a\end{cases}$$

容易验证的是,在这两种情况下,对于所有 $n\in[0,1]$,$W(n)$ 随 n 增加而增加。由此得出结论,当所有消费者加入网络($n=1$)时,社会福利最大化。将其与之前的结果进行比较,我们得到以下结论。

命题 3-4

垄断企业,甚至完美竞争企业,都会出现网络产品供给不足的现象。

因此,我们可以得出结论,网络效应引起了网络外部性(network externalities)。网络外部性是指无论是垄断企业还是完美竞争企业都不会考虑其定价所产生的网络效应,从而引发市场失灵。网络效应与网络外部性的不同之处在于,网络外部性是一种市场失灵,而网络效应不一定引起市场失灵。在这里,当网络产品的生产成本足够大时,无论是垄断企业还是完美竞争企业都无法将这些外部效应内部化。此外,每个消费者虽然都会从更大的网络效应中获益,但单个消费者在决定是否购买时只考虑自身的个人利益。他们没有意识到,其他消费者的效用因为他们加入网络而变得更高。由此产生的均衡网络规模将小于社会福利最优的网络规模(见图 3-4)。

对于直接网络效应的情况,上述结论是没有争议的。而对于间接网络效应是否会引起网络效应,研究者一直存在争论。在某些情况下,间接网络效应确实会引起网络效应。以硬件和软件组合的系统市场为例,Church 等(2008)证明,间接网络效应会导致网络外部性的前提假定有三个:①软件生产是规模报酬递增的;②软件市场自由进入;③消费者对软件存在多样性偏好。

二、间接网络效应:以共享单车为例[①]

共享单车市场具有明显的间接网络效应或组间网络效应。产生间接网络效应的原因是搜寻和匹配摩擦。在这个市场上,消费者找到共享单车的概率与共享单车的数目正相关。也就是说,共享单车的数目对消费者存在正向的间接网络效应。

(一)背景

ofo 是中国第一家共享单车企业,由北京大学的一名学生于 2015 年创立。由于在大学校园里出行不便,最初 ofo 是一个让学生通过在线应用程序共享私人自行车的双边平台。不久之后,ofo 平台决定自己提供带 GPS 追踪的无桩共享单车,并变成了单边平台。这种转变是共享单车和拼车的主要区别。无独有偶,自动驾驶汽车的研究进展可能促使拼车平台向单边网络发展。由此可知,技术进步有可能促使一些平台从双边市场转为单边市场。

共享单车具有两个特点:其一,一个用户从 A 点骑自行车到 B 点后,可以直接将自行车提供给 B 点的下一个用户。它不需要划出固定的出发地和目的地,缓解了自行车在不同地点、不同时间下潜在的供需不平衡问题,从而解决了“最后一公里”的问题。这种“消

① 本部分内容借鉴了 Cao 等(2021)。

费即供应"(consumption-as-supply)的模式对于共享单车来说格外具有吸引力。其二,使用者之间存在着明显的组间网络效应。道路上的单车越多,消费者使用共享单车的收益也就越大。当大量用户在小范围内广泛使用 ofo 单车时,大大增加了用户在特定时间和地点找到单车的概率,从而鼓励更多的用户使用共享单车。

截至 2018 年 1 月,ofo 从大学校园迅速发展到 20 个国家的 250 多个城市。ofo 的发展吸引了众多竞争对手,其中摩拜(Mobike)是同时期最大的竞争对手。从一开始,ofo 和 Mobike 占据中国 90%以上的自行车共享市场,使得许多城市成为其垄断或双寡头市场。如果 ofo 和 Mobike 都进入某一城市,大多数消费者会选择"多属"(multi-homing),即两种单车都会使用,因为这两种自行车在特定时间和地点几乎是完全替代品,两款 App 也都可以使用微信或支付宝进行支付。这两个单车网络是兼容的,用户可以自由地在两个网络之间选择。

那么,Mobike 的加入会对 ofo 的共享单车价格产生怎样的影响呢?在普通的市场上,竞争通常会降低价格。但是,Cao 等(2021)的研究却发现,Mobike 的进入不仅扩大了 ofo 的市场,使得 ofo 的出行量提高了 40.8%,而且还使得每次出行平均价格提高了 0.041 元(定价每次骑行 1 元)。那么,什么样的机制会导致现有企业的价格上升和市场扩张?为什么在第二家企业进入之后,ofo 的自行车投放量反而增加了?

为了回答这些问题,我们接下来通过一个包含间接网络效应的理论模型来对上述现象进行解释。在这两种类型的市场中,消费者根据每个企业的价格和找到一辆自行车的概率来决定是否骑行。除了价格,企业要决定对自行车的投资,这影响了匹配概率。当然,拥堵会产生负面的网络效应,但如果匹配技术是规模报酬递增的,它也会产生积极的网络效应,因为市场上有更多的自行车供给,消费者进行搜寻,增加了匹配效率。由于 ofo 和 Mobike 的相似性,我们只考虑双寡头的对称均衡。

(二)模型设定

考虑一个市场,消费者数量标准化为 1,每个消费者完成出行的价值标准化为 1,消费者可以使用自行车或其他方式完成出行。如果消费者选择其他方式,如购买自行车、驾驶私家车或叫出租车,则个人外部选择成本 c 在区间$[0,1]$上服从均匀分布,即 $F(c)=c$。

如果消费者选择使用共享单车,他需要购买这项服务。但消费者也可能在附近找不到自行车。因此,我们假设找到自行车的概率是由一个加总匹配函数(aggregate matching function)决定的。具体地,如果正在寻找共享单车的消费者数目为 u,市场上现有自行车的数目为 v,则匹配量为 $m(u,v)=Av^{\alpha}u^{\beta}$,其中 $0<\alpha,\beta\leqslant 1$。假设匹配函数具有规模报酬不变的性质,即 $\alpha+\beta=1$。① A 是决定匹配效率的外生参数。

① 现实中可能存在规模收益递增或递减的情况。匹配技术规模报酬递增意味着正向的直接网络效应:当消费者使用共享单车服务时,他们实际上也在为企业运输自行车。因此,随着越来越多的消费者使用自行车,其他消费者也更有可能找到一辆自行车。

在上述匹配函数下,消费者找到自行车的概率是 $q=\frac{m(u,v)}{u}=Av^{\alpha}u^{\beta-1}$。我们假设消费者只搜寻一次,如果找不到自行车,那么得到的价值为0。这个假设反映了共享单车的目的是帮助消费者解决“最后一公里”问题,如果消费者找不到自行车,他们会尝试其他交通方式,而不是继续寻找自行车。

我们考虑两种市场结构。第一种是市场上只有一家垄断厂商;第二种是市场上有两家双寡头厂商在竞争。行动(move)的顺序为:首先,厂商选择自行车的价格和市场投放的数量;其次,消费者在共享单车和其他出行方式之间进行选择。如果消费者成功找到一辆自行车并且价格低于1元,他会使用自行车。否则,他会选择其他方式。

在垄断情况下,垄断厂商制定共享单车的价格和市场投放的总量。假设投资成本函数为:

$$\psi(v)=\frac{1}{2}v^2$$

在双寡头情况下,厂商1与垄断厂商相同,而厂商2是新进入厂商,成本函数同为 $\psi(v)$。两个双寡头厂商同时决定投放进市场的自行车数量 (v_1,v_2) 和价格 (p_1,p_2)。给定 v_1 和 v_2,消费者找到厂商1的自行车的概率为:

$$q_1=A\ (v_1+v_2)^{\alpha}u^{\beta-1}\frac{v_1}{v_1+v_2}$$

式中:$A\ (v_1+v_2)^{\alpha}u^{\beta-1}$ 为找到自行车的概率;$\frac{v_1}{v_1+v_2}$ 为这辆自行车属于厂商1的概率,搜寻是完全随机的。

同样,消费者找到厂商2的自行车的概率是:

$$q_2=A\ (v_1+v_2)^{\alpha}u^{\beta-1}\frac{v_2}{v_1+v_2}$$

接下来,我们求解垄断情况下的价格 p^m 和自行车投放量 v^m,以及双寡头情况下厂商1均衡时的价格 p_1^d 和投资 v_1^d,并通过比较 (p^m,v^m) 和 (p_1^d,v_1^d) 考察厂商2进入市场的影响。

(三)均衡分析

1. 垄断情形

我们通过逆向归纳法求解模型。给定 p 和 v,如果满足以下条件,消费者会选择骑自行车:

$$q^*(1-p)\geqslant 1-c \quad 或 \quad c\geqslant 1-q^*(1-p)$$

式中:q^* 为均衡状态下消费者找到自行车的概率。

由于 c 服从均匀分布,寻找自行车的消费者总量为:$u=q^*(1-p)$,将其代入 $q=\frac{m(u,v)}{u}=Av^{\alpha}u^{\beta-1}$ 可得 $q^*=Av^{\alpha}\left[q^*(1-p)\right]^{\beta-1}$,从而可以解出 q^*:

$$q^{*}=A^{\frac{1}{2-\beta}}v^{\frac{\alpha}{2-\beta}}(1-p)^{\frac{\beta-1}{2-\beta}}$$

显然，$\frac{\partial q^{*}}{\partial p}>0$，即给定单车的数量，价格越高，则消费者数目越低，从而找到单车的概率越大。

消费者使用共享单车的预期效用（需求）为：

$$q^{*}(1-p)=A^{\frac{1}{2-\beta}}v^{\frac{\alpha}{2-\beta}}(1-p)^{\frac{1}{2-\beta}}$$

垄断厂商利润最大化目标为：

$$Av^{\alpha}\left[q^{*}(1-p)\right]^{\beta}p-\psi(v)=A^{\frac{2}{2-\beta}}v^{\frac{2\alpha}{2-\beta}}(1-p)^{\frac{\beta}{2-\beta}}p-\psi(v) \tag{3-19}$$

式中：$Av^{\alpha}\left[q^{*}(1-p)\right]^{\beta}$ 是消费者和自行车匹配成功的总量，对于每一次成功匹配的出行，垄断厂商的收入为 p。

一方面，通过向市场投放更多的自行车，匹配成功的次数增多，总收入会增加，但成本也会增加。另一方面，通过设定更高的价格，单次出行的收入将会增加，但是价格上升，选择骑自行车的消费者减少，匹配成功的总量也会减少。在此权衡基础上，垄断者决定投资总额和价格，并根据一阶条件求解。首先，垄断价格由下式确定：

$$\frac{\beta}{2-\beta}p^{m}=1-p^{m}\Leftrightarrow p^{m}=\frac{2-\beta}{2}<1$$

其次，当 $\alpha+\beta<2$ 时，最优化问题是 v 的凹函数，因此垄断投资 v^{m} 满足下式：

$$v=\frac{2\alpha}{2-\beta}A^{\frac{2}{2-\beta}}v^{\frac{2\alpha}{2-\beta}-1}(1-p^{m})^{\frac{\beta}{2-\beta}}p^{m}$$

由此可以解出 v^{m}：

$$v^{m}=\left[\frac{2\alpha}{2-\beta}A^{\frac{2}{2-\beta}}(1-p^{m})^{\frac{\beta}{2-\beta}}p^{m}\right]^{\frac{2-\beta}{2(2-\beta)-\alpha}}$$

上述结果可以用下面的引理来概括。

引理 1：在垄断情况下，均衡价格和均衡投资为：

$$p^{m}=\frac{2-\beta}{2}\text{和 }v^{m}=\left[\frac{2\alpha}{2-\beta}A^{\frac{2}{2-\beta}}(1-p^{m})^{\frac{\beta}{2-\beta}}p^{m}\right]^{\frac{1}{2-\frac{\alpha}{2-\beta}}} \tag{3-20}$$

2. 双寡头情形

我们首先解决消费者是否选择骑自行车的问题。q_1^{*} 表示消费者找到厂商 1 的自行车的均衡概率，q_2^{*} 表示消费者找到厂商 2 的自行车的均衡概率。给定 v_1 和 v_2，这两个概率分别是：

$$q_1=A(v_1+v_2)^{\alpha}u^{\beta-1}\frac{v_1}{v_1+v_2}$$

$$q_2=A(v_1+v_2)^{\alpha}u^{\beta-1}\frac{v_2}{v_1+v_2}$$

如果满足以下条件，消费者会选择骑自行车：

$$q_1^*(1-p_1)+q_2^*(1-p_2)\geqslant 1-c \text{ 或 } c\geqslant 1-q_1^*(1-p_1)-q_2^*(1-p_2)$$

我们可以解出均衡数量分别为：

$$q_1^*=A(v_1+v_2)^{\alpha}[q_1^*(1-p_1)+q_2^*(1-p_2)]^{(\beta-1)}\frac{v_1}{v_1+v_2}$$

$$q_2^*=A(v_1+v_2)^{\alpha}[q_1^*(1-p_1)+q_2^*(1-p_2)]^{(\beta-1)}\frac{v_2}{v_1+v_2}$$

厂商 1 的利润为：

$$A(v_1+v_2)^{\alpha}\frac{v_1}{v_1+v_2}[q_1^*(1-p_1)+q_2^*(1-p_2)]^{\beta}p_1-\psi(v_1) \tag{3-21}$$

通过比较寡头和垄断情况下企业利润函数的表达式，我们可以观察到两种相反的效应：其一是商业窃取效应（business stealing effect），体现在$(v_1+v_2)^{\alpha}\frac{v_1}{v_1+v_2}<v_1^{\alpha}$。给定$v_1$，厂商 2 的运作降低了厂商 1 的匹配总量，因为厂商 2 吸引了一些消费者。其二是市场扩张效应，体现在$q_1^*(1-p_1)+q_2^*(1-p_2)$这一项。厂商 2 的存在吸引了更多的消费者进入市场，从而增加了厂商 1 的匹配总量。

我们可以把q_1^*和q_2^*写成v_1、v_2、p_1、p_2的函数，把它们代入利润函数可得：

$$\pi_1=A^{\frac{2}{2-\beta}}v_1^{\frac{2}{2-\beta}}(v_1+v_2)^{-\frac{2(1-\alpha)}{2-\beta}}\left[(1-p_1)+\frac{v_2}{v_1}(1-p_2)\right]^{\frac{\beta}{2-\beta}}p_1-\psi(v_1)$$

$$\pi_2=A^{\frac{2}{2-\beta}}v_2^{\frac{2}{2-\beta}}(v_1+v_2)^{-\frac{2(1-\alpha)}{2-\beta}}\left[(1-p_2)+\frac{v_1}{v_2}(1-p_1)\right]^{\frac{\beta}{2-\beta}}p_2-\psi(v_2)$$

厂商 1 和厂商 2 同时选择(v_1^d,p_1^d)和(v_2^d,p_2^d)来实现利润最大化。我们将关注对称均衡，即$v_1^d=v_2^d$和$p_1^d=p_2^d$。

首先，关于p_1的一阶条件是：

$$\frac{\beta}{2-\beta}p_1=(1-p_1)+\frac{v_2}{v_1}(1-p_2)$$

在对称均衡中，很容易推导出：

$$p_1^d=p_2^d=p^d=\frac{2(2-\beta)}{4-\beta}$$

其次，我们可以根据厂商 1 的利润函数得出关于v_1的一阶条件。将p_1^d和p_2^d代入一阶条件可以得到均衡投资v_1^d和v_2^d。在对称均衡中，我们得到$v_1^d=v_2^d=v^d$，其中v^d满足：

$$v^{2-\frac{\alpha}{2-\beta}}=A^{\frac{2}{2-\beta}}\left[\frac{2}{2-\beta}-\frac{2(1-\alpha)}{2(2-\beta)}-\frac{\beta}{2(2-\beta)}\right]\omega$$

式中：$\omega=2^{\frac{\beta-2(1-\alpha)}{2-\beta}}(1-p^d)^{\frac{\beta}{2-\beta}}p^d$。

上述结果可以用下面的引理来概括。

引理 2：在双寡头情况下，均衡价格和均衡投资为：

$$p^d=\frac{2(2-\beta)}{4-\beta} \text{ 和 } v^d=\left(A^{\frac{2}{2-\beta}}\frac{1+\alpha-\frac{\beta}{2}}{2-\beta}\omega\right)^{\frac{1}{2-\frac{\alpha}{2-\beta}}} \tag{3-22}$$

接下来,我们比较垄断和双寡头情况下的价格和投资量。

命题 3-5

双寡头价格大于垄断价格:$p^d>p^m$。

命题 3-6

寡头情况下投资水平更高($v^d>v^m$)的条件是:

$$2^{\frac{\beta-2(1-\alpha)}{2-\beta}}>\frac{4\alpha}{2\alpha+2-\beta}\frac{(1-p^m)^{\frac{\beta}{2-\beta}}p^m}{(1-p^d)^{\frac{\beta}{2-\beta}}p^d} \tag{3-23}$$

(四)模型的总结

该模型突出了共享单车的几个重要特征:消费者搜寻、匹配摩擦、边际投资成本递增和其他出行选择的存在。模型预测双寡头市场的价格高于垄断市场,但交易量、自行车投资的大小比较取决于两个因素:①网络效应的大小。在模型中,正向网络效应体现为规模报酬递增的匹配技术。当匹配收益显著增加时,双寡头竞争将产生足够大的市场扩张效应(market expanding effect),足以抵消商业窃取效应。在双寡头情况下,每个企业都有动机比垄断企业进行更大规模的自行车投资,提供更多的服务。当增加的报酬足够高时,双寡头市场的自行车利用率也会高于垄断市场。②投资成本。如果每辆自行车的成本不变,正向网络效应将促使垄断者投资无限量的自行车,新企业没有进入的空间。但是,由于企业需要更多的努力来平衡和维持一个庞大而多样化的自行车网络,因此,随着自行车提供数量的增加,边际成本是递增的。每个企业都必须在正向网络效应和投资成本之间权衡来决定是否扩张。当每个企业投资成本增加得足够快时,两个企业同时投资比一个企业进行全部投资的收益会更高。单独的垄断者不能达到同样的效率,因为它必须独自承担达到同样规模的全部成本。

第四节 标准与兼容策略

当存在网络效应时,企业之间是否选择兼容策略决定了网络效应能否在企业之间共享。如果企业选择不兼容策略,也就是生产完全不同的产品,那么,这就意味着网络效应是在企业层面的,而不是行业层面。本节首先讨论网络产品不兼容时的消费者选择问题;

其次，讲述存在网络效应的条件下，产品的兼容程度对企业产量和定价策略的影响；最后，分析企业的兼容策略选择。

一、不兼容网络商品的消费者协调问题

首先，我们分析一个简单的模型，其中，消费者依次进入市场。每个时期，一个新的消费者必须在两种网络产品之间进行选择。我们会发现，网络效应会转化为一种自我强化的过程，最终导致一种产品以牺牲另一种产品为代价获得市场主导地位。

其次，我们研究了另一个模型，两个消费者必须决定是保留旧的网络产品，还是用一个新的网络产品取代它。此时可能存在市场失灵，导致消费者过度惰性（excess inertia）或过度激进（excess momentum）。过度惰性意味着即使新产品让消费者的效用更高，他们仍然坚持使用旧产品。过度激进意味着消费者选择新产品，但实际上，他们使用旧产品效用会更高。此外，当消费者对其他消费者的偏好存在不完全信息时，市场失灵的可能性更大。

（一）顺序选择：自我强化和锁定

我们建立一个简单的模型来强调历史事件在不兼容的网络商品之间的竞争中的重要性。假定存在两种产品 A 和 B。这两种商品都是竞争性供应的，因此，价格等于边际成本，且边际成本是相同的。有两种类型的消费者："A 粉丝"从产品 A 中获得的独立收益大于产品 B；"B 粉丝"从产品 B 中获得的独立收益更大。我们在表 3-1 中定义了消费者在某个日期 t 的效用，其中 n_A^t 和 n_B^t 分别是到目前为止采用产品 A 和 B 的消费者数量，$v \geqslant 0$ 测量了网络效应的重要性，$\theta_A > \theta_B$ 和 $\mu_B > \mu_A$。消费者是短视的：他们的选择基于当前的网络规模，而不对未来的网络规模形成预期。

表 3-1 消费者效用

分类	产品 A	产品 B
A 粉丝	$\theta_A + vn_A^t$	$\theta_B + vn_B^t$
B 粉丝	$\mu_A + vn_A^t$	$\mu_B + vn_B^t$

在每个时期，一个消费者必须决定是否采用产品 A 或 B。我们假设消费者选择的类型是随机的：1/2 的概率是 A 粉丝，1/2 的概率是 B 粉丝。令 $\delta^t \equiv n_A^t - n_B^t$ 表示 t 期之后选择商品 A 和 B 的消费者数目（安装基数）的差值。

如果没有网络效应（$v=0$），消费者的选择就像掷硬币一样。根据大数定律，当 t 趋于无穷大时，δ^t 趋于 0。在这种情况下，均衡纯粹是由长期的供求力量驱动的。历史事件可能有短暂的影响，但长期的力量最终会使经济回到平衡状态。然而，当存在网络效应（$v>0$）时，这一结果就不见得成立。考虑 $t+1$ 期消费者的产品采用决定。如果消费者是 A 粉丝，他更愿意采用他喜欢的产品（A）的充要条件是：

$$\theta_A + vn_A^t \geqslant \theta_B + vn_B^t \Leftrightarrow \delta^t \geqslant \Delta_A \equiv -(\theta_A - \theta_B)/v \tag{3-24}$$

类似地，如果消费者是B粉丝，他更愿意采用他喜欢的商品（B）的充要条件是：

$$\mu_B + vn_B^t \geqslant \mu_A + vn_A^t \Leftrightarrow \delta^t \leqslant \Delta_B \equiv (\mu_B - \mu_A)/v$$

根据定义，$\Delta_A<0<\Delta_B$。于是，根据 δ^t 的取值，我们得到三个区域：在区域Ⅰ，$\delta^t<\Delta_A<\Delta_B$，所有的消费者都选择采用产品B；在区域Ⅱ，$\Delta_A<\delta^t<\Delta_B$，消费者根据自己的类型做出选择，即A粉丝选择产品A，B粉丝选择产品B；在区域Ⅲ，$\Delta_A<\Delta_B<\delta^t$，所有的消费者选择产品A（见图3-5）。

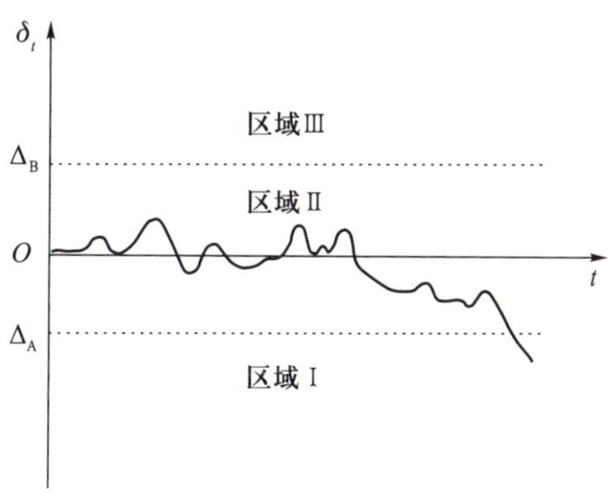

图3-5　具有网络效应的产品采用

尽管很简单，这个模型还是让我们得出了一些有启发性的结论。首先，互不兼容的网络商品竞争的长期结果是一家企业主导。其次，由于区域Ⅱ中序列$\{\delta^t\}$的演化是随机的，长期的演化是由小的历史事件决定的，长期获胜者的身份是无法预测的。正如我们将在下一部分中指出的，在不完美竞争的网络市场中，安装基数是一个关键的战略变量。最后，市场交易过程可能是低效率的：大多数人喜欢的好东西可能不是长期的赢家，这取决于早期行动者的喜好。因此，我们得出结论：

命题3-7

从长期来看，互不兼容的网络商品之间的竞争，很可能导致单一商品占据市场主导地位。占据市场主导地位的商品不能事先预测（它将取决于小的历史事件），并且可能不是最好的选择。

（二）消费者间的协调问题：过度惰性、过度激进和从众

前一个模型中，消费者非常机械地把其他消费者的选择视为是外生给定的，而不考虑自身选择对其他消费者的影响。本节放松该假定。我们的目标是突出网络效应在市场需求方面引起的协调问题（见图3-6和图3-7）。

考虑两个消费者，他们必须决定是保留旧的网络商品A，还是用一个新的商品B来取代它。我们依次研究两种情况：在第一种情况，每个消费者知道另一个消费者对两种商品的偏好，但两个消费者是同时行动的；在第二种情况，我们允许两个消费者行动顺序有差异，但每个消费者只知道自己的偏好信息，而并不了解其他消费者的偏好。

1. 同时行动

为简化分析，假定两个消费者的效用函数形式是相同的，且消费者持有老产品和新产品的效用分别为：

$$U_A = a_A + v_A n_A \text{ 和 } U_B = a_B + v_B n_B \tag{3-25}$$

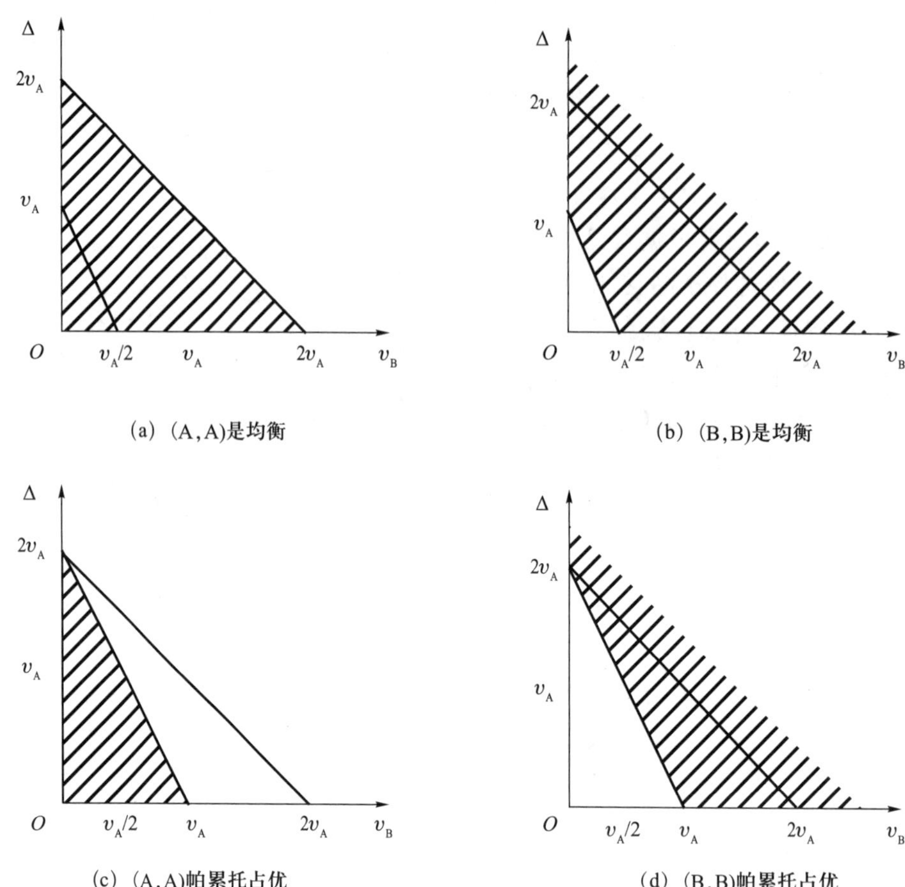

图 3-6 不兼容网络产品采用的协调问题 Ⅰ

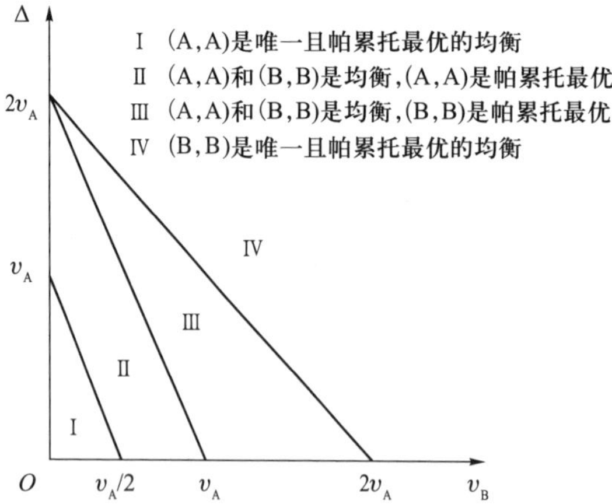

图 3-7 不兼容网络产品采用的协调问题 Ⅱ

式中：n_A 和 n_B 分别表示选择产品 A 和 B 的消费者数目，$v_A, v_B>0$ 意味着两种产品都存在网络效应。

由于技术进步，产品 B 能够带来更大的独立效用，即 $\Delta=a_B-a_A>0$。

两个消费者需要决定选择产品 A 还是产品 B，博弈的收益见表 3-2。其中，表 3-2 的第一行第一列的格子表示“消费者 1 和消费者 2 均选择产品 A 时”消费者的效用水平，第一行第二列的格子表示消费者 1 选择产品 A 而消费者 2 选择产品 B 时的消费者效用。以此类推。

表 3-2 一个典型的协调博弈

消费者 1	消费者 2	
	旧(A)	新(B)
旧(A)	a_A+2v_A, a_A+2v_A	a_A+v_A, a_B+v_B
新(B)	a_B+v_B, a_A+v_A	a_B+2v_B, a_B+2v_B

首先，我们说明(A,B)和(B,A)不是均衡结果。其中，策略(A,B)表示的是消费者 1 选择老产品 A，消费者 2 选择新产品 B，策略(B,A)的含义类似。具体地，若消费者 2 选择产品 B，则消费者 1 选择产品 A 和 B 的效用分别为 a_A+v_A 和 a_B+2v_B，于是消费者 1 选择产品 A 的充分必要条件是 $a_A+v_A\geqslant a_B+2v_B$，即 $v_A-2v_B\geqslant\Delta$。类似地，若消费者 1 选择产品 A，则消费者 2 选择产品 B 的充分必要条件是 $a_B+v_B\geqslant a_A+2v_A$，即 $\Delta\geqslant 2v_A-v_B$。如果(A,B)或(B,A)是均衡结果则必须满足 $v_A-2v_B\geqslant\Delta\geqslant 2v_A-v_B$，这就要求 $v_A+v_B\leqslant 0$，显然是不成立的。也就是说，当存在正网络效应时，两个消费者的策略一定是相同的，这就是“从众”(bandwagon)。

也就是说，均衡的策略只可能是(A,A)或(B,B)。进一步地，两个消费者都选择策略 B 的充分必要条件是 $\Delta\geqslant v_A-2v_B$(对应图 3-7 中的区域Ⅱ、Ⅲ和Ⅳ)，即当产品 B 的独立效用更高时，消费者更倾向于选择产品 B。消费者均选择产品 A 的充分必要条件是 $\Delta\leqslant 2v_A-v_B$(对应图 3-7 中的区域Ⅰ、Ⅱ和Ⅲ)。

根据图 3-6 和图 3-7 可知，在区域Ⅱ和Ⅲ，策略(A,A)或(B,B)都可能是最优的策略。但在区域Ⅰ和Ⅱ，对于两个消费者而言，策略(A,A)带来的预期收益均高于(B,B)，也就是说，策略(A,A)相对于策略(B,B)是帕累托占优的(Pareto-dominating)；在区域Ⅲ和Ⅳ，策略(B,B)带来的预期收益均高于(A,A)，也就是说，策略(B,B)相对于策略(A,A)是帕累托占优的。其中，区域Ⅱ和Ⅲ之间的线为 $\Delta=2v_A-2v_B$，即满足 $a_B+2v_B=a_A+2v_A$。

如果在区域Ⅱ消费者选择了均衡策略(B,B)，那就意味着消费者选择了一个预期效用较低的均衡，我们就认为消费者是过度激进的。类似地，如果在区域Ⅲ，消费者选择了均衡策略(A,A)，我们就认为消费者是过度惰性的。

命题 3-8

由于消费者之间的协调问题，在采用网络产品时可能存在过度惰性或过度激进。

2. 序贯行动

上一小节分析了两个消费者同时行动，且消费者偏好完全相同的情况。接下来，我们允许两个消费者行动顺序有差别，且每个消费者知道自己的偏好信息，却不了解其他消费者的偏好信息。我们接下来说明，这种不确定性也可能导致过度惰性。具体地，如果你和其他消费者转向新产品，你将享受到最大的好处。但是，你不知道其他消费者的收益，因此，当你选择某个策略时，后面的消费者很有可能选择不同的策略。如果你是唯一接受新产品的人，你会担心自己得到的福利太低，所以你不愿意冒险先行一步。现在，如果另一个消费者和你一样，你们两个都会等待，没有人会先迈出第一步，因此不能获得高效益。

考虑两个消费者，我们用 $i=1,2$ 表示消费者，用 θ_i 表示消费者 i 对网络效应的偏好程度。具体地，假定消费者效用函数的形式为：$u_A(n_A;\theta_i)=a_A+\theta_i v_A n_A$，其中，$u_A(n_A;\theta_i)$ 表示当使用产品 A 的消费者数量为 n_A 时消费者 i 采用产品 A 的效用。类似地，使用产品 B 的消费者数量为 n_B 时消费者 i 采用产品 B 的效用为 $u_B(n_B;\theta_i)=a_B+\theta_i v_B n_B$。

假定 θ_i 在区间$[0,1]$上服从均匀分布，且信息是不完全的，即每个人只知道自己的偏好，但不了解别人的偏好。博弈分为两期，在第一期和第二期，每个消费者都可以选择是否转向新产品。

下面我们通过一个例子来进行说明。令 $a_A=3, v_A=1, a_B=1, v_B=5$，则消费者的效用函数可以表达为：

$$\begin{cases} u_A(1;\theta_i)=3+\theta_i & (\text{只有 } i \text{ 使用旧产品}) \\ u_A(2;\theta_i)=3+2\theta_i & (i \text{ 和 } j \text{ 都使用旧产品}) \\ u_B(1;\theta_i)=1+5\theta_i & (\text{只有 } j \text{ 使用新产品}) \\ u_B(2;\theta_i)=1+10\theta_i & (i \text{ 和 } j \text{ 都使用新产品}) \end{cases} \tag{3-26}$$

这个效用函数有一些有趣的性质：

(1) 由于 $u_B(1;\theta_i)-u_A(2;\theta_i)=-2+3\theta_i$，因此，$u_B(1;1)-u_A(2;1)=1>0$，即对于 $\theta_i=1$ 的消费者而言，即便其他消费者选择产品 A，该消费者依然会转向新产品。

(2) 由于 $u_B(2;\theta_i)-u_A(1;\theta_i)=-2+9\theta_i$，因此，$u_B(2;0)-u_A(1;0)=-2<0$，即对于 $\theta_i=0$ 的消费者而言，即便其他消费者选择转向产品 B，该消费者依然会坚持持有旧产品。

根据上述分析可知，存在 θ_i 的两个临界点 α 和 β，$0<\alpha<\beta<1$，使得：①$\beta\leqslant\theta_j\leqslant 1$ 的消费者在第一期转向新产品；②$\alpha\leqslant\theta_j\leqslant\beta$ 的消费者在第二期转向新产品；③$0\leqslant\theta_j\leqslant\alpha$ 的消费者坚持持有旧产品。

为了确定均衡策略以及临界点(α,β)的具体取值，我们首先定义“对称从众均衡”。

定义："对称从众均衡"（symmetric bandwagon equilibrium）是指所有消费者的临界点(α,β)都相同的均衡。

对于任意消费者而言，其存在三个行动计划（plan of actions）：行动计划 1（pa_1），在第一期转向新产品；行动计划 2（pa_2），第一期持有旧产品，第二期转向新产品；行动计划 3（pa_3），在两期均持有旧产品。

令 $Eu(pa_k,\theta_i)$表示消费者 i 采用策略 pa_k 且对手采取从众策略(α,β)的预期效用，则由于 θ_i 服从均匀分布，我们得到：

$$\begin{cases}Eu(pa_1,\theta_i)=\alpha u_B(1;\theta_i)+(1-\alpha)u_B(2;\theta_i)\\Eu(pa_2,\theta_i)=\beta u_A(2;\theta_i)+(1-\beta)u_B(2;\theta_i)\\Eu(pa_3,\theta_i)=\beta u_A(2;\theta_i)+(1-\beta)u_A(1;\theta_i)\end{cases}\tag{3-27}$$

根据从众策略，类型 θ_i 在 β 以上的用户选择 pa_1，类型在 α 和 β 之间的用户选择 pa_2，类型低于 α 的用户选择 pa_3（见图 3-8），其中，临界点 α 和 β 满足：

$$Eu(pa_2,\alpha)=Eu(pa_3,\alpha)\Leftrightarrow u_B(2;\alpha)=u_A(1;\alpha)\Leftrightarrow\alpha=2/9\tag{3-28}$$

$$Eu(pa_1,\beta)=Eu(pa_2,\beta)\Leftrightarrow\beta u_A(2;\beta)+(\beta-\alpha)u_B(2;\beta)\Leftrightarrow\beta=\frac{2+5\alpha}{8}=\frac{7}{18}\tag{3-29}$$

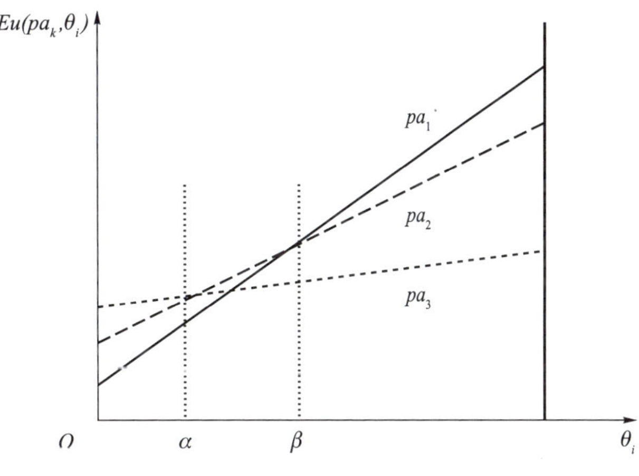

图 3-8　对称从众均衡

考虑两个消费者，其特征分别为 θ_1 和 θ_2，则当 $\theta_i<\beta$ 且 $u_B(2;\theta_i)>u_A(2;\theta_i)$（等价于 $\theta_i>1/4$）时，虽然两个消费者同时转向新产品能带来比都持有旧产品更高的效用，但由于 $\theta_i<\beta$，两个消费者在第一期都不会转向新产品，从而产生过度惰性。

命题 3-9

虽然所有消费者都转向新产品是帕累托最优的，但是信息不对称的存在会阻碍消费者转向新产品，从而产生过度惰性。由于信息不对称在存在间接网络效应的市场上比直接网络效应市场更强，因此，过度惰性更可能发生在存在间接网络效应的市场。

二、标准化程度与网络产品的寡头垄断定价：Katz-Shapiro 模型

对于存在网络效应的产品而言，产品的兼容程度是影响企业间竞争程度的关键。如果两种产品是不兼容的，则两种产品就是完全不同的两个市场。此时，网络效应会引发自我强化过程：成功会激发更大的成功，而失败也会自我加速。换言之，规模较大的网络会变得更大，而规模较小的网络会变得更小。最终市场上将会只有一家企业。在这样的市场中，企业竞争的关键是首先占领各自的产品市场，从而赢得先发优势。如果产品是兼容的，则两种产品共享一个网络，此时，网络效应的大小取决于两种产品的需求总量，竞争发生在同一个市场内部。

简而言之，当两家企业选择不兼容策略时，企业需要“为市场竞争”，而当两家企业选择兼容策略，也就是选择标准化策略时，两家企业进行“市场内竞争”。

在这一部分，我们介绍寡头市场上不兼容网络产品的定价和标准化策略，并通过比较静态分析，分析兼容性的变化如何影响均衡利润，进而考察在什么情况下标准化会成为寡头企业的均衡策略。

我们假定消费者的需求函数为：$U(\theta)=\theta+vn$，$0<v<1$，假定存在两个网络产品 A 和 B。如前所述，产品间的兼容程度决定了网络效应的大小：若两个产品是不兼容的，每个产品各自拥有自己的网络；当两种产品是完全兼容的，两种产品的网络是完全重合的。令 $\gamma\in[0,1]$ 表示两种产品的兼容程度。如果产品 i 和 j 的规模分别是 n_i 和 n_j，则购买产品 i 的用户的网络收益为 $v(n_i+\gamma n_j)$。

假定两种产品分别由两家企业 A 和 B 进行生产。假定在企业展开生产之前，每家企业已经建立的用户基础(installed base)为 β_i。令 q_i 表示企业 i 拥有的新客户数目。于是，产品 i 的预期网络大小为 $n_i=q_i+\beta_i$，则对于采用企业 i 产品的新客户而言，新客户获得的净效用为：

$$U_i(\theta)=\theta+g_i-p_i \tag{3-30}$$

其中，g_i 度量网络收益的大小，且有：

$$g_i=v[(\beta_i+q_i)+\gamma(\beta_j+q_j)] \tag{3-31}$$

假定两家企业进行古诺(Cournot)竞争：它们首先决定各自的产能(产量)，然后根据产量确定价格。均衡的价格满足如下条件：①消费者从两种产品中所获得的效用无差异；②需求等于供给。由此得到：

$$p_A-g_A=p_B-g_B=\hat{p} \tag{3-32}$$

显然，对于 $\theta<\theta_0=\hat{p}$ 的用户而言，其最优策略是不购买任何产品。也就是说，购买产品 A 和 B 的消费者总数为 $1-\theta_0=1-\hat{p}$，即：

$$q_A+q_B=1-\hat{p} \tag{3-33}$$

式(3-31)、式(3-32)、式(3-33)共同确定了均衡价格(p_A,p_B)：

$$p_i=1-(q_i+q_j)+g_i=1+v(\beta_i+\gamma\beta_j)-(1-v)q_i-(1-\gamma v)q_j,\quad i\neq j \tag{3-34}$$

最后，我们假设企业 i 每生产一单位产品的边际成本为 c_i。假定企业从用户基础获得的利润是不变的，因此企业 i 选择其产能，以便在新客户中实现利润最大化：

$$\pi_i=(p_i-c_i)q_i=[1+v(\beta_i+\gamma\beta_j)-(1-v)q_i-(1-\gamma v)q_j-c_i]q_i \tag{3-35}$$

求解利润最大化的一阶条件，可以得到均衡产量和利润：

$$q_i^*=\frac{2(1-v)[1-c_i+v(\beta_i+\gamma\beta_j)]-(1-\gamma v)[1-c_j+v(\beta_j+\gamma\beta_i)]}{4(1-v^2)-(1-\gamma v)^2} \tag{3-36}$$

$$\pi_i^*=(1-v)(q_i^*)^2 \tag{3-37}$$

企业产品之间更好的兼容性会产生需求扩张效应，具体表现为，随着参数 γ 的增加，均衡总需求也增加：

$$\begin{aligned} q_A^*+q_B^*&=\frac{2-c_A-c_B+v(1+\gamma)(\beta_A+\beta_B)}{2(1-v)+(1-\gamma v)} \\ \frac{d(q_A^*+q_B^*)}{d\gamma}&=\frac{2-c_A-c_B+(\beta_A+\beta_B)(3-v)}{[2(1-v)+(1-\gamma v)]^2}v>0 \end{aligned} \tag{3-38}$$

由此可见，当兼容性增加时，消费者的福利 CS 会提高：

$$CS=\frac{1}{2}(q_A^*+q_B^*)^2 \tag{3-39}$$

命题 3-10

在具有网络效应的市场中，兼容性的增强导致了“市场扩张效应”，从而导致了更大的消费者剩余。

另一方面，增强的兼容性也会产生质量差异效应。尽管新客户先入为主地认为这两种产品是完美的替代品，但是生产成本最低和用户基础最大的企业将受益，但是这种优势随着兼容性的改善而减少。为了看到这一点，首先计算企业 A 和企业 B 的均衡产能之间的差异：

$$q_A^*-q_B^*=\frac{c_B-c_A+v(1-\gamma)(\beta_A-\beta_B)}{2(1-v)-(1-\gamma v)} \tag{3-40}$$

接下来假设两家企业的用户基础相同，但是企业 A 具有成本优势（$c_B>c_A$），则：

$$\begin{aligned} q_A^*-q_B^*&=\frac{c_B-c_A}{2(1-v)-(1-\gamma v)}>0 \\ \frac{d(q_A^*-q_B^*)}{d\gamma}&=\frac{v(c_A-c_B)}{[2(1-v)-(1-\gamma v)]^2}<0 \end{aligned} \tag{3-41}$$

相反，考虑两个企业的成本相同（$c_B=c_A$），但是企业 A 在用户基础方面具有优势（$\beta_A>\beta_B$），则：

$$\begin{aligned} q_A^*-q_B^*&=\frac{v(1-\gamma)(\beta_A-\beta_B)}{2(1-v)-(1-\gamma v)}>0 \\ \frac{d(q_A^*-q_B^*)}{d\gamma}&=\frac{v(1-v)(\beta_B-\beta_A)}{[2(1-v)-(1-\gamma v)]^2}v<0 \end{aligned} \tag{3-42}$$

下面的结论总结了我们的发现：

命题 3-11

兼容性的增强对于效率更高或拥有更大用户基础的企业来说吸引力更小。

三、网络市场中的竞争战略

企业的决策可以分为战略性决策和战术性决策两类。通常而言，战术性决策是指一些影响短期利润的行为，如价格和产能决定；战略性决策的影响则更为长期，如研发和标准化程度等。在前面的章节中，我们分析了企业的定价和产能选择。本节介绍网络产品市场中企业的兼容策略选择，以及企业能否赢得“标准战”的影响因素。

（一）兼容策略选择

本部分内容分析企业兼容性决策。在模型中，兼容性通过标准化来实现。也就是说，企业决定是否采用一个共同的标准并生产相同的产品。当两家企业按照不同的标准来生产同一产品时，我们可以认为这两家企业在生产两种不同的产品。因此，版本或标准的选择与产品的选择本质上是等价的。

1. 产品标准化：分析框架

假设有两家企业（或两家企业联盟，用 1 和 2 表示）必须在两种网络产品（用 A 和 B 表示）中做出选择。假设两种网络产品是不兼容的，兼容性只能通过标准化来实现，即两家企业决定是否生产相同的产品。表 3-3 总结了采用这两种产品的收益矩阵。

表 3-3 标准博弈的收益矩阵

1	2	
	A	B
A	π_1^{AA},π_2^{AA}	π_1^{AB},π_2^{AB}
B	π_1^{BA},π_2^{BA}	π_1^{BB},π_2^{BB}

竞争的形式取决于企业的兼容性策略。在这个简单框架中，有四种策略组合：

（1）两家企业共同选择某种共同的生产标准：我们称为直接标准化（straightforward standardization）或“心有灵犀”。例如，若 $\pi_1^{AA}>\pi_1^{BA}$，$\pi_2^{AA}>\pi_2^{AB}$，$\pi_1^{AB}>\pi_1^{BB}$，$\pi_2^{BA}>\pi_2^{BB}$，则（A，A）就是博弈的唯一纳什均衡点，此时两家企业会选择产品 A 进行生产。

（2）企业仍然同意标准化是最好的选择，但它们对什么标准是最优的存在分歧。我们把这种情况称为“求同存异”。例如，若 $\pi_1^{AA}>\pi_1^{BA}$，$\pi_2^{AA}>\pi_2^{AB}$，$\pi_1^{BB}>\pi_1^{AB}$，$\pi_2^{BB}>\pi_2^{BA}$，$\pi_1^{AA}>\pi_1^{BB}$，$\pi_2^{BB}>\pi_2^{AA}$ 满足，则（A，A）和（B，B）均为博弈的纳什均衡点，但是两家企业对这两种均衡的排名是不同的，企业 1 更偏好产品 A，而企业 2 更偏好产品 B。在这种情况下，由于存在多重均衡,均衡取决于双方协商的最终结果。

(3) 企业展开市场(标准)争夺战:每家企业都想根据自己的标准进行生产,从而引发“标准战”,我们把这种情况称为“互不相让”。例如,当 $\pi_1^{AB}>\pi_1^{BB}$,$\pi_2^{AB}>\pi_2^{AA}$,$\pi_1^{AA}>\pi_1^{BA}$,$\pi_2^{BB}>\pi_2^{BA}$ 成立时,企业 1 偏好推行产品 A,而企业 2 偏好推行产品 B,即(A,B)是博弈的唯一纳什均衡点。

(4) 企业采取了截然不同的策略:一个企业倾向于不兼容,而另一个企业希望与竞争对手的商品兼容。在这种情况下,不存在纯策略纳什均衡。我们把这种情况称为“一厢情愿”①。例如,若 $\pi_1^{AA}>\pi_1^{BA}$,$\pi_1^{BB}>\pi_1^{AB}$,$\pi_2^{AB}>\pi_2^{AA}$,$\pi_2^{BA}>\pi_2^{BB}$,则企业 1 偏好(A,A)或(B,B),而企业 2 偏好(A,B)或(B,A)。

为了能够找出在何种情况下,上述四种均衡中的哪一种情况会出现,我们使用 Katz-Shapiro 模型推导出的收益矩阵表达式(见表 3-3)。

两家企业生产竞争性的网络产品,企业同时选择扩大产能,而价格会调整,直到如下条件满足:①消费者从两家企业购买产品所获得的效用水平无差异;②供求相等。每家企业可能在过去已经锁定了一些用户,记为 $\beta_i\geqslant0$。用 q_i 表示一个用户期望企业 i 拥有的新用户数量,我们可以用 $n_i=q_i+\beta_i$ 来表示企业 i 网络的规模。我们用 $\gamma\in[0,1]$ 表示两种产品之间的兼容性水平。如果产品 i 和 j 的网络的规模分别为 n_i 和 n_j,那么消费者采用企业 i 生产的产品的实际网络收益等于 $g_i=v(n_i+\gamma n_j)=v[(\beta_i+q_i)+\gamma(\beta_j+q_j)]$,$v$ 衡量网络效应对消费者的重要性。

假设前文分析可知,两种产品的反需求函数为($i\neq j$):

$$p_i=1+v(\beta_i+\gamma\beta_j)-(1-v)q_i-(1-\gamma v)q_j \tag{3-43}$$

企业 i 决定的生产数量为 q_i,使得其在新用户上的利润最大化,$\pi_i=(p_i-c_i)q_i$,其中 c_i 是生产一单位产品 i 的固定成本。联立利润最大化的一阶条件,可以解出均衡时的数量和利润:

$$q_i^*=\frac{2(1-v)[1-c_i+v(\beta_i+\gamma\beta_j)]-(1-\gamma v)[1-c_j+v(\beta_j+\gamma\beta_i)]}{4(1-v^2)-(1-\gamma v)^2} \tag{3-44}$$

$$\pi_i^*=(1-v)(q_i^*)^2 \tag{3-45}$$

均衡解有以下两个重要特性:①企业产品之间更好的兼容性具有需求扩张效应(demand expansion effect),$q_i^*+q_j^*$ 随 γ 的增加而增加;②增强兼容性会带来质量差异化效应(quality differentiation effect),因为随着兼容性的提高,生产成本和用户基础的优势会下降。

企业 1 和企业 2 必须在两种可能的产品 A 和 B 中做出选择,且满足如下假设:

(1) 企业 1 偏好产品 A,而企业 2 偏好产品 B。为了在模型中表示这种偏好,我们假设企业 i 在选择它偏好的产品时,边际成本 c_i 为零,当它选择最不喜欢的产品时,边际成本 $c>0$。

---

① Besen 和 Farrell(1994)称之为讨厌的兄弟(pesky little brother)。

(2) 兼容性只能通过标准化(即企业生产相同的产品)来实现。在上述模型中,这意味着当两家企业都选择生产产品 A 或 B 时,$\gamma=1$,当两家企业选择不同产品时,$\gamma=0$。

(3) 为简化计算,我们假设消费者对网络效应的估值为 $v=1/4$。进一步地,为了保证在所有情况下的数量和价格都是正数,我们假设 $\beta_i, c\in[0,1/2]$。

(4) 对于企业的用户基础,我们对比了两种情形:第一种情形,我们假设只有企业 1 能从现存用户基础中受益,而企业 2 的用户基础为 0,进而讨论标准化的两个不同影响:一方面,它扩大了市场;另一方面,它使企业的产品质量相同。第二种情形,我们假定在初始状态企业拥有共同的用户基础,此时,如果他们转向"不兼容",则需要重新争夺用户,过去的用户将继续使用他们的旧网络产品,而产品 A 和产品 B 的市场将只会由新用户组成。在这里,兼容性(compatibility)和绩效(performance)之间存在着有趣的权衡:标准化增加了企业与现有用户的联系,从而增加了新用户的需求,但会提高生产成本,因为两家企业中的一家必须生产自己不太偏好的产品。

2. 情形 I:非对称的用户基础

假设只有企业 1 从现有用户基础中受益:$\beta_1=\beta>0$ 和 $\beta_2=0$。因此,我们把企业 1 称为大企业,把企业 2 称为小企业。

首先,考虑兼容的情况。当两家企业生产相同的产品,无论是 A 或者 B 时,完全兼容性意味着网络收益等于 $g_1=g_2=\frac{1}{4}(\beta+q_1+q_2)$。因此,反需求函数为:

$$p_1=p_2=\frac{1}{4}[4+\beta-3(q_1+q_2)]$$

这两家企业之间的唯一区别来自它们的成本函数:生产其偏好产品的企业(称为 i)边际成本为零,而另一家企业(称为 j)的边际成本为 c。因此,它们各自的利润函数可以写成:

$$\pi_i=\frac{1}{4}[4+\beta-3(q_i+q_j)]q_i,\quad \pi_j=\frac{1}{4}[4+\beta-3(q_i+q_j)]q_j-cq_j$$

从利润最大化的一阶条件,我们推导出企业的反应函数:

$$q_i(q_j)=\frac{1}{6}(4+\beta-3q_j),\quad q_j(q_i)=\frac{1}{6}[4(1-c)+\beta-3q_i]$$

通过求解方程组,可以解出均衡产量和利润:

$$q_i^*=\frac{1}{9}(4+\beta+4c)$$

$$q_j^*=\frac{1}{9}(4+\beta-8c)$$

$$\pi_i^*=\frac{1}{108}(4+\beta+4c)^2=\pi_1^{AA}=\pi_2^{BB}$$

$$\pi_j^*=\frac{1}{108}(4+\beta-8c)^2=\pi_2^{AA}=\pi_1^{BB}$$

其次,考虑第一种不兼容的情况:企业 1 生产产品 B,企业 2 生产产品 A。此时,因为它们都生产它们不偏好的产品,所以企业具有相同的成本,即 $c_1=c_2=c$。但企业在网络收益方面存在差异。由于不兼容,企业 2 的用户无法从企业 1 的用户基础中受益,$g_1=\frac{1}{4}(\beta+q_1)$,$g_2=\frac{1}{4}q_2$。因此,企业 1 和企业 2 的利润可以分别记为:

$$\pi_1=\frac{1}{4}(4+\beta-3q_1-4q_2)q_1-cq_1,\quad \pi_2=\frac{1}{4}(4-3q_2-4q_1)q_2-cq_2$$

根据企业的利润最大化问题,我们可以推导出企业的反应函数:

$$q_1(q_2)=\frac{1}{6}[4(1-c)+\beta-4q_2],\quad q_2(q_1)=\frac{1}{6}[4(1-c)-4q_1]$$

然后,通过联立方程我们得到企业的均衡产量和利润:

$$q_1^{BA}=\frac{1}{10}[4(1-c)+3\beta],\quad q_2^{BA}=\frac{1}{10}[4(1-c)-2\beta]$$

$$\pi_1^{BA}=\frac{3}{400}[4(1-c)+3\beta]^2,\quad \pi_2^{BA}=\frac{3}{400}[4(1-c)-2\beta]^2$$

最后,考虑第二种不兼容的情况:每个企业生产其偏好的产品,企业 1 生产产品 A,企业 2 生产产品 B。可将上述公式中成本设置为 $c=0$,容易求出均衡利润:

$$\pi_1^{AB}=\frac{3}{400}(4+3\beta)^2,\quad \pi_2^{AB}=\frac{3}{400}(4-2\beta)^2$$

各类策略的收益总结在表 3-4 中。

表 3-4 标准博弈中的收益矩阵——情形 I

1	2	
	A	B
A	$\frac{(4+\beta+4c)^2}{108},\frac{(4+\beta-8c)^2}{108}$	$\frac{3(4+3\beta)^2}{400},\frac{3(4-2\beta)^2}{400}$
B	$\frac{3[4(1-c)+3\beta]^2}{400},\frac{3[4(1-c)-2\beta]^2}{400}$	$\frac{(4+\beta-8c)^2}{108},\frac{(4+\beta+4c)^2}{108}$

现在我们求解表 3-4 中标准博弈的纳什均衡。我们的目标是将纳什均衡与两组关键参数(生产竞争对手产品的成本为 c,大企业用户基础的规模为 β)联系起来。具体地,同时生产产品 A 成为纳什均衡的条件是:

$$\begin{cases}(\text{C1})\quad \pi_1^{AA}\geqslant\pi_1^{BA}\Leftrightarrow\beta\leqslant\frac{4}{17}+\frac{76}{17}c\\(\text{C2})\quad \pi_2^{AA}\geqslant\pi_2^{AB}\Leftrightarrow\beta\geqslant-\frac{1}{7}+\frac{20}{7}c\end{cases}$$

条件(C1)的经济学含义是:当企业 2 选择产品 A 时,企业 1 只有在用户基础 β 较小的情况下,才愿意生产其偏好的产品。原因是,生产兼容的产品意味着企业 1 必须与企业

2 共享其用户基础。显然,当企业 1 的用户基础β较大时,其更不愿意与企业 2 进行分享。

条件(C2)的经济学含义是,当企业 1 选择产品 A 时,企业 2 愿意生产产品 A 的前提是,企业 1 的用户基础β足够大,否则的话,生产自己不擅长的产品就得不偿失了。

综合条件(C1)和(C2)可知,两家企业共同生产企业 1 偏好的产品的充分必要条件是:企业 1 的用户基础既不太大,也不太小。太大了,企业 1 会转向自己不喜欢的产品;太小了,企业 2 也不愿意"委曲求全"。

类似地,同时生产产品 B 成为纳什均衡的条件是:

$$\begin{cases} (C3) \quad \pi_1^{BB} \geqslant \pi_1^{AB} \Leftrightarrow \beta \leqslant \dfrac{4}{17} - \dfrac{80}{17}c \\ (C4) \quad \pi_2^{BB} \geqslant \pi_2^{BA} \Leftrightarrow \beta \geqslant -\dfrac{1}{7} - \dfrac{19}{7}c \end{cases}$$

另外两种可能的均衡的条件很容易推导出来。如果策略(A,B)是一种均衡,则必须同时违反条件(C2)和(C3);如果策略(B,A)是一种均衡,则必须同时违反条件(C1)和(C4)。对于后一种情况,观察条件(C4)就会发现,它总是满足的,因为c和β都被假设为正值。因此,两家企业都生产竞争对手商品(B,A)的策略不可能是标准博弈的纳什均衡。

当大企业生产 B 产品时,小企业有理由也生产 B 产品(小企业最偏好的产品),这能够降低成本并确保兼容性,这种决策具有扩大需求并且使小企业比大企业更具质量优势的双重积极效果。

图 3-9 描述了(c,β)平面中的条件(C1)(C2)(C3)。这三个条件共同划定了四个区域,对应我们对标准化的简单分析中确定的四种策略组合。下面我们依次详述。

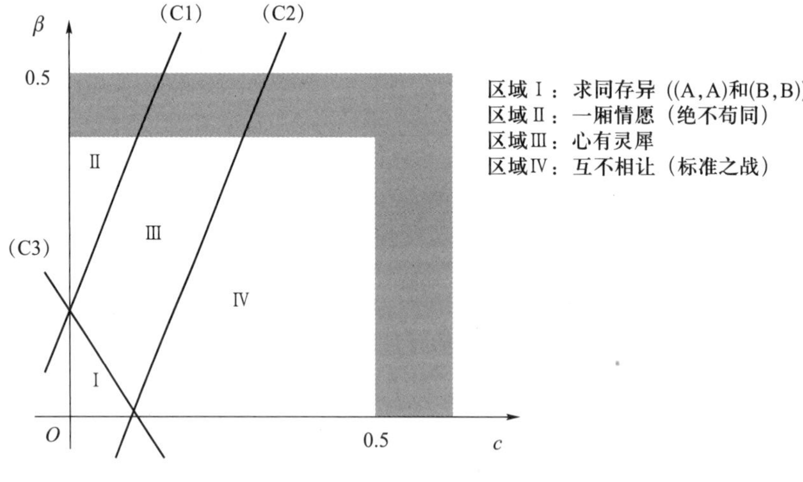

图 3-9 标准博弈中的纳什均衡

(1) 在区域Ⅰ,两种兼容情况(A,A)和(B,B)均是纯策略纳什均衡。无论选择生产哪一种产品,两家企业都可以接受。原因是,企业 1 的用户基础不是太大,而兼容成本也不是太高。因此,两家企业都倾向于采用一个共同的标准。虽然,两家企业对于选择哪种标准存在分歧,但最终目的是"求同",即"求同存异"。

(2) 在区域Ⅱ,生产竞争对手的产品的成本(兼容成本)仍然很低,但大企业的用户基础优势要大得多。因此,小企业比任何时候都更倾向于兼容。然而,大企业倾向于不兼容,从而能够独占用户基础的好处。在这种情况下,小企业希望大企业与之兼容只不过是一厢情愿,而大企业则“绝不苟同”,因此,纯策略纳什均衡不存在。

(3) 在区域Ⅲ,(A,A)是唯一的纳什均衡:两家企业都同意对技术A进行“直接标准化”(straightforward standardization)。小企业准备好承担一个略高的成本(区域Ⅲ的c相对较低),来与大企业共享其用户基础兼容的收益。对于大企业而言,以技术A为标准的需求扩张效应覆盖质量差异化效应。反过来,如果以技术B为标准,需求扩张效应仍然能覆盖质量差异化效应。因此,大企业不介意与小企业共享其用户基础。

(4) 在区域Ⅳ中,生产竞争对手产品的成本足够高,而大企业的用户基础又不是太大,此时,每家企业都努力建立各自的标准,(A,B)是唯一的纳什均衡,两家企业进入互不相让的“标准之战”。

根据前面的分析我们总结出以下命题。

命题 3-12

当两家企业的用户基础比较对称且兼容成本较低时,两家企业较为容易形成统一的行业标准。但当大企业的用户优势不那么明显而兼容成本又很高时,标准之战可能成为一种均衡。

3. 情形Ⅱ:共同的用户基础

现在讨论第二种情形:两家企业在期初共享同一个产品网络,也就是说,在一开始两家企业的产品标准是兼容的。当两家企业各自推出新的产品,如果两个企业对新产品选择不兼容的产品标准,则用户可能由于无法预测哪一个企业会最终占据市场而选择观望态度。这种“集体转换成本”会使得新产品或新技术难以推向市场,而突破困局的方法就是两家企业选择兼容的策略。

总之,由于害怕被锁定,只有在企业推行标准化时,现有用户才会接受迁移到新的网络产品上,从而为新用户提供网络利益(network benefits)。具体地,我们对模型做出如下假定:①当两家企业都选择产品A或B($\gamma=1$)时,两家企业分享同一群用户基础,规模为β,因此$\beta_1=\beta_2=\beta/2$;②当两家企业选择生产新产品,且新产品之间无法兼容($\gamma=0$)时,它们的用户基础均为0,即$\beta_1=\beta_2=0$。

下面我们来分析模型的均衡结果。首先,考虑标准化的两种情况,容易发现之前的结论仍然成立,两家企业的用户都能共享规模为β的用户基础。其次,考虑每个企业都选择了自己最不喜欢的产品,且新产品是不兼容的($\gamma=0$)。假设企业是对称的:$c_i=c,\beta_i=0$,$g_i=\frac{1}{4}q_i$,其中$i=1,2$。企业i的利润为:

$$\pi_i=\frac{1}{4}(4-3q_i-4q_j)q_i-cq_i$$

从利润最大化方程的一阶条件可以得到企业 i 的反应函数：

$$q_i(q_j)=\frac{2}{3}(1-c-q_j)$$

根据对称性，得到均衡时 $q_i=q_j$，可以算出：

$$q_1^{BA}=q_2^{BA}=\frac{2}{5}(1-c)$$

$$\pi_1^{BA}=\pi_2^{BA}=\frac{3}{25}(1-c)^2$$

在上式基础上，我们假设 $c_1=c_2=0$，计算出策略(A,B)下的均衡利润：

$$\pi_1^{AB}=\pi_2^{AB}=\frac{3}{25}$$

我们将结果总结在表 3-5 的矩阵中。

表 3-5 标准博弈中的收益矩阵——情形Ⅱ

1	2	
	A	B
A	$\frac{(4+\beta+4c)^2}{108},\frac{(4+\beta-8c)^2}{108}$	$\frac{3}{25},\frac{3}{25}$
B	$\frac{3}{25}(1-c)^2,\frac{3}{25}(1-c)^2$	$\frac{(4+\beta-8c)^2}{108},\frac{(4+\beta+4c)^2}{108}$

为了刻画标准博弈的纳什均衡，我们注意到：

$$\pi_1^{AA}-\pi_1^{BA}=\pi_2^{BB}-\pi_2^{BA}=\frac{(38+5\beta+2c)(2+5\beta+38c)}{2700}>0$$

这意味着，在不兼容情况下，每家企业生产另一家企业的偏好产品，不可能是一种均衡。由于模型的对称性，这意味着一个单一的条件决定了均衡是否涉及标准化或不兼容。当且仅当以下条件满足时，企业会推行标准化：

$$\pi_2^{AA}=\pi_1^{BB}\geqslant\pi_1^{AB}=\pi_2^{AB}\Leftrightarrow 8c\leqslant\beta+\frac{2}{5} \tag{3-46}$$

此时，企业会充分利用用户基础的优势来补偿实行标准化的成本。

现在考虑标准化对消费者剩余的影响。根据消费者剩余公式 $CS=\frac{1}{2}(q_1^*+q_2^*)^2$，我们得到：

$$CS^{AA}=CS^{BB}=\frac{2}{81}(4+\beta-2c)^2,\quad CS^{AB}=\frac{8}{25}$$

因此，当且仅当以下条件成立时，新用户喜欢标准化：

$$CS^{AA}=CS^{BB}\geqslant CS^{AB}\Leftrightarrow\beta+\frac{2}{5}\geqslant 2c \tag{3-47}$$

比较式(3-46)和式(3-47)可知，当 $2c\leqslant\beta+2/5\leqslant 8c$ 时，企业和用户观点不同，企业选

择不兼容策略,而用户则偏好标准化策略。这种分歧的原因是企业和用户对兼容性和绩效之间如何权衡的看法不同。企业并没有充分考虑实行标准化给予用户的全部利益,而用户也没有充分认识到标准化强加给其中一家企业的额外成本。

命题 3-13

用户和生产者在实行标准化时的利益可能不一致,因为用户没有意识到企业实行标准化的全部成本,而企业也无法充分考虑实行标准化给用户带来的好处。

(二)如何赢得"标准之战"?

在前文分析中,我们讨论在什么情况下企业会进入"标准之战"。具体地,大企业的用户基础既是企业是否会进入标准之战的关键,也决定了标准之战花落谁家。本节我们研究企业用来赢得标准之战的战略工具。一个有效的策略是"向后兼容"(backward compatibility),企业在推出新产品时可以使得新产品与旧产品保持兼容,从而扩大新产品的用户基础并在竞争中占有战略先机。与现有产品兼容的产品可能更容易进入市场,因为它有助于用户转向新产品,但这种向后兼容通常会降低新产品的质量。通过下面的分析,我们将发现,期望在用户决策中发挥着重要作用,因此管理期望对于企业成败至关重要。

1. 为抢占(preemption)市场建立用户基础

在前文中,为了简单起见,我们假设用户基础是外生的。事实上,先于竞争对手建立用户基础显然对企业有好处,这样可以从先发优势中获益,由于网络效应具有自我强化能力,这种优势很可能形成市场的长期支配地位。

我们用 Katz-Shapiro 模型的一种扩展来说明这一点。假设有两个时期,每个时期的消费者总量是不变的,我们将之标准化为 1。用户偏好用参数 θ 识别,θ 均匀分布在 0 和 1 之间。在第一阶段,市场上只有企业 1,生产网络产品 A;在第二阶段,企业 2 可能凭借网络产品 B 进入市场。假设两家企业的边际生产成本都等于 $c\in[0,1]$,两种产品之间的兼容性程度为 $\gamma\in[0,1]$。通过第一阶段的销售,企业 1 形成了第一代用户基础,规模为 β_1。在第二阶段,当新用户进入市场时,这些老用户将被锁定。我们的目标是分析企业 1 如何确定第一代用户基础 β_1。

在下面的分析中,我们根据第一代用户是否能从第二代用户消费产品 A(和 B)中获得网络效应分两种情况讨论。在这里,我们可以把"代内网络效应"(intra-generation network effects)理解为直接网络效应,用户可以从直接沟通中获得益处,而把"代间网络效应"理解为间接网络效应。间接网络效应的性质决定了哪一种情况更合适。如果网络效应源于"边做边学"(learning by doing)或口碑传播过程(word-of-mouth process),那么第二代用户将从第一阶段的销售中获益,而不是相反。通过边做边学,第二代用户可以享受到经过第一代用户的测评或缺陷修复后得到改进的产品版本。在口碑传播过程中,第一代用户可以揭示关于产品的有用信息,从而降低第二代用户的搜寻成本。另一方面,如果网络效应是由互补产品(软件、内容等)引起的,可以认为每一代用户都从另一代用户的消费中受益,因为互补产品的生产者将根据其在两个时期的预期销售额来做出其长期投资决策。

(1) 早期用户不能从后期销售中获益。我们通过逆向归纳法进行求解。首先,我们看第二阶段。如果企业 2 进入市场,我们假设 $c_1=c_2=c$ 和 $\beta_2=0$,代入式(3-44),可以计算企业 2 的均衡产量:

$$q_2^*(\beta_1)=\frac{(1-2v+\gamma v)(1-c)+v[\gamma(2-v)-1]\beta_1}{4(1-v)^2-(1-\gamma v)^2} \tag{3-48}$$

显然,只有在 $q_2^*(\beta_1)\geqslant 0$ 时,企业 2 才会进入市场。根据上面的表达式,我们可以看到,当网络产品足够兼容时,企业 2 发现进入市场总是有利的,这意味着企业 2 充分利用了企业 1 的用户基础。$q_2^*(\beta_1)>0$ 的一个充分条件是 $\gamma\geqslant 1/(2-v)$。① 注意,网络效应越强(v 值越大),$\gamma\geqslant 1/(2-v)$ 就越难以满足。换句话说,如果产品兼容性足够强或者网络效应足够弱,则企业 1 就难以通过建立用户基础来阻止企业 2 进入,因为企业 1 建立的用户基础会外溢给企业 2。

下面我们重点考虑 $2-1/v<\gamma<1/(2-v)$②,即产品不够兼容的情况。只要企业 1 在第一阶段没有建立太大的用户基础,企业 2 就会进入市场:

$$q_2^*(\beta_1)<0\Leftrightarrow\beta_1>\beta_1^*\equiv\frac{(1-2v+\gamma v)(1-c)}{v[1-\gamma(2-v)]} \tag{3-49}$$

注意第一阶段的市场规模需要满足 $\beta_1\leqslant 1$,因此,如果 $\beta_1^*>1$,则总是有 $q_2^*(\beta_1)<0$,该条件等价于:

$$\beta_1^*>1\Leftrightarrow\gamma>\gamma^*\equiv\frac{v(3-2c)-(1-c)}{v(3-c-v)} \tag{3-50}$$

显然,当 $v<(1-c)/(3-2c)$ 时,$\gamma^*<0$,于是上述条件是自动满足的。也就是说,如果网络效应太弱,则企业 1 也无法阻止企业 2 进入市场。为此,我们忽略这种情况。不难验证,当 $v>(1-c)/(3-2c)$ 时,有 $\gamma^*\in(0,1)$。于是,我们得到如下结论。

命题 3-14

给定 $v>(1-c)/(3-2c)$,则当产品的兼容性较弱($\gamma<\gamma^*$)时,对于在位企业而言,存在一个用户基础的临界点 $\beta_1^*\in(0,1)$,使得当 $\beta_1>\beta_1^*$ 时,潜在企业选择不进入市场。

综上所述,只有当下列条件满足时,在位企业才可能通过提前建立用户基础来阻止新企业进入:①网络效应较强;②产品足够兼容;③在位企业拥有足够庞大的用户基础。

值得注意的是,当网络效应足够强时,即使在位企业并未意识到潜在进入者的威胁,

① 此时,式(3-48)的分子和分母均为正。

② 此时,$2-1/v<\gamma$ 保证了式(3-48)的分母为正。

潜在进入者还是可能无法进入市场。我们把这种情况称为“封锁”(*blockaded*)。具体地,令 $\tilde{\theta}=p_{A1}-v\beta_1$ 表示无差异消费者,即该消费者从消费产品 A 中获得的效用为 0,其中,p_{A1} 表示第一阶段产品 A 的价格,β_1 为网络规模。由于 $\theta>\tilde{\theta}$ 的用户都决定使用网络时,网络规模为 $\beta_1=1-\tilde{\theta}=1-(p_{A1}-v\beta_1)$,由此可以得到:

$$p_{A1}=1-(1-v)\beta_1$$

因此,企业 1 会选择 β_1 使其第一阶段利润最大化:

$$\beta_1\in\arg\max_{\beta_1}\{[1-(1-v)\beta_1-c]\beta_1\}\Leftrightarrow\beta_1^m=\frac{1-c}{2(1-v)},\quad p_{A1}^m=\frac{1+c}{2}$$

用 β_1^m 代替企业 2 式(3-48)中的均衡产量 β_1,我们发现,如果满足以下两个条件,有 $q_2(\beta_1^m)<0$ 成立:

$$v>0.36,\quad\gamma<\frac{7v-4v^2-2}{v(4-3v)}$$

图 3-10 描述了 (v,γ) 平面上的区域,这些区域可以分为三种情况:在位企业有可能封锁(blockaded)新企业进入;在位企业有可能阻止(deterred)新企业进入;在位企业有可能适应(accommodated)新企业进入。

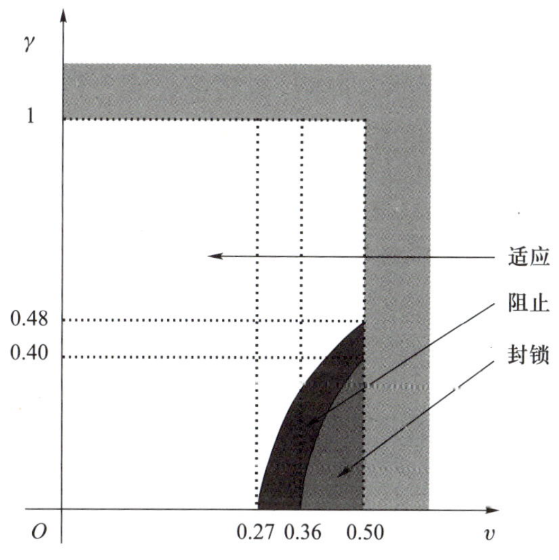

图 3-10 利用现有用户基础阻止新企业进入($c=0.4$)

我们假设网络效应不够强,企业 1 无法阻止企业 2 进入。例如,$v=1/4$。在第一阶段,企业 1 的利润最大化问题可以写成:

$$\max_{\beta_1}\Pi_1=\left(1-\frac{3}{4}\beta_1-c\right)\beta_1+\frac{3}{4}\left[\frac{4(2+\gamma)(1+c)+(6-4\gamma+\gamma^2)\beta_1}{(10-\gamma)(2+\gamma)}\right]^2\quad \text{s.t. }\beta_1\leqslant 1$$

其中,目标函数的第二项是企业 1 在第二阶段的利润,根据式(3-45)以及假设 $v=1/4$,$c_1=c_2=c$ 和 $\beta_2=0$,可以计算出最优用户基础和价格:

$$\beta_1^*(\gamma)=\beta_1^m+\frac{1}{6}g(\gamma),\quad p_{A1}^*(\gamma)=p_{A1}^m-\frac{1}{8}g(\gamma)$$

式中：$g(\gamma)\equiv\frac{(18+2\gamma+\gamma^2)(6-4\gamma+\gamma^2)}{(1+\gamma)(7-\gamma)(13+2\gamma)}(1-c)$。

由于 $g(\gamma)$ 是 γ 的减函数，$p_{A1}^*(\gamma)$ 是 γ 的增函数（见表 3-6）。也就是说，产品的兼容性越弱，则企业 1 越倾向于通过低价占据市场，我们把这种定价方式称为尺蠖定价（penetration pricing）①。

表 3-6 用户基础和尺蠖定价

$v=0.25, c=0$	$\beta_1^*(\gamma)$	$p_{A1}^*(\gamma)$
短视	0.667	0.5
$\gamma=1$	0.725	0.456
$\gamma=0.5$	0.767	0.425
$\gamma=0$	0.864	0.352

命题 3-15

两种网络产品的兼容性越弱（γ 值越低），在位企业建立的用户基础越大，网络产品在第一阶段的价格越低。

（2）早期用户能够从后期销售中获益。现在假设第一代用户的效用随着第二阶段销售规模的增加而增加。为了简单起见，假设产品 B 和产品 A 不兼容（$\gamma=0$），代间和代内网络效应的强度仍假设为 $v=1/4$。在第一阶段，用户 θ 决定购买产品 A 的充分必要条件是 $\theta+\frac{1}{4}(\beta_1+q_1)-p_{A1}\geqslant 0$，即：

$$\theta\geqslant\tilde{\theta}_1\equiv p_{A1}-\frac{1}{4}(\beta_1+q_1)$$

式中：β_1 和 q_1 分别表示企业 1 在第一阶段和第二阶段的销售额。

则根据式（3-44）以及 $v=1/4, c_1=c_2=c$ 和 $\beta_2=0$，可得：

$$\beta_1=1-\tilde{\theta}_1,\quad q_1=\frac{1}{10}(3\beta_1+4-4c)$$

进一步地，我们可以得到产品 A 在第一阶段的需求函数：

$$p_{A1}=\frac{1}{40}(44-27\beta_1-4c)$$

企业 1 依然在第一阶段决定其产能 β_1，使其在两个阶段的总体利润最大化。在第一期决策过程中，企业 1 会考虑到第二阶段的产能 q_1 和 q_2 是第二阶段企业竞争的纳什均衡水平，于是，企业 1 的总利润函数可以写成：

① 源自《周易 · 系辞下传 · 第五章》："尺蠖之屈，以求信也；龙蛇之蛰，以存身也。"意思是说，尺蠖尽量弯曲自己的身体，是为了伸展前进；龙蛇冬眠，是为了保全性命。

$$\max_{\beta_1}\Pi_1=\left[\frac{1}{40}(44-27\beta_1-4c)-c\right]\beta_1+\frac{3}{4}\left[\frac{1}{10}(3\beta_1+4-4c)\right]^2 \quad \text{s.t. } \beta_1\leqslant 1$$

通过求解一阶条件可以得到最优产能：

$$\beta_1=\frac{256}{243}(1-c)$$

为了保证存在内点解($\beta_1<1$)，我们假设 $c>13/256\approx 0.05$。有了 β_1 的值，我们就可以计算出产品 A 和产品 B 在第二阶段的产能：$q_1=\frac{58}{81}(1-c)$，$q_2=\frac{46}{243(1-c)}$。最后，我们计算出企业 1 在第一阶段和第二阶段的利润率：

$$p_{A1}-c=\frac{7}{18}(1-c), \quad p_{A2}-c=\frac{29}{54}(1-c) \tag{3-51}$$

因为 29/54 > 7/18，所以 $p_{A1}<p_{A2}$，此时我们再次观察到企业 1 采取尺蠖定价。然而，与之前的情况相比，由于企业在第二阶段的产量会增加第一阶段用户购买的意愿，因此这种递增的价格策略对企业 1 的吸引力会被削弱。事实上，企业 1 可能更倾向于在第二阶段通过销售更多的数量来设定较低的价格，以便为第一代用户创造较大的预期网络效用，从而在第一阶段产生较大的利润。然而，由于企业 1 没有对产品 A 的未来价格做出任何有约束力的承诺，第一代用户认识到了企业 1 在第二阶段提高价格的动机，因此，他们在做购买决定时会考虑这种机会主义行为。

那么，如果企业 1 能够使用可靠的机制承诺未来的低价格，企业 1 的决策将会如何改变？[①] 在这种机制下，企业 1 在第一阶段开始时同时选择 β_1 和 q_1。假设企业 2 可以使用类似的机制，企业 2 也在第一阶段开始时选择 q_2。[②] 两个企业的利润最大化问题可以写成：

$$\max_{\beta_1,q_1}\Pi_1=\left(1+\frac{1}{4}q_1-\frac{3}{4}\beta_1-c\right)\beta_1+\left(1+\frac{1}{4}\beta_1-\frac{3}{4}q_1-q_2-c\right)q_1$$

$$\max_{q_2}\Pi_2=\left(1-\frac{3}{4}q_2-q_1-c\right)q_2$$

得到三个一阶条件：

$$\begin{cases}\dfrac{\partial\Pi_1}{\partial\beta_1}=0\Leftrightarrow 3\beta_1-q_1=2(1-c)\\[2ex] \dfrac{\partial\Pi_1}{\partial q_1}=0\Leftrightarrow -\beta_1+3q_1+2q_2=2(1-c)\\[2ex] \dfrac{\partial\Pi_2}{\partial q_2}=0\Leftrightarrow 2q_1+3q_2=2(1-c)\end{cases}$$

---

① 问题是企业 1 如何使未来降价的承诺变得可信呢？一种策略是提前建立生产能力，另一种策略是在第一阶段进行技术授权。

② 如果企业 2 在第二阶段选择 q_2，企业 1 作为斯塔克伯格的领导者(Stackelberg leader)，会把企业 2 的最佳反应对策纳入考虑。这将使企业 1 获得一个额外的优势，我们把这一因素抽象出来排除，以便集中讨论企业 1 承诺的影响。

这个方程组的唯一解是$\beta_1=q_1=1-c$和$q_2=0$。由此可知，企业1在第一阶段和第二阶段对产品A的利润相同：

$$p_{A1}-c=p_{A2}-c=\frac{1}{2}(1-c) \tag{3-52}$$

式(3-52)的经济学含义是：由于两阶段之间不存在折现问题，在均衡时，在第一阶段和第二阶段多生产一单位产品所带来的利润率增加是相同的，由于两阶段边际成本相同，这也意味着两阶段价格是相同的。

现在我们考察企业1承诺能力的影响：①承诺能使企业1阻止企业2的进入。因为承诺时$q_2=0$，否则$q_2>0$。②在计算这两种情况下的利润时我们发现，承诺使得企业1利润增加：承诺时企业1的利润$\Pi_1^{com}=(1-c)^2>$不承诺时企业1的利润$\Pi_1^{no\ com}=\frac{193}{243}(1-c)^2$。

命题3-16

如果在位企业能够针对第二阶段的价格做出承诺，则企业会选择在第一阶段定较高的价格，在第二阶段定较低的价格，这种策略有效地阻止了新企业进入。

2. 向后兼容与绩效(backward compatibility and performance)

由于网络效应导致的集体转换成本，进入网络市场通常比进入传统市场更加困难。为了克服这种天然的进入壁垒，企业可能尝试提供与现有产品兼容的新产品来降低消费者的转换成本。然而，这种“向后兼容”往往有以下缺点：兼容性迫使企业固定其产品的某些特征，这不仅使得其产品不够多样化和差异化，而且更重要的是，会限制企业进行纵向差异化(vertical differentiation)，如质量改进或技术升级。因此，企业不得不在向后兼容和绩效之间进行权衡。

接下来，我们再次使用Katz-Shapiro模型进行具体分析。这里的假设与前一节的两阶段模型类似。假设在第一阶段市场上只有企业1，以$c_1=c>0$的成本生产网络产品A。通过第一阶段的销售，企业1建立了用户基础，规模为β_1。在第二阶段，当新用户进入市场以及当企业2向市场引入网络产品B时，第一代用户基础将被企业1锁定。这里的不同之处在于，企业2现在可以决定新产品B与现有产品A之间的兼容程度$\gamma,\gamma\in[0,1]$。

如前所述，增加兼容性的好处是使企业2能够从网络产品A的用户基础所产生的网络效应中获益，不利影响是使产品的可替代性增强，差异化程度减弱。为了在模型中体现向后兼容的不利影响，即提高兼容性会降低绩效，我们将产品B相对于产品A的高绩效看作企业2的成本优势加入模型中，即兼容性越低，绩效越好，成本越低，我们假设该成本优势随着兼容程度提高而降低。为了使模型易于处理，我们假设：

$$c_2=\gamma c$$

也就是说，当企业2以不兼容的产品进入市场时($\gamma=0,c_2=0<c_1$)，企业2的成本优势最大；当企业2以完全兼容的产品进入市场时($\gamma=1,c_2=c=c_1$)，企业2的成本优势为零。

根据式(3-43)并假设$\beta_2=0$,我们可以计算出这两家企业的绝对成本加成率:

$$\begin{cases} p_1-c_1=1+(v\beta_1-c)-(q_1+q_2)+v(q_1+\gamma q_2) \\ p_2-c_2=1+\gamma(v\beta_1-c)-(q_1+q_2)+v(q_2+\gamma q_1) \end{cases}$$

当$\gamma=1$时,很容易看出$p_1-c_1=p_2-c_2$。也就是说,当企业2以完全兼容的产品进入市场时,这两家企业是对称的并平分市场。

当$\gamma<1$时,关键变量是$\Delta\equiv v\beta_1-c$。Δ衡量完全兼容时用户基础的网络效用($v\beta_1$)与完全不兼容时的绩效效应(成本优势)之间的差值。如果企业选择产能相等($q_1=q_2$)且保持不变,则如果$\Delta>0$,企业2的成本加成(price-cost margin)将低于企业1;如果$\Delta<0$,企业2的成本加成将高于企业1。因此,如果$\Delta>0$,即用户基础效应大于绩效效应时,企业2倾向于兼容,反之则倾向于不兼容。

为了正确推导企业2的最优兼容性决策。根据式(3-44)和式(3-45),并假设$\beta_2=0$,$c_1=c$,$c_2=\gamma c$,$\Delta\equiv v\beta_1-c$,可以得到:

$$q_2^*(\gamma)=\frac{(1-2v+\gamma v)-(1-2\gamma+\gamma v)\Delta}{4(1-v)^2-(1-\gamma v)^2},\quad \pi_2^*(\gamma)=(1-v)[q_2^*(\gamma)]^2$$

首先观察企业2的均衡产量,我们发现总能找到某些γ值,使$q_2^*(\gamma)>0$。也就是说,与之前的模型相比,当企业2可以选择向后兼容的程度时,企业1不再能够阻止企业2进入市场。实际上,只需在$\Delta>0$时,令$\gamma>1/(2-v)$,而在$\Delta<0$时,令$\gamma<1/(2-v)$,总是有$q_2^*(\gamma)>0$。

下面我们观察企业2的利润是如何随γ变化的。为了简化计算,我们假设$v=1/4$,于是得到$\Delta=(\beta_1/4)-c$以及:

$$\pi_2^*(\gamma)=\frac{12[2+\gamma-(4-7\gamma)\Delta]^2}{(10-\gamma)^2(2+\gamma)^2}$$

$$\frac{d\pi_2^*(\gamma)}{d\gamma}=\frac{24[2+\gamma-(4-7\gamma)\Delta]}{(10-\gamma)^3(2+\gamma)^3}[(2+\gamma)^2+(172-8\gamma+7\gamma^2)\Delta]$$

如果用户基础效应大于等于绩效效应($\Delta\geqslant0$),则一阶导数处处为正,企业2的最优选择是完全兼容,即$\gamma^*=1$。

如果绩效效应大于用户基础效应($\Delta<0$),存在$\gamma\in[0,1]$使得$d\pi_2^*(\gamma)/d\gamma=0$。然而,计算利润关于$\gamma$的二阶导数时,可以很容易证明当$\Delta<0$时二阶导数处处为正,这意味着$\pi_2^*(\gamma)$是$\gamma$的凸函数。为了找到最优解,我们需要比较企业2在极端情况($\gamma=0$和$\gamma=1$)下的均衡利润。我们发现:

$$\pi_2^*(1)-\pi_2^*(0)=\frac{4}{27}(\Delta+1)^2-\frac{3}{25}(2\Delta-1)^2=\frac{1}{675}(28\Delta+1)(19-8\Delta)$$

由于$\Delta<0$,我们有:

$$\pi_2^*(1)>\pi_2^*(0)\Leftrightarrow 28\Delta+1>0\Leftrightarrow\Delta>-\frac{1}{28}$$

因此,当绩效效应略大于用户基础效应时,企业2仍然倾向于以完全兼容的产品进入市场。

命题 3-17

一家企业只有在销售更高质量产品获得的收益远大于其因与现有产品不兼容而失去的收益时,才会选择其产品与竞争对手现有的产品不兼容。

3. 预期管理

预期在具有网络效应的市场中至关重要。当不兼容的网络产品正面竞争时,最终结果很大程度上取决于消费者和生产者的预期。因此,企业会战略性地操纵这些有利于它们的预期。

我们简要介绍用来管理网络市场预期的三种商业策略。第一种策略是广告宣传,把自己的产品描绘成赢家。如果一个消费者被广告信息说服,并且相信大多数其他消费者也是如此,那么他会预期该产品将产生巨大的网络效应,因此将选择购买它。这种策略在用户基础的规模信息难以获知的情况下可能更有效。

第二种策略与第一种策略类似但更具危害,叫作恐惧、不确定性和质疑策略。通过散布竞争对手产品的负面信息,使消费者对竞争对手产品产生悲观预期,从而增加自己产品赢得标准之战的机会。

第三种策略是产品预告,这也是管理预期的一种重要策略。在产品实际推出之前,先发布预告片宣传新产品。例如,苹果、华为、小米等企业召开产品发布会提前宣传,目的是阻止消费者购买现有的竞争性产品和其他企业为竞争对手的产品提供互补产品。尽管在各个行业都有预告,但由于存在集体转换成本,预告在网络市场上具有特殊的影响力。如果一部分消费者推迟购买,等待预告产品上市,其他消费者也会有这样做的动机,预告确实会冻结竞争对手产品的销售。据报道,产品预告在计算机软件和消费电子产品行业相当普遍。预告是否确实会影响标准之战的结果,在很大程度上仍然是一个悬而未决的问题。

与此类公告相关的一个重要问题是其可信度:企业是否有动机在公告中诚实或虚假?如果公告被发现是错误的,有关的软件或硬件会被称为雾件(vaporware),即在开发完成前就开始做宣传的产品,也许这些产品根本就不会问世。另一个问题是,产品预告是一把双刃剑,不仅可能冻结竞争对手产品的销售,也可能冻结企业自有产品当前一代的销售。此外,若出现雾件,企业的声誉会受到损害。

四、网络市场的公共政策

如前所述,网络效应可能引发市场失灵:用户可能由于协调问题而选择“拙劣”的产品或标准,企业也可能不愿意实现产品兼容。那么,是否能够通过政策干预来减缓甚至消除市场失灵?在这一节,我们考虑网络市场中的两类公共干预:事前干预和事后干预。所谓事前干预,是指在网络产品标准化之前,政府部门积极参与网络产品的竞争过程。相反,对于事后干预,政府部门不会影响竞争过程,而是旨在通过控制企业的行为来保护竞争过程。这两种类型的干预都存在很大的困难。

(一)事前干预

根据前文的分析,标准通常以两种基本方式出现:要么作为标准之战的结果,要么是进入市场前的标准化协议。习惯上,把前者称为事实标准(de facto standards),把后者称为名义标准(de jure standards)。

我们继续假定有两种技术 A 和 B,边际成本为零。在每个时期,一个新消费者进入市场,购买其中一项技术的一个单位。有些用户偏好技术 A,有些用户偏好技术 B,他们都受益于所在网络的规模。根据前文的预测,市场支配地位是不兼容网络产品之间竞争的长期结果。最终,无论他们的内在偏好如何,所有用户将使用相同的技术。此外,该模型告诉我们,长期赢家是由小的历史事件决定的,长期赢家的身份无法预测。

David(1987)认为,这种路径依赖意味着网络竞争中的公共干预面临着两个一般性问题。第一个问题是"狭窄政策窗口悖论"(narrow policy window paradox)。由于最终结果是由小的历史事件,特别是在早期发生的事件推动的,因此存在着以较小的代价进行有效公共政策干预的窗口:通过影响第一代用户(税收或补贴),有可能影响整个过程。这使政府部门面临第二个问题,David 称之为"盲巨人的困境"(the blind giant's quandary):政府部门最有可能拥有权力的时候,恰恰是它们对选择哪种技术知之甚少的时候。因此,一种补救办法是:政府对相对落后的企业进行补贴,指导用户确定哪一种技术是更优的。这样可以防止政策窗口在获得更好的信息之前关闭。当然,这种补救措施也会带来社会成本。不仅一些网络效应仍未发挥,而且当市场最终趋向于一种技术时,另一种技术的用户将成为"技术孤儿"(technological orphans,为 David 的术语)。他们有理由感到愤怒,因为公众干预错误的助长,让他们对技术的预期破灭了。这些"技术孤儿"可能会游说政府延长对他们的补贴,也可能质疑公共政策的可信度。

政府部门的另一种干预方式是直接参与名义标准化进程。许多标准是由政府机构选定的,例如,欧洲移动通信 GSM 标准、美国高清晰度电视标准。然而,名义标准是否优先于事实标准,这一点尚无定论。一方面,名义标准是在所有相关方协商一致的基础上,通过磋商、公开透明的程序制定的。因此,这些标准具有一种特殊的合法性,并且避免了采用对私人有利、对社会不利的事实标准的相关成本。另一方面,名义标准有一个重大缺陷。与事实标准的快速出现相比,法律标准更新的速度往往太慢。有时,这种惯性促使企业退出制度化进程,并成立行业联盟或协会来解决标准化问题。例如,大量的标准是由私营标准制定组织(standard-setting organizations,SSOs)①制定的。

---

① 现有的标准制定组织有数百个。大多数组织以及它们所做的工作完全不为公众所知。其中一些有时会出现在新闻中,例如万维网联盟协会(W3C,它开发通用协议以支持网络的发展和操作性)、Wi-Fi 联盟(The Wi-Fi Alliance,为无线产品提供认证)。

（二）事后干预

当政府部门不直接干预标准化进程时，其仍然可能通过竞争政策（反垄断法）在事后间接地控制这一过程。然而，如何在网络市场中运用竞争政策是一件非常微妙的事。原因是，市场份额不平等在网络市场是一个普遍的现象，而并不一定是违反了反垄断法。此外，网络市场所特有的期望管理策略，也应仔细审查。

反垄断监管部门应当对标准制定方面的合作持何种态度是一个更为复杂的问题。第一个基本问题是，是否允许合作制定标准等于是在两种竞争形式之间做出选择：如果允许合作，则是市场内竞争（competition in the market）；如果禁止合作，则意味着为市场而竞争（competition for the market），从而引发标准之战。

从动态的角度来看，由于两种竞争形式的成本和收益是相反的，因此，应该选择哪一种竞争形式还远未明确。为市场而竞争意味着在短期内为建立决定性的用户基础而进行激烈的竞争。好的一面是，企业愿意投资（降低价格和改进质量）以达到它们在标准之战中获胜后将获得的预期利润流。不好的一面是，随着一家企业垄断市场，竞争将不会存在。而在市场内竞争中，情况正好相反。由于企业有一个共同的标准，它们将分享市场，这确保了未来的市场竞争。然而，在短期内，进入市场前的标准化大大降低了企业竞争和创新的动力。显然，二者究竟孰优孰劣是很难权衡的。但是，当标准化能够克服集体转换成本时，更应该选择市场内竞争。此外，当竞争主管部门允许企业在制定标准方面进行合作时，应当确保这不会导致更有害的合作形式，例如固定价格（price-fixing）。

本章小结

网络效应是数字经济区别于传统经济的标志性特征之一。本章首先从网络效应的定义和特征出发，根据效用函数推导需求函数，分析了网络产品市场结构与绩效的关系。进而考虑产品的兼容程度对企业产量和定价策略的影响，以及如何确定标准并制定兼容策略。根据本章的分析，我们得出如下结论：

1. 直接网络效应是指网络中一类参与者的效用受同组用户数目的影响，而间接网络效应是指一类参与者的效用受到另一组参与者数目的影响。一些平台可能同时具有直接网络效应和间接网络效应。例如，对于电商购物平台而言，买家内部、卖家内部的相互影响是直接网络效应，而卖家与买家之间的影响为间接网络效应。

2. 网络效应既可能为正（如规模经济），也可能为负（如交通堵塞和广告）。

3. 网络效应的效果还取决于群体类型，用户对网络中信息的了解通常是不完全的。

4. 消费者对网络产品的效用函数、需求函数与普通商品不同。网络产品能为消费者提供两类效用：产品本身的“独立效用”以及产品具有的“网络效应”为消费者提供的“网络效用”。

5. 在存在间接网络效应的市场中，市场竞争的加剧可能会导致市场价格和投资水平的上升。

6. 兼容性对于具有网络效应的产品而言非常重要。从消费者角度看，当市场存在不兼容的网络商品时，消费者选择时需要进行协调，必须决定保留旧的网络产品，还是用新的网络产品取代它。此时，可能存在过度惰性、过度激进和从众问题。

7. 从企业的角度看，产品的兼容程度是影响企业间竞争程度的关键。如果两种产品是不兼容的，则网络效应会引发"自我强化过程"，最终市场上将会只有一家企业。在这样的市场中，企业需要为市场竞争，即企业竞争的关键是首先占领各自的产品市场，从而赢得先发优势；而当两家企业选择兼容策略即标准化策略时，两家企业进行市场内竞争。

思考题

1. 如何理解直接网络效应和间接网络效应？请举例说明。

2. 为什么具有网络效应的行业经常存在多重均衡？面对多重均衡应如何选择？为什么垄断企业，甚至完美竞争企业会有网络产品供应不足的趋势？

3. 为什么长远来看，不兼容网络产品之间的竞争可能导致单一产品主导市场？如何理解过度惰性？为什么这种情况更可能发生在间接网络效应市场，而不是直接网络效应市场？

4. 在共享单车案例中，为什么在第二家企业摩拜进入市场之后，ofo共享单车的价格上升，投放量增加？

5. 在什么情况下，标准化会成为寡头企业的均衡策略？

6. 为什么消费者和生产者在标准化方面的利益可能不一致？

7. 为什么现有的网络产品生产商有动机通过尺蠖定价建立用户基础？

8. 如何理解向后兼容与绩效之间的关系？为什么企业试图在标准之战（互不相让）中影响消费者的期望？怎样影响？

即测即评

本章参考文献

1. Belleflamme P, Peitz M. Industrial Organization: Markets and Strategies. Cambridge University Press, 2015.

2. Belleflamme P, Peitz M. Platforms and Network effects// Handbook of Game Theory and Industrial Organization, Volume Ⅱ. Edward Elgar Publishing, 2018.

3. Cao G, Jin G Z, Zhou L. Market Expanding or Market Stealing? Platform Competition in Bike-sharing. RAND Journal of Economics, 2021, 52 (4): 778-814.

4. Church J, Gandal N, Krause D. Indirect Network Effects and Adoption Externalities. Review of Network Economics, 2008, 7(3): 337-358.

5. Hagiu A, Wright J. Multi-sided Platforms. International Journal of Industrial Organization, 2015a, 43: 162-174.

6. Hagiu A, Wright J. Marketplace or Reseller?. Management Science, 2015b, 61(1): 184-203.

7. Wang C, Wright J. Search Platforms: Showrooming and Price Parity Clauses. RAND Journal of Economics, 2020, 51(1): 32-58.

8. Teh T, Wright J. Intermediation and Steering: Competition in Prices and Commissions. American Economic Journal: Microeconomics, (forthcoming).

9. Armstrong M, Wright J. Two-sided Markets, Competitive Bottlenecks and Exclusive Contracts. Economic Theory, 2007, 32(2): 353-380.

第四章

声誉效应

“夫物之不齐,物之情也。或相倍蓰,或相什百,或相千万。子比而同之,是乱天下也。巨屦小屦同贾,人岂为之哉?”

——《孟子·滕文公上》

信息不对称会导致市场失灵。早在春秋战国时期,人们就认识到这一点。战国时期有个叫许行的农学家提出了“市价不二”的观点,即同类商品,只要长短、轻重、大小相同,它的价格就都应是一样的。这一观点,受到了孟子的批判。孟子认为,物品的价值有的相差一倍、五倍,有的相差十倍、百倍,有的甚至相差千倍、万倍。倘若将它们等同看待,就是扰乱天下。如果“巨屦”(做工粗糙的鞋)与“小屦”(做工精细的鞋)同样价钱,那么谁还肯做“小屦”呢?

许行观点的谬误之处在于他忽略了信息采集的成本。只有当可以对每种物品的品质进行严格的区分,且可以把不同品质的物品看作不同的物品时,“市价不二”才可以执行。可问题是,物品本质上是不同的,而信息不对称则导致了难以对不同品质等级的物品进行区分。因此,“市价不二”政策一旦实施就意味着不同等次的产品会被制定相同的价格,从而出现高质量产品供应不足的现象。孟子的批判与 Akerlof(1970)在《柠檬市场》这篇经典文献中提出的理论如出一辙。Akerlof 这篇论文讲的是旧车市场的故事。在美国俚语中,柠檬是次品的意思。在旧车市场上,有质量较好的车,他们称之为“桃子”,也有质量较差的车,他们称之为“柠檬”。由于卖方对车的属性更为了解,而买主由于对车的质量信息不确定只愿意支付平均价格,这就会导致市场上只有“柠檬”(也就是质量较差的车),却没有“桃子”(质量较好的车)。

这两个故事所传递的关键信息是信息不对称会导致市场失灵。在信息经济学中,通常有两种类型的信息不对称:一种是隐藏信息,即指委托人对代理人类型或特征的不确定;另一种是隐藏行动,是指委托人无法观测到代理人的行为。这两种类型的信息不对称都会导致市场失灵。

尽管如此,在现实中我们还是看到很多极为复杂的产品和服务依然能够在市场上交换的现象。这就表明,存在某种信息披露机制来弥补信息不对称导致的市场失灵问题,如声誉机制。

声誉机制是说,在多人和重复交易环境中,每个人的特征信息最终会被揭示出来。通常而言,声誉的形成可能来自过去对业绩的直接观察、其他买方的经验和第三方报告。在商业竞争中,卖方声誉是一项重要的资产,因为买方经常根据他们的声誉来选择卖方。当交易的商品或服务的质量难以衡量,且交易双方无法就交易结果达成完美契约时,这一点尤为明显。在数字经济时代,信息的传播速度快,网络平台通过允许人们对购买的产品进行评价和反馈,促进声誉机制发挥作用。

本章结构安排如下:第一节讲述声誉机制的运作机理;第二节介绍互联网如何改变声誉机制的作用方式。

第一节 声 誉 理 论[①]

一、分析框架

我们首先建立基本的分析框架。假定存在一个卖方,他可以在几个时期内向一个买方或一系列买方出售商品或服务。在每个时期,卖方最多可以进行一次交易。如果交易成功,那么这对任何买方都带来价值为 1 的效用,如果失败了,则价值为 0。买方只有在交易发生后才能观察到交易结果,但不能根据交易结果签订“或然合同”。

假设卖方可以分为“好”(g)、“坏”(b)两种类型。我们用 $\theta\in\{b,g\}$ 表示卖方的类型,其中 $0\leqslant b\leqslant g\leqslant 1$,令 μ_t 表示买方在第 t 期交易结束时认为卖方是“好”类型的概率。

成功的概率既取决于卖方的努力程度,也取决于他的能力。特别地,对于任意给定的交易,成功的概率为 $e\theta$,其中 $e\in[\underline{e},1]$ 表示卖方的努力,且 $e>0$。通常,我们假设卖方付出努力 e 的成本为 $c(e)$,其中 $c(\underline{e})=(0)$,且该成本是递增的凸函数($c'>0,c''>0$)。为了保证内点解,假设 $c(1)$ 足够高。最后,买卖双方是风险中性的,且贴现因子为 $\delta\in(0,1)$。

假设有 $T(T>1)$ 个时段。每一时段的交易分为三个阶段:①每个买方与卖方匹配,以 p 的价格决定是否购买服务。②如果买卖双方选择进行交易,那么买方向卖方支付 p。卖方选择付出多少努力,服务成功的概率为 $e\theta$。③买方(可能还有其他潜在的未来买方),观察服务是否成功,并相应更新其信息。在第一阶段,购买者共享一个正确的先验概率 $\mu_0>0$,这是“共同知识”(common knowledge)。

注意,给定卖方类型 θ,使社会剩余最大化的“有效努力水平” e_θ^* 满足:

$$e_\theta^*=\arg\max_e \theta e-c(e)$$

其中,最优化的一阶条件为 $\theta=c'(e_\theta^*)$。显然,$e_g^*>e_b^*$。最后,为了使结论变得有趣,我们假设 $\underline{e}<e_b^*$,即两种类型“有效努力水平”均高于 $\underline{e}$。

① 本节参考了 Bar-Isaac 和 Tadelis(2008)。

二、纯粹的隐藏信息（pure hidden information）

隐藏信息是指卖方的能力有差别，但买方观察不到卖方的能力。此时，交易成功的概率与努力水平无关（$\underline{e}=1$），成功概率只取决于卖方的类型，即类型 θ 以概率 θ 成功。因此，产品质量是以一种随机变量的形式呈现的。在隐藏信息情况下，卖方对交易的结果没有主动的控制权，但卖方在他们的先天能力或“类型”上有所不同。例如，一个顾问可能更聪明或不够聪明，这影响他的交付能力；厨师可能具备创造美味食谱的能力，或可能没有。当潜在买方观察到卖方的产出时，他们会随着时间的推移有效地学习卖方的先天技能，因此我们也将这种情况称为“纯粹学习”（pure learning）。

在这种情况下，卖方的声誉是买方对卖方技能（或者说类型）的信念。以某电影为例，其上映时质量是已经确定的。在决定看或不看的时候，我们根据其他人（如影评家和值得信赖的朋友）的影评，判断自己会在多大程度上喜欢这部电影。一般来说，对于一部电影来说，一些观众会期望享受它，而另一些则不会，因此电影的声誉可以被看作观众会享受它的概率。

随着时间的推移，通过观察过去交易的结果（或者直接或间接地从与其他买方的结果中获得），潜在买方可以逐步了解卖方的类型。假设高能力卖方比低能力卖方有更高的成功概率，使得 $0\leqslant b<g\leqslant 1$。同时，假设任何交易的结果都是由所有潜在买方观察到的。若第一次的交易结果是成功的（S），则买方认为卖方是“高能力卖方”的概率为：

$$\mu_1(\mu_0,S)=\frac{\mu_0 g}{\mu_0 g+(1-\mu_0)b}$$

类似地，如果第一次的交易结果是 F（失败），买方认为卖方是“高能力卖方”的概率为：

$$\mu_1(\mu_0,F)=\frac{\mu_0(1-g)}{\mu_0(1-g)+(1-\mu_0)(1-b)}$$

容易被证明，随着买方观察到越来越多的结果，声誉（或后验信念）会收敛于事实，在足够多的观察之后，买方几乎肯定会知道自己面对的是高能力的卖方还是低能力的卖方。也就是说，当 $t\to\infty$ 时，μ_t 要么收敛到 0（如果卖方是低能力卖家），要么收敛到 1（如果卖方是高能力卖方）。

根据上述分析，“声誉趋同于事实”的结果，取决于买方与卖方无限频繁地进行交易这一重要前提。有意思的是，在很多时候，购买者可能在获悉所有信息之前就停止与卖方的交易。如果出现这种情况，买方将不再收到关于卖方能力的新信息。以前面的例子来说，如果只有 20%的观众对某部电影做出了正面的评价，那么，多数人就会选择不再观看。于是，对这部电影的评价就会停留在 20%的水平，而不是继续降低。

为了理解这一点，假设交易执行的价格 p 是固定的（虽然没有必要设定一个固定的价格，但它极大地简化了事情）。显然，如果 $p>g$，那么无论卖方声誉如何，买方都不会发现有价值购买服务，因为交易期望值 $E\theta=\mu g+(1-\mu)b\leqslant g$。同样，如果 $p<b$，那么买方将总是选择购买。当 $b<p<g$ 时，情况将变得更加有趣。

假设买方是短期的，因此没有理由为生成信息而采取行动。在单笔交易中，只要信誉足够高，买方就会购买。具体来说，买方会选择购买的条件是 $\mu g+(1-\mu)b>g$，或：

$$\mu \geqslant \underline{\mu} \equiv \frac{p-b}{g-b}$$

现在假设 $\mu_0=\underline{\mu}+\varepsilon$，$\varepsilon$ 很小。此时，第一期会有交易发生，但如果交易结果是失败的，则当 ε 足够小时，将会有 $\mu_1(\mu_0,F)<\underline{\mu}$。此后，没有买方愿意以价格 p 购买。因此，如果 $g<1$，即卖方是高能力的概率不是 100%，则如果一个高能力的卖方第一次进入市场恰好运气不好，那么，他就会被一个不值得拥有的坏名声困住，从而永远都无法翻身。这就是为什么人们第一份工作、第一所学校对后续在劳动力市场上的表现会产生持续的影响。同样，即使初始的信念满足 $\mu_0>\underline{\mu}$，一个高能力卖方在遭遇一系列失败后，其声誉可能跌到无人购买的地步。

当读到这里的时候，或许你会感到失望。难道说能力高的人真的会因为运气不好而永远不能翻身吗？在成功的概率与努力无关时，确实可能出现这种结果。然而，请不要忘记，在上面的分析中，我们忽略了个人努力。在后续的章节中，我们将把个人努力纳入模型。到时候你会发现，当运气不好的时候，就是需要你格外努力的时候。你的努力会为自己赢得声誉，最终人们会发现你是一个值得信赖的好卖方。

此外，对于一个知道自己能力的好卖方而言，即便卖方无法选择努力水平，他依然可以通过“尺蠖策略”(inchworm strategy)来吸引消费者，而不是退出市场。所谓“尺蠖策略”是指，当其由于运气不好而拥有一个坏的声誉时，他可以在一开始通过降低产品的价格来吸引消费者购买其产品，而随着其声誉的恢复，逐渐提高价格，直至消费者了解卖方的真实能力。具体地，如果在时间 t 卖方的声誉为 μ_t，则买方愿意支付的最高价格 WTP_t 是：

$$WTP_t=\mu_t g+(1-\mu_t)b$$

此时，一个具有垄断势力的卖方可以把价格定在 $p_t=WTP_t$。

当然，当 $WTP_t<c$ 时，这样定价可能意味着卖方要承受一段时间的利润损失，直到优质卖家的信息显露出来。因此，“尺蠖策略”得以奏效，需要几个前提条件：

(1) 只有当卖方相信自己是一个优质的卖方时，他才会愿意采取这种策略。相反地，如果卖方不知道自己的类型，一个好卖方可能遭遇一连串的厄运，被赶出市场。

(2) 当 $WTP_t<c$ 时，卖方需要有一定的财力，以承受前期的利润损失。卖方财富的来源可以是自我的资本积累，也可以来自银行贷款或者资本市场融资。

(3) 信息传递是有效的。具体地，假设存在一系列潜在买方，每个人都收到一个不与其他买方分享的关于卖方质量的私人信号。那么，即使一个买方能够观察到所有的信号，知道卖方的类型，但如果没有一个传播和集中这些信息的机制，一些买方还是会持有负面的信念。保证信息有效传递的一种方式是，让所有潜在买者都可以观察到之前的所有交易记录。但是，当把所有的信息都披露出来时不一定总是能够起到积极的作用。有时，人们可能因为周围充斥着负面信息，而不相信自己的个人经历，这被称为“信息跟风”(information-herding)或“信息倾泻”(information cascade)。

三、纯粹的隐藏行动（重复游戏路径）

隐藏行动也被称为道德风险，是指产品质量本身不是外生的而是可以由卖方控制的。在我们的框架中，这可以通过设置 $b=g$ 或取 $\mu_0=1$ 来实现。如果质量选择是隐藏行动，卖方难以使消费者相信其产品是高质量的。尽管买方对卖方的能力没有怀疑，但由于无法观测到卖方的努力，因此，卖方可能选择次优努力。例如，顾客可能不确定餐厅厨师所使用的食材的质量，而厨师可以通过决定在食材上的支出来控制菜品质量。

为简化分析，我们假设商品的价格固定在 p，且 $\underline{e}g<p<e_g^*g$。也就是说，当产品定价为 p 且努力水平达到有效努力水平 e_g^* 时，消费者剩余为正。但是当卖方偷懒时($e=\underline{e}$)，消费者剩余为负。如果只有一次交易的机会，由于买方无法观测到卖方的努力，则买方不会购买，因为他会预计到，卖方不会付出超过最低水平 $\underline{e}$ 的努力。因此，如果我们希望卖方付出高于 $\underline{e}$ 的努力，卖方当期的努力就需要获得未来的奖励，或者当期的“卸责”会受到惩罚。

下面我们通过一个具体的例子来阐述这种“胡萝卜+大棒”策略的有效性。具体地，假定买方采取“触发策略”(trigger strategy)：当交易结果是成功的，则买方会继续购买；一旦交易失败，买方将停止购买。令 V 表示卖方在声誉完好无损(上一期交易是成功的)情况下开展交易的价值，给定价格 p，卖方选择努力水平 $\tilde{e}$ 来实现未来价值折现的最大化。具体地，V 满足：

$$V=p-c(\tilde{e})+\delta\tilde{e}gV \text{ 或 } V=\frac{p-c(\tilde{e})}{1-\delta\tilde{e}g} \tag{4-1}$$

式中：$\tilde{e}g$ 表示交易成功的概率。

在均衡条件下，卖方必须选择最优努力，即期望效用 $p-c(\tilde{e})+\delta\tilde{e}gV$ 最大化，经过计算可知，$\tilde{e}$ 满足：

$$c'(\tilde{e})=\delta gV=\delta g\frac{p-c(\tilde{e})}{1-\delta\tilde{e}g} \tag{4-2}$$

另外，为了使买方愿意以价格 p 购买，均衡结果要求 $p\leqslant\tilde{e}g$。

根据式(4-1)和式(4-2)可知：①V 是 δ 和 g 的增函数；②由于 $c''(e)>0$，e 是 p、δ 和 g 的增函数。

四、混合模型：隐藏类型和隐藏行动

在前两小节中，我们分别考虑了纯粹的隐藏信息和纯粹的隐藏行动两种情况。一种更为符合现实的情况是，既包含隐藏类型，也包含隐藏行动。例如，顾问成功改善公司绩效的能力取决于他的未观察到的技能和他所付出的未观察到的努力,一顿饭的质量既取决于厨师的技能,也取决于他对购买哪种配料的选择。在这种情况下,根据卖方是否了解自己的类型又可以分为两种模型:第一类是卖方不知道自己的类型,这通常被称为"信号干扰"(signal-jamming)模型。第二类是他知道自己的类型,这通常被称为"信号发射"(signaling)模型,其中包括隐藏动作和隐藏(私人)信息。

(一)信号干扰模型:卖方不了解自己的类型

在这种模型中,卖方不了解自己的能力,但为了赢得声誉却有动力努力工作。具体来说,因为买方将成功值设为1,失败值设为0,在这个模型中,价格等于买方对成功的期望。

为简化分析,我们假定只有两个阶段。可以预期,由于第二阶段是最后一期,卖方只会付出 $\underline{e}$ 的努力程度。但是,卖方可以在第一阶段做出努力。如果市场期望卖方在第一阶段付出努力 $\tilde{e}$,那么使用之前的信念为 μ_0,第一阶段价格为:

$$p_1=\mu_0\tilde{e}g+(1-\mu_0)\tilde{e}b \tag{4-3}$$

若第一阶段的交易是成功的,则买方根据贝叶斯规则更新其信念 μ_1^S,计算方法如下:

$$\mu_1^S=\frac{\mu_0\tilde{e}g}{\mu_0\tilde{e}g+(1-\mu_0)\tilde{e}b}=\frac{\mu_0 g}{\mu_0 g+(1-\mu_0)b} \tag{4-4}$$

由于第二阶段 $e=\underline{e}$,如果第一阶段的交易是成功的,那么第二阶段价格将是:

$$p_2^S=\underline{e}[\mu_1^S g+(1-\mu_1^S)b] \tag{4-5}$$

同样地,若第一阶段的交易是失败的,则买方预期卖方是高能力的概率是 μ_1^F:

$$\mu_1^F=\frac{\mu_0(1-\tilde{e}g)}{\mu_0(1-\tilde{e}g)+(1-\mu_0)(1-\tilde{e}b)} \tag{4-6}$$

若第一阶段交易失败,则第二阶段价格是:

$$p_2^F=\underline{e}[\mu_1^F g+(1-\mu_1^F)b] \tag{4-7}$$

由于卖方不知道自己的能力,因此预期成功的概率为 $\tilde{e}[\mu_0 g+(1-\mu_0)b]$。因此,卖方在第一阶段选择努力 $\tilde{e}$,以使其期望的收益现值最大化。

$$p_1+\delta\tilde{e}[\mu_0 g+(1-\mu_0)b]p_2^S+\delta(1-\tilde{e}[\mu_0 g+(1-\mu_0)b])p_2^F-c(\tilde{e}) \tag{4-8}$$

卖方效用最大化问题的一阶条件为:

$$c'(\tilde{e})=\delta[\mu_0 g+(1-\mu_0)b](\mu_1^S-\mu_1^F)(g-b)\underline{e} \tag{4-9}$$

由于 $c'(\underline{e})=0$,$c''(\cdot)>0$,因此,式(4-9)给出的解是唯一的。式(4-9)给出的努力水平满足如下性质:

(1) 第一阶段努力水平与 δ 正相关,也就是说卖方越是关心未来的收益,其在第一阶段的努力水平越高。

(2) 第一阶段努力水平与 $g-b$ 正相关,因此,给定能力的期望 $\mu_0 g+(1-\mu_0)b$ 保持不变,两类卖方的能力差异越大,则卖方努力程度越高。其原因有二:一是买方在观察到"成功"后会更倾向于认为卖方是高能力的;二是高能力的相对价值也更大。

(3) 若 $\mu_0=1$,则 $\mu_1^S=\mu_1^F=1$,此时的努力水平为 $\underline{e}$。类似地,若 $\mu_0=0$,则 $\mu_1^S=\mu_1^F=0$。

也就是说，如果买方非常确定地认为卖方是高质量或低质量时，其信念是不会进行更新的，从而卖方也失去了努力的动力。由此表明，不确定性会激发努力。

（二）信号发射模型：卖方知道自己的类型

当卖方知道自己的类型时，通常不同类型的卖方会采取不同的行动。我们依然分析一个只有两期的模型，卖方在第二阶段不会选择 $\underline{e}$ 以上的努力，因为任何积极的努力水平都不会有未来的回报。令买方预期高能力卖方的努力为 $\tilde{e}_g$（如在第一阶段），而低能力卖方的努力为 $\tilde{e}_b$（如在第一阶段）。则第一阶段价格为：

$$p_1=\mu_0\tilde{e}_g g+(1-\mu_0)\tilde{e}_b b \tag{4-10}$$

第二阶段的价格将取决于卖方的声誉。不同于式(4-4)和式(4-6)，两种类型的卖方会选择不同的努力水平 $\tilde{e}_g$ 和 $\tilde{e}_b$。于是，第一阶段交易结束后，买方认为卖方高能力的概率（信念）为：

$$\mu_1^S=\frac{\mu_0\tilde{e}_g g}{\mu_0\tilde{e}_g g+(1-\mu_0)\tilde{e}_b b}\text{和}\mu_1^F=\frac{\mu_0(1-\tilde{e}_g g)}{\mu_0(1-\tilde{e}_g g)+(1-\mu_0)(1-\tilde{e}_b b)} \tag{4-11}$$

第二阶段的价格是：

$$p_2^S=\underline{e}[\mu_1^S g+(1-\mu_1^S)b]\text{和}p_2^F=\underline{e}[\mu_1^F g+(1-\mu_1^F)b] \tag{4-12}$$

因此，类型为 θ 的卖方的期望效用为：

$$p_1+\delta e\theta p_2^S+\delta(1-e\theta)p_2^F-c(e) \tag{4-13}$$

经过重新整理，其效用最大化问题的一阶条件为：

$$c'(\tilde{e}_\theta)=\delta\theta(\mu_1^S-\mu_1^F)(g-b)\underline{e} \tag{4-14}$$

与式(4-9)相比，卖家的努力水平与自身的类型正相关，且满足 $\tilde{e}_g>\tilde{e}_b$。

第二节 互联网与声誉机制

声誉机制是区分线上市场和线下市场运行机制的重要维度。以淘宝网为例，根据买方和卖方提供的反馈，淘宝评论中反映卖方声誉的变量主要有如下几个方面：①正面和负面评论的数量；②卖家在淘宝网的等级；③卖家收到的评论。此外，淘宝网提供每个卖家从最新评论开始所收到的评论的完整记录。所有关于卖家的信息都是公开的，任何潜在的买家都可以得到这些信息。

在众多互联网交易平台中，淘宝网绝不是唯一的在线反馈和声誉系统，其他平台的声誉系统也有着类似机制。例如，大众点评网站提供了客户评论系统，买家可以对产品本身和卖家进行评价。虽然大众点评的卖家评论系统与淘宝网的相当相似，但其产品评论系统却有些复杂，因为评论者可以对其他评论进行讨论。与淘宝网不同，大众点评的卖家信誉系统是单向的：买家评论卖家，但卖家不评论买家。当然，淘宝网并不是唯一的双向评价系统。例如，在携程网上，旅行者在旅行时可以找民宿，民宿主人和旅行者可以互相评分。

那么,互联网平台究竟对于线上交易发挥着怎样的作用呢?

第一,在线购物平台可以为消费者提供购物信息,使得消费者可以很容易地评估、定位和购买更为广泛的产品,并影响企业的规模分布。推荐软件、抽样工具和搜索引擎使消费者可以找到符合自己偏好的产品,特别是对"利基"产品(小众产品)而言更是如此。这是互联网导致长尾经济形成的一个重要原因。具体地,推荐系统或推荐网络使消费者可以学习其他人的经验。一个例子是像淘宝网这样的在线购物平台的消费者评论。这类似于传统市场中的口碑,即朋友和同事进行推荐。虽然这样的口碑传播在地方性市场中很重要,但并不能像推荐系统一样提供丰富的信息。推荐系统提供的附加信息在其他地方很难观察到。

第二,中介机构可以缓解企业与消费者之间的信息不对称问题。中介扮演一个证明者的角色。当然,中介机构也可能只是从市场收取租金,而不提供任何服务。

本节接下来从畅销程度信息与中介和声誉两个方面分析在线购物平台对市场结构和消费者选择的影响。

一、畅销程度信息

本节分析畅销程度(popularity)信息的作用,即一件商品在相关物品中被购买的频率。为此,我们建立了一个简单的模型。为了重点关注消费者行为,我们假定企业行为是外生的,产品价格是固定不变的。消费者提前知道产品的某些特性是否符合他们的偏好,但不完全了解产品的质量。因此,报告畅销程度的推荐系统可以为消费者提供有价值的信息。

(一)模型设定

假设存在两种产品,产品存在两方面差异:垂直差异和水平差异。垂直差异,是指产品质量的差异。水平差异,是指对于同等质量的产品,一些消费者喜欢产品1,而另外一些消费者则偏好产品2。当消费者购买的产品与自己的水平偏好不同时,我们称之为错误匹配,反之则称为正确匹配。

消费者面临的选择为是否购买,以及购买哪一种产品。我们假定,消费者购买产品需要付出的总机会成本为z,且在错误匹配时,高质量产品的净效用是$v_H=1$,低质量产品为$v_L=0$。而正确匹配给消费者带来的效用水平比错误匹配的情况高t。

产品为高质量的事前概率为1/2。一个消费者会收到一个关于质量的私人噪声信号。[①] 信号提供正确信息的概率是ρ,对于具有信息功能但包含噪声的信号来说,ρ介于1/2与1之间。因此,一个正面信号实现后,产品属于高质量的概率是ρ。

如果喜欢产品i的消费者接收到一个高质量信号并从卖方j处购买,那么当$i=j$时,

---

① 这个私人噪声信号可能来自公开领域的噪声信息,比如公布结果的测试。

他的预期效用 $U_{Hg}\equiv\rho+t-z$；若 $i\neq j$，预期效用 $U_{Hb}\equiv\rho-z$。相应地，在低质量信号情况下，如果 $i=j$，预期效用 $U_{Lg}\equiv(1-\rho)+t-z$；若 $i\neq j$，预期效用 $U_{Lb}\equiv(1-\rho)-z$。表 4-1 给出了可能的四种预期效用。

表 4-1 根据信号和匹配达到的预期效用

信号类别	正确匹配	错误匹配
高质量信号	$U_{Hg}\equiv\rho+t-z$	$U_{Hb}\equiv\rho-z$
低质量信号	$U_{Lg}\equiv(1-\rho)+t-z$	$U_{Lb}\equiv(1-\rho)-z$

对一个给定的匹配来说，$\rho>1/2$ 表示得到高质量信号的消费者拥有更高的福利：对 $k=g,b$，有 $U_{Hk}>U_{Lk}$。同样，对一个给定信号来说，$t>0$ 意味着消费者希望有一个好的匹配：对 $K=H,L$，有 $U_{Kg}>U_{Kb}$。但目前并不清楚消费者怎样平衡匹配质量和信号质量。如果 $U_{Lg}>U_{Lb}$，则意味着匹配比产品质量更为重要。如果 $1+t>2\rho$，则意味着产品质量比匹配结果重要。我们在分析中会区分这两种情况。

（二）消费者的产品选择

消费者选择存在两种极端的情况：第一种情况是在产品质量信号和匹配结果都较差的情况下，消费者也会进行购买。此时有 $U_{Lb}>0$，即光顾一个卖方的机会成本足够小（$z<z_{Lb}\equiv1-\rho$）。第二种情况是即便是在产品质量信号和匹配结果都较好的情况下，消费者也不购买。这时有 $U_{Hg}<0$ 或 $z>z_{Hg}\equiv\rho+t$。

我们关心的是 $z\in[z_{Lb},z_{Hg}]$ 的情况。如果 $U_{Lg}\geqslant0$，即 $z\leqslant z_{Lg}\equiv1-\rho+t$，好的匹配但低质量信号的产品将被购买。如果 $U_{Hb}\geqslant0$ 或者 $z\leqslant z_{Hb}\equiv\rho$，坏的匹配但高质量信号的产品将被购买。

因此，可能有两种情形。情形 1：消费者更看重匹配质量，不等式 $U_{Lg}>U_{Hb}\Leftrightarrow z_{Lg}>z_{Hb}$ 成立，即 $1+t>2\rho$。在该种情形下，消费者偏好的差异很大（t 很大），并且信号有足够的噪声（ρ 足够小）。情形 2：产品的质量信号较高（ρ 足够大）或消费者偏好差异较小（t 很小），即 $U_{Lg}<U_{Hb}\Leftrightarrow z_{Lg}<z_{Hb}$ 或 $1+t<2\rho$。显然，消费者选择取决于 $z_{Lg}>z_{Hb}$ 是否成立（见图 4-1）。

情形 1：$1+t>2\rho$，此时有 $z_{Lg}>z_{Hb}$ 成立。①如果 $z\in(z_{Lb},z_{Hb})$，则消费者只要没有同时观察到低质量信号和错误匹配就会购买；②如果 $z\in(z_{Hb},z_{Lg})$，消费者只要观察到正确匹配结果就会购买；③如果 $z\in(z_{Lg},z_{Hg})$，消费者只有在同时观察到正确匹配和高质量信号时才会购买。

情形 2：$1+t<2\rho$，此时有 $z_{Lg}<z_{Hb}$ 成立。①如果 $z\in(z_{Lb},z_{Lg})$，则消费者只要没有同时观察到低质量信号和错误匹配就会购买；②如果 $z\in(z_{Lg},z_{Hb})$，则消费者只要没有观察到低质量信号就会购买；③如果 $z\in(z_{Hb},z_{Hg})$，则消费者只有同时观察到正确匹配和高质量信号才会购买。有趣的是，在情形 1，如果 $z\in(z_{Hb},z_{Lg})$，消费者选择纯粹取决于匹配质量；在情形 2，如果 $z\in(z_{Lg},z_{Hb})$，消费者选择就纯粹取决于质量信号。

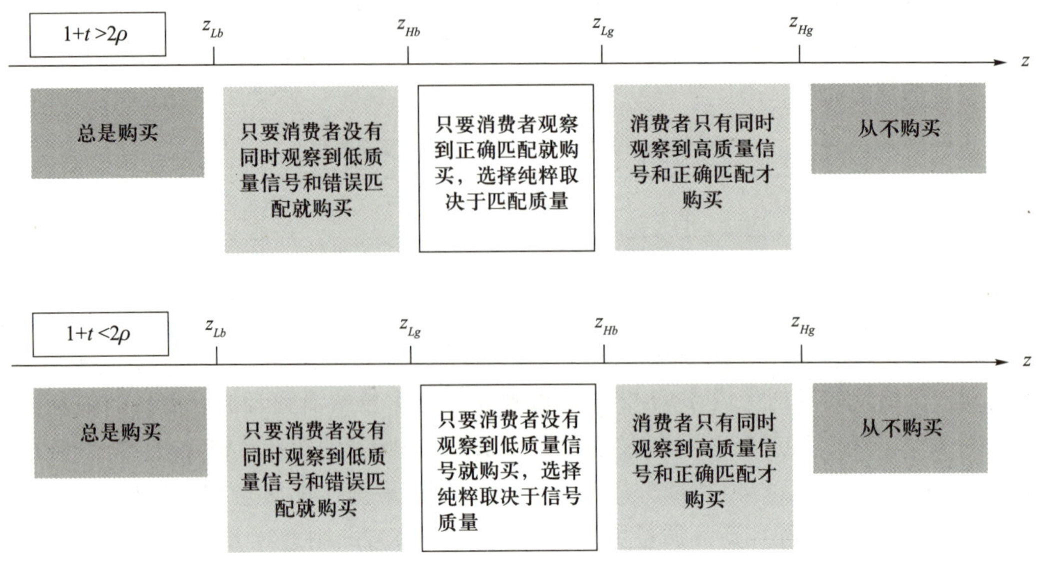

图 4-1 消费者的购买选择

（三）推荐系统

我们首先关注两个中间情况(图 4-1 的中间区域),并引入一个提供畅销程度信息的推荐系统。为了使推荐系统发挥作用,至少需要另一个消费者在获得来自第一个消费者的购买信息后做出选择。这里推荐系统会报告第一个消费者的选择。第二个消费者知道模型的参数,但不知道第一个消费者接收到的信号和类型。我们假设消费者之间所有的随机变量都是独立同分布的。

在第一种情况下,$z \in (z_{Hb}, z_{Lg})$,第一个消费者购买产品的选择不会披露任何私人信号,因为该消费者并不关心产品质量高低,而只在意产品是否符合其水平偏好。因此推荐系统并不包含任何对第二个消费者有价值的信息。在第二种情况下,$z \in (z_{Lg}, z_{Hb})$,第一个消费者之所以进行购买是因为他观察到了好的质量信号。第二个消费者将使用推荐系统提供的信息来更新他的信念:如果产品被购买(购买数据)或者卖家被光顾(点击数据),就表明有更高的质量。此时,先前的访问或购买会增加后续访问和购买的机会。在这里,推荐系统有利于提高高质量产品的销量。

二、中介和声誉

当消费者在购买之前无法观察到产品的质量信息时,生产低质量产品的卖家就可能模仿高能力卖家的行为,从而浑水摸鱼。在现实中,一家企业为克服逆向选择或道德风险问题需要付出非常大的努力,如果一家企业认为努力是值得的,那么它必须扭曲决策并占用大量资源,这具有很大的社会成本。作为信息中介的第三方的出现可以减轻这个问题。

在这一节中,我们会分析揭示产品、卖方可靠性或质量信息的信息中介,例如米其林指南(Guide Michelin)等。同样,大众点评提供的评分系统也扮演了信息中介的角色。这两个例子的不同之处在于米其林指南积极地收集和处理信息,而大众点评只是综合买者提供的信息。

我们首先关注米其林指南这样的信息中介。在这里,中介是一个拥有比普通消费者更完备信息的专家。这类优势可以用规模和范围效应来解释。假设有许多潜在买方而只有一个中介。为了论证,假设一方通过花费努力 e 可以评估市场上所有产品的质量。每个消费者通常只购买产品的一小部分,因此通常是在有限的产品(restricted set)中(即使包括互相认识的消费者之间的口碑)获得直接经验。相比之下,中介的规模更大,并能够获得更多经验。此外,中介一般总是持久地存在于市场上,而消费者只是在特殊时刻购买。那么,如果中介提供努力 e,其单位成本相对较小,但这对买方来说是望而却步的。因此中介可能向消费者揭示其信息。这对中介来说是有利的,因为他可以以此功能收费。我们给出了一个简单模型,其中假设消费者得到关于产品质量的直接信息成本过高,不过中介在其中扮演了一个鉴定者的角色。

(一)中介质量认证

本小节分析存在垄断中介的两个模型。尽管两个模型的假设只有些许不同,推导出的结果却形成了强烈对比。我们在本节的最后会讨论中介在哪个环境中更有可能扮演认证角色。

1. 产品质量离散的情况

考虑一个具有 n_s 个卖方以及 n_b 个买方的市场。买方对每种产品都有单位需求。每个卖方都可以提供高质量或低质量的产品,高、低质量的产品成本分别记为 c_H 和 c_L,且 $c_H>c_L$。消费者愿意为高质量支付 v_H,为低质量支付 v_L,他们无法观察到产品质量,因此存在道德风险问题。

如果企业不能揭示或发出有关质量的信号,那么它们可能没有动机去生产高质量产品,因此市场只提供低质量产品。企业可以对产品进行产品鉴定或实行品牌化,这样它们就没有动机生产低质量产品。每个企业品牌化或鉴定成本为 $\psi>0$。因为企业销售独立的产品,我们可以暂且将分析局限于单个卖方。

考虑下面的博弈:首先,企业选择质量并付出相应的生产成本。其次,企业决定是否进行质量鉴定。如果鉴定,会带来成本 ψ,消费者只能通过观察其是否被鉴定过了解产品质量,再决定是否购买。如果企业没有鉴定,消费者会认定其是低质量的。低质量企业的收益是 v_L-c_L。如果企业选择鉴定,那么会揭示其产品属于高质量,这样收益是 $v_H-c_H-\psi$。因此,如果 $v_H-c_H-\psi>v_L-c_L$,一个企业就会将其产品品牌化或进行鉴定,反之企业将提供低质量产品。

现在我们引入中介,并假设它可以完全观察到每个产品的质量。之前已经提到,中介拥有特别多的信息是因为它的运营范围大得多,所以它获得产品信息要付出的努力很小,但单个买家却无法做到这一点。

引入中介后的博弈顺序如下:首先,中介公布其佣金 P。其次,企业选择质量,并决定是否进行鉴定,以及是否通过中介销售。再次,中介决定接受什么产品。最后,消费者以随机顺序购买产品,购买后立刻了解每个产品的质量。因此,他们可以对中介所销售产品的质量进行预期,以之前在同一中介所观察到的质量为条件。在这种机制下,除卖方外,中介也会因为产品出现次品而受到责备。由于中介和消费者反复互动,它有很强的动机去保护其声誉。

我们建立一个完美贝叶斯均衡(perfect Bayesian equilibrium),其中,所有企业都提供高质量产品并通过中介销售。于是中介成为声誉的承担者,并有效地鉴定质量。中介唯一要做的就是拒绝低质量产品的申请者,而和消费者之间不需要进一步的交流。很明显,一家独立鉴定的企业会被认为是高质量的。只要消费者没有在中介上购买过低质量产品的经历,他就认为通过中介出售的产品是高质量的,因此中介变成了一个声誉代言人。生产低质量产品对企业来说并不会获利,因为中介会拒绝这样的产品,即使企业尝试支付更高的费用来贿赂中介,中介也不希望破坏其声誉。

请注意,在无中介的情况,一家独立销售高质量产品和鉴定的企业赚取的利润为 $v_H-c_H-\psi$。如果公司选择低质量产品,其收益为 v_L-c_L。当 $v_H-c_H-\psi>v_L-c_L$ 时,企业会提供高质量产品。为了让卖方有动机去生产高质量产品,中介的费用满足 $v_H-c_H-P\geqslant v_L-c_L$,中介费用的最大值是 $\overline{P}\equiv(v_H-c_H)-(v_L-c_L)$。

给定 $\overline{P}$ 后,我们证明卖方没有动机偏离均衡去生产低质量产品,这种偏离只在产品通过中介销售的情况下才能盈利。如果中介准许低质量产品卖方进入,这个卖方会获得利润 v_H-c_L-P,这显然要大于生产高质量产品的收益,但关键问题在于中介会拒绝低质量产品卖家。具体地,保持其他条件不变,多增加一个卖方会带来正的边际收益 n_bP,其中 n_b 是买者的数量。然而,一旦中介不履行对高质量产品进行认证的责任,它将失去消费者的信任,从而导致消费者拒绝从该中介购买产品,由此带来的最高损失为 $n_sn_bP>n_bP$。因此,道德风险问题得到了解决,中介也证明了其自身是可信赖的。

命题 4-1

当存在产品质量信息不对称时,中介可以变成声誉的承担者。消费者通过一个可信中介购买,该中介有效地为消费者进行质量认证。

如果独立卖方可以自行解决道德风险问题,即使需要成本 ψ,若 $v_H-c_H-\psi>v_L-c_L$,中介也将是活跃的。在这种情况下,中介可以设定一个 $P=\psi$ 的费用水平。这里中介交易为社会节省的成本是 $n_bn_s\psi$。

在许多产品市场中,出现了一些强大的卖方品牌,它们并不依赖于中介的认证。根据这个观察结果,我们对上述分析进行简单调整。为此,我们需要引入一些异质性,例如,在卖方认证中,这是其他市场参与者无法观察到的。然后,中介机构收取佣金,认证费用高的企业通过中介机构销售产品,认证费用低的企业独立销售品牌产品。

上述模型中,认证中介使企业有动机投资于质量,因此该模型属于道德风险模型。但是,上述分析同样适用于逆向选择模型。具体地,假定企业有关于产品质量的私人信息。而中介通过检查技术也能获得此信息。在这里,只要在完全信息下销售高质量产品要比销售高、低质量混合产品获得更高的租金,中介就会筛选高、低质量的产品,并拒绝低质量产品的进入。更一般地,如果中介同意所有产品进入,它可以通过更为详细的等级评定来对产品进行区分。

2. 产品质量连续模型

在上述模型中,我们假定产品只有高质量或低质量这两种情况。但在一般的情况下,产品质量可能有很多等级,比如在酒店评级中这种两分法就不适用。我们假设消费者的评价在 v_L 到 v_H 之间,质量在[0,1]上均匀分布。另外将所有成本设为0。

在此设定下,首先考虑中介是否进行完全信息披露。完全信息披露是指中介进行精确的质量检测,并把检测结果向消费者公布。中介通过提供鉴定服务获取利润,并解决产品的信息不对称问题。

博弈的时序如下:在第一阶段,中介设定价格 P 并签订信息披露政策。在第二阶段,企业在观察到中介的决策后决定是否支付价格 P 并通过中介销售。如果这样做,它们会提交产品进行测试。接着,消费者观察到价格 P、信息披露政策、产品是否进行了测试以及中介披露的(真实)信息。在最后一阶段,消费者对产品出价(或者卖方给出"接受或拒绝"的选择):消费者的出价是其真实的预期价值,所以消费者剩余为0。

如果卖方不通过中介销售,那么其生产的一定是质量较低的产品。假设卖方类型 $\hat{v}$ 对是否通过中介销售无差异,在均匀分布中,因为所有0到 $\hat{v}$ 之间的卖方类型会直接销售,这些卖方的预期质量是 $\hat{v}/2$,这也是卖方获得的利润。无差异类型 $\hat{v}$ 必须满足以下条件:通过中介销售的利润 $\hat{v}-P$ 必须等于直接销售的利润 $\hat{v}/2$,于是有 $\hat{v}=2P$。因此,如果 $P<1/2$,中介在价格 P 的需求是 $1-2P$;如果 $P\geqslant 1/2$,需求为0。中介最大化 $P(1-2P)$,利润最大化的认证费用是 $P=1/4$。因此,类型 $\hat{v}$ 在1/2到1之间的卖方会通过中介销售,这时中介获得的利润是1/8。这表明中介采取完全披露政策要比没有信息披露获益更多。

除了完全披露政策,中介还可以采用区间披露政策,即证实平台的产品质量属于某个区间。极端情况是,如果是完整的[0,1]区间,则披露政策并没提供任何信息。接下来,我们说明,采用区间披露政策会比完全披露政策为中介带来更高的利润。具体地,如果中介宣布它只会公布真实类型是在[0,1/2)还是[1/2,1]之中,消费者预期通过中介交易的卖者的平均类型为3/4,并且会据此出价。这说明一个类型是1/2的卖家如果通过中介销售就会获得 $3/4-P$ 的利润,而独立销售则会获得1/4的利润。此时,中介可以把认证费用提高至1/2并满足相同的需求,从而获得更高的利润。

实际上,中介可以提供更少的信息。因为中介可以使低质量产品类型的区间更小。把临界值记为 $\tilde{v}$,这降低了独立销售的卖方的预期质量。当 $\tilde{v}$ 收敛到0,条件期望也收敛到0,这意味着独立销售的公司获得零利润。临界值之上的条件期望收敛于无条件期望,这意味着中介可以设定 $P=Ev$,在我们的例子中是 1/2,并且几乎所有的卖方都通过中介销售(除了最低类型)。这使得中介机构可以在不披露任何信息的情况下从市场中获取所有的收益。企业支付 P 并通过中介销售,以避免被认为是最低质量卖家。有趣的是,此时中介获取所有的租金但并没有减轻信息不对称问题。这和我们前面提供的结论完全不同。

命题 4-2

若产品质量是连续分布的,则披露产品质量区间比完全披露产品质量能够给质量认证中介带来更高的利润;进一步地,一个垄断认证中介几乎可以不披露任何产品质量信息,但是仍然可以从市场收取所有的期望租金。

3. 讨论

在上述的分析中,之所以会出现信息披露中介几乎不披露信息的一个重要原因是:我们并不允许卖方自己进行质量认证,然后直接销售产品。接下来证明,如果允许卖方自己进行质量认证,则中介会选择进行完全信息披露。

给定卖方自己进行质量认证的成本为 $\psi\in(0,1/2)$,则存在两个产品质量的门槛 v_1 和 v_2,使得 $v\in[v_2,1]$ 的企业选择质量认证并直接销售,产品质量为 $v\in[v_1,v_2]$ 的企业选择通过中介认证并间接销售,产品质量最低的($v\in[0,v_1]$)企业也选择直接销售,但不进行质量认证。下面证明这个均衡是存在的。

首先,令 $\pi_I(v)=\frac{v_1+v_2}{2}-P$ 表示通过中介进行认证的利润。则对于 $v\in[v_2,1]$ 的企业而言,其直接销售的利润为 $\pi_D^H(v)=v-\psi$。

为了使 $v\in[v_2,1]$ 的企业愿意进行质量认证和直接销售,必须满足 $\pi_D^H(v)>\pi_I(v)$ 或 $\pi_D^H(v_2)=\pi_I(v_2)$,由此得到$\frac{v_2-v_1}{2}=\psi-P$。

由此可以得到中介的利润为:$\Pi^I=(v_2-v_1)P=2(\psi-P)P$。由利润最大化可得:$P=\frac{\psi}{2}$,$\Pi^I=(v_2-v_1)P=\frac{\psi^2}{2}<1/8$。

产品质量为 $v\in[v_1,v_2]$ 的企业直接销售的利润为 $\pi_D^M(v)=\frac{v_1}{2}$。产品质量为 $v\in[v_1,v_2]$ 的企业选择通过中介认证的充要条件是:$\pi_D^M(v)<\pi_I(v)$,由此得到 $P<\frac{v_1}{2}$。进而得到 $v_1\geqslant\psi$。

命题 4-3

若产品质量是连续分布的,且允许效率最高的企业选择自己进行质量认证,则信息中介依然会选择完全信息披露。

（二）声誉系统

在许多市场中，消费者只购买一次或不经常购买，此时卖方的声誉机制不起作用，从而也就不会付出努力。在这种情况下，消费者之间的交流可以维持卖方声誉，从而解决道德风险问题。例如，在亚马逊网站上，买方可以在交易完成后对这些零售商评级，但买方不能被评级，这就使得买方可以自由地交流。

假设单个卖方在两个时期中的每一个时期都提供一单位产品。消费者愿意为高质量产品支付 r，为低质量产品支付 0。有两个消费者群体，其中，群体 1 只活跃于时期 1，群体 2 只活跃于时期 2。卖方在博弈开始时承诺其质量，并为高质量产品付出单位成本 $c<r$。消费者面对信息不对称问题，只有在购买后才知道产品质量。很明显，如果时期 2 的消费者不能观察到时期 1 中产品的表现，他们必须对产品为高质量的可能性形成一定的信念。时期 1 的消费者开始时没有信息。因为低质量产品的卖方始终受激励去模仿高质量产品的卖方，所以没有卖方愿意提供高质量产品。

下面引入声誉系统，使得时期 1 的消费者可以向时期 2 的消费者报告观察到的质量。在这里，我们对消费者行为做出如下假定：消费者想要告知他人产品的质量情况，从而后续消费者可以做出明智的决定。因此，时期 1 的消费者购买产品后如实报告所观察到的质量。有了声誉系统，时期 2 的高质量产品的卖方与低质量产品的卖方将会不同。高质量产品的卖方可以在每个消费者身上获得收入 r，而低质量产品的卖方不能获得任何收入。

在时期 1，高质量产品的卖方产生更高的成本 c。然而因为存在声誉系统，相比低质量产品的卖方，高质量产品的卖方在每个消费者身上获得更高的收益，即 $r-c$。因此，如果 $r>2c$，建立声誉系统就可以解决道德风险问题。如果卖方面临的是逆向选择而非道德风险，我们可以同样论证：这样的声誉系统也有可能解决逆向选择问题。在两种情况中，卖方均因为声誉系统的存在获利（在逆向选择的情况中只有高质量公司获利），因此一个提供声誉系统的中介可以凭借声誉系统获利。

命题 4-4

声誉系统可以解决企业和消费者之间的信息不对称问题。

本章小结

信息不对称会导致市场失灵，从而扰乱经济体的运行。声誉机制作为一种信息披露机制，弥补了信息不对称导致的市场失灵问题。随着数字经济的发展，互联网上的声誉问题值得进一步分析。根据本章的分析，我们得到如下结论：

1. 在纯粹的隐藏信息类型下，成功的概率与卖方的努力无关，但卖方在他们的先天能力或类型上有所不同。买方通过观察过去的交易，渐渐了解卖方的类型。

2. 在纯粹的隐藏行动类型下，卖方的类型是固定的，但是卖方可以改变他的努力程度。买方无法观测到卖方的努力，因此，卖方可能会选择次优努力。

3. 当消费者更看重匹配质量时，推荐系统提供的有价值信息有限。当产品的质量信号较高时，推荐系统有利于提高高质量产品的销量。

4. 第三方信息中介的出现将会减轻企业为克服逆向选择或道德风险问题需要的成本。

5. 在产品质量离散分布下，当存在产品质量信息不对称时，中介可以变成声誉的承担者，为消费者认证质量。

6. 在产品质量连续分布下，披露质量区间比完全披露产品质量能够给质量认证中介带来更高的利润；进一步地，一个认证垄断中介几乎可以不披露任何产品质量信息，但是仍然从市场收取所有的期望租金。

7. 如果允许效率最高的企业选择自己进行质量认证，则信息中介依然会选择完全信息披露。

思考题

1. 能力高的人真的会因为运气不好而永远不能翻身吗？在什么时候这种结果会出现？什么时候努力可以发挥作用呢？请简要论述。

2. 对于了解自己能力的好卖家而言，当他无法选择努力水平时，他可以使用什么策略吸引消费者呢？该策略的使用有什么前提条件呢？

3. 推荐系统怎样影响销售？

4. 在什么情形下中介是声誉的代言人？请简要分析。

5. 淘宝网中的卖家是否因为声誉系统的存在而获益？请进行具体分析。

即测即评

本章参考文献

1. Bar-Isaac H, Tadelis S.Seller Reputation. Foundations and Trends in Microeconomics, 2008, 4(4): 273-351.

2. Akerlof G A. The Market for "Lemons": Quality Uncertainty and the Market Mechanism. The Quarterly Journal of Economics, 1970, 84 (3): 488-500.

第五章

明星效应

“不患寡而患不均,不患贫而患不安。”

——《论语·季氏》

在很多行业,收入与能力并不存在线性关系。例如,在奥运赛事中,多数人只记得某项体育项目的金牌得主,银牌和铜牌得主很快就被人忘记了,而一些排在第三名之后的运动员甚至一生都籍籍无名。类似地,虽然全中国的钢琴学习者有千千万万,但能够登上春晚舞台演奏的却寥寥无几。从市场份额的角度来看,上述两个例子有一个共同的特征,那就是少数人在所从事的行业占据了绝大部分的市场份额,我们把这类现象称为“明星效应”(superstar effect),把“明星效应”较强的行业称为“明星行业”。

除了在体育和艺术行业,“明星效应”在金融、管理和高科技行业也非常普遍,这也是为什么这些行业内的收入差距更为明显。数字技术进步正在使越来越多的行业转变为“明星行业”。

本章旨在梳理“明星效应”影响收入分配的作用机制,以及数字经济与明星效应的关系。

本章结构安排如下:第一节从需求端介绍明星效应的形成机制;第二节从供给端分析数字技术如何通过明星效应对宏观经济产生影响。

第一节　明星效应的形成机制

在信息不发达的时代,人们的购物决策具有一定的随机性和局部性。特别是对于偏远地区而言,人们活动的地理半径极为有限。而在数字经济时代,网络平台和在线市场的发展极大地降低了人们选购各类产品和服务的搜寻成本,那些排名靠前、消费者评价更高的产品更容易进入人们的视野。为此,很多的网络平台都会提供在线排名机制,如淘宝、京东等的热销榜单,美团、饿了么上的大众评分。同时,通过投资线上广告来改变企业排名成了很多企业提高经营绩效的重要手段。在互联网平台上,重要的不是绝对表现,而是相对表现,也就是排名。

本节通过一个包含“排名价值”的超级明星模型，来阐释排名偏好对明星的影响。

一、“排名价值”和“排名偏好”

（一）概念

对于消费者而言，消费产品的效用包括两个方面：实用价值和排名价值。实用价值是指人们在出于实用目的而消费商品或服务时所感受到的价值。排名价值是指人们在使用、拥有或观察的一系列类似的商品或服务中，从一种商品或服务的排名中感受到的价值，即排名价值是人们基于商品或服务的排名所得到的价值。例如，人们购买一本书不仅是因为它的实用性，还因为它的受欢迎程度。也就是说，一本书的价值不仅取决于其实用性（实用价值），还取决于其受欢迎程度（排名价值）。

我们所理解的产品价值通常是其实用价值。如果一种商品或服务比另一种商品或服务更实用，那么它就有更高的实用价值。人们通过对商品和服务的消费，从实用价值中获得效用。另一方面，排名价值并不需要实用价值。即使一种商品或服务没有实际用途，但如果它具有排名，它仍然具有排名价值，例如，一件没有实际用途但被评估为同类型古董中最好的古董。如果一种商品或服务的排名高于其他商品或服务的排名，则其排名价值更高。人们通过对商品或服务的消费（使用、拥有或观察）从排名价值中获得效用。

例如，许多人喜欢观看职业体育比赛，尽管观看它们可能没有什么实用价值，但观看职业体育比赛时，人们会产生一种热情和乐趣。尽管产生的情感可能没有实际用处，但观看、见证和迫切知道冠军的欲望产生了排名价值。虽然有些人观看比赛可能是因为他们喜欢观看表演（如看马戏团表演），但大多数人观看职业体育比赛是为了观看、见证并立即知道谁赢了。也就是说，他们想要感受排名并消费排名价值。因此，人们从排名体验感中获得效用。我们把人们对排名价值的偏好称为“排名偏好”。

（二）成因

排名为什么会影响消费者的效用？对该问题有两种观点：一种观点是，追求排名是人类的天性，它深深扎根于人类的基因中。追求卓越和高人一等是人生下来就具备的天性，这是人和动物的重要区别。这种天性促使人们通过各种各样的方式来填满内心，其中之一便是寻求排名。另一种观点是，人类对排名的偏好是因为排名会给人们带来好处，所谓“胜者为王，败者为寇”。无论是哪一种观点，我们都很难通过科学手段进行检验，因为这两个观点经常是混杂在一起的。另一种更为折中的解释是：对排名的偏好导致了各种冲突和社会等级制度，而各种冲突和社会等级制度又进一步强化了人们对排名的偏好。

1. 渴望赢得斗争和冲突

斗争和冲突是生活的基本要素。在社会物种中，它们不仅发生在个体之间，也发生在敌对群体之间。斗争和冲突会产生强烈的情绪，包括对胜利的强烈渴望。从生存的角度来看,斗争和冲突的输赢往往是生死攸关的问题。因此,人们对斗争和冲突感到非常兴奋。有趣的是,无论最终结果如何,人们可能对斗争和冲突本身的发生感到兴奋。因此,人们可能需要斗争、冲突甚至战争的刺激来满足内心的空虚(James,1910;Cannon,1915)。如果某个特定群体获胜,该群体中的人将感到快乐和舒适,即获得效用。

斗争和冲突的一个重要性质是,无论斗争和冲突中的表现质量如何,胜利就是胜利。斗争和冲突中的绝对表现基本上没有意义,相对表现则至关重要。例如,在赛马中,获胜时间基本上没有意义,但完成的顺序是有价值的。如果某匹马相对优越,即使表现的差异很小,它也能获胜。也就是说,人们快乐不仅是因为他们强大,而且是因为他们更加强大。当他们最强大时,他们尤其快乐。因此,排名会在人们的心中产生强烈的情绪。

2. 渴望按照等级制度行事

许多物种,特别是社会性物种,都有等级次序(Landau,1951;Bayly 等,2006)。大多数灵长类动物,包括人类,都有等级社会。在等级制度下,个体在群体中的地位是至关重要的。了解自己和他人的地位是生活在一个社会群体中非常重要的一部分。

由于社会群体中的生活策略因个人的等级而异,因此个人必须不断重新确认自己的等级。如果个人无法确认他们的等级,他们可能面临不利的结果甚至死亡。这种确认需要可能伴随着从属行为,如赞赏、支持和追随领导者以及惩罚忽视等级的成员。

排名影响消费者效用的一个重要途径是降低搜寻成本。研究表明,排名靠前的产品在产品销售中会享有一些优势。具体地,人们在购买产品时,会根据产品的排名来决定搜寻的顺序,于是排名靠前的产品自然就更容易引起消费者注意,其搜寻成本也就更低;排名靠后的产品就很难引起消费者注意,在产品销售中处于劣势。这也是为什么企业投入大量的广告支出用于提高其产品在消费者眼中的排名。

(三)排名的重要性

人们对“排名价值”的偏好是一种普遍现象。体育经常被视为战争的替代品(Santayana,1972;Fischer,2002)。观看职业体育比赛可以满足人们的欲望,使他们感到舒适,因为比赛取代了斗争、冲突和战争。特定球队的球迷可能将球队视为战争中的母国或部落的替代品。人们通常会对某个特定的运动队产生依恋,并对其保持忠诚,就好像这能给他们一种部落团结的感觉。这种情绪的另一个例子是人们对商业世界中头衔的反应。头衔表示一个人在企业、组织或团体中的等级。无论一个人的真实表现如何,人们都会在某种程度上根据头衔来对其进行评估和判断。业绩当然重要,但是头衔(排名)也很重要。

因此,排名是人们生活和经济活动中的一个重要因素。对于某些商品或服务,人们甚至可能把更高的价值放在排名上,而不是实用上。人类很可能天生就具有对各种排名做出反应的情感。因此,如果人们在日常活动中没有充分考虑排名,他们可能无法成功地管理自己的生活。

二、超级明星模型

（一）基准模型

商品或服务具有三个属性：数量、质量和排名。质量与实用价值有关，排名与排名价值有关。数量与这两类价值均有关。假设每种商品或服务的质量和排名是外生的和固定的。为简化分析，假设市场中只有一种商品或服务，并且所有商品或服务都属于这一类型（这些商品或服务以下称为“商品”），且在家庭的实际用途上可以相互替代。虽然商品从实际用途的角度来看是可以替代的，但是从排名的角度来看是有区别的。

令 $R(=1,2,3,\cdots)$ 为商品的排名。排名 $R=1$ 的商品是家庭最喜欢的商品，$R=2$ 表示次佳商品，以此类推。为简单起见，假设没有并列的排名。家庭消费排名为 R 的商品所得的效用为：

$$u(\tilde{q}_R, R)=u(q_{n,R}q_{l,R}, R)$$

式中：$\tilde{q}_R=q_{n,R}q_{l,R}$ 为排名为 R 的商品的“质量调整的数量”（quality-adjusted quantity），$\tilde{q}_R$ 也可以理解为消费的“真实”数量；$q_{n,R}$ 和 $q_{l,R}$ 分别为等级为 R 的商品的数量和质量。

效用函数具有以下常规特征：

$$\frac{\partial u(\tilde{q}_R, R)}{\partial \tilde{q}_R}>0, \quad \frac{\partial^2 u(\tilde{q}_R, R)}{\partial \tilde{q}_R^2}<0$$

此外，对于任何的 $r\in R$，消费者效用函数具有如下特征：

$$u(\tilde{q}_r, r+1)<u(\tilde{q}_r, r) \tag{5-1}$$

$$u(\tilde{q}_r, r+2)-u(\tilde{q}_r, r+1)>u(\tilde{q}_r, r+1)-u(\tilde{q}_r, r) \tag{5-2}$$

式（5-1）表明，随着排名降低（R 增加），效用减少；式（5-2）表明，随着排名降低（R 增加），效用降低的幅度减小（见图 5-1）。

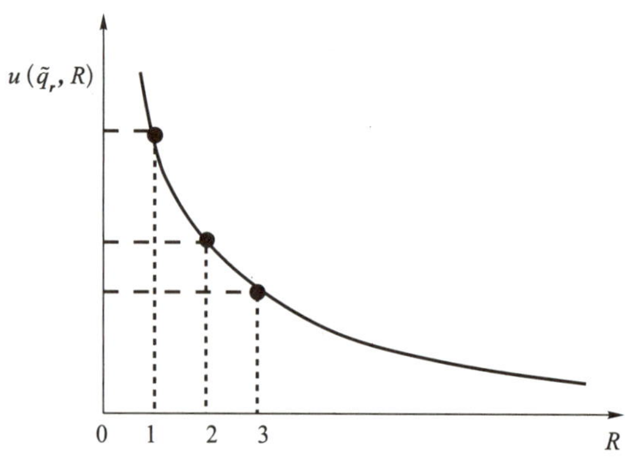

图 5-1 效用函数的形式

为了简化分析，假设效用是可分离的。因此，一个家庭从消费各种排名的商品中获得的总效用为：

$$U=u_{\text{Quant}}(\tilde{q})+\sum_{R=1}^{\infty}u_{\text{Rank}}(\tilde{q}_R,R) \tag{5-3}$$

式中：$u_{\text{Quant}}(\cdot)$和$u_{\text{Rank}}(\cdot)$分别表示实用价值效用函数和排名价值效用函数。

$$\tilde{q}=\sum_{R=1}^{\infty}\tilde{q}_R$$

同样假设效用函数有以下常规特征：

$$\frac{\partial u_{\text{Quant}}(\tilde{q})}{\partial\tilde{q}}>0,\quad \frac{\partial^2 u_{\text{Quant}}(\tilde{q})}{\partial\tilde{q}^2}<0,\quad \frac{\partial u_{\text{Rank}}(\tilde{q}_R,R)}{\partial\tilde{q}_R}>0,\quad \frac{\partial^2 u_{\text{Rank}}(\tilde{q}_R,R)}{\partial\tilde{q}_R^2}<0$$

此外，对于任何的$r\in R$，假定排名价值效用函数满足如下特征：

$$u_{\text{Rank}}(\tilde{q}_r,r+1)<u_{\text{Rank}}(\tilde{q}_r,r) \tag{5-4}$$

$$u_{\text{Rank}}(\tilde{q}_r,r+2)-u_{\text{Rank}}(\tilde{q}_r,r+1)>u_{\text{Rank}}(\tilde{q}_r,r+1)-u_{\text{Rank}}(\tilde{q}_r,r) \tag{5-5}$$

家庭的预算约束是：

$$I=p_{\text{Quant}}\sum_{R=1}^{\infty}\tilde{q}_R+\sum_{R=1}^{\infty}p_{\text{Rank},R}\tilde{q}_R=p_{\text{Quant}}\ \tilde{q}\ +\sum_{R=1}^{\infty}p_{\text{Rank},R}\tilde{q}_R \tag{5-6}$$

式中：I为家庭的预算（收入）并且是外生给定的；p_{Quant}为消费单位实用价值的价格；$p_{\text{Rank},R}$为消费单位排名价值的价格。

对于任何R，$q_{n,R}$和$q_{l,R}$，令实用价值的价格都是相同的。式（5-6）表明，不仅排名价值有价格，实用价值也有价格，家庭在购买商品时同时为实用价值和排名价值付费。一个家庭在预算约束下最大化其效用。

排名为R的商品生产者的行为是最大化其利润。为简单起见，假设生产商品的成本与$\tilde{q}_R$成正比，并且对于任何R，$q_{n,R}$，$q_{l,R}$都相同。令c为每单位$\tilde{q}_R$的成本。因此，排名为R的商品的生产者的利润为：

$$\Pi_R=p_{\text{Quant}}\tilde{q}_R+p_{\text{Rank},R}\tilde{q}_R-c\tilde{q}_R-\bar{c}_R$$

式中：$\bar{c}_R$是生产排名为R的商品的固定成本。

（二）连续排名模型

排名在现实中是离散的。但是，为了简化分析，假设排名是连续的。令R的分布区间为$[0,1)$。因此，家庭的效用函数改变为：

$$U=u_{\text{Quant}}(\tilde{q})+\int_0^1 u_{\text{Rank}}(\tilde{q}_R,R)\,\mathrm{d}R \tag{5-7}$$

其中，$\tilde{q}=\int_0^1\tilde{q}_R\mathrm{d}R$。家庭的预算约束改变为：

$$I=p_{\text{Quant}}\tilde{q}+\int_0^1 p_{\text{Rank},R}\tilde{q}_R\mathrm{d}R$$

式（5-1）、式（5-2）、式（5-4）和式（5-5）可以分别改为：

$$\frac{\partial u(\tilde{q}_R,R)}{\partial R}<0 \tag{5-8}$$

$$\frac{\partial^2 u(\tilde{q}_R,R)}{\partial R^2}>0$$

$$\frac{\partial u_{\text{Rank}}(\tilde{q}_R,R)}{\partial R}<0 \tag{5-9}$$

$$\frac{\partial^2 u_{\text{Rank}}(\tilde{q}_R,R)}{\partial R^2}>0$$

基于此,我们来分析产生超级明星的必要条件。超级明星的出现意味着一个家庭在 t 时期只消费排名为 0 的商品,能够带来最大化的效用。由式(5-7)可得家庭的效用为:

$$U=u_{\text{Quant}}(\tilde{q})+u_{\text{Rank}}(\tilde{q},0) \tag{5-10}$$

对式(5-10)进行全微分得:

$$\mathrm{d}U=\frac{\partial u_{\text{Quant}}(\tilde{q})}{\partial \tilde{q}}\mathrm{d}\tilde{q}+\left[\frac{\partial u_{\text{Rank}}(\tilde{q},R)}{\partial R}\mathrm{d}R\right]\bigg|_{R=0}$$

令 $\mathrm{d}U=0$,可以得到:

$$\frac{\mathrm{d}\tilde{q}}{\mathrm{d}R}\bigg|_{R=0}=-\frac{\left.\dfrac{\partial u_{\text{Rank}}(\tilde{q},R)}{\partial R}\right|_{R=0}}{\dfrac{\partial u_{\text{Quant}}(\tilde{q})}{\partial \tilde{q}}}(>0)$$

$\left.\frac{\mathrm{d}\tilde{q}}{\mathrm{d}R}\right|_{R=0}$ 代表实用价值和排名价值的边际替代率,也就是为了保持效用不变,当排名下降时,消费者的“实际效用”需要增加的量。如果$\left.\frac{\mathrm{d}\tilde{q}}{\mathrm{d}R}\right|_{R=0}$ 的值很大,那么排名偏好的影响很强;反之则很弱。因此,能否产生超级明星取决于$\left.\frac{\mathrm{d}\tilde{q}}{\mathrm{d}R}\right|_{R=0}$ 的值的大小。

如果产品的排名价值比实用价值大得多,那么$\left.\frac{\mathrm{d}\tilde{q}}{\mathrm{d}R}\right|_{R=0}$ 的值将非常大。然而,对于许多商品来说,实用价值似乎远远超过了排名价值。因此,在许多经济分析中,假定排名偏好可以忽略不计,即对于任何的 R,$\left.\frac{\mathrm{d}\tilde{q}}{\mathrm{d}R}\right|_{R=0}\cong 0$。对于大多数的商品,$\left.\frac{\mathrm{d}\tilde{q}}{\mathrm{d}R}\right|_{R=0}$ 不会完全为零。也就是说,产品和服务通常具有一定的排名价值,即$\left.\frac{\mathrm{d}\tilde{q}}{\mathrm{d}R}\right|_{R=0}$ 值可能非常小。

三、超级明星的形成机制

(一)超级明星的极高收入

与排名相关的效用函数(u_{Rank})的形状对于确定生产者垄断势力的大小具有重要作用。根据式(5-9)中的$\frac{\partial u_{\text{Rank}}(\tilde{q}_R,R)}{\partial R}$的值,效用函数可以采用多种形式,垄断势力的大小

取决于式(5-9)或式(5-4)。随着排名偏好变得更强,也就是说,对于任何 R 值,$\left|\frac{\partial u_{\text{Rank}}(\tilde{q}_R,R)}{\partial R}\right|$的值变得更大,一个家庭愿意以比先前更高的价格 $p_{\text{Rank},R}$ 为排名靠前的商品付更高的费用。这意味着,如果一个家庭的排名偏好变强,生产者的垄断势力就会增强,排名靠前的商品的生产者可以开出更高的价格。

式(5-8)和式(5-9)意味着对于 $i,j\in R$,如果 $i<j$,那么 $p_{\text{Rank},i}>p_{\text{Rank},j}$。因此,排名为 1 的商品的生产者具有最强的垄断势力,其价格($p_{\text{Rank},1}$)也最高。如果排名偏好极强,则排名为 1 的商品的生产者将垄断该行业几乎所有的收入。

(二)双寡头模型

本节使用双寡头模型来演示超级明星的形成机制。假设只有两个生产者:排名为 1 和排名为 2 的商品的生产者。假定他们分别是生产者 1 和生产者 2。此外,为了简单起见,忽略 p_{Quant} 和 u_{Quant}。因此,家庭在约束条件 $I=p_{\text{Rank},1}\tilde{q}_1+p_{\text{Rank},2}\tilde{q}_2$ 下最大化其效用:

$$U=u_{\text{Rank}}(\tilde{q}_1,1)+u_{\text{Rank}}(\tilde{q}_2,2)$$

其中,I、$p_{\text{Rank},1}$ 和 $p_{\text{Rank},2}$ 是外生给定的。假定家庭的排名偏好非常强烈,即 $u_{\text{Rank}}(\tilde{q}_1,1)-u_{\text{Rank}}(\tilde{q}_2,2)$ 非常大。因此,无差异曲线几乎是水平的(见图 5-2)。

生产者 1 和生产者 2 设定价格以最大化其利润,对于 $r=1,2$,有:

$$\Pi_r=p_{\text{Rank},r}\tilde{q}_r-c\tilde{q}_r$$

生产者 1 和生产者 2 根据“排名价值”设定价格 $p_{\text{Rank},1}$ 和 $p_{\text{Rank},2}$,以实现个人利润最大化,其中,数量 $\tilde{q}_1$ 和 $\tilde{q}_2$ 由无差异曲线和家庭预算约束线的切点确定(见图 5-2)。

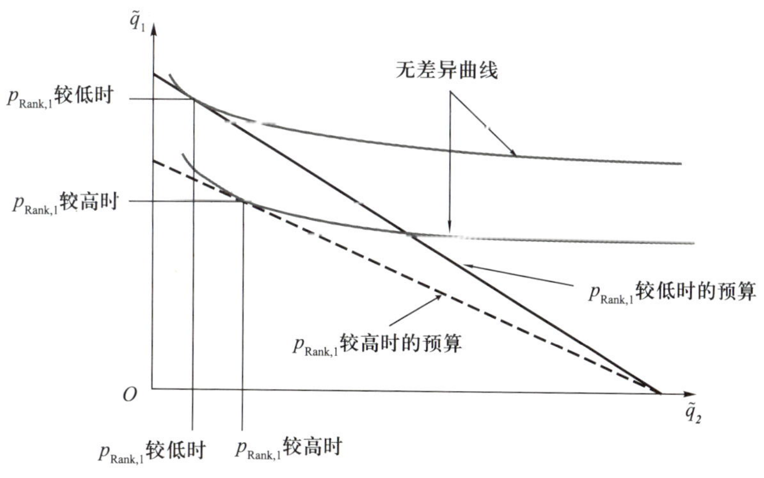

图 5-2 $p_{\text{Rank},2}$给定时的情况

如果 $p_{\text{Rank},1}$ 设定得更高,$\tilde{q}_1$ 就会下降,也就是说,$\frac{\partial p_{\text{Rank},1}}{\partial \tilde{q}_1}<0$。因为生产者 1 的目标是实现其自身利益最大化,因此其设定的价格 $p_{\text{Rank},1}$ 满足$\frac{\mathrm{d}\Pi_1}{\mathrm{d}\tilde{q}_1}=\frac{\partial p_{\text{Rank},1}}{\partial \tilde{q}_1}\tilde{q}_1+p_{\text{Rank},1}-c=0$。也就是

说，$p_{\text{Rank},1}=c-\frac{\partial p_{\text{Rank},1}}{\partial \tilde{q}_1}\tilde{q}_1>c$。重要的一点是，由于强排名偏好和几乎水平的无差异曲线，$p_{\text{Rank},1}$存在一定范围，即使$p_{\text{Rank},1}>p_{\text{Rank},2}$，也有$\tilde{q}_1>\tilde{q}_2$（见图 5-2）。这意味着生产者 1 可以获得远高于生产者 2 的利润。

由于只有两家企业，因此每家企业在给定对方价格的条件下决定自己的最优价格，图 5-3 绘制了生产者 1 和生产者 2 的反应曲线。反应曲线的交点确定了均衡的价格。两个生产者都没有将其“排名价值”的价格设置为低于 c，因为这样做会带来利润损失。

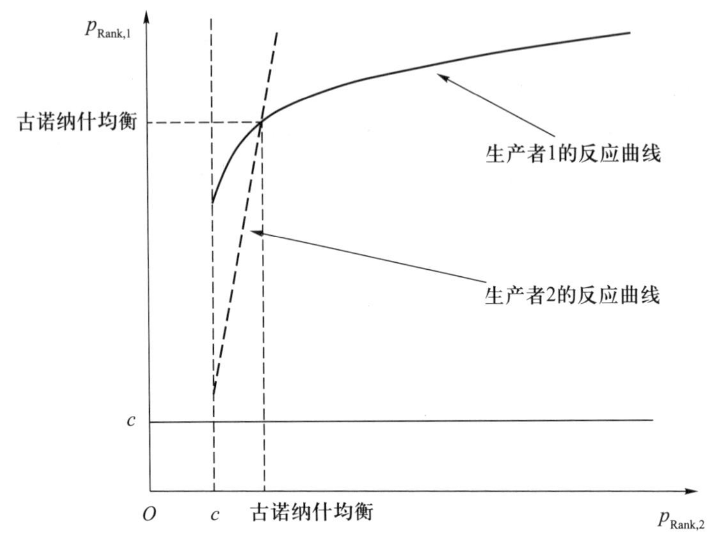

图 5-3 强排名偏好下的均衡

因为家庭具有非常强烈的排名偏好，所以生产者 1 和生产者 2 的反应曲线的形状差异很大。也就是说，无差异曲线几乎是水平的。由于非常强烈的排名偏好，生产者 1 可以设置明显高于生产者 2 的价格，因此生产者 1 的反应曲线位于图 5-3 的上侧而生产者 2 的反应曲线位于图 5-3 的左侧。结果是，在均衡下，$p_{\text{Rank},1}$明显高于 $p_{\text{Rank},2}$。随着排名偏好的增加，生产者 1 的反应曲线会进一步上移，生产者 2 的反应曲线会向左移动，$p_{\text{Rank},1}$与$p_{\text{Rank},2}$的差值也会增加。

从图 5-3 中可知，如果排名偏好较强，那么即使生产者 2 将价格定在 $p_{\text{Rank},2}=c(\Pi_2=0)$，排名为 1 的商品的销售数量也不会大幅下降。这意味着，如果家庭的排名偏好足够强，那么无论生产者 2 选择哪种策略，都必须接受远小于生产者 1 的利润。换句话说，生产者 1 可以成为超级明星。这就是超级明星的形成机制。

需要注意的是，生产者 1 可能会将排名价值（$p_{\text{Rank},1}$）的价格定得很低，从而将生产者 2 挤出市场并完全垄断利润。但是，如果生产者 2 被挤出，市场上只剩下生产者 1，那么排名对家庭来说就变得毫无意义，因此排名为 1 的商品的排名价值将为零。因此，生产者 1 会将其排名价值（$p_{\text{Rank},1}$）的价格设得足够高，以使生产者 2 不会离开市场。

综上所述，商品或服务不仅具有实用价值，还具有排名价值，因为人们通过各种排名获得乐趣和效用。排名偏好赋予某些类型的商品或服务的生产者更大的垄断势力。对于某些商品或服务，消费者的排名偏好非常强烈，以至于排名靠前的商品或服务的生产者可以享有很大的垄断势力，并导致排名靠前企业的收入远远高于排名靠后企业。

信息技术的进步促进了信息的传播，使得排名超越地理范围，这就使得大企业更大，小企业更小，从而加剧了明星效应和收入差距。

第二节　明星效应对宏观经济的影响

第一节从偏好的角度阐述了行业内超级明星形成的原因。本节从生产的角度研究数字技术对明星效应以及收入分配的影响。

考虑这样一个经济体，其中有大量由传统竞争企业提供服务的部门，这些企业拥有规模报酬不变的生产技术。当企业家发现了一项数字创新时，传统行业就会变成超级明星行业。数字技术的一个重要特征是高固定成本和低边际成本。数字创新产品是非竞争性但具有排他性的信息产品。非竞争性意味着，虽然数字技术需要固定成本，但能够以零边际成本广泛复制，从而产生规模报酬递增。排他性意味着创新者可以获得市场势力。

数字创新通过三个渠道影响宏观经济：第一，数字技术通过生产任务自动化降低对劳动力和资本的需求，因此产生要素节约效应。第二，创新者利用其新获得的市场势力收取加价，赚取垄断租金，我们称之为超级明星利润份额。如果创新者的成本降低幅度相对较小，那么其定价就会受到来自传统企业的竞争的限制——创新者不会降价，而是将所有节省下来的成本作为加成，即传统技术企业的损失等于超级明星企业的收益。如果成本降低幅度较大，那么创新者可以收取其最优的垄断价格，同时削弱传统技术企业。第三，以较低的价格使得消费者对超级明星企业产品的需求增加，进而增加对资本和劳动力的要素需求以及超级明星企业的利润，我们称之为产出规模效应。超级明星企业创造的额外财富创造了对经济中所有商品的额外需求，包括来自传统部门的商品。这种效应增加了对传统要素的需求，并部分抵消前面描述的要素节约效应。

本节的理论模型预测：①获得数字技术创新的企业的市场份额会迅速增加。②当数字技术带来的成本降低幅度较低时，由于明星企业的价格保持不变，产出和利润的增加会全部被明星企业吸收。数字技术创新会降低劳动需求和劳动份额，于是企业与劳动者之间的收入差距扩大。当成本下降幅度超过一个门槛，明星企业的价格降低，此时规模效应开始起作用，于是，对资本和劳动的需求会再次增加，其要素价格会再度抬头，随后趋于稳定。③从福利的角度看，由于明星企业具有一定的垄断势力，其产出水平低于社会最优的产出水平。本节提供了三种纠正扭曲的方法：其一是数字技术普惠化，即通过公共财政进行数字创新，数字创新的成果供全社会使用。此时，明星效应消失，数字技术创新表现为全社会生产率普遍上升。其二是对垄断企业进行补贴。这种方法会增加垄断企业的利润和收入不平等。其三是对明星企业进行价格管制,使得其利润刚好可以弥补其固定成本。

一、基准模型

考虑一个静态经济,该经济中有一个单位的同质消费者,其中存在可变的比例 θ 有可能成为活跃的超级明星企业家。有两种传统的生产要素,即资本和劳动,以及单位质量的差异化中间产品和作为计价物的最终产品。每个消费者无弹性地提供劳动 $L=1$ 和资本 $K>0$,赚取相应的工资 W 和租金率 R。此外,消费者也从传统企业的活动中获得利润 $\prod^{\mathrm{T}}$。他们以最终产品的形式消费他们的总收入,并根据新古典效用函数 $u(C)$ 从消费中获得效用。作为超级明星企业家而活跃的消费者,除了下文所述的超级明星利润 $\prod^{\mathrm{S}}$ 外,还赚取和消费其他收入。

$$C=W+RK+\prod{}^{\mathrm{T}}$$

最终产品生产函数为如下的 Dixit-Stiglitz 形式:

$$Y=\left(\int_0^1 Y_i^{1-\frac{1}{\varepsilon}}\mathrm{d}i\right)^{\frac{\varepsilon}{\varepsilon-1}} \tag{5-11}$$

其中,替代弹性 $\varepsilon>1$,中间产品的价格指数为 $P=\left(\int P_i^{1-\varepsilon}\mathrm{d}i\right)^{\frac{1}{1-\varepsilon}}$,我们选择最终产品作为计价物,因此有 $P=1$。每种商品 i 的需求函数是 $Y_i=(P_i)^{-\varepsilon}Y$,由此可以得到反需求函数为 $P_i(Y_i;Y)=(Y_i/Y)^{-1/\varepsilon}$。

(1) 传统企业。每个部门都有大量竞争性企业,它们可以使用传统生产技术进行生产。使用这种技术的企业通过在竞争性要素市场中雇佣劳动、借入资本并根据柯布-道格拉斯生产函数来生产,其生产函数为:

$$Y_i=F_i(K_i,L_i)=A_iK_i^{\alpha}L_i^{1-\alpha}$$

根据成本最小化可以得到传统企业的最优要素需求:

$$K_i^{\mathrm{T}}(Y_i;R,W)=\left(\frac{\alpha}{1-\alpha}\cdot\frac{W}{R}\right)^{1-\alpha}/A_i \text{ 和 } L_i^{\mathrm{T}}(Y_i;\cdot)=\left(\frac{1-\alpha}{\alpha}\cdot\frac{R}{W}\right)^{\alpha}/A_i$$

式中:上标 T 代表着传统企业。

使用传统技术的企业的总成本函数 $TC_i^{\mathrm{T}}(Y_i)$ 和相应的单位成本 UC_i^{T} 均取决于要素价格 R 和 W:

$$TC_i^{\mathrm{T}}(Y_i)=\left(\frac{R}{\alpha}\right)^{\alpha}\left(\frac{W}{1-\alpha}\right)^{1-\alpha}\frac{Y_i}{A_i}$$

$$UC_i^{\mathrm{T}}=\left(\frac{R}{\alpha}\right)^{\alpha}\left(\frac{W}{1-\alpha}\right)^{1-\alpha}/A_i$$

如果行业 i 中只有采用传统技术的企业,则中间产品 i 的价格由传统企业的单位成本函数确定:$P_i=UC_i^{\mathrm{T}}$。相应的产品需求量为:$Y_i^{\mathrm{T}}=(UC_i^{\mathrm{T}})^{-\varepsilon}Y$。

(2) 超级明星企业。当一家企业发明了一种新的数字创新技术(超级明星技术),使其能够将生产所需的部分任务自动化，并且可以排除其他企业使用这种创新技术时，它就变成了一家超级明星企业。在我们的基准模型中，我们假设每个部门最多只有一家超级明星企业。更具体地说，我们假设一家超级明星企业可以选择花费固定的用户成本 ξ_i 使生产中的 γ_i 部分任务自动化，使其能够以边际成本 $MC_i^S=(1-\gamma_i)UC_i^T$ 进行生产，其中，上标 S 代表超级明星企业。为了简化分析而又不失一般性，我们假定数字创新技术的采用成本是以传统企业的单位成本计价的。于是，明星企业的总成本函数为：

$$TC_i^S(Y_i)=\xi_i\cdot UC_i^T+UC_i^S\cdot Y_i=[\xi_i+(1-\gamma_i)Y_i]\cdot UC_i^T$$

企业用数字化和信息技术取代了 γ_i 部分的生产任务，这些任务能够以接近于零的成本实现规模化。固定成本 ξ_i 可以理解为开发超级明星技术的任何初始投资的年化价值与每一期固定平台成本的总和。

一家应用自动化技术的超级明星企业选择一个产出水平来最大化利润：

$$\max_{P_i,Y_i}\pi^s(Y_i)=P_iY_i-TC_i^S(Y_i)\quad \text{s.t. } P_i=P(Y_i;Y)\leqslant UC_i^T$$

约束条件意味着其价格不得高于传统企业的价格。如果这个约束条件是有约束力的，那么超级明星企业将简单地设置 $P_i=UC_i^T$。此时，所有的产出都是由超级明星企业生产的（超级明星企业会通过将价格降至无限小的程度，将任何竞争的传统企业赶出市场）。如果约束条件没有约束力，则超级明星企业的产量由最优垄断定价条件决定：

$$\underbrace{P_Y(Y_i;\cdot)Y_i+P_i(Y_i;\cdot)}_{\text{marginal revenue}}=\underbrace{(1-\gamma_i)UC_i^T}_{\text{marginal cost}}$$

给定最终产品的 Dixit-Stiglitz 生产函数，最优条件可以简化为：

$$P_i^S=\mu_i\cdot(1-\gamma_i)\cdot UC_i^T,\quad 其中\ \mu_i=\min\left\{\frac{1}{1-\gamma_i},\frac{\varepsilon}{\varepsilon-1}\right\}$$

该定价公式的经济学含义是：当自动化技术节省的成本较小（$\gamma_i<1/\varepsilon$）时，超级明星企业就会受到来自传统企业的潜在价格约束，该企业将采用“限制性定价”，即价格等于传统企业的单位成本。超级明星企业将所有节省下来的成本作为租金。当自动化技术节约的成本较大（$\gamma_i\geqslant 1/\varepsilon$）时，超级明星企业可以收取其最优垄断价格，并且价格仍然低于传统企业。

相应地，超级明星企业的需求量为：

$$\begin{aligned}Y_i^S&=(P_i^S)^{-\varepsilon}Y=[\mu_i\cdot(1-\gamma_i)\cdot UC_i^T]^{-\varepsilon}Y=[\mu_i\cdot(1-\gamma_i)]^{-\varepsilon}Y_i^T\\&=\max\left\{1,\left(\frac{\varepsilon(1-\gamma_i)}{\varepsilon-1}\right)^{-\varepsilon}\right\}\cdot Y_i^T\end{aligned}$$

显然，超级明星企业的产量总是至少和传统企业一样多。

只有当企业从自动化中获得的成本节约超过固定成本时，实行超级明星技术才有利可图，即：

$$(\mu_i-1)(1-\gamma_i)Y_i^S\geqslant\xi_i$$

（一）数字创新与超级明星效应

我们进一步考虑数字创新程度差异，即自动化带来的成本节约幅度 γ_i 从零到接近 1 的变化如何影响经济部门 i 的均衡结果，特别是其对经济部门 i 的要素需求和垄断租金的影响。

命题 5-1

（1）当数字创新节省的成本较小，即 $\gamma_i<1/\varepsilon$ 时，进入市场的超级明星企业因面临来自传统企业的竞争而收取传统价格 P_i^{T} 并生产传统企业的生产数量 Y_i^{T}。此时，自动化程度的提高会线性减少对资本和劳动力的需求，并线性增加超级明星企业的利润，因为所有节约的成本都以垄断利润的形式被吸收。

（2）当数字创新节省的成本超过临界值，即 $\gamma_i>1/\varepsilon$ 时，进入市场的超级明星企业收取比传统企业更低的价格 $P_i^{\mathrm{S}}(P_i^{\mathrm{S}}<P_i^{\mathrm{T}})$，最优垄断加价率为 $\varepsilon/(\varepsilon-1)$，此时的产出高于传统企业（$Y_i^{\mathrm{S}}>Y_i^{\mathrm{T}}$）。如果 $\gamma_i\to1$，则该企业的产出趋于无穷大。

（3）只有当成本节约程度达到一个临界值 $\gamma_i\geqslant\hat{\gamma}_i$ 时，企业才会选择数字技术。

证明：

（1）由于 $P_i^{\mathrm{S}}=UC_i^{\mathrm{T}}$，于是对应产出水平为 $Y_i^{\mathrm{S}}=Y_i^{\mathrm{T}}$。在产量不变的情况下，要素需求为 $L_i^{\mathrm{S}}=(1-\gamma_i)L_i^{\mathrm{T}}$ 和 $K_i^{\mathrm{S}}=(1-\gamma_i)K_i^{\mathrm{T}}$，其随着 γ_i 线性减少；超级明星企业的利润为 $\pi_i^{\mathrm{T}}=\gamma_iY_i^{\mathrm{T}}$，其随着 γ_i 线性增加。这意味着随着自动化技术水平的提高，劳动和资本收入下降，超级明星企业的利润上升，不平等加剧。

（2）超级明星企业的产出为 $Y_i^{\mathrm{S}}=\left[(1-\gamma_i)\dfrac{\varepsilon}{\varepsilon-1}UC_i^{\mathrm{T}}\right]^{-\varepsilon}Y\propto(1-\gamma_i)^{-\varepsilon}$，满足：$\dfrac{\mathrm{d}Y_i^{\mathrm{S}}}{\mathrm{d}\gamma_i}\propto\varepsilon\,(1-\gamma_i)^{-\varepsilon-1}>0$，$\dfrac{\mathrm{d}^2Y_i^{\mathrm{S}}}{\mathrm{d}\,(\gamma_i)^2}\propto\varepsilon(\varepsilon+1)(1-\gamma_i)^{-\varepsilon-2}>0$。这说明随着自动化技术水平的提高，超级明星企业的边际产出递增。

给定超级明星技术可变成分的柯布-道格拉斯生产函数，要素需求为：

$$L_i^{\mathrm{S}}(Y_i^{\mathrm{S}};Y)=\left(\frac{1-\alpha}{\alpha}\cdot\frac{R}{W}\right)^{\alpha}\frac{(1-\gamma_i)Y_i^{\mathrm{S}}}{A_i}\propto(1-\gamma_i)Y_i^{\mathrm{S}}\propto(1-\gamma_i)^{-\varepsilon+1}$$

满足：$\dfrac{\mathrm{d}L_i^{\mathrm{S}}}{\mathrm{d}\gamma_i}\simeq(\varepsilon-1)(1-\gamma_i)^{-\varepsilon}>0$，$\dfrac{\mathrm{d}^2L_i^{\mathrm{S}}}{\mathrm{d}\,(\gamma_i)^2}\simeq(\varepsilon-1)\varepsilon\,(1-\gamma_i)^{-\varepsilon-1}>0$。

资本需求 $K_i^{\mathrm{S}}(Y_i^{\mathrm{S}};\cdot)$ 是类似的。这说明随着自动化技术水平的提高，超级明星企业对劳动和资本的边际需求增加。

超级明星企业的收入由 $R_i^{\mathrm{S}}=P_i^{\mathrm{S}}\cdot Y_i^{\mathrm{S}}=\left[(1-\gamma_i)\dfrac{\varepsilon}{\varepsilon-1}UC_i^{\mathrm{T}}\right]^{-\varepsilon+1}Y\propto(1-\gamma_i)^{-\varepsilon+1}$ 给出，与要素需求的符号相同。

（二）超级明星企业和要素份额

我们接下来关注经济中的要素份额，以及超级明星企业的技术进步（体现为成本节约参数 γ_i 的增加）是如何影响这些要素份额的。以下结果适用于经济中的单个企业。

推论：

（1）在超级明星企业 i，超级明星企业利润份额为：

$$\sigma=\min\{\gamma_i,1/\varepsilon\} \tag{5-12}$$

资本份额为 $\alpha(1-\sigma)$，劳动份额为 $(1-\alpha)(1-\sigma)$。

（2）当 $\gamma_i<1/\varepsilon$ 时，γ_i 的增加不会影响产出，但会降低劳动和资本份额，同时增加超级明星企业利润份额。当 $\gamma_i\geqslant 1/\varepsilon$ 时，γ_i 的增加会提高产出水平，但使劳动、资本和超级明星企业利润份额保持不变。只要自动化还处于早期阶段并且 $\gamma_i<1/\varepsilon$，超级明星企业就只是吸收所有节省下来的成本，因为它们的定价仍保持在传统企业的水平。一旦这种不平等被逆转，超级明星企业可以通过收取最优垄断（总）加价和增加供给数量来增加利润。这意味着超级明星企业垄断者的利润份额上限由消费者对中间产品的替代弹性来决定。

（三）一般均衡结果

本节我们考虑数字技术创新的一般均衡效应。假设一个对称均衡，即所有企业拥有相同的技术 $A_i=A$ 和自动化参数 $\gamma_i=\gamma$。在这样一个对称均衡中，根据式（5-11）给定的生产函数，总产出为：$Y=\dfrac{A}{1-\gamma}K^{\alpha}L^{1-\alpha}$。

与此同时，表示超级明星企业所占产出份额的式（5-12）继续适用，这意味着工资和资本收入分别为：$w=(1-\alpha)(1-\sigma)Y$，$RK=\alpha(1-\sigma)Y$。

在一般均衡中，我们有如下命题成立：

命题 5-2

①总产出是 γ 的凸函数。②只要 $\gamma<1/\varepsilon$，γ 的增长会线性减少劳动和资本份额，同时增加超级明星企业收益份额。工资和资本回报率保持不变，超级明星企业吸收了产出的所有增长。③当 $\gamma\geqslant 1/\varepsilon$ 时，γ 的增长会提高产出，但是劳动、资本以及超级明星企业利润份额保持不变。工资和资本的租金率随着产出的增加而增加。④当 $\gamma\to 1$ 时，产出和所有要素收入都趋于无穷大。

只要 $\gamma_i<1/\varepsilon$，在局部均衡中，个体企业不会增加产出，而是减少其要素需求。然而，在一般均衡中，这种要素需求下降降低了劳动和资本回报率，降低了所有企业的单位成本——无论它们是传统企业还是超级明星企业——足以使它们增加产出并吸收可用的要素供应。结果，一般均衡中的产出上升，尽管所有收益都归于超级明星企业。

一旦数字自动化超过临界值 $\gamma_i \geqslant 1/\varepsilon$,垄断的超级明星企业在所有部门都将设定高于成本的价格。数字自动化的进一步提高,导致所有行业中间产品的价格下降,引发总需求和产出增加,即产生所谓的"规模效应"。这三种要素所有者共享产出增长的机制是,对劳动力和资本的需求增加推高了工资和利率。因此,超级明星企业利润份额和劳动资本要素份额保持不变。

值得指出的是,在上述分析中,要素资本和劳动力的供给是外生的。而实际上,在自动化的早期阶段,提供劳动力和资本的激励没有改变,但一旦超过临界值 $\bar{\gamma}=1/\varepsilon$,供给就会增加。这意味着当要素供给为内生时,在数字自动化的早期阶段,劳动力供给和资本积累将落后于产出增长,但一旦超过临界值 $\gamma_i \geqslant 1/\varepsilon$,就会出现额外的资本积累与资本和劳动力供给的增长。

二、超级明星企业经济的福利分析

超级明星企业出现低效率的主要原因是垄断势力,因为超级明星企业可以排除其他人使用它们开发的创新技术。在我们的基准模型中,由此产生的垄断租金首先补偿超级明星企业开发创新技术的成本 ξ_i,然后为超级明星企业带来额外的收益。

超级明星企业具有先发优势,如果其成本节约参数跨越临界值,便可以拥有垄断势力。这意味着市场上的超级明星企业数量较低,自动化技术未得到充分利用。

垄断扭曲的低效率可以通过以下三个政策纠正:

(1) 通过使用公共资金为社会需要的数字创新的固定成本 ξ_i 提供融资,并让具有竞争力的传统企业可以免费获得这些创新。

(2) 通过采用非线性定价方案,超级明星企业收取固定成本并以边际成本满足消费者对其产品的需求。

(3) 通过对超级明星企业的产出提供补贴 $s_i=\sigma P_i$ 来抵消它们的垄断加价。

尽管所描述的政策选项使生产更有效率,但并非所有政策选项都会带来帕累托改进,因为盈余的分配发生了变化。选项(1)意味着超级明星企业的利润消失了,因为任何人都可以使用高效的新技术。选项(2)将超级明星企业的产量需求增加到社会效率水平,但意味着超级明星企业获得更大的垄断利润,除非它们的部分利润可以被一次性征税。然而,如果转移是可行的,那么这三个政策选项都可以产生帕累托改进。

当然,这三个政策在实践中也都有各自的局限性:

选项(1):数字创新的公共资金,需要大量的财政收入。此外,它要求创新可以在没有额外代理成本的情况下进行,即研究人员不需要赚取额外的租金来激励他们进行创新。而且,它要求创新背后的信息完全是非竞争性的,并且确实可以自由传播,而不会在使用中产生瓶颈(例如,只有少数专家可以使用它)。

选项(2):收取固定成本并以边际成本满足需求,假设已知有关需求结构的详细信息,包括适当区分具有不同需求曲线的异质性消费者并获得不同的剩余的能力,因此可以最优地收取不同的固定成本。原则上,ξ_i 和 $\xi_i+\pi$ 之间的任何固定成本都可以支持最佳的产出水平,剩余 π 的分配由讨价还价或政策决定。

选项(3):补贴垄断企业需要大量的财政收入,而提高这一收入可能导致其自身的巨大扭曲。此外,向已经赚取大量垄断租金的企业提供补贴在政治上可能是非常不可取的。

三、宏观经济动态

我们现在将超级明星企业模型嵌入动态环境中,以分析数字自动化程度的提高对资本积累和宏观经济动态的影响。

考虑一个无限的离散时间经济,其时间表示为 $t=0,1,\cdots$,每个企业和时期的生产都是根据传统技术或超级明星技术进行的。我们在符号上添加下标 t 来表示时间。消费者在每个时期无弹性地提供一单位劳动,赚取工资 W_t,再选择消费 C_t 和投资 I_t,以最大化效用:

$$U=\sum_{t=0}^{\infty}\beta^t u(C_t) \tag{5-13}$$

其面临的预算约束和资本积累方程分别为:

$$C_t+I_t=W_t+R_tK_t+\prod_t \tag{5-14}$$

$$K_{t+1}=(1-\delta)K_t+I_t \tag{5-15}$$

式中:R_tK_t 为传统资本在 t 时期的收益;δ 为资本的折旧率。

根据式(5-14)和式(5-15)可得 $C_t=W_t+R_tK_t+\prod_t-I_t=W_t+(R_t+1-\delta)K_t+\prod_t-K_{t+1}$,将之代入式(5-13)可以把消费者的效用最大化问题重新表述如下:

$$U=\max_{K_{t+1}}\sum_{t=0}^{\infty}\{\beta^t u(W_t+(R_t+1-\delta)K_t+\prod_t-K_{t+1})\} \tag{5-16}$$

效用最大化问题对应的一阶条件为:

$$u'(C_t)=\beta(1-\delta+R_{t+1})u'(C_{t+1}) \tag{5-17}$$

(一)稳态

我们在假设 $\xi_i=0$ 的情况下,比较了不同数字创新程度下的经济稳态。稳态变量没有下标 t。在稳态下,均衡净利率为 $r=R-\delta=1/\beta-1$,相应的资本租金率为 $R=r+\delta$。对于给定的 γ,经济的稳态资本份额满足:

$$RK=\alpha(1-\sigma)Y=\frac{\alpha(1-\sigma)AK^{\alpha}L^{1-\alpha}}{1-\gamma}=\alpha AK^{\alpha}\cdot\max\left\{1,\frac{\varepsilon-1}{\varepsilon(1-\gamma)}\right\}$$

之后便可得到资本的稳态水平:

$$K=\left[\frac{\alpha(1-\sigma)A}{(1-\gamma)R}\right]^{\frac{1}{1-\alpha}}L=\left[\frac{\alpha A}{R}\right]^{\frac{1}{1-\alpha}}\cdot\max\left\{1,\frac{\varepsilon-1}{\varepsilon(1-\gamma)}\right\}^{\frac{1}{1-\alpha}}$$

这意味着,只要数字创新保持在临界值 $\gamma<1/\varepsilon$ 以下,资本存量就不会改变,但随后会

随着 γ 以凸的方式上升。产出、工资和超级明星企业的利润表达式分别为：

$$Y=\frac{AK^{\alpha}L^{1-\alpha}}{1-\gamma}=\frac{A}{1-\gamma}\cdot\left[\frac{\alpha A}{R}\right]^{\frac{\alpha}{1-\alpha}}\cdot\max\left\{1,\frac{\varepsilon-1}{\varepsilon(1-\gamma)}\right\}^{\frac{\alpha}{1-\alpha}}$$

$$w=(1-\alpha)(1-\sigma)Y=\frac{(1-\alpha)(1-\sigma)AK^{\alpha}L^{1-\alpha}}{1-\gamma}=(1-\alpha)A\left[\frac{\alpha A}{R}\right]^{\frac{\alpha}{1-\alpha}}\cdot\max\left\{1,\frac{\varepsilon-1}{\varepsilon(1-\gamma)}\right\}^{\frac{1}{1-\alpha}}$$

$$\Pi=\sigma Y=\frac{\sigma AK^{\alpha}L^{1-\alpha}}{1-\gamma}=\frac{A}{1-\gamma}\cdot\left[\frac{\alpha A}{R}\right]^{\frac{\alpha}{1-\alpha}}\cdot\min\{1/\varepsilon,\gamma\}\max\left\{1,\frac{\varepsilon-1}{\varepsilon(1-\gamma)}\right\}^{\frac{\alpha}{1-\varepsilon}}$$

对于低水平的数字创新 $\gamma<1/\varepsilon$，由于数字创新提高了生产率，产出以凸的方式上升，但工资保持不变，所有收益都被不断上升的超级明星企业利润吸收。在临界值之后，产出、工资和超级明星企业利润都以相同的速度增长，由 $[1/(1-\gamma)]^{1/(1-\alpha)}$ 给出。

（二）资产价格水平

观察数字创新对资产价格的影响也具有指导意义：我们区分了传统资本的市场价值 K 和资本化的超级明星企业租金的市场价值 $Q^{S}=\Pi/r$。在实践中，金融市场上交易的资产价格由两部分组成，即 $Q=K+Q^{S}$。代入上面的稳态值，我们发现：

$$Q^{S}=\frac{\sigma}{\alpha(1-\sigma)}\cdot\frac{r+\delta}{r}\cdot K$$

这种关系表明，超级明星企业租金的资本化价值可以很容易地达到与传统资本价值相等或更高的水平。

（三）转型动态

现在我们研究系统收敛到一个新的稳态时的动态。为了简单起见，我们假设经济刚开始时没有超级明星技术，经历了一次冲击，使数字创新在第 0 期上升到 $\gamma_i=\gamma$，$\forall_i$。

对于低水平的数字化创新 $\gamma_i<1/\varepsilon$，动态很简单：由于创新的所有好处都被超级明星企业捕获，产出增加，但资本存量和工资保持不变。这意味着不存在过渡动态，经济会立即跃升至新的稳态。

如果数字创新上升到临界值 $\gamma_i>1/\varepsilon$，资本存量会上升到更高的水平，过渡由欧拉方程决定：

$$\frac{u'(c_{t+1})}{u'(c_t)}=\frac{1}{\beta[R_{t+1}(K_{t+1})+1-\delta]}$$

其中，$R_t=\frac{\varepsilon-1}{\varepsilon}\frac{\alpha A}{1-\gamma}K_t^{\alpha-1}$。由于 $\frac{\mathrm{d}R_t}{\mathrm{d}\gamma}>0$，对 γ 的正向冲击会导致消费降低而储蓄增加，即 c_0 在时刻 0 时向下跳跃，但此后系统平稳地演化到更高资本存量、更高工资和更高消费的新的稳态。

四、数字创新对菲利普斯曲线的影响

菲利普斯曲线是表明失业与通货膨胀之间替代关系的曲线(见图 5-4)。二者呈负相关关系,即通货膨胀率高时,失业率低;通货膨胀率低时,失业率高。公式描述为:

$$\frac{P_1-P_0}{P_0}=-\varepsilon(u-u^*)$$

式中:P 表示价格;$\frac{P_1-P_0}{P_0}$表示价格变化率;ε 表示价格对失业率的反应程度;u 表示实际失业率;u^* 表示自然失业率;$u-u^*$ 表示失业缺口。

上式也可写作 $\pi=-\varepsilon(u-u^*)$,其中 π 为通货膨胀率。其经济意义为:当实际失业率大于自然失业率时,价格水平下降,幅度取决于 ε。

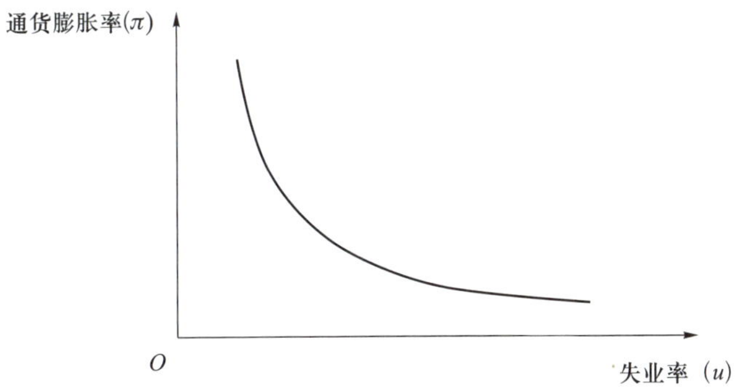

图 5-4 菲利普斯曲线

菲利普斯曲线的最初版本为“失业—工资”菲利普斯曲线,其表现形式是:失业率与货币工资变化率呈负相关关系。公式描述为:

$$\frac{w_1-w_0}{w_0}=-\varepsilon(u-u^*)$$

式中:w 表示货币工资;$\frac{w_1-w_0}{w_0}$表示货币工资变化率;ε 表示工资对失业率的反应敏感度;u 表示实际失业率;u^* 表示自然失业率;$u-u^*$ 表示失业缺口。

我们再次聚焦于这样一个经济体:在这个经济体中,数字创新是对称进行的,因此经济体的所有部门都支付相同的固定成本 $\xi_i\cdot UC^{\mathrm{T}}$ 并以每单位可变成本$(1-\gamma)\cdot UC^{\mathrm{T}}$ 来进行生产。这意味着经济体中可变成本占总成本的比例为 $\kappa=\frac{1-\gamma}{1-\gamma+\xi/Y}\in(0,1)$,在其他条件不变的情况下,该比例随着数字创新参数 γ 和固定成本 ξ 的增长而下降。

结果很直观:随着数字创新的进行,企业将越来越多的要素需求花费在对需求不敏感的固定成本上。因此,需求的波动意味着要素需求的波动较小,对工资的价格压力较小。

在极限情况下，如果经济中的所有成本都是固定成本，那么菲利普斯曲线将是完全平坦的。

本章小结

本章从偏好的角度阐述了行业内超级明星企业形成的原因，从生产的角度研究数字技术对明星效应以及收入分配的影响。根据本章的分析，我们得出了如下结论：

1. 商品和服务不仅具有实用价值，还具有排名价值，因为人们通过各种排名获得乐趣和效用。

2. 排名偏好赋予某些类型的商品或服务的生产者更大的垄断势力。对于某些商品和服务，消费者的排名偏好非常强烈，以至于高排名的商品或服务的生产者可以享有很大的垄断势力，并导致高排名企业收入远远高于低排名企业收入。

3. 信息技术的进步促进了信息的传播，使得排名超越地理范围，这就使得大企业更大，小企业更小，从而加剧明星效应和收入差距。

4. 数字创新带来了前期的固定成本，允许企业降低服务额外客户的边际成本。

5. 由于数字创新通常具有相当程度的排他性，它们也赋予了创新者垄断势力，使他们能够成为他们所服务的市场上的超级明星企业。这是近几十年来不平等加剧的根本驱动力之一。

6. 增加数字自动化需要一个复杂的权衡：首先，自动化降低了生产成本，但会诱使超级明星企业通过提高加价来吸收成本节约，并榨取不断增加的垄断租金，而劳动力在经济中的份额下降。一旦达到最佳加价，自动化的进一步进展就会通过成本节约传递给消费者，从而导致经济增长，劳动力份额不变（但较低）和超级明星企业的垄断利润份额不变。超级明星企业的垄断租金虽然支持他们对数字技术的投资，但这种租金的总体水平在社会上过高。此外，固定成本的作用增强也需要宏观经济管理的改变，例如菲利普斯曲线趋于平坦。

思考题

1. 传统企业根据柯布-道格拉斯生产函数来生产，即 $Y_i=F_i(K_i,L_i)=A_iK_i^{\alpha}L_i^{1-\alpha}$，求解其最优要素需求、成本函数及单位成本函数。

2. 证明超级明星企业的产量由最优垄断定价条件决定，即：

$$\underbrace{P_Y(Y_i;\cdot)Y_i+P_i(Y_i;\cdot)}_{\text{marginal revenue}}=\underbrace{(1-\gamma_i)UC_i^{T}}_{\text{marginal cost}}$$

3. 证明欧拉方程 $u'(C_t)=\beta(1-\delta+R_{t+1})u'(C_{t+1})$。

4. 互联网时代为何会出现明星效应？明星效应会对收入分配产生怎样的影响？

即测即评

本章参考文献

1. Harashima T. Ranking Value and Preference: A Model of Superstardom. MPRA Paper, 2016.

2. Korinek A, Ding X. N. Digitization and the Macro-economics of Superstars. Working Paper, 2018.

第六章

长尾效应

“小即是美。”

——恩斯特·弗里德里希·舒马赫《小即是美》

“长尾效应”最早是由《连线》(*Wired*)杂志的总编辑克里斯·安德森(Chris Anderson)于2004年提出的,是指那些原来不受重视的销量小但种类多的产品,由于总量巨大,累积起来的总收益超过主流产品的现象。图6-1中的需求曲线形象地展示了长尾效应的直观含义。其中,纵轴表示产品的受欢迎度,横轴为产品种类。在统计学中,左端凸起的部分被称为“头”,右边平缓的部分被称为“尾”。从需求的角度来看,“头”部产品为流行产品,而分布在尾部的需求是个性化的、零散的小量需求产品。而这部分差异化的、少量的需求会在需求曲线上面形成一条长长的尾巴。

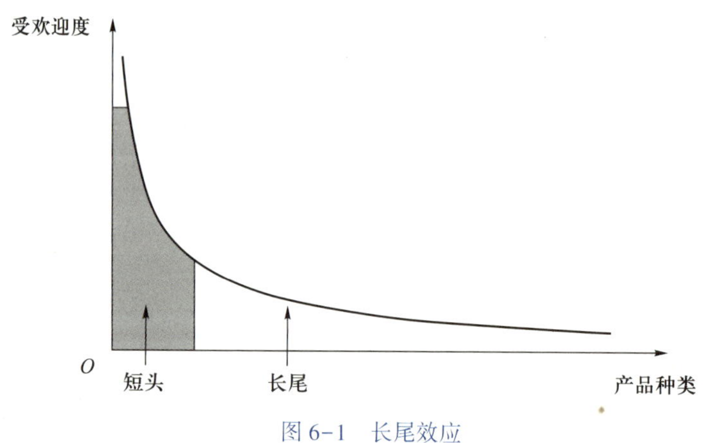

图6-1　长尾效应

与长尾效应或长尾原则对应的概念是帕累托原则,也就是通常所说的80/20法则。帕累托原则说的是20%的企业占据80%的市场的现象。传统市场通常是被少数产品或企业占领的。比如在书籍市场,畅销书的销量远远超过非畅销书的销量。在这些市场上,占据主导的是少数的“明星企业”,它们虽然数目较少,但却是市场的领导者。在传统市场上,由于规模经济或者受到地理位置和销售渠道的限制,小众产品的提供者在市场上并不活跃。

与传统线下市场不同,线上市场似乎并不服从帕累托原则,而是与长尾原则更为吻合。当你打开淘宝、京东或其他购物软件时,就会发现琳琅满目的产品令人眼花缭乱,除了大众产品外,一些小众产品也很容易从网上找到。以出版行业为例,越来越多的读者选择在购物平台上查找和购买自己想要的书籍,一些原本积压在仓库中的旧书也得以重见天日。此类案例在数字媒体行业也比比皆是。

数字技术的兴起引发长尾效应,主要是通过两个渠道:第一个是供给方面的。①网络和数字技术的发展使人们可以实现在线生产。个人计算机的使用是一个很好的例子。例如,任何人只要有一台计算机就可以录制自己的音乐,上传到音乐平台上供人们欣赏或购买。②分销成本显著降低。与传统的线下销售渠道相比,线上销售能够容纳更多的产品。例如,传统的物流和销售系统只有有限的容量或可用的货架空间,因此,只有最受欢迎的产品才能通过分销系统输送。随着互联网和电子商务的到来,商店现在可以拥有无限的“货架空间”,因为商品不再存在于实体位置,而是以描述的形式存在于网站上。第二个是需求方面的。互联网渠道允许消费者以更大的便利性和更低的成本获取产品信息,这就导致了其对小众产品需求的增加。

本章结构安排如下:第一节从分销渠道的角度分析电商平台与长尾效应的关系;第二节介绍如何对长尾效应的福利效应进行定量估算。

第一节 电商与长尾效应

一、线上销售与线下销售的区别

长尾效应的出现与电商平台有着密切的关联。以书店为例,书店通常提供主流、热门书籍,冷门书籍即使存在需求,但很难售出。假定 A 地区顾客需要书籍 X,但此书只在 B 地区销售,二者存在信息不对称的情形,故通常书店极少会售卖冷门书籍。随着互联网的发展,这个界限逐渐被打破,无论何时何地,消费者都可以在网上找到自己需要的书籍。

例如,网上书店成千上万的商品书中,小部分畅销书占据总销量的一半,而另外绝大部分的书虽说个别销量小,但凭借其繁多的种类积少成多,占据了总销量的另一半,甚至成为网上书店主要的利润来源。当消费者浏览网上书店时,可能有这样的体验:畅销书采取低价甚至亏本的方式经营,以此方式与传统书店竞争;冷门书籍制定高价获取利润,以此补贴畅销书的亏损。如此,主流需求与小众需求便均可得到满足。这就是电商平台的营销策略。

线上销售与线下销售的区别主要有以下方面:

第一,线上和线下销售渠道的便利性不同。对于线上购物而言,消费者可以居家购物,而线下销售中消费者需到门店挑选商品。

第二,线上和线下销售获取信息的途径不同。互联网提供了获取信息的便捷途径。宽带的普及使互联网成为主流信息平台和广告媒介。互联网迅速替代了如电视、报纸和杂志等传统的信息来源。众多零售商使用自身网站披露产品和价格信息。

第三,线上和线下销售渠道的成本结构不同。线上渠道的基础设施和存货成本通常比线下更低。企业在与电子商务平台签约并交纳少量费用后,进入任何市场都不需要额外收费。因此,生产者会发现通过线上渠道向消费者出售少量产品是有利可图的。以阿里巴巴为例,企业若选择进入平台销售,仅需申请账号、持有营业执照且缴纳年费 6 688 元(无注册资金要求)。但企业若选择线下销售,需要负担租赁店面等成本。因此,生产率较低的企业便选择通过线上渠道进入市场,只有生产率达到一定水平时企业才会选择线下渠道。

第四,线上和线下销售渠道的复杂程度不同,前者包含一个复杂的订单完成过程,因此不可避免地会产生一些可变成本。首先,“拣选、打包和运输”通常被认为是线上销售最昂贵和最重要的问题之一。其次,线上零售商面临着众多合同(一个订单产生数个合同),一个线上订单可能产生翻倍的消费者联系方式(如电子邮件、电话或信件)。最后,线上渠道不容忽视消费者退货问题的处理。由于消费者在商品到手前不能亲自尝试和体验该产品,所以线上销售面临非常高的退货率,而高退货率可以轻易摧毁线上渠道的经济可行性。

接下来,我们通过一个理论模型介绍电商平台对于企业销售渠道的影响。

二、基准理论模型①

代表性消费者的偏好为 CES 形式,具体如下:

$$U=\left[\int_{\Omega} q(\omega)^{\alpha}\mathrm{d}\omega\right]^{\frac{1}{\alpha}} \tag{6-1}$$

式中:ω 表示企业;Ω 表示该地区企业的集合,替代弹性为 $\sigma=1/(1-\alpha)$。

根据效用最大化可以推导出需求函数:

$$q(\omega)=\frac{p(\omega)^{-\sigma}}{P^{1-\sigma}}Y=Ap(\omega)^{-\sigma} \tag{6-2}$$

式中:$A=YP^{\sigma-1}$。

企业可以通过两种渠道服务消费者,分别为“线上”(e-commerce)渠道和“线下”(physical)渠道,记作 $m\in\{E,P\}$。

两种渠道下,企业运输商品时均需支付冰山贸易成本(iceberg trade cost),记作 $\tau_m>1$,其含义为企业通过渠道 m 销售一单位商品至消费者时所产生的成本。冰山贸易成本包括实际运输成本(physical transportation costs)、信息和其他贸易壁垒成本。

假定企业进入线上渠道需支付固定成本 f_E,进入线下渠道需支付固定成本 f_P,且 $f_E<f_P$,其中 f_E、f_P 均以劳动力为单位衡量。

---

① 本节参考了 Helpman 等(2004)以及 Fan 等(2018)。

假定工资 $w=1$，则对于生产率为 ϕ 的企业而言，企业的线上、线下销售价格分别为：

$$p_{\mathrm{E}}(\phi)=\frac{\tau_{\mathrm{E}}}{\alpha\phi} \text{与} p_{\mathrm{P}}(\phi)=\frac{\tau_{\mathrm{P}}}{\alpha\phi} \tag{6-3}$$

式中：$\frac{1}{\alpha}$为成本加成率。

由于线上销售价格为 $p=\frac{\tau_{\mathrm{E}}}{\alpha\phi}$，故线上销售的需求可表示为 $q(\omega,v)=A\left(\frac{\tau_{\mathrm{E}}}{\alpha\phi}\right)^{-\sigma}$，总可变成本为$\frac{\tau_{\mathrm{E}}}{\phi}\cdot q(\omega,v)=\alpha A\left(\frac{\tau_{\mathrm{E}}}{\alpha\phi}\right)^{1-\sigma}$。

因此，厂商采用线上渠道时的利润为：

$$\pi_{\mathrm{E}}(\phi)=(1-\alpha)A\left(\frac{\tau_{\mathrm{E}}}{\alpha\phi}\right)^{1-\sigma}-f_{\mathrm{E}}=B\tau_{\mathrm{E}}^{1-\sigma}\phi^{\sigma-1}-f_{\mathrm{E}} \tag{6-4}$$

式中：$B=\frac{1-\alpha}{\alpha^{1-\sigma}}A$。

同理，厂商采用线下渠道时的利润为：

$$\pi_{\mathrm{P}}(\phi)=(1-\alpha)A\left(\frac{\tau_{\mathrm{P}}}{\alpha\phi}\right)^{1-\sigma}-f_{\mathrm{P}}=B\tau_{\mathrm{P}}^{1-\sigma}\phi^{\sigma-1}-f_{\mathrm{P}} \tag{6-5}$$

由上述利润函数，我们可求得企业进入线上渠道与线下渠道的生产率门槛值满足：

$$\pi_{\mathrm{E}}(\phi)=0\Rightarrow\phi_{\mathrm{E}}^{*\ \sigma-1}=\frac{f_{\mathrm{E}}}{B\tau_{\mathrm{E}}^{1-\sigma}} \tag{6-6}$$

$$\pi_{\mathrm{P}}(\phi)=0\Rightarrow\phi_{\mathrm{P}}^{*\ \sigma-1}=\frac{f_{\mathrm{P}}}{B\tau_{\mathrm{P}}^{1-\sigma}} \tag{6-7}$$

通过比较二者大小，我们发现：

$$\left(\frac{\phi_{\mathrm{E}}^{*}}{\phi_{\mathrm{P}}^{*}}\right)^{\sigma-1}=\left(\frac{\tau_{\mathrm{E}}}{\tau_{\mathrm{P}}}\right)^{\sigma-1}\frac{f_{\mathrm{E}}}{f_{\mathrm{P}}} \tag{6-8}$$

显然，若线上销售的固定成本和可变成本均低于线下销售，则有 $\phi_{\mathrm{E}}^{*}<\phi_{\mathrm{P}}^{*}$。此时，线上销售渠道的存在，会降低企业的生存门槛，这意味着原本生产率较低的企业，即生产率 $\phi\in(\phi_{\mathrm{E}}^{*},\phi_{\mathrm{P}}^{*})$的企业，也得以进入市场。

当线上销售的可变成本较高（$\tau_{\mathrm{E}}>\tau_{\mathrm{P}}$）时，线上销售的生产率门槛和线下销售的生产率门槛的关系是不确定的。具体地，若$\left(\frac{\tau_{\mathrm{E}}}{\tau_{\mathrm{P}}}\right)^{\sigma-1}\frac{f_{\mathrm{E}}}{f_{\mathrm{P}}}>1$，有 $\phi_{\mathrm{E}}^{*}>\phi_{\mathrm{P}}^{*}$ 成立（见图 6-2）；反之，若$\left(\frac{\tau_{\mathrm{E}}}{\tau_{\mathrm{P}}}\right)^{\sigma-1}\frac{f_{\mathrm{E}}}{f_{\mathrm{P}}}<1$，有 $\phi_{\mathrm{E}}^{*}<\phi_{\mathrm{P}}^{*}$ 成立（见图 6-3）。

电商平台是否会导致“长尾效应”，取决于线上销售的生产率门槛和线下销售的生产率门槛的关系，当 $\phi_{\mathrm{E}}^{*}<\phi_{\mathrm{P}}^{*}$ 时，线上销售平台会导致生产率 $\phi\in(\phi_{\mathrm{E}}^{*},\phi_{\mathrm{P}}^{*})$的企业也得以进入市场，从而产生“长尾效应”。

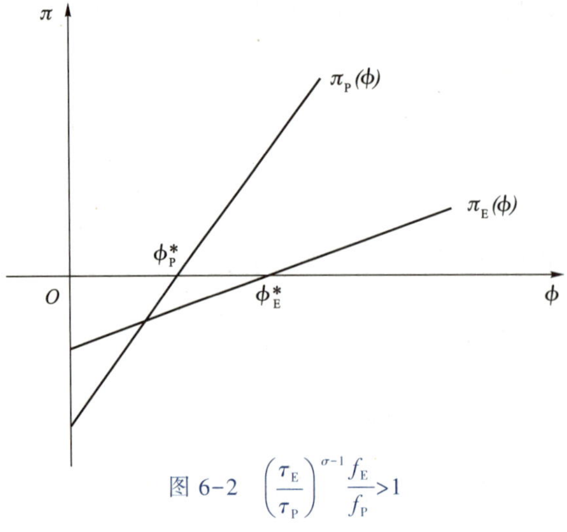

图 6-2 $\left(\frac{\tau_E}{\tau_P}\right)^{\sigma-1}\frac{f_E}{f_P}>1$

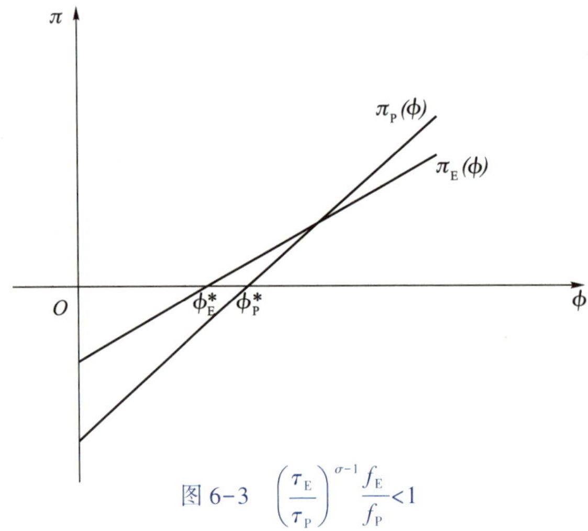

图 6-3 $\left(\frac{\tau_E}{\tau_P}\right)^{\sigma-1}\frac{f_E}{f_P}<1$

图 6-2 绘制了$\left(\frac{\tau_E}{\tau_P}\right)^{\sigma-1}\frac{f_E}{f_P}>1$ 情况下两种销售方式的利润与企业生产率的关系。其中,横轴为 ϕ(表示厂商的生产率水平),纵轴为 π(表示厂商的利润水平)。由图 6-2 可知,利润为生产率水平的增函数。因此,企业生产率越高,利润也随之越高。由于 $f_E<f_P$,$\pi_P(\phi)$的纵轴截距大于 $\pi_E(\phi)$的截距。

三、拓展:引入异质性消费者

在前一节的分析中,我们假定所有消费者的偏好和购物成本都是相同的。在现实中,不同消费者线上购物成本是有差异的。例如,在疫情期间,对于疫情较为严重的地区的消费者而言,其线下购物成本会高于非疫情地区。进一步地,我们可以把疫情严重程度看成一个连续的随机变量,此时,企业进行线下购物的成本就变成一个随机变量。类似地,线上购物成本会与消费者特征(如年龄、受教育程度等)有关,于是不同消费者线上购物成本也是有差异的。

为了使得我们的模型更贴近现实,我们假定每个企业生产的产品集合连续地分布在区间[0,1]上,并令 $v\in[0,1]$ 表示产品种类。

对于每个品种 v,该地区的代表性消费者的购买成本存在一个随机偏好冲击$(v^{\mathrm{E}},v^{\mathrm{P}})$。这使得,对于销售渠道 m 而言,当消费者购买一单位产品时,企业所需要付出的成本为$\frac{w\tau_m}{\phi v^m}$。参考 Tintelnot(2017),假设偏好冲击在不同品种和渠道之间是独立的,并服从 Fréchet 分布:

$$\Pr(v^m\leqslant x)=\exp(-x^{-\theta}) \tag{6-9}$$

当企业面对的销售成本是一个随机变量时,此时选择多渠道销售就会产生互补效应:当企业拥有两个销售渠道时,企业可以根据每个销售渠道实际销售成本的差异来决定采用哪个渠道进行销售。因此,多渠道销售企业的边际成本为 $\min\left(\frac{w\tau_{\mathrm{P}}}{\phi v^{\mathrm{P}}},\frac{w\tau_{\mathrm{E}}}{\phi v^{\mathrm{E}}}\right)$。对于多渠道企业(记作 TC)而言,其边际成本的累积分布函数(CDF)为:

$$G_{\mathrm{TC}}(c)=1-\exp\left[-\sum_{m\in\{\mathrm{P,E}\}}\left(\frac{w\tau_m}{\phi}\right)^{-\theta}c^{-\theta}\right] \tag{6-10}$$

该模型的另一种解读方式是,可以假定企业生产多种产品,每一种产品在每一个渠道的销售成本是随机的,因此,企业会选择一部分产品在线上销售,另一部分产品在线下销售。

由 CES 效用函数及垄断竞争市场可知,企业的成本加成为 $\sigma/(\sigma-1)$。因此,企业层面的价格指数为:

$$p_{\mathrm{TC}}(\phi)=\frac{\kappa w}{\phi}\left[\sum_{m\in\{\mathrm{P,E}\}}(\tau_m)^{-\theta}\right]^{-\frac{1}{\theta}} \tag{6-11}$$

其中,$\kappa=\left(\frac{\sigma}{\sigma-1}\right)\Gamma\left(\frac{1+\theta}{\theta}\right)$为常数。因此,企业的总销售额为:

$$s_{\mathrm{TC}}(\phi)=\frac{\kappa^{1\ \sigma}Yw^{1-\sigma}}{P^{1-\sigma}}\left[\sum_{m\in\{\mathrm{P,E}\}}(\tau_m)^{-\theta}\right]^{-\frac{1-\sigma}{\theta}}\phi^{\sigma-1} \tag{6-12}$$

之后,便可求得企业的利润:

$$\pi_{\mathrm{TC}}(\phi)=\frac{1}{\sigma}s_{\mathrm{TC}}(\phi)=\frac{1}{\sigma}\frac{\kappa^{1-\sigma}Yw^{1-\sigma}}{P^{1-\sigma}}\left[\sum_{m\in\{\mathrm{P,E}\}}(\tau_m)^{-\theta}\right]^{-\frac{1-\sigma}{\theta}}\phi^{\sigma-1} \tag{6-13}$$

线上渠道的商品边际成本为$\frac{w\tau_{\mathrm{E}}}{\phi v^{\mathrm{E}}}$,其累积分布函数(CDF)为:

$$G_{\mathrm{E}}(c)=1-\exp\left[-\left(\frac{w\tau_{\mathrm{E}}}{\phi}\right)^{-\theta}c^{-\theta}\right] \tag{6-14}$$

企业层面的价格指数为:

$$p_{\mathrm{E}}(\phi)=\frac{\kappa w\tau_{\mathrm{E}}}{\phi} \tag{6-15}$$

其中，$\kappa=\left(\frac{\sigma}{\sigma-1}\right)\Gamma\left(\frac{1+\theta}{\theta}\right)$为常数。因此，企业的总销售额为：

$$s_{\mathrm{E}}(\phi)=\frac{\kappa^{1-\sigma}Yw^{1-\sigma}}{P^{1-\sigma}}\tau_{\mathrm{E}}{}^{1-\sigma}\phi^{\sigma-1} \tag{6-16}$$

之后，便可求得企业的利润：

$$\pi_{\mathrm{E}}(\phi)=\frac{1}{\sigma}s_{\mathrm{E}}(\phi)=\frac{1}{\sigma}\frac{\kappa^{1-\sigma}Yw^{1-\sigma}}{P^{1-\sigma}}\tau_{\mathrm{E}}^{1-\sigma}\phi^{\sigma-1} \tag{6-17}$$

于企业而言，设立实体店将会减少其线上销售额，但也会增加其总销售额。当且仅当企业的额外利润超过设立实体店时的固定成本，即 $\pi_{\mathrm{TC}}(\phi)-\pi_{\mathrm{E}}(\phi)>wf_{\mathrm{P}}$ 时，会设立实体店。

因此，我们可求得企业设立实体店的截断生产率：

$$\phi^{*}=\left(\frac{Y}{\sigma wf_{\mathrm{P}}}\right)^{\frac{1}{1-\sigma}}\frac{\kappa w}{P}\left[\sum_{m\in\{\mathrm{P},\mathrm{E}\}}((\tau_{m})^{-\theta})^{-\frac{1-\sigma}{\theta}}-\tau_{\mathrm{E}}{}^{1-\sigma}\right]^{\frac{1}{1-\sigma}} \tag{6-18}$$

第二节 长尾效应的福利效应测度

长尾效应的直观表现是线上市场极大地丰富了产品种类，信息技术促进了许多新产品和服务的网络交付。随着电子网络的发展和成熟，量化其对客户、商家、股东和社会的价值将变得非常重要。本节介绍长尾效应福利效应的测算方法。

具体地，我们将线上市场推出新产品对消费者福利的总体影响定义为新产品推出前后消费者支出函数的差异，计算公式为：

$$CV=e(p_{e0},p_{n0},u_{1})-e(p_{e1},p_{n1},u_{1}) \tag{6-19}$$

式中：p_{e0}和 p_{e1}分别是新产品引入前后已有产品的价格向量；p_{n0}是新产品的虚拟价格（需求为零时的价格）；p_{n1}是新产品引入后的实际价格；u_1 是新产品引入后的效用水平。

实际上，式(6-19)衡量的是线上市场出现以前，消费者需要多少货币补偿才能达到线上市场出现之后的效用水平。

然后，我们借鉴 Hausman 和 Leonard(2002)的推导，将总效应分解为获得新产品带来的种类效应和现有产品价格变化带来的价格效应。

$$CV=[e(p_{e1},p_{n0},u_{1})-e(p_{e1},p_{n1},u_{1})]+[e(p_{e0},p_{n0},u_{1})-e(p_{e1},p_{n0},u_{1})] \tag{6-20}$$

当现有产品的价格在新产品引入之前和之后没有变化时，即 $p_{e0}=p_{e1}=p_{e}$ 时，只需要衡量种类效应，此时可以将支出函数重新定义为 $e(p_{e},\cdot,\cdot)\equiv e'(\cdot,\cdot)$。

$$CV=e(p_{e},p_{n0},u_{1})-e(p_{e},p_{n1},u_{1})=e'(p_{n0},u_{1})-e'(p_{n1},u_{1}) \tag{6-21}$$

为了应用式(6-21)，我们将线上新产品的需求函数设定为标准的对数线性需求函数形式：

$$x(p,y)=A\,p^{\alpha}y^{\delta} \tag{6-22}$$

式中：p 代表新产品的价格；y 代表消费者收入水平；α 代表价格需求弹性；δ 代表收入需求

弹性。

根据 Hausman(1981),可以用罗伊恒等式将式(6-22)写成:

$$x(p,y)=-\frac{\partial v(p,y)/\partial p}{\partial v(p,y)/\partial y} \tag{6-23}$$

其中,$v(p,y)$是间接效用函数,解偏微分方程可得:

$$v(p,y)=-A\frac{p^{1+\alpha}}{1+\alpha}+\frac{y^{1-\delta}}{1-\delta} \tag{6-24}$$

支出函数为:

$$e(p,u)=\left[(1-\delta)\left(u+\frac{Ap^{1+\alpha}}{1+\alpha}\right)\right]^{1/(1-\delta)} \tag{6-25}$$

根据式(6-21)和式(6-25),可以推出新产品引入的福利效应:

$$CV=\left[\frac{1-\delta}{1+\alpha}y^{-\delta}(p_{n0}x_0-p_{n1}x_1)+y^{(1-\delta)}\right]^{1/(1-\delta)}-y \tag{6-26}$$

式中:CV 是补偿变化;δ 是收入弹性估计;α 是价格弹性;y 是收入;p_{n1}、x_1是新产品引入后的价格和数量;p_{n0}、x_0是新产品引入前的虚拟价格和数量。

先前的研究表明,经典产品的消费支出仅占消费者每年收入的一小部分,其收入弹性效应可以忽略。应用此假定,设定 $\delta=0$,式(6-26)化简为:

$$CV=-\frac{p_{n1}x_1}{1+\alpha} \tag{6-27}$$

因为新产品引入前其数量为0,所以 $p_{n0}x_0=0$。如果收入弹性为正,在计算中添加收入弹性将会导致消费者剩余的估计结果小幅增加。

本章小结

与线下市场不同,线上市场似乎并不服从帕累托原则,而是与长尾原则更为吻合。本章对数字技术兴起产生的长尾效应进行分析。通过本章分析,我们得出如下结论:

1. 若线上销售的固定成本和可变成本均低于线下销售,则线上销售渠道的存在会降低企业的生存门槛,这意味着原本生产率较低的企业也得以进入市场。

2. 电商平台是否会导致长尾效应,取决于线上销售的生产率门槛和线下销售的生产率门槛的关系,当前者较低时,网上销售平台会导致生产率较低的企业也得以进入市场,从而产生长尾效应。

3. 于企业而言,设立实体店将会减少其线上销售额,但也会增加其总销售额。企业会设立实体店,当且仅当其额外利润超过设立实体店时的固定成本。

4. 线上市场扩增实体市场的不知名书籍是长尾效应的某一具体表现,而其带来的消费者福利却是令人震撼的。长尾效应表现在多个行业之中,那么长尾效应所带来的总体福利更是巨大的。因此,网络和数字技术的发展所带来的长尾效应会提升社会总体福利水平。

思考题

1. CES 效用函数的最大化问题：给定效用函数 $u(x)=\left(\sum_{i=1}^{k} x_i^{\rho}\right)^{1/\rho}$（其中 $0<\rho<1$），预算约束为 $\sum_{i=1}^{k} p_i x_i = m$，推导其替代弹性、马歇尔需求函数及间接效用函数。

2. 多渠道销售企业的边际成本为 $\min\left(\frac{w\tau_{\mathrm{P}}}{\phi v^{\mathrm{P}}}, \frac{w\tau_{\mathrm{E}}}{\phi v^{\mathrm{E}}}\right)$，证明其边际成本的累积分布函数（CDF）为 $G_{\mathrm{TC}}(c)=1-\exp\left(-\sum_{m\in\{\mathrm{P,E}\}}\left(\frac{w\tau_m}{\phi}\right)^{-\theta} c^{-\theta}\right)$。

3. 多渠道销售企业层面的价格指数为 $p_{\mathrm{TC}}(\phi)=\frac{\kappa w}{\phi}\left(\sum_{m\in\{\mathrm{P,E}\}}(\tau_m)^{-\theta}\right)^{-\frac{1}{\theta}}$，证明只在线上进行销售的企业的价格指数为 $p_{\mathrm{E}}(\phi)=\frac{\kappa w\tau_{\mathrm{E}}}{\phi}$。

4. 证明新产品引入的福利效应为 $CV=\left[\frac{1-\delta}{1+\alpha}y^{-\delta}(p_{n0}x_0-p_{n1}x_1)+y^{(1-\delta)}\right]^{1/(1-\delta)}-y$。

5. 为了更好地理解长尾效应，除书中案例之外，可以从经济领域、文化传播等方面举一些例子说明一下长尾效应。

即测即评

本章参考文献

1. Anderson C. The Long Tail: Why the Future of Business is Selling Less of More. Hachette Books, 2006.

2. Brynjolfsson E, Hu Y, Smith M D. Consumer Surplus in the Digital Economy: Estimating the Value of Increased Product Variety at Online Booksellers. Management Science, 2003, 49(11): 1580-1596.

3. Fan J, Tang L, Zhu W, et al. The Alibaba Effect: Spatial Consumption Inequality and the Welfare Gains from E-commerce. Journal of International Economics, 2018, 114: 203-220.

4. Helpman E, Melitz M J, Yeaple S R. Export Versus FDI with Heterogeneous Firms. American Economic Review, 2004, 94(1): 300-316.

5. Zhang X. Retailers' Multichannel and Price Advertising Strategies. Marketing Science, 2009, 28(6): 1080-1094.

第二部分

数字经济的运行模式

第七章

平台与双边市场

“我们不会因为期望奇迹而毁灭,却会因为缺乏好奇心而毁灭。”

—— G. K. Chesterton《他的代号是星期四》

多数的市场交易除了涉及消费者和生产者,往往都依赖于某种平台。电商软件京东和淘宝、打车软件滴滴、外卖软件美团和饿了么都是狭义平台的典型代表。广义平台则是包括交易进行所依赖的所有的实体或虚拟空间。例如,学校是人们接受教育的平台,医院是人们寻找医生的平台,商场是人们购物的平台,企业是产品生产的平台,城市则是把各类产品和服务聚集在一起的平台。

可以说,没有平台,市场经济就无法运行。就连我们日常生活中看起来最为普通的铅笔,也是数百万人通过各种各样的平台分工合作的结果。仔细观察一支铅笔,我们会看到木头、石墨和油漆。其中,木头或许来自东北大兴安岭,石墨或许来自斯里兰卡,油漆则可能来自广东。想象一下:为了制造砍伐木材需要的锯子,就需要冶炼钢铁;为了冶炼钢铁,则需要铁矿石和冶炼工厂。以此类推,我们不难发现,生产制造铅笔的木头竟然需要如此多的工艺。但获得木材只是第一步,铅笔芯的生产过程就更为复杂。石墨在精炼过程中需要用到氢氧化铵、增湿剂等,并经过一个又一个机器按尺寸切断、晾干和烘烤。铅笔的生产过程,凝聚了工厂、贸易公司、矿场以及政府等各种各样的平台的力量。因此,如果不了解平台的运行机制,也就难以理解社会的运作机理。

与传统企业不同,平台企业所提供的产品与服务不是由自己直接生产的。滴滴并不是亲自运营数量庞大的出租车队,而是允许私家车在满足一定条件的情况下在平台上注册为“专车”,向消费者提供服务;淘宝也并不直接提供商品,而是允许用户作为卖家在平台上注册店铺,与买家进行交易。有平台接入的市场被称为双边市场或多边市场。那么,双边市场与传统市场有什么区别?平台企业的定价策略与传统企业有何不同?这是本章讨论的重点。

根据 Hagiu 和 Wright(2015),多边市场平台有两个主要特征:①平台可以使得两个及以上端的参与者通过平台进行直接互动。②每一端都与平台联系。“直接互动”意味着平台的两端直接控制他们之间交易的关键内容,如价格、商品种类、服务形式等。这与我们前面提到的平台并不自己生产,而是提供交易平台一致。“与平台联系”意味着平台的每一端在使用平台时都要付出成本,包括直接的使用费用和其他的机会成本。其中,外卖软件和电商平台的佣金属于直接的使用费用,而使用平台需要购买、安装软件和学习软件所需要付出的时间和精力则属于间接的机会成本。这一成本与加入平台所获得的收益之间的关系,形成了多边市场平台的参与均衡。消费者通过衡量进入平台的成本和收益之间的关系来决定是否进入平台;平台企业则根据消费者的进入数量最大化自身的利润,给出最优的定价。

本章结构安排如下:第一节讨论中间商存在的理论基础,通过构建一个最简单的中间商平台模型来说明平台在市场交易中的作用;第二节介绍双边市场平台在不同市场结构下的定价策略、社会福利、消费者选择等问题;第三节讨论双边市场下的反垄断政策。

第一节 作为中间商的平台①

平台企业存在着多种模式,中间商(intermediaries)就是其中最为基础的一种。在中间商模式中,进一步细分我们可以看到两种模式:一种是经销商模式(dealers),即平台根据批发价从卖家采购商品,并通过自己的平台向加入平台的买家以零售价售卖。如我们常常能在网络购物中接触到一些平台的"平台自营"产品,如"京东自营""天猫超市"等的产品。这些自营平台的性质与我们常见的线下传统零售模式并没有什么不同。另一种是平台经营者模式(platform operator)。在这种模式下,平台企业并不直接采购商品向消费者售卖,而是搭建一个平台,允许卖家与买家在此平台上进行交易,并对卖家与买家收取一定的进入费用。例如,我们在淘宝与京东等平台看到的第三方店铺就是这种类型。平台企业并不直接采购他们的商品,只是提供平台让其销售,销售行为也是发生在店铺与消费者之间。

中间商模式是我们理解双边市场与平台竞争的一个切入点。更一般地来说,中间商模式中的经销商模式可以看作传统市场的一个缩影,而平台经营者模式可以看作双边市场的一个初级形式。通过对中间商模式中两种模式的对比分析,我们可以更加清楚地了解到双边市场与传统市场的不同与相同之处。因此在该部分我们先对中间商模式平台进行分析。

对于中间商模式平台,一个核心问题是,中间商模式存在的原因是什么?即我们为什么选择中间商进行交易,而不是直接进行相互交易?比如我们需要购买一瓶汽水,我们会从便利店购买,而不是直接去汽水厂的生产线上去购买。在该部分,我们要揭示一个重要的原因:无论是经销商模式还是平台经营者模式,通过中间商交易会极大降低交易中的匹配成本,提高匹配概率,进而增加整个社会的福利水平。同时我们会对比经销商模式和平台经营者的异同,为理解双边市场的特点打下基础。

---

① 本节主要参考 Belleflamme 和 Peitz(2015)的 Industrial Organization:Markets and Strategies 第 22 章。

一、中间商模式下的交易

这里我们通过对比存在和不存在中间商情形下的交易来说明中间商模式的存在基础。具体地,我们先构建一个不存在中间商的交易市场,然后在此基础上加入中间商,观察中间商是否改善了社会总福利。如前所述,中间商存在两种模式:一种是经销商模式,另一种是平台经营者模式。我们先考察经销商模式的情形,对平台经营者模式的讨论放在下一部分。因此,本节所说的"中间商"全部为"经销商",即根据批发价从卖家采购商品,并通过自己的平台向加入平台的买家以零售价售卖的中间商。

我们考虑一个不存在中间商的、去中心化的市场。这个市场上只有一种产品。在这个市场上存在着大量异质性的卖家和买家。由于不存在中间商,他们在这个市场上进行随机匹配。不同卖家销售商品的成本不同,我们假设卖家的销售成本有两种类型:一种是高成本型,成本为 c_H;另一种为低成本型,成本为 c_L。同样地,不同买家对产品的估价(保留价格)也不同,我们假设买家对商品的保留价格也存在两种类型:一种为高保留价格型,保留价格为 v_H;一种为低保留价格型,保留价格为 v_L。对于买家来说,当其净剩余 $v-c<0$ 时,其退出市场不进行交易,净剩余为 0;当其净剩余 $v-c>0$ 时交易达成,买家与卖家平分净剩余,各获得 $(v-c)/2$ 的净剩余。[①] 下面我们分两种情形讨论:

情形Ⅰ:$v_H>c_H>v_L>c_L$。

在情形Ⅰ,只有当低保留价格型买家匹配到高成本型卖家时,交易才不会发生。我们假设卖家和买家的数目都为 1,不同类型的卖家和买家数量是相等的,所以每种类型的卖家和买家数量都是 1/2。在随机匹配的前提下,对于任意一种类型的卖家或买家,匹配到任何类型的交易伙伴的概率都是 1/2,因此我们可以计算每一种类型的卖家与买家的期望净剩余情况,如表 7-1 所示。

表 7-1 不存在中间商情况下买家和卖家的期望净剩余:情形Ⅰ

类型	期望净剩余
高保留价格型买家	$\frac{1}{2}\left(v_H-\frac{c_L+c_H}{2}\right)$
低保留价格型买家	$\frac{1}{4}(v_L-c_L)$
高成本型卖家	$\frac{1}{4}(v_H-c_H)$
低成本型卖家	$\frac{1}{2}\left(\frac{v_H+v_L}{2}-c_L\right)$

由表 7-1 可知,在没有中间商参与市场交易时,随机匹配的期望净剩余结果并不是社

① 这是纳什议价的一种结果。

会最优的。事实上,要达到福利最大化的社会最优,我们需要让所有的高保留价格型买家与低成本型卖家匹配。在这种情况下,高保留价格型买家匹配到低成本型卖家的概率为1,社会总福利为$(v_H-c_L)/2$,交易量为1/2,而低保留价格型买家与高成本型卖家因为净剩余为负不会交易。相比之下,虽然随机匹配下交易量为3/4(只有低保留价格型买家匹配高成本型卖家的情况无法发生交易),但社会总福利为:

$$\frac{1}{4}(v_H-c_L)+\frac{1}{4}(v_H-c_H)+\frac{1}{4}(v_L-c_L)=\frac{1}{2}(v_H-c_L)-\frac{1}{4}(c_H-v_L)<\frac{1}{2}(v_H-c_L)$$

因此,社会总福利低于所有高保留价格型买家与低成本型卖家匹配的情况。

那么,用什么方法可以使得所有的高保留价格型买家与低成本型卖家匹配呢?我们在这里引入中间商来实现该点。假设现在市场存在一个经销商模式的中间商,他以批发价w从卖家手中购买商品,并以零售价p卖给买家,以实现利润最大化。此时整个市场被分割为两部分,一个是中间商市场,另一个是随机匹配市场。

对于中间商来说,为了实现利润最大化,他需要让更多的高保留价格型买家与低成本型卖家参与到中间商市场,这样他才有足够大的利润空间$p-w$。所以中间商需要设定合适的p和w来尽可能"吸引"高保留价格型买家和"筛选"低成本型卖家,使得所有的高保留价格型买家与低成本型卖家都参与中间商市场。

在这种情况下,随机匹配市场中只有低保留价格型买家与高成本型卖家,如果一个高保留价格型买家选择进入随机匹配市场,他所得到的期望净剩余为$(v_H-c_H)/2$,如果零售价p满足$(v_H-c_H)/2=v_H-p$,高保留价格型买家进入中间商市场和进入随机匹配市场得到的期望净剩余就是无差异的。换言之,只要零售价格p低于该无差异水平,所有的高保留价格型买家都会进入中间商市场。

类似地,我们可以确定对于低成本型卖家的无差异批发价w,其满足$(v_L-c_L)/2=w-c_L$。这样我们就确定了中间商的最高零售价水平$\bar{p}$和最低批发价水平$\underline{w}$:

$$\bar{p}=\frac{1}{2}(v_H+c_H),\quad \underline{w}=\frac{1}{2}(v_L+c_L)$$

如果中间商使用该价格水平,他的总利润为$(\bar{p}-\underline{w})/2$:

$$\frac{1}{2}(\bar{p}-\underline{w})=\frac{1}{4}(v_H-v_L)+\frac{1}{4}(c_H-c_L)$$

中间商市场能够有效运作的前提是可以对不同类型的卖家和买家进行区别,也就是需要保证低保留价格型买家不加入$(v_L-p<0)$,而高成本型卖家也不加入$(w-c_H<0)$,于是得到价格的下界$\underline{p}=v_L$和批发价格的上界$\bar{w}=c_H$。根据假定$v_H>c_H>v_L>c_L$,总是有$\underline{p}<\bar{p}$和$\underline{w}<\bar{w}$成立。

显然,当批发价格和零售价格满足$p\in(\underline{p},\bar{p})$和$w\in(\underline{w},\bar{w})$时,低保留价格型买家和高成本型卖家都不会进入中间商市场。这样我们就完成了引入中间商来增进社会总福利的目标。

总而言之,将中间商引入随机匹配市场,可以利用中间商本身的利润最大化目标来对不同类型的卖家与买家实现“筛选”，使得匹配的期望净剩余最大。同时在这个过程中，中间商也得到了正利润，其利润最大化目标与社会福利最大化目标一致，改善了资源配置的效率。

命题 7-1

在一个随机匹配市场中，由于不同类型的卖家和买家的存在，引入一个经销商模式的中间商是有利可图的。中间商通过以批发价 w 从卖家手中购买商品，并以零售价 p 卖给买家对不同类型的卖家和买家进行筛选，使得匹配的期望净剩余最大，增进了社会福利，提高了资源配置效率。

情形Ⅱ：$v_H>v_L>c_H>c_L$。

在情形Ⅰ中我们假设 $v_H>c_H>v_L>c_L$，即只有当低保留价格型买家与高成本型卖家匹配时交易才不会发生。现在我们放宽该假设，使得每一种交易都有正的剩余，即 $v_L>c_H$，在这种情况下，低保留价格型买家和高成本型卖家的期望净剩余在表 7-2 中给出。

表 7-2 不存在中间商情况下买家和卖家的期望净剩余：情形Ⅱ

类型	期望净剩余
高保留价格型买家	$\frac{1}{2}\left(v_H-\frac{c_L+c_H}{2}\right)$
低保留价格型买家	$\frac{1}{2}\left(v_L-\frac{c_L+c_H}{2}\right)$
高成本型卖家	$\frac{1}{2}\left(\frac{v_H+v_L}{2}-c_H\right)$
低成本型卖家	$\frac{1}{2}\left(\frac{v_H+v_L}{2}-c_L\right)$

同样地，在这种情况下我们考虑一个中间商进入市场，所有的高保留价格型买家与低成本型卖家都参与中间商市场，因为这两类市场主体的期望净剩余并没有发生变化，所以中间商的最高零售价水平 $\bar{p}$ 和最低批发价水平 $\underline{w}$ 依旧为：

$$\bar{p}=\frac{1}{2}(v_H+c_H)\text{ 和 }\underline{w}=\frac{1}{2}(v_L+c_L)$$

在该定价下，所有的高保留价格型买家与低成本型卖家都参与中间商市场，同时所有的低保留价格型买家与高成本型卖家依旧会在随机匹配市场中。在随机匹配市场中，低保留价格型买家与高成本型卖家的期望净剩余为 $(v_L-c_H)/2$，显然我们可以得到低保留价格型买家与高成本型卖家参与随机匹配市场的激励约束：

$$\frac{1}{2}(v_L-c_H)>v_L-p\quad\text{或}\quad p>\underline{p}=\frac{1}{2}(v_L+c_H)$$

$$\frac{1}{2}(v_L-c_H)>w-c_H\quad\text{或}\quad w<\bar{w}=\frac{1}{2}(v_L+c_H)$$

显然 $\underline{p}<\overline{p}$ 和 $\underline{w}<\overline{w}$ 是成立的。所以我们可以得出结论：当每一种交易都有正的剩余时，中间商依旧发挥了“筛选”的作用，所有的高保留价格型买家与低成本型卖家都参与中间商市场，而所有的低保留价格型买家与高成本型卖家会在随机匹配市场中，中间商的加入将市场分割为两部分，且中间商依旧是有利可图的。

二、经销商与平台的区别

在上一部分我们讨论了经销商模式下的中间商是怎么改善社会福利的。但是实际上还有很多中间商选择以平台经营者模式运行，即平台企业并不直接采购商品向消费者售卖，而是搭建一个平台，允许卖家与买家在此平台上进行交易，并对卖家与买家收取一定的进入费用。那么，这种模式与经销商模式又有何异同呢？

我们可以先从定性角度来讨论该问题。平台经营者模式与经销商模式最大的不同体现在定价与交易模式。在前文我们提到，经销商模式的核心是经销商以批发价格从卖家购买商品，并以零售价格出售给买家，经销商不仅需要购买、贮存商品，更重要的是需要对商品定价，这种定价体系导致市场上只有一个经销商指定的价格向量 (w,p)，价格体系是“中心化”(centralized)的。但平台经营者并不购买与卖出商品，它只是为买家和卖家提供交易的平台，并对卖家和买家收取一定的进入费用，其并不控制交易价格，交易价格完全由买卖双方自行协商，价格体系是“去中心化”(decentralized)的。

图 7-1 描述了经销商模式与平台经营者模式的异同之处。在这里我们设定买家为价格接受者(price taker)，由卖家向买家提出价格。同时我们假设在市场中，市场的进入费用完全由卖家承担。接下来我们通过一个模型来具体描述平台经营者模式，并解释其是怎样改善社会福利的。

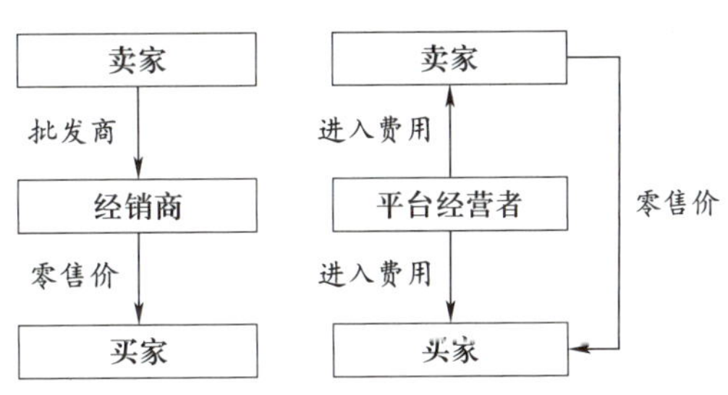

图 7-1　经销商模式与平台经营者模式

我们使用 Hotelling 模型来描述经销商模式与平台经营者模式。假设市场上存在同样一单位的卖家与买家，每个卖家以单位成本 c 提供完全差异化的产品，该单位成本为随机变量，均匀分布在$[0,1]$区间内，当销售价格大于单位成本时卖家进行交易。买家对商品有单位需求，当商品价格低于或等于其保留价格 v 时他就会购买该商品。同样地，保留价格也均匀分布在$[0,1]$区间上。为了简化分析，我们假设中间商在组织平台的过程中不会产生任何可变成本，所以平台只会向卖家和买家收取固定的进入费用。接下来我们来比较在该设定下经销商模式与平台经营者模式的区别[①]。

---

① 要注意到该部分我们设定的买家保留价格 v 和卖家成本 c 都是连续型的随机变量，这与前文不同。

（一）经销商模式

经销商以利润最大化为目标从卖家处购买商品并销售给买家，它给买家提供的零售价格我们设定为 p，给卖家提供的批发价格我们设定为 $w=p-\mu$，其中 μ 就是经销商赚取的差价（成本加成率），我们就可以将其理解为交易费用。整个交易过程分为两阶段，第一阶段经销商设定价格 p 和 μ，第二阶段卖家和买家根据设定的 p 和 μ 同时决定是否交易。根据我们的设定，买卖双方的决策根据其保留价格 v 和单位成本 c 做出，所以我们可以通过 $\underline{v}=p$ 和 $\bar{c}=p-\mu$ 确定无差异买家和卖家，即参与交易与不参与交易对其福利影响是一致的，同时我们也确定了参与交易的买家和卖家的类型，即所有保留价格 $v>\underline{v}$ 的买家和所有单位成本 $c<\bar{c}$ 的卖家都会进入经销商组织的市场中与经销商进行交易。要注意的是在这里经销商并不知道不同买家与卖家的类型，这是买家与卖家的私人信息，这决定了经销商无法进行价格歧视定价。同时经销商在模型中对买家与卖家都存在着垄断势力，这导致了社会无效率。

因为我们设定买家与卖家数量都是一单位，且其保留价格和单位成本都均匀分布在[0,1]区间上，于是，我们可以分别设定买家和卖家的数量：

$$n_b=\Pr\{v>p\}=1-F(p)=1-p$$

$$n_s=\Pr\{p-\mu>c\}=F(p-\mu)=p-\mu$$

由于所有商品都是完全差异化的，因此，消费者购买所有产品，且交易总次数为 $n_s n_b=(1-p)(p-\mu)$。对于经销商来说，其利润最大化问题可以为：

$$\max_{p,\mu}\Pi=\mu(1-p)(p-\mu)$$

利润最大化的一阶条件为：

$$\frac{\partial\Pi}{\partial p}=\mu(\mu-2p+1)=0 \text{ 和 } \frac{\partial\Pi}{\partial\mu}=(1-p)(p-2\mu)=0$$

排除 $\mu=0$ 和 $p=1$ 两种会导致零利润的情况，我们可以通过一阶条件解出经销商利润最大化的定价和成本加成率（上标 D 表示经销商）：

$$p^D=\frac{2}{3} \text{ 和 } \mu^D=\frac{1}{3} \tag{7-1}$$

这样，我们就可以分别计算出买家和卖家的数量 $n_s^D=n_b^D=1/3$ 以及经销商模式下的利润：

$$\Pi^D=\frac{1}{27} \tag{7-2}$$

（二）平台经营者模式

假设经销商现在不再从卖家购买商品销售给买家，而是设立一个允许买家和卖家自己交易的平台。平台对每一笔交易收取交易费用 f，不失一般性，我们假设该交易费用由卖家完全承担。整个交易的顺序为：第一阶段，平台先设定交易费用 f；第二阶段，市场中的一方设定交易的零售价格 p；第三阶段，市场中的另一方根据前两个价格信息与自己的类型来确定是否参与交易。在这里我们涉及是谁提出价格 p 的问题,在这里我们假设买家是价格接受者,即价格 p 由卖家设定。①

我们通过逆向求解的方法来得出平台经营者的最优定价和交易量。在最后一个阶段,买家决定是否参与交易,其原则依旧是保留价格大于等于零售价格。根据我们之前的设定,在不同价格 p 下参与交易的人数为 $1-p$,则对于卖家来说,其面临着一条向下的需求曲线 $q(p)=1-p$。在第二阶段,对于不同单位成本 c 的卖家来说,其利润最大化问题可以归纳为 $\pi_s=(p-c-f)(1-p)$。根据卖方的利润最大化问题可以得到卖家的最优定价:

$$p(c)=\frac{1+f}{2}+\frac{c}{2} \tag{7-3}$$

卖家的参与约束为 $p(c)\geqslant c+f$,由此得到参与平台的卖家成本上限为 $\bar{c}=1-f$。也就是说,只有成本满足 $c\leqslant\bar{c}$ 的卖家才会加入。

最后我们来求解平台经营者第一阶段的利润最大化问题。首先我们计算平台的总交易量。由于卖家单位成本 c 均匀分布在 $[0,1]$ 区间内,所以我们可以对所有满足参与约束的成本类型的卖家的交易量进行加总,即在 $[0,\bar{c}]$ 区间上对 $q(p(c))=1-p(c)$ 进行积分:

$$Q=\int_0^{\bar{c}}[1-p(c)]\mathrm{d}c=\int_0^{1-f}\frac{1}{2}(1-c-f)\mathrm{d}c=\frac{1}{4}(1-f)^2$$

于是,平台经营者的利润为 $\Pi=f\frac{1}{4}(1-f)^2$,通过求解一阶条件可以得到平台利润最大化的最优交易费用和利润(上标 O 表示平台经营者):

$$f^{\mathrm{O}}=\frac{1}{3} \tag{7-4}$$

$$\Pi^{\mathrm{O}}=\frac{1}{27} \tag{7-5}$$

由此得到平台模式下卖方数量为 $\bar{c}=2/3$,总销量为 $Q=1/9$。

(三)两种模式的对比

接下来我们对比两种模式的异同。通过比较两种情况下的利润我们可以发现,在保留价格 v 和单位成本 c 都服从均匀分布的情况下,两种中间商模式的利润相同,即 $\Pi^{\mathrm{D}}=\Pi^{\mathrm{O}}=1/27$。同时,我们发现两种模式下的平台费用也是相同的,即 $\mu^{\mathrm{D}}=f^{\mathrm{O}}=1/3$,所以两种模式的交易量也是相同的,即 $n_s^{\mathrm{D}}n_b^{\mathrm{D}}=Q^{\mathrm{O}}=1/9$。换言之,尽管两种模式的运行方式完全不同,但是对于中间商来说,选择经销商模式和平台经营者模式是没有区别的。

---

① 如果我们设定价格 p 由买家决定,结果也是相同的,我们可以从卖家的参与约束出发,通过买家的净效用最大化来解出买家的定价策略,进而确定交易量和平台经营者的最优定价。这里不再赘述,我们将这一部分作为习题。

事实果真如此吗？让我们回到平台经营者模式的最大特点即去中心化定价上。在去中心化定价的平台经营者模式下，不同成本类型的卖家可以根据自己的成本进行定价，同时由于商品是完全差异化的，这意味着每个卖家都对买家存在着垄断势力，这体现为每个卖家的成本加成；在中心化的经销商模式下，由于卖家和买家的类型都是私人信息，所以经销商并不能进行价格歧视定价，同时由于卖家与买家是分离的，并不存在卖家对买家的垄断势力。

我们可以简单比较两种模式下的定价，平台经营者模式与经销商模式对销量存在正、反两个方面的影响：①价格效应（$p^D<p^O$）。经销商模式下的定价为 $p^D=2/3$；在平台经营者模式下，根据卖方的利润最大化定价原则，只要 $c>0$，卖方的定价一定会大于 2/3。从这个角度来说，平台经营者模式下更高的价格会导致更低的交易量。②产品种类效应。去中心化定价允许更多高成本的卖家存在正利润，从而增加产品种类。同样通过一个例子来说明该问题，在经销商模式下，存在卖家的成本上限 $\bar{c}=p-\mu=1/3$；平台经营者模式下该成本上限为 $\bar{c}=1-f=2/3$。显然，平台经营者模式下有着更高的成本上限，这使得更多的卖家进入了市场，抵消了高价格对交易量和福利的影响，所以最后我们看到两种模式在结果上是相似的。

我们可以用图 7-2 来直观地描述该差别。图 7-2 中的正方形阴影代表了经销商模式下的交易量，由于是平台中心化统一定价，不同的卖家和买家都必须接受平台的一个批发价和零售价，所以买卖双方交易的集合$\{(c,v):c\in[0,1/3],v\in[2/3,1]\}$构成了一个正方形，该正方形的面积就是交易量；三角形的面积是平台经营者模式的交易量，根据卖家的定价策略可知，$c<2/3$ 的卖家根据 $p(c)=2/3+c/2$ 定价，即图中的三角形斜边。在这里，我们发现这两个区域的面积相同，即两种模式的交易量相同。更进一步来看，区域 A 即是我们提到的由于更高的成本上限而增加的交易量，而区域 B 则是由卖家的垄断势力导致的高价所损失的交易量，二者在数量上抵消。

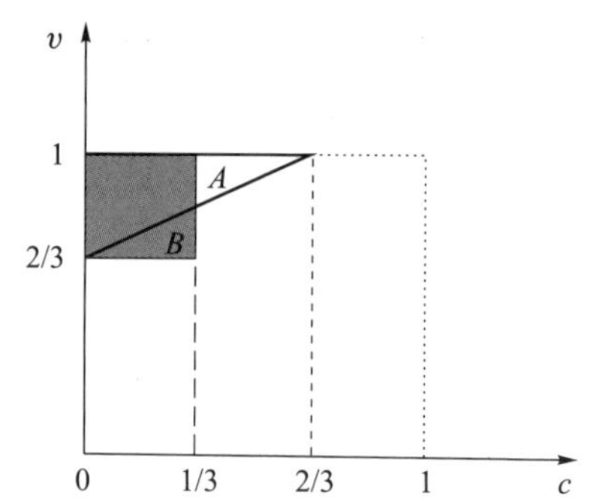

图 7-2 经销商模式与平台经营者模式下不同的交易量

最后我们讨论两种模式下的社会福利。消费者的净效用为 $v-c$，因为 v 与 c 都是随机变量，所以要分别在 v 与 c 的参与约束区间上进行积分，由此得到：

$$W^D=\int_0^{\frac{1}{3}}\left(\int_{\frac{2}{3}}^1(v-c)\,\mathrm{d}v\right)\mathrm{d}c=\frac{2}{27}$$

$$W^O=\int_0^{\frac{2}{3}}\left(\int_{\frac{2}{3}+\frac{c}{2}}^1(v-c)\,\mathrm{d}v\right)\mathrm{d}c=\int_{\frac{2}{3}}^1\left(\int_0^{2v-\frac{4}{3}}(v-c)\,\mathrm{d}c\right)\mathrm{d}v=\frac{2}{27}$$

不难发现两种模式下的社会福利是相等的。我们可以将该内容总结成以下命题：

命题 7-2

在经销商模式下，由于经销商对市场两端都存在垄断势力，所以是社会无效率的；在平台经营者模式下，如果卖家是价格设定者，那么卖家对买家存在垄断势力，这种垄断势力导致了更高的交易价格，但是也允许了更多卖家加入市场。最终在两种模式下，哪种模式能获得更高的利润和交易量是模糊不清的。

虽然在本部分的分析中，两种模式对于中间商的影响不大，但在现实中我们看到，中间商明显更加偏好其中一种模式，这与现实中存在的特殊成本和市场结构有关。在我们的模型中假设两种模式都不会有额外的可变成本，但实际上经销商模式还会有额外的商品贮存和运输等成本，平台经营者模式会有额外的信息处理和营销成本。考虑到这些因素后，中间商的实际选择会有所不同。

成本结构也会影响中间商的选择。当买卖双方都面临着较大的固定交易成本时，他们需要一个交易伙伴足够多的市场来摊薄固定交易成本。所以，此时一方加入市场的决策会取决于另一方是否加入，市场的参与者是相互依赖的，只有当一方的数量足够多时，另一方才会加入市场，这也就形成了双边市场最重要的特点——间接网络效应。在这种情况下，中间商会更加倾向于采取经销商模式，以避免初期平台参与度低的风险，经销商主动承担起“破局”的任务，即通过自己采购和销售来吸引第一批加入市场的卖家和买家，形成良性循环。我们以京东商城为例。京东在经营初期就是以经销商模式运行的，以“京东自营”的方式从知名品牌供应商处进行采购并直接销售给用户。对于名牌供应商而言，在电子商务发展的初期进入该市场成本较高，而京东通过经销商模式打破了名牌供应商的顾虑，扩大了自身的用户数量。同样我们可以看到，当京东的平台用户数量足够大，不再有平台参与度的问题之后，京东也开始向平台经营者模式转型，允许开设第三方店铺等。

如果我们深入考察间接网络效应的特点，我们会发现带有这种特点的市场会形成类似单边市场中的自然垄断情况。因为只有当市场的两端用户都足够大时，市场才有吸引力，那么在整个市场上中间商的数量一定是有限的。否则，如果中间商数量过多，每个市场都过小，那么就无法形成间接网络效应。

在该部分我们详细讨论了平台企业是怎么样运行的，同时具体分析了中间商企业常用的两种经营模式的异同，这是我们理解双边市场与平台企业的起点，也是我们在生活中接触到的最简单的平台企业形式。中间商的存在使得市场上出现了一个筛选与匹配机制，提高了市场的效率。接下来，在中间商模式的基础上，我们引入网络效应，来研究双边平台与双边市场的特点。

第二节 双边平台与双边市场[①]

在本部分,我们研究双边平台的定价和竞争行为。双边平台是中间商模式的进一步发展,指的是在平台两端的客户可以通过平台进行互动,并且两端的客户都希望另一方的数目越多越好。这种平台两端的互动带来的对交易伙伴数量的需求,使得平台两端的客户形成了一种间接网络效应。以信用卡市场为例,持卡人与商户是信用卡市场的两端,发卡机构是信用卡平台的中间商。对于商户来说,其更愿意接受有更多消费者使用的信用卡,对于消费者来说亦然。除了间接网络效应,平台两端的互动也是双边市场的重要特点,这种互动形成了平台两端的互补性(complementarity)。我们把这种市场称为双边或多边平台(two-sided or multisided platform)。典型的多边市场包括:

(1) 计算机操作系统:软件开发者、消费者、操作系统开发者。

(2) 游戏主机市场:游戏玩家、游戏开发者、游戏机制造商。

(3) 加盟式商场:加盟商场的卖家、消费者、商场经营者。

(4) 房地产经销商:房地产卖家、房地产买家、房地产经销商平台。

对于拥有间接网络效应的双边平台经营者来说,其定价策略与经营策略的最大目标就是在平台两端都吸引足够多的客户参与进来。这种策略也会影响到平台之间的竞争,同时也会受到消费者行为的影响。比如消费者可能存在多属(multi-homing)的现象,即同时使用两个或多个平台,我们在平台竞争的部分也会有相应的讨论。最后,关于平台企业的垄断行为认定和反垄断措施也是我们讨论的重点,平台企业的垄断行为也和其特殊的竞争模式有关。

在对双边平台的定价策略、竞争模式和垄断认定进行讨论之前,我们需要先明确一些概念和相关的数学记号。在双边平台中,我们一般将平台两端的客户分别称为“买家”(buyers,简称 b)和“卖家”(sellers,简称 s)。平台企业中间商经营一个双边平台,当讨论平台竞争时,我们假设有两个平台:平台 1 和平台 2。对于双边平台企业来说,其收费的方式通常有两种:一种为会员费(membership fees)模式,即对进入平台的客户收取一个固定的费用,后续不再收费;另一种为交易费(transaction fees)模式,即对两边客户在平台的每一笔交易都收取一个交易费用,相当于对每一笔交易抽成。我们用 m_k^i 和 p_k^i 来代表这两种收费模式收取的费用,其中 i 代表不同的平台商,$k\in\{s,b\}$ 代表加入市场的“卖家”与“买家”两端。对于平台企业来说,其定价策略的核心就是如何对平台的两端定价,以扩大自己平台的参与度来实现利润最大化,这与传统厂商只需要对自己的产品进行利润最大化不同,因此平台企业的定价策略不仅需要确定价格水平,还需要确定“价格结构”(price structure),即如何对不同端的参与者进行定价区分,这也是我们在下一部分重点讨

① 本节主要参考 Belleflamme 和 Peitz(2015)。

论的问题。

一、垄断平台的价格结构

我们假设市场双边的参与人数分别为 n_s 和 n_b。在会员费模式下，平台企业对每一个加入平台的用户收取固定的会员费 m_s 和 m_b，而平台企业在每端每增加一个用户都会产生 c_s 和 c_b 的成本，那么对于垄断平台企业来说，其利润为：

$$\Pi = n_s(m_s - c_s) + n_b(m_b - c_b) \tag{7-6}$$

在企业的利润决策中，会员费 m_k 为内生变量，而成本 c_k 在这里我们视为给定。那么在该问题中，我们还需要对平台双边的参与数目 n_k 进行刻画。前文我们已经提到，双边市场最重要的特点就是其间接网络效应，即一端参与者的增加会提高另一端参与者的效用。因此一方是否参与此市场取决于另一方的参与情况，如果某一端的参与者数量增加，另一端参与者的效用就会增加，进而在该端吸引更多的参与者。这种效应又会反馈到另外一端，形成正反馈效应。所以本质上，双边平台企业的定价策略与经营策略的目标就是在平台两端都吸引足够多的客户参与进来。此时，厂商的定价 m_k 不仅会影响一端的需求，也会影响另一端的需求，这就是我们说在双边市场中价格结构——价格在市场两端的分布——比价格水平更加重要的原因。

接下来我们描述消费者需求 n_k。在 $k \in \{s, b\}$ 端的参与者如果参与了交易会获得一个基础的效用水平 r_k 和与间接网络效应有关的效用水平，即另一端的参与者人数越多，该效用水平就越高。我们假设卖方和买方所获得的效用分别为：

$$r_s + \pi n_b \text{ 和 } r_b + u n_s$$

式中：u 和 π 代表 b 端和 s 端间接网络效应的大小。

由于平台两端的参与者在进入平台时都需要缴纳固定的会员费 m_k，所以参与者的净效用还需要减去该会员费，两端参与者的净效用可以表示为：

$$\begin{cases} v_s = r_s + \pi n_b - m_s \\ v_b = r_b + u n_s - m_b \end{cases} \tag{7-7}$$

我们假设参与者根据其外部选择（outside option）的大小来决定是否参与交易。外部选择是指如果参与者不参与双边市场交易所获得的净效用，我们用 v 来表示。也就是说，只有当参与双边市场交易的净效用 v_k 大于等于外部选择 v 时，参与者才会参与双边市场的交易。我们假设每个参与者的外部选择 v 是异质性的，且均匀地分布在区间[0,1]。由于只有当 $v_k \geqslant v$ 时参与者才会参与市场交易，因此根据均匀分布我们可以得到市场两端的参与者数量：$n_s = v_s$ 和 $n_b = v_b$。结合净效用表达式（式 7-7）我们可以将市场两端的参与者数量解出：

$$n_s = \frac{r_s + \pi r_b - m_s - \pi m_b}{1 - \pi u}, \quad n_b = \frac{r_b + u r_s - m_b - u m_s}{1 - \pi u} \tag{7-8}$$

为了使参与者数量大于 0，我们设定 $\pi u < 1$，即间接网络效应不能太强。此时，市场两

端的参与者数量是会员费 m_k 的减函数。也就是说，对买方收费会降低卖方的数量；反之亦然。

在给出了市场两端的参与者数量的表达式后，即式(7-8)，我们可以将其代入式(7-6)中，根据利润最大化问题求出垄断平台企业的最优定价，根据一阶条件可得：

$$\begin{cases} m_s = \frac{1}{2}(c_s + r_s) - \frac{1}{2}(\pi + u)m_b + \frac{1}{2}(\pi r_b + uc_b) \\ m_b = \frac{1}{2}(c_b + r_b) - \frac{1}{2}(\pi + u)m_s + \frac{1}{2}(ur_s + \pi c_s) \end{cases}$$

该结论的经济学含义是：正的间接网络效应 u 和 π 对定价的影响体现在两个方面：

第一，从定价公式的第二项可以看出，市场两端的定价存在负相关关系，即一端的定价较高会使得另一端的定价较低；反之亦然。而且该负相关关系的大小取决于间接网络效应和 $u+\pi$。这是因为间接网络效应的存在使得双边市场两端的参与者存在互补性。降低一端的定价会同时吸引两端的参与者。间接网络效应越强，对另一端的吸引力也就越大。从企业利润最大化角度来看，当对一端消费者降低价格时，可以提高另一端的定价，从而提高利润。而价格上升的幅度依赖于间接网络效应的大小，即在一端降低价格多吸引来的参与者数量能够在另一端多增加多少净效用。

第二，从定价的第三项可以看出，由于间接网络效应的引入，市场一端的定价会受到市场另一端的效用水平 r 和成本 c 的影响。具体地，利润函数对卖方收费的一阶条件为：

$$\frac{\partial \Pi}{\partial m_s} = n_s + \underbrace{\frac{\partial n_s}{\partial m_s}}_{-}(m_s - c_s) + \underbrace{\frac{\partial n_b}{\partial m_s}}_{-}(m_b - c_b)$$

其中，第三项为网络效应的影响。显然，网络效应的影响与 $m_b - c_b$ 正相关，因此，随着 c_b 的提高，平台从卖方所获得的利润会降低。于是，平台会倾向于提高对卖方的收费，而不必过于担心提高价格会导致买方的流失。

接下来我们设 $\mu_k = r_k - c_k$，由此可以解出最优的定价为：

$$\begin{cases} m_s^* - c_s = \frac{1}{2}\mu_s + \frac{1}{2}\ \frac{\pi - u}{4 - (u+\pi)^2}[2\mu_b + (u+\pi)\mu_s] \\ m_b^* - c_b = \frac{1}{2}\mu_b + \frac{1}{2}\ \frac{u - \pi}{4 - (u+\pi)^2}[2\mu_s + (u+\pi)\mu_b] \end{cases} \tag{7-9}$$

根据上式可知，最优的成本加成率 $m_k^* - c_k$ 可以表示成两项的和：第一项中的 μ_k 为不存在间接网络效应时的定价。我们可以将该项看作平台企业对 k 端的单独定价，其定价只考虑了参与者的基础效用水平 r_k 与平台边际成本 c_k 的差，在这种情况下平台企业将市场两端看作独立的市场。

第二项则受到间接网络效应的影响。从第二项我们可以看到，当市场两端的间接网络效应相等($u=\pi$)时，第二项将会消去。即市场两端的定价只依赖于自身一端。同样我们可以考察 u 和 π 的不同大小关系对定价的影响。当 $\pi > u$ 时，平台更加看重买方的间接网络效应，即卖方的净效用对买方数量更加敏感。此时，第二项为正，即平台企业会对卖方收取更高的费用，而买方定价的第二项为负，即平台企业会降低买方端的价格以吸引更多的买方，反之亦然。

这同样可以用我们前面提到的间接网络效应导致的参与者数量的正反馈效应来解释。当 $\pi>u$ 时，降低买方价格不仅会吸引更多的买方，也会吸引到更多的卖方。在更极端的情况下，平台企业甚至可以允许在买方端有负的边际收益，具体地，当 $\pi>u$，$\mu_b/\mu_s<(\pi-u)/(2-\pi(\pi+u))$ 两个条件同时成立时，有 $m_b^*<c_b$，即平台会对买方进行补贴。这也可以在现实中找到案例，例如饿了么、美团等外卖平台在成立初期对消费者端疯狂地“烧钱”补贴，其在消费者端设定的价格，如果放在单边市场视角下，常常是巨额亏损的，利用双边市场模型我们就可以对其行为做出解释。最后我们可以将企业的最优利润写为以下形式：

$$\Pi^*=\frac{\mu_s^2+\mu_b^2+\mu_s\mu_b(\pi+u)}{4-(\pi+u)^2}$$

由此可以清晰地看出平台企业的最优利润是间接网络效应和 $u+\pi$ 的增函数。

本部分使用线性的间接网络效应和均匀分布的参与者外部选择刻画了一个垄断双边市场企业的定价策略。事实上，我们可以将该模型扩展到一般形式，比如使用更加一般的外部选择分布导出一般的消费者参与函数 $n_k=N_k(v_k)$，只要其满足 $\partial n_k/\partial v_k>0$ 即可。在这种情况下，企业最大化利润的目标为 $N_s(v_s)(m_s-c_s)+N_b(v_b)(m_b-c_b)$，我们可以导出与线性模型相似的结果。

二、平台竞争与定价：只有一家企业存活的情况（markets tip）

在讨论了垄断平台企业的定价策略之后，我们考察两个平台之间的竞争与其定价策略。我们用平台 1 和平台 2 来分别表示这两个平台，在该部分我们考虑在均衡时只有一家企业可以存活的情况，这意味着在均衡时市场两端的所有参与者都只会在一个平台上交易。

在该部分我们参考 Caillaud 和 Jullien（2003）的模型。假设两个平台提供同质的产品或服务，两个平台对于参与者来说是可以完全替代的。参与者同样分为 b 和 s 两端，数量均为 1。我们假设平台企业提供的服务是为两端的参与者匹配交易伙伴。对于某一平台的某一端参与者来说，该平台中另一端的参与者数量越多、类型越丰富，其匹配到交易伙伴的概率也就越高。因此在该双边市场中也存在着间接网络效应，一端的参与者都更加偏好另一端更多的参与者。

具体地，我们将 $i(i=1,2)$ 平台 $k\in\{s,b\}$ 端的参与者数量表示为 n_k^i，假定 i 平台 b 端参与者成功匹配到 s 端参与者的概率为 λn_s^i。匹配成功后，市场两端参与者会得到一个收益，我们将该收益标准化为 1，交易双方平分该收益，则双方从成功匹配中各收获 1/2 的收益。我们假设平台企业同时采用会员费与交易费两种收费模式，平台从每一笔交易中抽取 p^i 比例的收益，则平台参与者每一笔交易能得到的收益为 $(1-p^i)/2$。在这里，平台 i 对平台两端的参与者收取同样的交易费,同时 k 端参与者进入 i 平台需要缴纳一个固定的会员费 m_k^i。不同平台不同端参与者的预期净效用为:

$$U_s^i=\lambda n_b^i\frac{1}{2}(1-p^i)-m_s^i, U_b^i=\lambda n_s^i\frac{1}{2}(1-p^i)-m_b^i$$

平台与两端参与者决策顺序如下:

在第一阶段,平台最大化自身利润,选择最优的(m_s^i, m_b^i, p^i):

$$\max\Pi^i=n_s^i(m_s^i-c_s)+n_b^i(m_b^i-c_b)+\lambda n_s^i n_b^i p^i$$

式中:c_k 是两个平台向每个 k 端参与者提供服务的固定成本。

我们设定 $c_s+c_b<\lambda$,即交易的总收益是大于交易的总成本的。

在第二阶段,参与者选择加入哪个平台。在该阶段我们假设两端的参与者都是单属的,即只能选择加入一个平台,并且我们将参与者的外部选择标准化为 0,即参与者不加入平台不会获得任何收益。

两个平台之间进行价格竞争。平台采取的是"分而治之"(divide-and-conquer)的策略,先利用补贴将一端的参与者吸引到自己的平台,以减少对方平台可以获得的参与者数量;之后依托在一端吸引的参与者产生的间接网络效应吸引另一端的参与者。当在一端吸引的参与者足够大时,另一端参与者会发现加入该平台是最好的选择。

为了便于讨论,我们假定平台 1 是在位企业,而平台 2 是潜在的进入者。对于平台 2 来说,要想确保自己能吸引 b 端参与者,他必须给予 b 端参与者比平台 1 更好的条件。即使 b 端参与者确信在平台 2 无法找到任何 s 端参与者的情况下,b 端参与者也会选择平台 2。所以平台 2 需要做的是补贴 b 端参与者,使 b 端参与者即使在没有交易收益的情况下也能获得比平台 1 更高的收益。

具体地,对于平台 2 而言,由于一开始没有任何参与者,因此参与者参与平台 2 的唯一收益就是平台 2 的补贴。此时,为了吸引买方加入平台 2,其必须进行补贴,使得:

$$\lambda\frac{1}{2}(1-p^1)-m_b^1<-m_b^2 \quad 或 \quad m_b^2<m_b^1-\lambda\frac{1}{2}(1-p^1)$$

因此,平台 1 只需要使自己的收费满足 $\lambda\frac{1}{2}(1-p^1)>m_b^1-m_b^2$,平台 2 就无法吸引买方加入平台 2。类似地,为了防止平台 2 吸引卖方加入,平台 1 的收费需要满足:$\lambda\frac{1}{2}(1-p^1)>m_s^1-m_s^2$,把这两个条件相加可得 $\lambda(1-p^1)>m_b^1+m_s^1-(m_b^2+m_s^2)$。

为了求解企业均衡的定价,我们需要对企业收取的会员费定一个下界,$m_k^i\geqslant\underline{m}_k$。显然,此时,平台 1 只需要令 $m_b^1=\underline{m}_b$,就可以防止平台 2 吸引买方加入。由于 $m_b^i+m_s^i\geqslant c_b+c_s$,竞争的结果会导致 $m_s^i+m_b^i=c_s+c_b$。于是,$m_s^1=c_s+c_b-\underline{m}_b$。

给定 $m_s^1=c_s+c_b-\underline{m}_b$,平台 1 还需要防止平台 2 吸引卖方,并使得:

$$\lambda\frac{1}{2}(1-p^1)>m_s^1-m_s^2=c_s+c_b-\underline{m}_b-m_s^2$$

由于 $m_s^2 \geqslant \underline{m}_s$，上式可以改写为 $\lambda \frac{1}{2}(1-p^1) > c_s + c_b - \underline{m}_b - \underline{m}_s$。这种情况存在的一个必要条件是 $\lambda \frac{1}{2} > c_s + c_b - \underline{m}_b - \underline{m}_s$。从社会最优角度考虑，由于间接网络效应的存在，所有用户都只存在于一个平台也是社会最优的。

命题 7-3

给定 $\lambda \frac{1}{2} > c_s + c_b - \underline{m}_b - \underline{m}_s$，先行者平台 1 独占市场的前提是：$m_b^1 = \underline{m}_b$、$m_s^1 = c_s + c_b - \underline{m}_b$ 和 $\lambda \frac{1}{2}(1-p^1) > c_s + c_b - \underline{m}_b - \underline{m}_s$。

通过命题 7-3，我们得出两个重要结论：①由于"网络效应"的存在，一家企业独占市场会胜过两家企业共享市场。因此，在反垄断过程中，"网络效应"是否存在及其大小是影响反垄断诉讼的关键。②与传统产业组织中"限制性定价"(limit pricing)的结果类似，潜在竞争者的存在会压制在位企业的定价，从而促使平台把利润转让给消费者。

三、平台竞争与定价：允许多家企业存活的情况（markets do not tip）

上一部分我们假设两个平台是同质的，在本部分我们将引入平台差异，使得参与者不再集中在一个平台中，即参与者存在多属(multi-homing)的情况。因此，多家企业可以在市场上共存。在本部分我们主要参考了 Armstrong(2006) 及 Armstrong 和 Wright(2007) 两篇文章。

（一）单属情况

在本部分我们先讨论允许两个平台同时存活，但用户是单属的情况。这实际上是对我们上一部分的一个扩展，允许两个平台同时存在，考察其竞争均衡。基本的模型设定与之前的一致：单位数量的卖家 s 与买家 b($n_s^1+n_s^2=n_b^1+n_b^2=1$)只能选择最多一家平台进行匹配交易。匹配交易的特点使得市场两端的参与者可以通过平台交互来获得正的间接网络外部效应。

为了让两个平台在均衡时同时存在，我们修改前文的模型，并假定平台之间只在会员费 m_i^k 上进行竞争，同时平台的服务也不是完全同质的，而是存在水平异质性的，即两个平台提供的服务不能完全替代。具体地，我们使用 Hotelling 模型来描述平台间的水平异质性：假设存在一个长度为 1 的线段，平台分布在线段的两端(见图 7-3)。市场两端的参与者均匀分布在这个单位区间中，其与区间两端平台的距离代表了参与者对不同平台的偏好

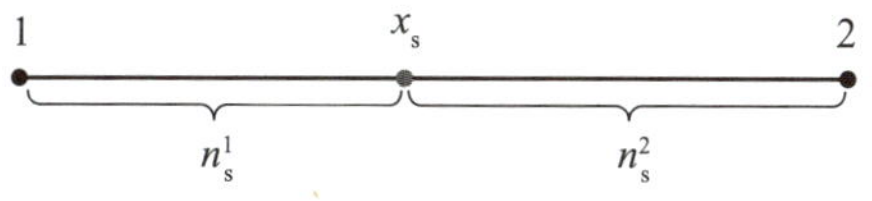

图 7-3 Hotelling 模型设定下的求解

程度。具体地,参与者使用平台的机会成本会随着其位置到平台的距离以 τ_s 和 τ_b 的比率线性增加。τ_s 和 τ_b 反映了两个平台水平异质性的程度。参与者只能选择一个平台。

接下来我们具体描述参与者如何通过平台进行互动。不同的卖方提供完全异质性的产品,并且买方从平台上的每个卖方购买一单位的商品。每个卖方从每一笔交易中可以得到利润 π,同样地,每个买方从每笔交易中可以得到效用 u。因此,在不考虑机会成本的情况下,买方和卖方在平台 i 得到的总剩余为:

$$v_s^i = r_s + n_b^i \pi - m_s^i, \quad v_b^i = r_b + n_s^i u - m_b^i \tag{7-10}$$

式中:m_k^i 为加入平台的会员费;r_k 为参与者加入平台得到的基础效用。

我们在 Hotelling 模型下考虑市场均衡。假设平台 1 分布在区间的 0 端,平台 2 分布在区间的 1 端,则无差异参与者的位置 x_k 可以由下式解出:

$$v_s^1 - \tau_s x_s = v_s^2 - \tau_s(1 - x_s)$$

$$v_b^1 - \tau_b x_b = v_b^2 - \tau_b(1 - x_b)$$

对于市场两端的无差异参与者 x_s 和 x_b 来说,在减去由于距离(偏好差异)带来的机会成本后,其在两个平台上交易的净剩余是相等的。由于参与者均匀地分布在区间上,两个平台的参与人数为:

$$n_s^1 = x_s, \quad n_s^2 = 1 - x_s$$

$$n_b^1 = x_b, \quad n_b^2 = 1 - x_b$$

将剩余 v_k^i 的表达式代入平台参与人数表达式中,我们可以得到关于 n_k^i 的方程组:

$$\begin{cases} n_s^i(n_b^i) = \dfrac{1}{2} + \dfrac{1}{2\tau_s}[(2n_b^i - 1)\pi - (m_s^i - m_s^j)] \\ n_b^i(n_s^i) = \dfrac{1}{2} + \dfrac{1}{2\tau_b}[(2n_s^i - 1)u - (m_b^i - m_b^j)] \end{cases} \tag{7-11}$$

解出该方程组,可将平台的参与者数量 n_k^i 表示为内生变量 m_k^i 的函数:

$$\begin{aligned} n_s^i(m_s^i, m_s^j, m_b^i, m_b^j) &= \frac{1}{2} + \frac{\pi(m_b^j - m_b^i) + \tau_b(m_s^j - m_s^i)}{2(\tau_b\tau_s - u\pi)} \\ n_b^i(m_s^i, m_s^j, m_b^i, m_b^j) &= \frac{1}{2} + \frac{u(m_s^j - m_s^i) + \tau_s(m_b^j - m_b^i)}{2(\tau_b\tau_s - u\pi)} \end{aligned} \tag{7-12}$$

在这里,为了保证 $n_k^i \geq 0$,我们需要假设 $\tau_b\tau_s > u\pi$,即两个平台的水平异质性程度 τ_b 和 τ_s 相对外部性水平 u 和 π 是足够大的。可以看到,由于网络效应的存在,平台一端的参与者数量不仅是该端会员费的减函数,也是另一端会员费的减函数($\partial n_b^i / \partial m_b^i < 0, \partial n_b^i / \partial m_s^i < 0$)。

在确定了不同平台的参与者数量(平台需求)后,我们来考察平台企业的最优定价问题。平台 i 选择不同端的会员费 m_k^i 来最大化利润 $\Pi^i = (m_s^i - c_s) n_s^i(\cdot) + (m_b^i - c_b) n_b^i(\cdot)$,在这里我们同样假设平台多服务一个参与者会产生可变成本 c_k。由于平台 i 的利润也依赖于平台 j 的定价,我们考虑对称均衡的情况,即 $m_s^1 = m_s^2 \equiv m_s$,$m_b^1 = m_b^2 \equiv m_b$,一阶条件可以写为：

$$\begin{cases} m_s = c_s + \tau_s - \dfrac{u}{\tau_b}(\pi + m_b - c_b) \\ m_b = c_b + \tau_b - \dfrac{\pi}{\tau_s}(u + m_s - c_s) \end{cases}$$

由此可以看到平台的定价是自身的边际成本加上两个与产品异质性有关的项，其中可以看到$-\dfrac{u}{\tau_b}(\pi+m_b-c_b)$该项反映了间接网络效应的作用。为了理解该项的经济学含义，我们可以回到式(7-11)，可以看到$\partial n_s^i/\partial n_b^i=\pi/\tau_s$，即对于平台来说，每多吸引一个买方加入市场，就可以多获得π/τ_s单位的卖方加入平台。在这里，u实际上是买方的间接网络效应的大小，而m_s-c_s是平台从每一个卖方身上可以获取的利润，所以该项实际表示的是买方加入平台后吸引的卖方数量给买方自身和平台带来的额外收益。

最后，我们通过联立一阶条件方程，解出对称均衡下的最优定价与最优利润：

$$\begin{aligned} &m_s^* = c_s + \tau_s - u, m_b^* = c_b + \tau_b - \pi \\ &\Pi^{1*} = \Pi^{2*} = \frac{1}{2}(\tau_b + \tau_s - u - \pi) \end{aligned} \tag{7-13}$$

与之前的分析类似，一端的定价不只依赖于本端的成本，也依赖于另一端的外部性大小。并且一端对另一端的外部性越大，则该端的定价越低$\left(\dfrac{\partial m_s^*}{\partial u}<0, \dfrac{\partial m_b^*}{\partial \pi}<0\right)$。在极端情况下，当对另一端的外部性大于本端的成本时，平台企业的最优定价为负，即补贴本端的参与者。

（二）卖方多属的情况（竞争性瓶颈）

上一部分我们讨论了单属情况下的双平台竞争，在本部分我们进一步扩展分析，将卖方行为从单属扩展到多属，即卖方可以同时在多个平台上进行交易，而买方依旧是单属的。因为卖方同时在两个平台交易，所以只要卖方在某个平台上的利润大于0，卖方就会加入该平台。根据零利润条件，我们可以得到卖方x_{10}和x_{20}，这样得到的卖方在决定是否参与平台之间是无差异的。为了使分析更为有趣，我们假设$0<x_{20}<x_{10}<1$（下面会对该假设的充要条件进行讨论），则必然会存在一个同时参与平台1和平台2的重合区间，该区间就是多属卖方所在区间（如图7-4所示）。

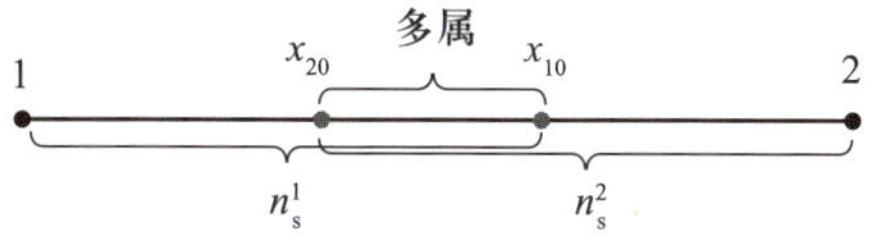

图7-4　多属参与者

具体地，我们用两个零利润条件来找到x_{10}和x_{20}：

$$r_s + n_b^1\pi - m_s^1 - \tau_s x_{10} = 0, \quad r_s + n_b^2\pi - m_s^2 - \tau_s(1 - x_{20}) = 0$$

在得到x_{10}和x_{20}后，我们有$n_s^1=x_{10}$，$n_s^2=1-x_{20}$。由于买方是单属的，因此平台i不同端的买方参与者数量表达式为：

$$n_b^i=\frac{1}{2}+\frac{u(n_s^i-n_s^j)-(m_b^i-m_b^j)}{2\tau_b},\quad n_s^i=\frac{r_s+n_b^i\pi-m_s^i}{\tau_s}$$

对于平台 j,表达式是对称的。这样,我们得到一个含四个未知数、四个方程的方程组,可以将所有的 n 解出为关于内生变量 m 的函数:

$$\begin{cases}n_b^i=\dfrac{1}{2}+\dfrac{u(m_s^j-m_s^i)+\tau_s(m_b^j-m_b^i)}{2(\tau_b\tau_s-u\pi)}\\ n_s^i=\dfrac{\pi}{\tau_s}\left(\dfrac{1}{2}+\dfrac{u(m_s^j-m_s^i)+\tau_s(m_b^j-m_b^i)}{2(\tau_b\tau_s-u\pi)}\right)+\dfrac{r_s-m_s^i}{\tau_s}\end{cases}$$

我们解出 n 后,将其代入利润表达式中,然后根据平台 1 的利润最大化问题的一阶条件可以得到其最优反应曲线:

$$m_b^1=\frac{-(u+\pi)m_s^1+um_s^2+\tau_s m_b^2-\pi(u-c_s)+\tau_s(\tau_b+c_b)}{2\tau_s}$$

$$m_s^1=\frac{-(u+\pi)\tau_s m_b^1+u\pi m_s^2+\pi\tau_s m_b^2-\pi u(\pi+c_s+2r_s)+u\tau_s c_b+(\pi+2c_s+2r_s)\tau_b\tau_s}{2(2\tau_b\tau_s-u\pi)}$$

利润最大化的二阶条件要求$\partial^2\Pi/\partial m^2<0$,即 $8\tau_b\tau_s>\pi^2+u^2+6\pi u$,该条件保证了利润表达式是一个凹函数,最优化问题有唯一稳定的解。将最优反应曲线联立,我们可以解出平台的最优定价:

$$m_b^*\equiv m_b^{1*}=m_b^{2*}=c_b+\tau_b-\frac{\pi}{4\tau_s}(\pi+3u+2r_s-2c_s)$$

$$m_s^*\equiv m_s^{1*}=m_s^{2*}=\frac{1}{2}(r_s+c_s)+\frac{1}{4}(\pi-u)$$

可以看到,因为我们在卖方端设定卖方存在多属情况,其加入平台的决策只取决于加入平台是否能带来正的净效用,而不是在两个平台之中二选一,所以卖方的情况与垄断平台下的决策并没有不同。在垄断平台下,只要参与者加入平台的净效用大于不加入平台,其就会加入平台。虽然在这个模型中存在着两个平台,但由于多属情况的存在,两个企业在卖方端并不构成竞争,而是处于一种分别对自己平台上的卖方拥有垄断势力的状态,我们称之为“竞争瓶颈”(competitive bottlenecks),此时两个企业在卖方端相当于垄断企业。所以,卖方端的定价高于买方。与之形成对比的是,平台对单属情况的买方定价是一个 Hotelling 竞争价格,并且充分考虑了间接网络效应,但在卖方定价中,间接网络效应只在 u 上体现出来。总的来说,我们可以把多属情况看作垄断平台和单属平台结合的情景,在多属端由于竞争瓶颈的存在,平台行为与垄断平台一致;在单属端,平台行为保持了单属端 Hotelling 竞争的性质。

接下来我们分析竞争瓶颈模型与单属模型定价的区别。在竞争瓶颈模型下,均衡时的卖方价格与本端的网络效应呈正相关关系($\partial m_s^*/\partial\pi>0$)。但在单属情况下,有 $\partial m_s^*/\partial\pi=0$ 成立。此时,本端的定价与本端网络效应无关,而是与另一端的网络效应负相关。这也与我们上一段提到的竞争瓶颈效应相吻合。也就是说,当卖方是多属的,平台会争夺买方，这就使得平台的收益更多地依靠对卖方的收费，而网络效应越强，则对卖方收取的费用越高。

均衡情况下参与者数量为：

$$n_{\mathrm{b}}^{1*}=n_{\mathrm{b}}^{2*}=\frac{1}{2},\quad n_{\mathrm{s}}^{1*}=n_{\mathrm{s}}^{2*}=\frac{1}{4\tau_{\mathrm{s}}}(u+\pi+2(r_{\mathrm{s}}-c_{\mathrm{s}}))$$

其中，位于区间$[0,1-n_{\mathrm{s}}^{1*})$的卖方只会加入平台1，而位于区间$(n_{\mathrm{s}}^{2*},1]$的卖方只会加入平台2，位于区间$[1-n_{\mathrm{s}}^{1*},n_{\mathrm{s}}^{2*}]$的卖方是多属的，他们同时加入两个平台。

最后，我们确认卖方存在多属情况时需要满足的参数条件。显然，如果卖方端存在多属情况，我们需要保证集合$[1-n_{\mathrm{s}}^{1*},n_{\mathrm{s}}^{2*}]$不为空，所以我们有$1/2<n_{\mathrm{s}}^{i*}<1$，由此导出条件$2\tau_{\mathrm{s}}<\pi+u+2(r_{\mathrm{s}}-c_{\mathrm{s}})<4\tau_{\mathrm{s}}$。在该条件下，如果不考虑距离带来的机会成本，则市场双边的净剩余为：

$$\begin{aligned}v_{\mathrm{s}}^{*}&=r_{\mathrm{s}}+n_{\mathrm{b}}^{i*}\pi-m_{\mathrm{s}}^{*}=\frac{1}{4}(u+\pi)+\frac{1}{2}(r_{\mathrm{s}}-c_{\mathrm{s}})\\v_{\mathrm{b}}^{*}&=r_{\mathrm{b}}+n_{\mathrm{s}}^{i*}u-m_{\mathrm{b}}^{*}=\frac{1}{4\tau_{\mathrm{b}}}[u^{2}+4\pi u+\pi^{2}+2(u+\pi)(r_{\mathrm{s}}-c_{\mathrm{s}})]\end{aligned}\tag{7-14}$$

注意，该净剩余是参与者在一个平台上获得的剩余，对于多属的卖方（位于$[1-n_{\mathrm{s}}^{1*},n_{\mathrm{s}}^{2*}]$的卖方）来说，其剩余为$2v_{\mathrm{s}}^{*}$。平台的均衡利润为：

$$\Pi^{i*}=\frac{1}{16\tau_{\mathrm{s}}}[8\tau_{\mathrm{b}}\tau_{\mathrm{s}}-(\pi^{2}+u^{2}+6\pi u)+4(r_{\mathrm{s}}-c_{\mathrm{s}})^{2}]>0$$

（三）单属情况与多属情况的比较

在卖方单属和多属两种情况下，卖方与买方的收益有何不同呢？在卖方多属的情况中，因为买方依旧是单属，所以每个平台对买方是“独占”的，这使得买方对于平台来说更具价值，对买方端提价会导致其流向另一平台，所以平台选择从卖方端榨取利润。于是，相对于单属情况，在多属情况下，平台对卖方收取的费用更高，而对买方收取的价格更低，我们称之为“竞争瓶颈效应”（competitive bottleneck effect）。然而该情况并不是绝对成立的。在多属情况下，$1/2<n_{\mathrm{s}}^{i*}<1$，每个平台上会有更多的卖方，这无疑也增加了平台对买方的吸引力，我们称这种效应为“扩张效应”（expansion effect）。此外，单属情况下卖方只能接触到自己所在平台的买方，而多属卖方可以接触到所有买方。后两种效应无疑会改善卖方的福利状况，从而使得两种情况下卖方福利水平的高低是不确定的。

接下来，买方和卖方会更加倾向于哪种模式取决于具体的参数设定。我们用M和S分别代表多属情况与单属情况。对于买方来说，多属与单属情况下净剩余的差为：

$$v_{\mathrm{b}}^{\mathrm{M}}-v_{\mathrm{b}}^{\mathrm{S}}=\left(n_{\mathrm{s}}^{\mathrm{M}}-\frac{1}{2}\right)u-(m_{\mathrm{b}}^{\mathrm{M}}-m_{\mathrm{b}}^{\mathrm{S}})$$

对于单属的卖方来说，净剩余的差为：

$$v_{\mathrm{s}}^{\mathrm{M}}-v_{\mathrm{s}}^{\mathrm{S}}=m_{\mathrm{s}}^{\mathrm{S}}-m_{\mathrm{s}}^{\mathrm{M}}$$

对于多属卖方来说，我们先关注 Hotelling 模型中区间中点的买方情况，即在 $x=1/2$ 这一点的卖方，卖方在该点的净剩余差为 $2v_s^M-\tau_s-\left(v_s^S-\frac{1}{2}\tau_s\right)$。对该式稍加整理，我们会发现当且仅当 $\tau_s>u$ 时，多属情况会优于单属情况，此时虽然卖方在多属情况下被收取了更高的费用，但由于扩张效应大于竞争瓶颈效应，多属的净剩余大于单属。

接下来，我们考察竞争瓶颈效应成立的条件。竞争瓶颈效应需要满足 $m_s^M>m_s^S$，$m_b^M<m_b^S$，由此得到：

$$m_s^M>m_s^S \Leftrightarrow \frac{1}{2}(r_s+c_s)+\frac{1}{4}(\pi-u)>c_s+\tau_s-u$$

$$m_b^M<m_b^S \Leftrightarrow c_b+\tau_b-\frac{\pi}{4\tau_s}(3u+\pi+2r_s-2c_s)<c_b+\tau_b-\pi$$

整理后得到竞争瓶颈效应成立的条件为 $K>4\tau_s-2u$，其中 $K\equiv\pi+u+2(r_s-c_s)$。回忆在多属模型下导出的多属卖方区间 $[1-n_s^{1*}, n_s^{2*}]$ 不为空情况的条件正是 $2\tau_s<K<4\tau_s$，显然这是比 $K>4\tau_s-2u$ 更严格的不等式约束，所以我们要求 $4\tau_s-2u<2\tau_s$，解得只有当 $\tau_s<u$ 时，竞争瓶颈效应才成立。

下面对以上两种情况进行总结。首先，如果 $\tau_s<u$，竞争瓶颈效应的作用大于扩张效应，此时 $m_s^M>m_s^S$，$m_b^M<m_b^S$ 总是成立，即卖方在多属情况下会被收取更高的费用，而买方被收取的价格更低，所以买方会更加倾向于多属情况，而卖方只有在满足 $\tau_s>u$ 条件下，多属情况下的净剩余才会大于单属，所以其倾向于单属，双边会产生分歧。

接下来讨论 $\tau_s>u$ 的情况。在这种情况下可以找到一组参数的取值范围，使得所有的参与者都会更倾向于多属模式。我们已经证明在该情况下多属卖方的福利是高于单属的，卖方更倾向于多属，那么现在需要让买方也更倾向于多属，即使得 $v_b^M-v_b^S=\left(n_s^M-\frac{1}{2}\right)u-(m_b^M-m_b^S)>0$。这就要求 $K>2\tau_s$。所以，当 $\tau_s>u$ 和 $K\equiv\pi+u+2(r_s-c_s)>2\tau_s$ 两个条件同时满足时，所有的参与者都会更偏好多属情况。

综上所述，双边市场作为互联网平台经济的重要组成部分，其定价策略与竞争策略能很好地映射到现实的互联网平台企业行为中。在对双边市场的讨论中，最重要的特点即是网络效应，平台双边的参与者互相依赖，另一方的加入会使得本方的效用增加，这使得双边市场平台的定价与单边市场的定价不同。平台不关注价格水平，而关注价格结构，即价格如何在两端之间分配。在一定条件下，平台甚至可以对一端收取负价格，即补贴一端来得到最大化利润。我们分别讨论了垄断平台、参与者单属下的平台竞争与参与者多属情况下的平台竞争这三种情况。结果显示，无论是垄断平台还是竞争性平台，网络效应都是平台定价的重要影响因素。平台的定价与竞争策略很大程度上取决于不同端的网络效应大小。具体地，平台更加倾向于对获得网络效应的一端收取更高的费用，这与我们的现实观察是吻合的。

第三节　双边市场与平台企业反垄断[①]

随着平台经济日益发展壮大,尤其是以移动互联网为载体的平台企业在日常生活中扮演着日益重要的角色,平台企业依靠自身的市场势力损害市场竞争与消费者福利的情况屡有发生。如在国内长期受到关注的电商平台“二选一”、大数据“杀熟”、利用市场地位进行破坏竞争的收购行为等。在前一节的分析中,我们已经看到网络效应在双边市场中的核心地位,而网络效应的存在使得双边市场下的平台企业有更强的垄断激励,因为只有更多的用户数量才会带来更高的网络效应。同时,平台企业在某一端的垄断会通过网络效应传导至另一端,最终使得平台两端的用户都“绑定”在平台上,损害消费者权益并破坏市场竞争。为了应对这种垄断风险,国内外的市场主管机构都在不断优化有关平台经济的反垄断政策。在国内,2020 年 11 月,国务院同意建立反不正当竞争部际联席会议制度,市场监管总局就《关于平台经济领域的反垄断指南(征求意见稿)》公开征求意见,对涉及协议控制(VIE)架构的经营者集中、平台基于大数据和算法实行差异性交易价格、限定交易(“二选一”)等话题均有涉及;在国外,欧盟的市场监管机构与美国国会众议院司法委员会反垄断小组委员会也都对平台性质突出的大型互联网企业加强了监管,发布针对这些公司的监管新规。平台企业的反垄断与监管日益成为产业组织理论中的热门话题。

对于平台企业的反垄断与竞争促进政策,现有的大部分研究依旧基于单边市场的反垄断工具框架。传统的反垄断工具框架一般包括三部分,即市场界定、并购的潜在价格效应与排他性行为。但这三类反垄断工具在双边市场上都不能直接应用,这依旧是因为双边市场的最重要特点:网络效应。如在市场界定的过程中,常用的方法依赖于对企业价格变化后是否盈利的检测,而在双边市场下,网络效应的存在使得企业的定价行为与单边市场完全不同,企业更加关注价格结构而非绝对的价格水平,这就使得传统的反垄断工具无法直接应用。同时,由于双边市场涉及市场两端的两个使用者群体,是将两个群体视为分开的两个市场看待还是一个整体市场看待也成了重要的问题。总之,在对双边市场的平台企业进行反垄断认定时,我们需要更加符合双边市场特点的反垄断工具,尤其需要将网络效应这一因素考虑在内。

本节接下来会先对双边市场中的两类市场即交易性与非交易性市场的特点进行描述与对比,因为这两类市场的需求函数形式不同,而这导致了它们在反垄断认定中的性质不同。之后会分别介绍针对双边市场的三类反垄断认定工具:市场界定、并购分析与排他性滥用评估。

① 本节主要参考 Eduardo 和 Golovanova(2020)。

一、交易性市场与非交易性市场

在双边市场中，最重要的特点即是网络效应。交易性与非交易性市场在网络效应表现形式上的不同导致了两类市场在需求函数形式上的差异，进而影响到反垄断认定中最重要的环节——市场界定。具体来说，我们应该将平台企业的两端看成一个独立的市场，还是两个相互联系的市场？这一问题在这两类市场上有所不同。在这一部分我们会具体讨论两类市场的概念、需求函数形式与勒纳指数（Lerner indices），为后面引入反垄断工具提供基础。

（一）交易性市场（transaction markets）

交易性市场是指双边市场的两端参与者之间的交易可被直接观测的市场，平台企业实际上只为两端的参与者提供了"交易机会"这一商品，如果没有平台存在，两端的参与者依旧可以交易。典型的交易性市场的例子就是网约车市场，网约车平台为打车人和司机提供了交易平台，但实际上如果不存在网约车平台，打车人和司机依旧可以完成交易。我们可以想象这样一种情况：对于交易性市场中的平台企业来说，如果平台企业的两端参与者"抛弃"平台，通过谈判达成一个均衡费率，那么平台企业就没有存在的必要了。此时价格是完全传导的（complete pass-through），即平台企业不能通过操纵价格结构来影响消费者的数量。例如，给定政府的税率，税收无论是对消费者征收还是对生产者征收并不会对均衡产出造成影响。同时我们需要注意到，在交易性市场中，平台企业提供的交易服务对平台两端来说是完全互补的，即平台两端都依赖着对方的存在而进入这个市场，否则就会失去交易对象。总结以上这些特点，我们在市场界定的环节中会将交易性市场划为一个整体市场，因为交易性市场的两端关系紧密，依赖彼此互相存在，且交易性市场中的平台企业只是服务提供者，并不能操纵价格，市场的核心是交易的两端参与者，所以我们将其划为整体市场。

在市场界定环节，需求函数的估计居于核心地位。我们在后面介绍的三类反垄断认定工具中都需要使用需求函数，而交易性市场与非交易性市场的需求函数形式因为其市场性质不同又会有所区别，我们在这里先介绍交易性市场的需求函数形式。交易性市场中的平台企业需求可以表示为：

$$Q=D_A(P_A)D_B(P_B)$$

式中：$D_i(P_i)$，i=A，B 代表平台的两端价格 P_i 下 i 端的需求量，即参与者数量。

这一需求函数反映了交易性市场平台的特点。首先，平台不存在操纵价格来影响参与者数量的能力，所以 i 端的需求 D_i 只与本端价格 P_i 有关。其次，交易性市场中，核心是市场两端的参与者进行交易，所以平台企业面临的所有可能存在的交易数量就是平台两端参与者数量的乘积，这也是网络效应在交易性市场中的体现，即总交易数量由市场两端参与者数量决定。

在反垄断认定工具中,勒纳指数有着重要的作用。它通过度量价格与边际成本的偏离程度来反映市场中垄断力量的强弱。同时对双边市场来说,我们还可以通过勒纳指数进一步观察平台企业的价格结构对于垄断势力的影响。使用交易性市场的需求函数,我们可以得到勒纳指数的表达式,假设在交易性市场上存在一个垄断的双边平台企业,其对 i 端提供服务的边际成本为 C_i,那么其利润最大化问题可以写为:

$$\max_{P_A,P_B}[(P_A-C_A)Q+(P_B-C_B)Q]$$

其中,$Q=D_A(P_A)D_B(P_B)$,通过一阶条件我们可以得到企业的勒纳指数表达式:

$$\frac{P_i-[C_i-(P_j-C_j)]}{P_j}=\frac{1}{\varepsilon_i},\quad i\neq j,i,j=\mathrm{A},\mathrm{B} \tag{7-15}$$

其中,$\varepsilon_i=-(\partial D_i/\partial P_i)/(D_i/P_i)$,即 i 端的需求价格弹性。我们假设 $P=P_A+P_B$ 为平台的"总价格",$C=C_A+C_B$ 为"总成本",$\varepsilon=\varepsilon_A+\varepsilon_B$ 为"总弹性",那么这一表达式可以被改写为:

$$\frac{P-C}{P}=\frac{1}{\varepsilon} \tag{7-16}$$

可以看到,当我们以总变量的形式改写勒纳指数表达式时,这一表达式与单边市场情况下是相同的。但从式(7-15)可以看出,双边市场的价格结构与总的价格水平可能相当不同。对于一端来说,在需求价格弹性固定的情况下,本端的定价不仅依赖于本端的成本,也依赖于另一端的成本与价格。在两端成本相同的情况下,如果一端比另一端弹性更大,那么弹性更大的一端将会面临更高的价格。这反映了双边市场中的网络效应特点。从市场界定的角度来看,在利用勒纳指数判断双边市场企业的市场势力时,如果我们将平台两端看成两个市场,即不考虑另一端的价格与成本对本端定价的影响的话,就会错误估计平台企业的市场势力,所以我们需要针对双边市场来设计新的反垄断认定工具。

(二)非交易性市场(non-transaction markets)

顾名思义,非交易性市场是指平台两端参与者并不直接进行交易,或交易无法直接被观察到的市场。非交易性市场中也存在两类性质不同的市场。第一类非交易性市场是媒体市场,例如报纸等传媒。媒体市场在向读者或观众提供新闻服务的同时,利用读者端的存在向广告商提供出售广告的版面或位置。读者与广告商并没有直接或者可观测的交易行为,两者通过平台建立联系。交易性市场的核心是两端的参与者,而对于媒体市场来说,平台企业是市场的核心,整个媒体市场是依赖平台企业而存在的。所以,从市场界定的角度来看,我们会将媒体市场定义为两个相互关联的市场,因为市场两端都是和平台进行互动,而非平台两端互动。

另一种非交易性市场是"匹配市场",如招聘市场这类可以寻找合适匹配对象的双边市场。这类匹配市场通过收集平台两端参与者的数据,降低了平台两端参与者自行进行匹配的交易成本。这类市场与我们前面提到的交易性市场类似,但不同的是平台会对不同类型的用户收取不同的价格,因为匹配涉及匹配结果的好坏,这与交易性市场中直接达成交易就可以获得效用不同。所以在市场界定时我们将匹配市场定义为"非交易性市场"。

在非交易性市场中,价格传导是不完全的,这是由于市场两端并不直接进行交易,参与者的决策过程更类似于从本端考察平台给出的价格与平台另一端的使用人数,用户直接与平台进行交易。依旧以媒体市场为例,投放广告的用户在选择广告投放的目标媒体时,不仅关注媒体给出的价格,更在意媒体的用户群体有多大,因为只有将广告投送到用户数量多的媒体才会有更大的广告效应。这种不完全的价格传导使得平台存在操纵价格的空间,平台企业可以通过操纵价格影响两端参与者的数量,这种效应在网络效应越大的时候越明显,这就要求在进行反垄断认定中考虑到网络效应的作用。

接下来,我们介绍非交易性市场的需求函数。与交易性市场不同,非交易性市场通常会被认为是两个互相关联的市场,而非一整个市场,非交易性市场的需求函数需要分两端来看。两端的需求函数为:

$$Q_A = D_A(P_A, Q_B), \quad Q_B = D_B(P_B, Q_A)$$

从需求函数中可以看到,另一端的参与者数量也会影响到本端的需求,这是网络效应在非交易性市场中的体现,网络效应$\partial Q_i / \partial Q_j, i \neq j$ 可正可负。我们在前面提到过,非交易性市场下平台可以通过操纵价格来影响参与者数量,进而影响另一端的需求,这意味着一端的需求不仅与本端的价格有关,也与对端的价格有关,所以我们可以将两端的需求函数进一步写成如下"简约式":

$$Q_A = D_A(P_A, P_B), \quad Q_B = D_B(P_B, P_A)$$

接下来,我们考察在简约式下非交易性平台的勒纳指数。非交易性平台中的垄断平台企业的利润最大化问题可以写作:

$$\max_{P_A, P_B}[(P_A - C_A)Q_A + (P_B - C_B)Q_B]$$

分别对 P_A, P_B 求最优化得到利润最大化的一阶条件为:

$$M_i - \varepsilon_{ii}^{-1} + M_j D_{ij}(P_j / P_i) = 0, \quad i \neq j, i, j = A, B \tag{7-17}$$

式中:$M_i = (P_i - C_i)/P_i$ 代表 i 端的成本加成率;$\varepsilon_{ii} = -(\partial D_i / \partial P_i)(P_i / Q_i)$代表 i 端的关于本端价格的需求价格弹性;$D_{ij} = (\partial D_j / \partial P_i)/(\partial D_i / \partial P_i)$代表 j 端需求量变化的转换比率,即 i 端价格变化给 j 端需求带来的影响与 i 端自身影响的比率。如果我们从单边市场去理解这一比率,这一比率类似消费者理论中的替代率,可以理解为对于平台企业来说一单位额外的 i 端需求等价于 D_{ij}单位的 j 端需求。

整理一阶条件后,我们可以得到非交易性市场的勒纳指数表达式:

$$\frac{P_i - [C_i - (P_j - C_j)D_{ij}]}{P_i} = \frac{1}{\varepsilon_{ii}} \tag{7-18}$$

可以看到,与交易性市场下的勒纳指数表达式相比,这一勒纳指数只是在 j 端的成本加成上多乘了一个转换比率 D_{ij}。事实上,考虑到交易性市场的交易数量以同样的权重依赖于平台两端,我们可以将交易性市场的转换比率看作 $D_{ij} = 1$。当网络效应大于 1 时,$\partial Q_i / \partial P_j > 1 \rightarrow (\partial D_j / \partial P_i) > (\partial D_i / \partial P_i)$,在需求价格弹性不变的情况下,相比交易性市场的 i

端定价，非交易性市场上的定价会下降，因为 j 端对 i 端价格更敏感，平台可以通过降低 i 端价格的方式吸引更多的 i 端参与者，进而吸引更多的 j 端参与者，平台在这里将网络效应内生化了。

进一步地，我们改写勒纳指数表达式为：

$$\frac{P_i - C_i}{P_i} = \left(\frac{1}{\varepsilon_{ii}} - \frac{D_{ij}P_j/P_i}{\varepsilon_{jj}}\right)\left(\frac{1}{1-D_{ij}D_{ji}}\right) \tag{7-19}$$

我们将 i 端的成本加成率解出，可以看到两个相反的力量影响着 i 端的成本加成率。$-\frac{D_{ij}P_j/P_i}{\varepsilon_{jj}}$项意味着正（负）外部性会使得 i 端的成本加成率下降（上升）。同时$\frac{1}{1-D_{ij}D_{ji}}$项捕捉了平台两端价格变化的反馈效应，并且推高了成本加成率。综上所述，如果我们通过计算成本加成率来判定企业的市场势力时没有考虑到网络效应问题，那么可能高估或低估平台企业的市场势力。

二、市场界定：假定垄断者测试与临界损失分析

（一）单边市场下的假定垄断者测试与临界损失分析

市场界定是反垄断认定中的核心问题，只有准确界定了企业所属的市场范围，我们才能准确地计算企业的市场势力。在世界各国的反垄断执法实践中，美国 1968 年《兼并指南》（Merger Guidelines）、美国 2010 年的新版《横向合并指南》（Horizontal Merger Guidelines）等法案提出了多种相关市场界定的理论与方法。但在早期的执法实践中，相关市场界定的对象基本都为单边市场，且分析方法以定性分析为主导，以需求替代性分析为核心思想。此类分析方法大多以商品的价格、功能和消费者特征等为基础界定相关商品市场。但这种方法随意性较大，没有统一标准。直到 1992 年，美国司法部在《横向合并指南》中率先提出了“假定垄断者测试”方法，这一方法逐渐成为识别相关市场的标准方法。

假定垄断者测试的主要方法是“小幅显著的非暂时性价格上涨测试”（small but significant non-transitory increase in price test），简称 SSNIP 测试。这一测试的核心思想是假定企业为垄断者，之后通过检验企业能否通过涨价来提高利润来确定企业的市场边界。具体做法为先划定一个最小的相关市场产品集合，在一定时间内对假定垄断者生产的商品进行一个价格上的调整，假定其涨价 5%～10%，价格上升可能导致消费者选择其他的替代产品或者减少对于假定垄断者生产产品的消费，这可能导致假定垄断者的利润下降，如果假定垄断者无法在这个产品集合上通过提高价格来获利，则说明在产品集合外还有一些可以替代这些产品的产品存在，所以需要扩大产品集合，再次进行假定垄断者测试，直到假定垄断者可以通过涨价来提高利润，说明产品集合外已经没有可以替代这一产品集合的其他产品，相关市场就可以界定了，假定垄断者测试就是通过产品间的替代关系来界定市场的。

在实践中,临界损失分析(critical loss analysis)是更加可行的检验方法。我们先介绍单边市场下的临界损失分析方法。假定垄断者的目前价格是 P,边际成本为 C,假设现在假定垄断者的价格上涨 $X=(P'-P)/P$,垄断者面临一条向下的需求曲线,价格上升,需求量会下降,假设其需求量变动为 β,当这一需求量的变动使得厂商无利可图时,即满足下式:

$$[(1+X)P-C](1-\beta)Q=(P-C)Q$$

我们定义使得垄断者无利可图的需求量变动为临界损失(critical loss,CL):

$$\beta=\mathrm{CL}=X/(X+M)$$

其中,$M=(P-C)/P$。接下来我们对比这一临界损失与厂商涨价 X 时的实际需求量损失(actual loss,AL):

$$\mathrm{AL}=X\varepsilon^{\mathrm{HM}}$$

式中:$\varepsilon^{\mathrm{HM}}$ 为整个相关市场上的需求价格弹性。

如果 CL<AL,说明厂商涨价的实际损失会大于这一临界损失,涨价会使得厂商亏损,需要扩大相关市场的划定范围,容纳目前产品集合的替代品,直到 CL≥AL,相关市场可以被界定。需要指出的是这种方法的假设条件是厂商的生产决策不会随价格的变化而变化,即我们是在一个静态条件下考察厂商的临界损失,并不考虑厂商的内生调整。

(二)双边市场的假定垄断者测试与临界损失分析

从上一部分我们可以看到,假定垄断者测试依赖市场的需求函数与需求价格弹性。而在双边市场,由于网络效应的存在,需求函数与需求价格弹性的形式大不相同。同时我们在前面提到,交易性与非交易性市场在市场界定上也存在较大的差异,交易性市场与匹配型非交易性市场应该被界定为一个市场,而媒体型非交易性市场则要被界定为两个市场。接下来我们针对不同类型的双边市场,使用不同形式的需求函数与价格变动形式推导双边市场下的假定垄断者测试标准。

1. 交易性市场

对于交易性市场来说,我们将其看作一个市场。我们假设假定垄断的平台企业对两端同时提价 $X\equiv X_{\mathrm{A}}=X_{\mathrm{B}}$,新的价格为 $P_i'=P_i(1+X)$,SSNIP 测试对两端同时展开。在新价格下,新的需求量为 $Q'=D_{\mathrm{A}}(P_{\mathrm{A}}')D_{\mathrm{B}}(P_{\mathrm{B}}')$。在两端同时涨价的情况下,如果平台企业的利润不变,那么我们可以计算出企业的临界损失,即:

$$\Pi'-\Pi=(P_{\mathrm{A}}'-C_{\mathrm{A}})Q'+(P_{\mathrm{B}}'-C_{\mathrm{B}})Q'-[(P_{\mathrm{A}}-C_{\mathrm{A}})Q+(P_{\mathrm{B}}-C_{\mathrm{B}})Q]=0$$

使用这一条件解出临界损失 $\mathrm{CL}\equiv\Delta Q/Q=(Q'-Q)/Q$:

$$\mathrm{CL}=\frac{\Delta P_{\mathrm{A}}+\Delta P_{\mathrm{B}}}{(\Delta P_{\mathrm{A}}+\Delta P_{\mathrm{B}})+(P_{\mathrm{A}}-C_{\mathrm{A}}+P_{\mathrm{B}}-C_{\mathrm{B}})} \tag{7-20}$$

由此可以看到,相比单边市场下的临界损失 $\mathrm{CL}=X/(X+M)$,交易性双边市场的临界损失同时考虑了市场两端的价格变化与成本加成,如果我们定义 $(\Delta P_{\mathrm{A}}+\Delta P_{\mathrm{B}})/(P_{\mathrm{A}}+P_{\mathrm{B}})=X$,在式(7-20)两端同时除以 $(P_{\mathrm{A}}+P_{\mathrm{B}})$,分母的第二项会变为 $[(P_{\mathrm{A}}+P_{\mathrm{B}})-(C_{\mathrm{A}}+C_{\mathrm{B}})]/(P_{\mathrm{A}}+$

$P_B)=w_A(P_A-C_A)/P_A+w_B(P_B-C_B)/P_B$，我们将其定义为 M，其中，$w_i=P_i/(P_A+P_B)$。那么，这一临界损失与单边市场下的情况是一样的。由于网络效应的存在，我们在计算双边市场下的临界损失时需要同时考虑两端的价格变化与成本加成。如果我们依旧以单边市场的临界损失来界定市场，即只考虑一端的价格与成本加成情况，那么可能使得界定出的市场过窄或过宽。假设我们只使用 A 端的价格情况，如果 $M_A>M_B$，即只考虑高利润端的情况，那么这种情况下计算的临界损失将会小于正确的临界损失，假设实际损失 AL 不变，更小的临界损失可能使得 CL<AL，进而使 SSNIP 测试认为涨价是无利可图的，导致我们需要扩大市场范围，这样会使得市场界定过宽。同样地，如果 $M_A<M_B$，只考虑低利润端的情况，临界损失会大于正确值，导致市场界定过窄，从而导致对市场势力的高估。

2. 匹配型非交易性市场

对于匹配型非交易性市场，我们将其看作两端相关的一个市场，市场两端的价格都会影响两端的需求。延续上一部分对交易性市场的假定，在新价格下匹配型非交易性市场两端的需求为 $Q'_A=D_A(P'_A,P'_B)$，$Q'_B=D_B(P'_A,P'_B)$，同样对两端价格都进行 SSNIP 测试，界定市场的标准是假定垄断者可以通过 SSNIP 获利，即：

$$\Pi'-\Pi=(P'_A-C_A)Q'_A+(P'_B-C_B)Q'_B-[(P_A-C_A)Q_A+(P_B-C_B)Q_B]>0$$

将这一条件重新整理后可以得到：

$$\begin{gathered}\frac{X+M_A}{X}|\mathrm{AL}_A|s_A+\frac{X+M_B}{X}|\mathrm{AL}_B|s_B<1\Rightarrow\\ \frac{|\mathrm{AL}_A|}{\mathrm{CL}_A}s_A+\frac{|\mathrm{AL}_B|}{\mathrm{CL}_B}s_B<1\end{gathered}\tag{7-21}$$

式中：$\mathrm{AL}_i=D_i(P'_i,P'_j)/D_i(P_i,P_j)-1$ 为 SSNIP 测试之后两端的实际损失；$s_i=P_iQ_i/(P_iQ_i+P_jQ_j)$ 为 i 端收益占平台总收益的比例；$\mathrm{CL}_i=X/(X+M_i)$ 为我们在前面已经推导过的临界损失。

回忆在单边市场情况下，我们对 SSNIP 测试是否获利的判断标准为|AL|/CL<1，所以实际上匹配型非交易性市场的判断标准是对平台两端的判断标准根据收益进行加权平均后再进行判断，同时注意到 AL_i 项中包含了网络效应的因素。

与交易性市场相同，误用 SSNIP 测试判断条件来界定市场会导致过窄或过宽的市场界定结果。假设 $\mathrm{AL}_A>\mathrm{CL}_A$，如果只关注 A 端，SSNIP 测试是不盈利的，我们需要扩大市场范围，但实际上只要 s_A 和 $|\mathrm{AL}_B|/\mathrm{CL}_B$ 足够小，式(7-21)依旧可以满足，在这种情况下市场界定会过宽。

3. 媒体型非交易性市场

对于媒体型非交易性市场来说，我们将其界定为两个相关的市场，所以在进行 SSNIP 测试时只对一端进行测试，我们假设只对 A 端进行测试，B 端价格不变，即 $P'_A=(1+X_A)P_A$，$P'_B=P_B$，所以相应的需求变化为 $Q'_A=D_A(P'_A,P_B)$，$Q'_B=D_B(P'_A,P_B)$。在这里我们使用 SSNIP 测试的零利润条件来计算临界损失 CL_A，零利润条件为：

$$\Pi'-\Pi=(P'_A-C_A)Q'_A+(P_B-C_B)Q'_B-[(P_A-C_A)Q_A+(P_B-C_B)Q_B]=0$$

在这里我们假设在对一端进行 SSNIP 测试时，平台企业不会对另一端的价格进行优化，另一端价格是给定的，根据 $\mathrm{CL_A}=(Q_A-Q_A')/Q_A$ 可以解出：

$$\mathrm{CL_A}=\frac{X_A}{[X_A+M_A]}+\frac{M_B R_B X_A \varepsilon_{AB}}{[X_A+M_A]R_A}\Rightarrow$$
$$\mathrm{CL_A}=\frac{X_A}{[X_A+M_A]}\left(1+\varepsilon_{AB}\frac{M_B R_B}{R_A}\right) \tag{7-22}$$

式中：$R_i=P_iQ_i$ 为 i 端的收益；$\varepsilon_{AB}=(\Delta Q_B/Q_B)/(\Delta P_A/P_A)$ 为 B 端需求对 A 端价格变化的交叉需求价格弹性。

可以看出，当网络效应为正时，A 端价格上升导致的 A 端参与者数量下降会使得 B 端参与者数量也下降，所以 $\varepsilon_{AB}=(\Delta Q_B/Q_B)/(\Delta P_A/P_A)<0$，如果 B 端利润为正（$M_B>0$），那么正网络效应会使得临界损失小于单边情况。如果不考虑正外部性，对 $\mathrm{CL_A}$ 的高估可能导致市场界定过窄，网络效应的作用再次显现出来。

在阐述了三类双边市场的 SSNIP 测试判定条件后，我们简要讨论如何应用这一方法。从这一方法我们可以看出，需求函数的估计与建立在需求函数基础上的价格弹性估计至关重要，并且我们需要估计的是涵盖划定产品集合内所有产品的需求函数。对于交易性市场来说，CL 的计算相对简单，只需要价格与成本信息即可。但对于非交易性市场来说，需要的信息更多。首先对于媒体型非交易性市场来说，我们需要将市场两端看作两个市场分别估计需求函数，但这类市场的两端通常面对的是不同的参与者，平台企业向两端提供的商品或服务也都不尽相同，如何使用合适的方法统一衡量平台两端提供的服务是一个问题。依旧以报纸市场为例，报社为广告商提供的是广告版面，但为读者提供的是报纸，二者无法直接衡量。Argentesti 和 Filistrucchi（2007）在研究报纸市场时试图解决这一问题，他们在读者端用每份报纸的标价来衡量，而在广告端则用广告的数量与每个广告的价格来衡量。

虽然一些市场可以直接利用价格与需求数量信息进行需求函数估计和后续的 SSNIP 测试，但价格与需求数量信息的缺乏依旧使得这一工作困难重重。有一些研究提出了一些替代方案，Filistrucchi（2018）及 Wismer 和 Rasek（2018）提出可以用消费者调查获取价格与需求数量。Brekke（2018）提供了挪威市场竞争管理部门关于报业并购的例子。他们向市场两端的使用者分别进行调查，询问他们如果目前的报纸企业无法使用，他们是否有次优的其他选择。这项调查可以得到在同端企业间的转换比率，进而得到每端用户的相对数量。总之，SSNIP 测试的具体应用还需要大量的案例积累。在这一部分我们只是对这一方法的原理与双边市场条件下的判别标准进行了展示，具体的应用还需要参照现实中的案例。

三、并购分析：价格压力指数

在反垄断政策中，关于并购的分析是另一个重要的方向。处于领先地位的企业可以通过收购竞争对手或潜在的竞争对手来扩大自己的市场势力，所以我们近年可以看到很多相关部门对于大公司收购案发起的调查。从反垄断的角度来说，我们最主要关注的是企业并购对于消费者价格的影响。企业通过并购获得垄断地位，同时提高价格，这会产生经济福利的损失。很多研究依然基于估计的需求函数来模拟并购的经济效应，但这种方法十分依赖需求函数的设定，会产生很多稳健性问题。在此基础上，反垄断执法部门试图寻找一种可以刻画并购影响的价格上升指数，这就是我们在这一部分介绍的价格压力指数(price pressure indices)。价格压力指数至少能提供并购造成的价格变化效应的下限，并且较少地依赖模型设定，稳健性较好。在这一部分我们介绍两类价格压力指数，分别是向上定价压力(upward pricing pressure, UPP)指数和总向上定价压力指数(gross upward pricing pressure index, GUPPI)。我们先介绍在单边市场下的两类价格指数，接下来分别介绍两个价格指数在不同类型双边市场下的版本。

(一) UPP 与 GUPPI

从指数的构建思路来看，我们先介绍 GUPPI。GUPPI 的构建思路非常直接，假设市场上有两家企业 $i=1,2$，现在企业 1 想要并购企业 2，我们考察并购后的定价与并购前的定价有何区别。假设企业的价格、边际成本、需求量分别为 P_i, C_i, Q_i，并购前企业 1 的利润最大化问题可以写作：

$$\max_{P_1} \pi_1 = (P_1 - C_1) Q_1$$

一阶条件为：

$$Q_1 + (P_1 - C_1) \frac{\partial Q_1}{\partial P_1} = 0$$

可以解出价格为：

$$P_1 = -\frac{Q_1}{Q'_{1,P_1}} + C_1 \tag{7-23}$$

在并购后，企业 1 同时运营两家企业，企业 1 需要将两家企业的定价行为联合考虑，利润最大化问题变为：

$$\max_{P_1,P_2} \pi_1 + \pi_2 = (P_1 - C_1) Q_1 + (P_2 - C_2) Q_2$$

依旧对 P_1 求偏导得到一阶条件：

$$Q_1 + (P_1 - C_1) \frac{\partial Q_1}{\partial P_1} + (P_2 - C_2) \frac{\partial Q_2}{\partial P_1} = 0$$

同样我们解出并购后的价格，用 P_1^{M} 表示：

$$P_1^{M} = \frac{-(P_2 - C_2) Q'_{2,P_1} - Q_1}{Q'_{1,P_1}} + C_1 \tag{7-24}$$

结合式(7-23)和式(7-24)，我们可以直接计算并购带来的价格变化率，即：

$$\text{GUPPI}_1 = \frac{P_1^{M} - P_1}{P_1} = \frac{P_2 - C_2}{P_1} \frac{-Q'_{2,P_1}}{Q'_{1,P_1}} = \frac{P_2 - C_2}{P_2} D_{12} \frac{P_2}{P_1} = M_2 D_{12} \frac{P_2}{P_1} \tag{7-25}$$

式中：$D_{12}=-(\partial Q_2/\partial P_1)/(\partial Q_1/\partial P_1)$代表 P_1 变化导致的企业 2 的需求变化能转换成多少单位的企业 1 需求变化，是两个企业产品之间的转换比率。

这一指数的经济学含义是：首先 M_2P_2 代表了一单位产品 2 的利润，而 $M_2P_2D_{12}$ 代表了 P_1 变化后产品 2 的单位利润水平转化到产品 1 上的量，最后再除以 P_1，实际上其衡量的是并购后企业 1 可以多获得多少原属于企业 2 的利润，而这种利润来自企业 1 通过并购对企业 2 市场份额的获取，这反映在 P_1 的上升上。如果两个企业间存在竞争替代关系，即$\partial Q_2/\partial P_1>0$，$\partial Q_1/\partial P_1<0$，那么 GUPPI 总是正的。GUPPI 代表了并购后企业价格上升的下界。

UPP 指数是在 GUPPI 的基础上得到的。与 GUPPI 相比，UPP 指数考虑到了并购后可能存在的生产率上升对企业成本带来的影响，企业并购后可能通过扩大规模或者吸收竞争对手技术来提高自己的生产率，进而降低自身的边际成本。我们保持其他假设与 GUPPI 一致，假设在并购后企业 1 的成本下降 E_1，那么并购后企业 1 的利润最大化问题变为：

$$\max_{P_1,P_2}\pi_1+\pi_2=[P_1-(1-E_1)C_1]Q_1+(P_2-C_2)Q_2$$

通过一阶条件可以解得 P_1^{ME}：

$$P_1^{ME}=\frac{-(P_2-C_2)Q'_{2,P_1}-Q_1}{Q'_{1,P_1}}+(1-E_1)C_1 \tag{7-26}$$

结合式(7-23)和式(7-26)，我们可以得到价格的变化量，即：

$$UPP_1=P_1^{ME}-P_1=(P_2-C_2)D_{12}-E_1C_1 \tag{7-27}$$

UPP 指数同时考虑了并购后企业因竞争压力下降而提高价格的激励和并购后效率上升带来的价格下降。这一指数的估计使得企业并购后的涨价下界降低，可以更准确地捕捉到并购对价格的影响。

（二）媒体型非交易性市场下的 UPP 指数与 GUPPI

在媒体型非交易性市场下，市场两端被界定为两个市场。此时一端的价格变化不仅直接影响企业间的需求变化，同时也通过网络效应影响另一端，所以我们需要同时考虑两个企业与企业的两端。但由于被界定为两个市场，平台在进行最优化时只需要考虑一端的决策，将另一端的价格视作给定，这也是媒体型市场与其他市场最重要的区别。我们假设存在两个平台企业 $i=1,2$，平台具有两端 $k=A,B$，平台 1 兼并平台 2 会同时影响到平台两端，我们假设平台的需求会同时受到两个平台市场两端的价格影响：如果存在正网络效应，则$\partial Q_1^A/\partial P_2^B>0$，即 P_2^B 的上升会通过正网络效应使得 Q_2^A 下降，进而使得 Q_1^A 上升。依旧使用我们在上文介绍过的方法来计算 UPP 指数，我们定义媒体型非交易性市场下企业 1 在 B 端的 UPP 指数为：

$$AUPP_1^B=(P_2^B-C_2^B)D_{12}^{BB}-E_1^BC_1^B+(P_2^A-C_2^A)D_{12}^{BA}-E_1^AC_1^AD_{11}^{BA} \tag{7-28}$$

式中：$D_{12}^{BB}=-(\partial Q_2^B/\partial P_1^B)/(\partial Q_1^B/\partial P_1^B)$为企业 1 和企业 2 在 B 端产出的转换比率；$D_{12}^{BA}=-(\partial Q_2^A/\partial P_1^B)/(\partial Q_1^B/\partial P_1^B)$为企业 1 在 B 端的产出转换到企业 2 在 A 端产出的转换比率；

$D_{11}^{BA}=(\partial Q_1^A/\partial P_1^B)/(\partial Q_1^B/\partial P_1^B)$为企业 1 的 A、B 两端产出之间的转换比率。

要注意的是,我们并没有将同一企业内的转换比率设定为正的,即网络效应有可能是正的,也有可能是负的。

相比于单边情况下的 UPP 指数,额外的$(P_2^A-C_2^A)D_{12}^{BA}$项考虑到了企业 1 的 B 端价格变化如何通过网络效应影响企业 2 的 A 端,这种网络效应通过 D_{12}^{BA}捕捉到。同时额外的$E_1^AC_1^AD_{11}^{BA}$项考虑到了企业 1 另外一端的效率提升对于 B 端定价的影响。可以看到在双边市场下的 UPP 指数依旧明显受到网络效应的影响,如果只考虑 B 端,这一指数会被低估,我们需要考虑到价格变化对两端的影响。

同样地,我们也可以得到媒体型非交易性市场下企业 1 在 B 端的 GUPPI:

$$\text{AGUPPI}_1^B=M_2^BD_{12}^{BB}\frac{P_2^B}{P_1^B}+M_2^AD_{12}^{BA}\frac{P_2^A}{P_1^B} \tag{7-29}$$

式中:M_2^B,M_2^A 是企业 2 在两端的成本加成率。

同样不难看出,如果只考虑一端,同时网络效应与利润为正,指数依旧会被低估。有趣的一种情况是,如果 B 端的利润为负(这种情况在双边市场中非常常见),同时网络效应和 A 端的利润不够大,那么 AUPP 和 AGUPPI 都可能出现小于 0 的情况,即并购后价格反而下降。这反映了企业 1 通过在 B 端降价,吸引更多参与者使用企业 1 的产品,而减少亏损的企业 2 的 B 端的用户数量,从而减少整体的损失。

(三)匹配型非交易性市场下的 UPP 指数与 GUPPI

这里,我们考虑匹配型非交易性市场下的 UPP 指数与 GUPPI。我们将其界定为一个市场,所以与 SSNIP 测试类似,我们考虑两端价格同时上升的情况,企业 1 在并购后会同时优化两端的价格上涨,而不是像媒体型市场那样,在对一端价格进行最优化时将另一端价格视作给定。所以在这里,相比 AGUPPI,我们需要考虑一端价格上升对另一端价格的传导作用,即如我们在勒纳指数表达式中看到的,两端的价格要满足这一等式,一端价格上升会受到另一端价格的约束。基于此,我们可以得到匹配型非交易性市场下的 GUPPI:

$$\text{MGUPPI}_1^B=\text{AGUPPI}_1^B-K_{11}^B\text{AGUPPI}_1^AD_{11}^{AB} \tag{7-30}$$

式中:$K_{11}^B=(1-1/|\varepsilon_{1B}|)^{-1}$代表单边情况下的成本到价格的传导率;$D_{11}^{AB}$代表网络效应的影响。

可以看到 MGUPPI_1^B 会低于 AGUPPI_1^B,$K_{11}^B\text{AGUPPI}_1^AD_{11}^{AB}$项说明了 A 端价格上升会导致 A 端需求下降,而在正网络效应的影响下,这同样会导致 B 端需求减少,因此网络效应的存在使得匹配型非交易性市场下的企业面临更大的价格压力,且一端的价格会被另一端的定价影响。对比 AGUPPI_1^B,在媒体型非交易性市场下我们将平台划分为两个市场,视另一端的价格为给定,所以不存在这一约束。如果我们错误地将一个双边市场划分为两个,或者忽略网络效应的存在(假定 $D_{11}^{AB}=0$),那么这一指数会被低估。

同样地,我们也可以写出匹配型非交易性市场下的 UPP 指数:

$$\text{MUPP}_1^B=\text{UPP}_1^B-K_{11}^B\text{UPP}_1^AD_{11}^{AB} \tag{7-31}$$

与 MGUPPI 类似，在匹配型非交易性市场下，考虑了并购后效率提升的 UPP 指数也会受到另一端定价的影响。这种影响同样由网络效应决定，从这两个指数我们都可以看出，当双边市场的两端被划分为一个市场时，两端价格的相互约束会对并购后价格变化产生影响。

（四）交易性市场下的 UPP 指数与 GUPPI

对于交易性市场，我们回忆其需求函数形式为 $Q_i = D_i^A(P_i^A, P_j^A) D_i^B(P_i^B, P_j^B)$，考虑到这一点后我们依旧使用同样的方法得到 GUPPI：

$$\text{TGUPPI}_1^B = \frac{[(P_2^B - C_2^B) + (P_2^A - C_2^A)] D_{12}^{BB}}{P_1^B} \Rightarrow$$
$$\text{TGUPPI}_1^B = M_2 D_{12}^{BB} \frac{P_2}{P_1^B} \tag{7-32}$$

式中：$M_2 = [M_2^B s_2^B + M_2^A s_2^A]$，$s_2^A = P_2^A / (P_2^A + P_2^B)$，$P_2 = P_2^A + P_2^B$，分别代表了平台 2 两边的总利润、每一边的价格份额和总价格；$D_{12}^{BB} = (\partial D_2 / \partial P_1^B) / (\partial D_1 / \partial P_1^B)$。

我们可以将交易性市场的 TGUPPI 与单边情况下的 GUPPI 进行对比，可以发现二者的形式是高度相似的，唯一的区别是平台 2 的价格与利润变成了两端的总利润和总价格，而转换比率变为了两个平台在 B 端的转换比率。如果与媒体型非交易性市场的 AGUPPI 比较，交易性市场的指数缺少了 D_{12}^{BA} 这跨端的转换比率，这与两类市场不同的网络效应形式有关，从需求函数的形式我们可以看出，交易性市场一端的需求会受到另一端价格的影响，网络效应体现在总需求依赖于两端的需求量相乘。

同样地，我们也可以得到交易性市场的 TUPP：

$$\text{TUPP}_1^B = [(P_2^B - C_2^B) + (P_2^A - C_2^A)] D_{12}^{BB} - (E_1^B C_1^B + E_1^A C_1^A) + (E_2^B C_2^B + E_2^A C_2^A) D_{12}^{BB} \tag{7-33}$$

对比单边情况下 $\text{UPP}_1^B = (P_2^B - C_2^B) D_{12}^{BB} - E_1^B C_1^B$，如果 $P_2^A - C_2^A > 0$，那么只考虑单边会低估平台 1 并购后涨价的动力，因为网络效应的存在，平台 1 通过涨价将销售转移到平台 2 会获得更高的收益。

在这一部分，我们简单介绍了用于分析企业并购后可能的涨价行为的 UPP 指数和 GUPPI，以及其在三类双边市场下的变化。这些指数可以很直观地用作分析企业并购案的价格效应，从而对平台企业并购产生的竞争破坏效应与消费者福利损失进行量化的评估。但需要注意到的是，这种方法依旧非常依赖需求函数的估计，转换比率和价格弹性的计算在双边市场情况下非常重要。这要求我们寻找合适的方法估计双边市场情况下的需求函数。

四、双边市场下的排他性滥用评估

这里，我们介绍反垄断研究与政策实践中另一个重要的领域——排他性滥用（exclusionary abuses)。排他性滥用是指处于领先地位的企业利用自己的市场支配地位来降低市场竞争水平的行为。在双边市场领域,我们可以进一步将其分为剥削性滥用(exploitative abuses)与排他性滥用两类行为。

剥削性滥用又可以称为非公平定价或价格歧视,可以说对这种行为的认定是反垄断研究与政策中最复杂与具有争议的部分。即使经过了50多年的发展,我们依旧没有寻找到可靠的标准来判断居于领先地位的企业的定价是否公平。放在双边市场的情况下,这一现状也没有丝毫好转。所以在这一部分我们会重点讨论排他性滥用这一行为。但实际上关于价格歧视的行为在近年中国的平台企业中屡见不鲜。我们已经看到大量的互联网平台企业利用大数据进行"杀熟"的案例,这些互联网平台企业使用其收集的用户相关数据,针对不同偏好与收入水平的用户推送不同的产品价格,以获得更高的生产者剩余。可以说,信息技术的发展使得一度不太可能达到的第三类价格歧视几乎成为现实。而要对这一问题进行认定,面临的不仅仅是经济学上的问题,还可能涉及大数据、人工智能等交叉领域的挑战,这可能需要我们在交叉领域上做出一些新的进展。

排他性滥用是指居于领先地位的企业使用各种手段将竞争者排除出市场,以加强自己的垄断地位。排他性滥用有三种主要的形式:

(1) 独家经营(exclusive dealing)。这种形式有一个我们更加熟悉的名字——"二选一",即处于领先地位的平台将只使用本平台作为进入平台的条件,强迫参与者在本平台和其他平台间只能选择一个加入。通过这种行为,平台不仅扩大了自己的市场势力,更重要的是通过网络效应在另一端吸引更多用户,从而形成更大的优势。

(2) 搭售与捆绑销售(tying and bundling)。无论在交易性市场还是非交易性市场中,平台企业都有机会使用搭售或回扣的方式来降低竞争性。平台可能利用支配地位通过搭售不具有优势或利润较高的商品来占领市场份额。同时在现实中,我们还能观察到一些基于平台的"捆绑"市场行为。例如,两大支付工具微信支付和支付宝都只能在本平台相关的服务中使用,同时两家企业都在本平台的服务中捆绑了大量"腾讯系"或"阿里系"的服务或商品。但这种搭售明显会限制消费者的选择,造成社会福利损失。

(3) 掠夺性定价(predatory pricing)。掠夺性定价类似贸易政策中的"倾销",是指企业通过低于成本的定价进行不正当的市场竞争,试图通过不合理的低定价来快速获得市场。但在双边市场情况下,我们已经看到低于成本定价甚至负价格都可以成为平台企业的理性选择,这是由网络效应决定的,这种定价可能并不是出于掠夺性的考虑。这种定价只是为了获取更多的参与者,甚至只是为了达到进入市场门槛的平台用户规模所采取的手段。所以在对平台企业的掠夺性定价判定的过程中,我们需要注意到这一点。

已经有一些在单边市场下判断企业是否有反竞争行为的测试被应用在反垄断认定环节中,它们主要是:

(1) 利润牺牲测试(the profit sacrifice test)。如果企业出现了自愿减少利润的行为,而企业并没有消除或减少竞争的倾向,则被视为违法。

(2) 违反经济直觉测试(the no economic sense test)。如果企业出现了违反经济直觉与常识的行为,而企业并没有消除或减少竞争的倾向,则被视为违法。

(3) 同等效率企业测试(the equally efficient firm test)。如果处于支配地位企业试图将与其效率相近的企业排除出市场,则被视为违法。

这三种测试都有自身的缺陷。首先,利润牺牲测试存在两个有争议的地方。第一,短期的利润牺牲并不一定是排他性行为,所以这种测试会"误伤"一些企业;第二,一些限制竞争的利润牺牲行为在宏观上可能会提高社会或消费者的福利,这种行为不应被认定为排他性行为。

违反经济直觉测试则不单纯从利润角度去考虑企业的反竞争行为,只要是能为企业带来经济收益的反竞争行为都被认为是违法的,在这个过程中并不考虑企业的成本。这解决了利润牺牲测试简单地将企业的利润与排他性行为关联在一起的问题,因为这种联系可能并不是清晰的。但与此同时,这种测试并没有解决排他性行为可能带来的福利效应。

最后,同等效率企业测试的问题在于效率的衡量与比较。在产品差异化与商业模式差异化的情况下,我们很难对企业的"效率"有一个精确的衡量。同时这一测试只把居于支配地位的企业将同等效率的企业排除出市场认定为违法,但实际上居于支配地位的企业本身就是高效率企业,新进入的企业与竞争者需要很长时间才能达到甚至超过这些在位者的效率,而我们已经看到行业巨头出于对未来竞争的担心而去收购可能造成威胁的初创公司的行为,但这种测试并没有将其涵盖进去。

上面提到的这些测试将企业的定价结果与市场势力结合起来,而具有市场势力的企业将会使用我们前文提到的勒纳指数的形式,根据弹性设定一个高于边际成本的价格,这与双边市场情况下的逻辑是一样的。但正如我们提到的,双边市场下允许平台进行低于成本的定价,所以单边市场下的成本收益分析并不能直接完整应用到双边市场。在这里我们必须同时考虑市场两端的定价,在交易性市场下,市场两端的总价格才是市场势力的衡量变量。所以针对双边市场,合理的成本收益分析应该要考虑到市场两端的价格及收益。具体地,如果:

$$P_A+P_B<C$$

则这可能是双边市场下的掠夺性定价行为。

对于非交易性市场来说,思路与前文类似,只不过在这里我们只需要考虑一端定价。如果我们认定总利润为负是一种掠夺性定价,那么我们会有:

$$(P_A-C_A)+(P_B-C_B)D_{AB}<0$$

$$(P_B-C_B)+(P_A-C_A)D_{BA}<0$$

值得注意的是,考虑到网络效应,在进行排他性滥用的判断时,在同一市场上的竞争对手应该具有相同的规模,但对于平台来说,处于支配地位的平台往往很少有同等效率的竞争对手。所以在这里针对双边市场,我们使用类似利润牺牲测试的方法来测试其掠夺性定价行为,尽管这一测试有诸多的问题。

在这一部分介绍了针对双边市场的三类反垄断认定工具:市场界定、并购分析与排他性滥用评估。我们从三类双边市场的需求函数开始，为大家初步介绍了这三种反垄断认定的数量工具。目前针对平台企业的反垄断认定还存在很多需要深入研究的问题。随着互联网平台不断壮大，反垄断越来越需要交叉学科的背景知识来进行，本章中为大家介绍的反垄断认定工具与逻辑也只是起到启发的作用，但我们从这些判断标准的推导中已经可以看出双边市场的网络效应对于企业定价行为的深入影响，能让我们更好地理解双边市场的定价行为。关于反垄断的案例与实践可能还需要更多的现实例子来介绍，有兴趣的读者可以多关注平台企业反垄断案例的发展。

本章小结

平台与双边市场的相关理论虽然较早提出，但随着互联网经济的兴起，平台与双边市场的理论与应用越来越被重视起来，同时平台与双边市场的理论不仅限于分析平台企业，普通的企业可以看作平台，学校、医院甚至城市都可以看作平台。从平台的视角来观察这些市场主体，可能会有不同的结论。根据本章的分析，我们得到如下结论：

1. 平台企业的基础模式是中间商模式，中间商模式根据组织形式的不同又可以进一步分为经销商模式与平台经营者模式，平台企业的具体选择取决于不同的市场与成本结构。在中间商模式下，间接网络外部性的特点显现出来，一方加入市场的决策会取决于另一方是否加入，这也是分析双边市场的起点。

2. 具有间接网络外部性与两端互补性的市场称为双边市场，双边市场中的平台企业定价不仅要考虑绝对的价格水平，也要考虑如何在平台两端分配价格，即价格结构。

3. 在垄断的双边市场下，平台企业的最优价格结构取决于网络外部性的结构，同时一端的定价通过网络外部性会影响到另一端的定价，在极端情况下，为了吸引参与者，平台企业甚至可以在一端给出负定价。

4. 在存在两个平台竞争的情况下，如果只允许一个平台存活，那么由于网络外部性的存在，一个平台存活的社会福利最大。

5. 在存在两个平台竞争的情况下，如果允许两个平台进行寡头竞争，那么根据卖家是否存在“多属”行为，平台企业的最优定价也会存在不同，相对于单属情况，在多属情况下，平台对卖家收取的费用更高，而对买家收取的价格更低，我们称之为“竞争瓶颈效应”。

6. 对于双边市场与平台企业的反垄断认定工具主要有市场界定、并购的潜在价格效应与排他性行为。通常我们需要先对被调查企业进行相应的市场界定，再去分析其在相应市场上的市场势力、垄断行为等。对于双边市场和平台企业来说，这些反垄断认定工具最大的特点依旧是考虑网络外部性。

思考题

1. 回忆本章第二节平台经营者模式的模型设定，在正文中我们假设在第二阶段卖家设定价格 p，现在我们假设价格由消费者最大化净效用给出,卖家为价格接受者,请仿照正文中的方法推导平台利润最大化的交易费用和利润。

2. 在正文中我们假设双边平台只对平台参与者收取会员费 m_k^i,但在生活中更多的平台企业同时收取会员费 m_k^i 和单笔交易的交易费 t_k^i。假设存在两个进行"两步收费"的双边平台企业相互竞争,卖家 s 和买家 b 进入市场不仅要缴纳一次性的会员费 m_k^i,在平台上进行的每笔交易还需要交纳交易费 t_k^i,平台企业需要确定最优的 m_k^i 和 t_k^i。

(1) 假设不存在基础效用 r_k,请仿照本章第二节买家和卖家的总剩余表达式写出在两步收费下买家和卖家的总剩余表达式 v_{b}^i,v_{s}^i。

(2) 我们假设两个平台 1 和 2 按照本章第二节所描述的单属情况下的 Hotelling 模型进行竞争,两个平台不同端参与者数量为 n_k^i,异质性水平(交易成本)为 τ_k,请仿照本章第二节中的求解方法求解平台 i 两端的参与人数 n_{b}^i,n_{s}^i。

(3) 写出平台 i 的利润表达式,并求解在对称均衡 $m_k \equiv m_k^1 = m_k^2$,$t_k \equiv t_k^1 = t_k^2$ 下的最优会员费与交易费。

3. 在正文我们对双边市场进行刻画时,网络效应是非常重要的特点。我们假设网络效应是"组间"的,即一端参与者的效用取决于另一端参与者的数量多少,我们将这一外部性称为"组间外部性"。但实际上,双边市场也会存在着"组内外部性",即一端参与者的效用与本端的参与者数量有关,这一外部性可能为负也可能为正。例如对于滴滴司机来说,本端的组内外部性是负的,因为在用户数量给定的情况下,司机的数量越多自己受到的竞争越大。现在我们就来考虑存在组内外部性的双边市场。给定参与者的净效用表达式为:

$$v_{\mathrm{s}}^i = r_{\mathrm{s}} + \pi(n_{\mathrm{b}}^i, n_{\mathrm{s}}^i) - m_{\mathrm{s}}^i, \quad v_{\mathrm{b}}^i = r_{\mathrm{b}} + u(n_{\mathrm{b}}^i, n_{\mathrm{s}}^i) - m_{\mathrm{b}}^i$$

式中:$\pi(n_{\mathrm{b}}^i, n_{\mathrm{s}}^i)$,$u(n_{\mathrm{b}}^i, n_{\mathrm{s}}^i)$代表一般的外部性形式,即两端的外部性同时依赖于对端和本端参与者数量 n_{b}^i,n_{s}^i,并且这一外部性的函数形式是任意的。

(1) 假设存在两个平台,平台竞争模式依旧与本章第二节描述的 Hotelling 模型一致,请解出每个平台两端的参与者数量 n_{b}^i,n_{s}^i。

(2) 请在对称均衡条件下解出平台企业利润最大化的定价 m_{s} 和 m_{b},并对比只存在组间外部性时的最优定价,说明它们之间的区别。

即测即评

本章参考文献

1. Armstrong M. Competition in Two-Sided Markets. RAND Journal of Economics,2006,37:668-691.

2. Belleflamme P,Peitz M.Industrial Organization:Markets and Strategies. Cambridge University Press,2015.

3. Caillaud B,Jullien B. Chicken & Egg:Competition among Intermediation Service Providers. RAND Journal of Economics,2003,34:309.

4. Hagiu A,Wright J. Multi-sided Platforms. International Journal of Industrial Organization,2015,43:162-174.

5. Eduardo P R, Golovanova S. A Unified Presentation of Competition Analysis in Two-Sided Markets. Journal of Economic Surveys, 2020, 34: 548-571.

第八章

数字贸易

“真正能够给人们带来幸福的，并不是名利、财富和努力工作，而是喜乐的心。”

——Robert Waldinger①

在国际贸易中，距离称得上是最重要的变量，也是国际贸易区别于国内贸易的关键。那么，随着跨境电商的发展，距离对国际贸易的影响究竟会如何改变呢？此外，数字技术不仅改变了传统的贸易方式，而且在创造新的贸易品。对于这些新的贸易形态，我们是否需要新的贸易理论？对于这些问题，编者以管中窥豹的心态，希望通过本章的论述引发读者对这些问题的思考。然而，必须承认的是，到目前为止，我们还不能对这些问题提供令人满意的答案。因为，对数字贸易这种新兴事物的研究才刚刚开始。

本章结构安排如下：第一节介绍数字贸易的内涵、分类和特点。第二节分析跨境电商如何改变传统贸易，又如何重构地理距离与国际贸易的关系。

第一节　数字贸易的内涵、分类和特点

一、数字贸易的内涵

在我国，数字贸易是指依托信息网络和数字技术，在跨境研发、生产、交易、消费活动中产生的，能够以数字订购或数字交付方式实现的货物贸易、服务贸易和跨境数据流动贸易的总和。目前各国对数字贸易的内涵界定大致有两类标准（见表 8-1）：第一个是美国标准，由美国国际贸易委员会（USITC）于 2014 年提出。贸易标的物主要包含通过互联网等数字技术传输的数字化产品，以及运用数字化知识和数字化信息作为投入生产要素生产的实体货物。因此，按照美国标准，只有贸易标的物是运用数字技术生产的产品才算数字贸易，跨境电子商务不属于数字贸易的范畴。第二个是经济发展与合作组织（OECD）、世界贸易组织（WTO）和国际货币基金组织（IMF）公认的标准。该标准认为，数字贸易是

① 引自哈佛大学研究报告。

所有以数字方式订购和以数字方式交付的国际交易。其中,以数字方式订购的定义为,以计算机网络来专门作为接收或下单的方法而进行的一种货物或服务的国际交易;以数字方式交付的定义为,使用专门的计算机网络以电子格式远程交付的国际交易(Fortanier 和 Matei,2018)。

表 8-1 代表性国家与国际组织对数字贸易的定义

	机构名称	报告	年份	具体内涵界定
各国官方机构	USITC	《美国和全球经济中的数字贸易》(第一次报告)	2013	数字贸易为利用互联网传输产品和服务的商业活动
		《美国和全球经济中的数字贸易》(第二次报告)	2014	数字贸易为互联网以及基于互联网的技术在产品和服务的订购、生产或交付中扮演重要角色的国内和国际贸易
	欧盟	《数字单一市场》	2015	数字贸易是利用数字技术向个人和企业提供数字产品和服务
	日本	《通商白皮书》	2018	数字贸易是基于互联网技术,向消费者提供商品、服务与信息的商务活动
	中国	《中国数字贸易发展报告 2020》	2020	数字贸易依托信息网络和数字技术,在跨境研发、生产、交易、消费活动中产生的,能够以数字订购或数字交付方式实现的货物贸易、服务贸易和跨境数据流动贸易的总和
国际组织	WTO	《关于全球电子商务的宣言》	1998	电子商务是以电子方式生产、分配、市场营销或交付货物和服务的过程
	OECD	《数字贸易:发展分析框架》	2017	满足数字订购的交易、平台促成的交易和数字交付的贸易即为数字贸易
	OECD、WTO、IMF	《数字贸易计量手册》	2018	数字贸易是所有以数字方式订购和以数字方式交付的国际交易

中国对数字贸易内涵的界定与第二种标准更为接近,但更为全面和具体。商务部研究院国际服务贸易研究所发布的《全球数字贸易与中国发展报告 2021》将数字贸易的内容划分为数字货物贸易、数字服务贸易与跨境数据要素贸易。其中,数字货物贸易是指以数字订购和数字交付为主要实现方式的贸易,如跨境电子商务等。数字服务贸易为通过信息通信网络(语音和数据网络等)传输的数字服务贸易,包括数字媒体、数字出版等数字服务,以及包括软件、音乐在内的数字产品(《数字贸易发展与影响白皮书(2019)》)。跨境数据要素贸易是依赖跨境数据流动进行的贸易活动,主要是数字化的知识流和信息流。

二、数字贸易的类型

Fortanier 和 Matei(2018)把数字贸易分为企业对企业(B2B)、企业对消费者(B2C)、消费者对消费者(C2C)三种类型。按照贸易对象、贸易属性(数字订购、平台支持和数字交付)、贸易参与者,数字贸易又可以划分为具体的细类。具体见表 8-2。

表 8-2 数字贸易的类型

贸易对象	贸易属性			贸易参与者	描述	交易案例
	数字订购	平台支持	数字交付			
货物	是	否	否	B2B	A 国的企业直接从 B 国的供应商处购买货物	公司通过 EDI 购买生产中使用的组件
货物	是	否	否	B2C	A 国的消费者直接从 B 国的供应商处购买商品(用于最终消费)	消费者从公司的网店购买服装
货物	是	是	否	B2B	A 国的企业通过位于 A 国、B 国或 C 国的在线平台从 B 国的供应商处购买商品	一家公司通过 eBay 向另一家公司订购办公家具
货物	是	是	否	B2C	A 国的消费者通过位于 A 国、B 国或 C 国的在线平台从 B 国的供应商处购买商品(用于最终消费)	消费者在亚马逊上订购一本实体书
货物	是	是	否	C2C	A 国的消费者通过位于 A 国、B 国或 C 国的在线平台从 B 国的另一消费者处购买商品(用于最终消费)	消费者通过 eBay 购买二手商品
服务	是	否	否	B2B	A 国的企业直接从 B 国的供应商处在线购买服务,且服务以实物形式交付	一家公司通过网站从另一家公司购买运输服务
服务	是	否	否	B2C	A 国的消费者直接从 B 国的供应商处在线购买服务,且服务以实物形式交付	游客通过酒店网站购买酒店住宿服务
服务	是	是	否	B2B	A 国的企业通过位于 A 国、B 国或 C 国的在线平台从 B 国的供应商处购买服务,且服务以实物形式交付	公司购买标准化的维护或维修服务
服务	是	是	否	B2C	A 国的消费者通过位于 A 国、B 国或 C 国的在线平台从 B 国的供应商处购买服务,且服务以实物形式交付	一名游客通过 Uber 预订交通服务
服务	是	是	否	C2C	A 国的消费者通过位于 A 国、B 国或 C 国的在线平台从 B 国的另一消费者处购买服务,且服务以实物形式交付	游客通过 Airbnb 购买住宿服务
服务	是	否	是	B2B	A 国的企业直接从 B 国的供应商处在线购买服务,且服务以数字方式提供	一家公司购买标准化的计算机服务
服务	是	否	是	B2C	A 国的消费者直接从 B 国的供应商处在线购买服务,且服务以数字方式提供	消费者购买人寿保险单
服务	是	是	是	B2B	A 国的企业通过位于 A 国、B 国或 C 国的在线平台从 B 国的供应商处购买服务,且服务以数字方式提供	公司通过图形设计平台从图形设计公司订购徽标设计

续表

贸易对象	贸易属性			贸易参与者	描述	交易案例
	数字订购	平台支持	数字交付			
服务	是	是	是	B2C	A 国的消费者通过位于 A 国、B 国或 C 国的在线平台从 B 国的供应商处购买服务，且服务以数字方式提供	消费者订阅音乐流媒体服务
服务	是	是	是	C2C	A 国的消费者通过位于 A 国、B 国或 C 国的在线平台从 B 国的消费者处购买服务，且服务以数字方式提供	消费者通过 Ravelry 向另一消费者订购针织图案
服务	否	否	是	B2B	A 国的企业直接从 B 国的供应商处线下订购服务，且服务以数字方式提供	公司购买定制咨询服务或业务流程外包（BPO）服务
服务	否	否	是	B2C	A 国的消费者直接从 B 国的供应商处离线购买服务，且服务以数字方式提供	外国学生通过在线讲座购买教育服务

资料来源：《数字贸易计量手册》（Handbook on Measuring Digital Trade）。

三、数字贸易的特点

数字贸易与传统贸易的差异主要有以下方面：

（一）贸易标的数字化

与传统贸易仅能对实体商品进行线下运输相比，数字贸易能够通过跨境电子商务平台传输投入数字化信息与知识等要素生产的实体货物，通过数字技术传输数字化产品和服务以及其他的信息流（González 和 Jouanjean，2017）。从贸易发生的原因来看，传统贸易理论依然对以数据和数字内容为标的物的数字贸易拥有解释力。但与传统贸易不同的是，数据和数字内容具有低复制成本、非竞争性和非排他性特征，同时也涉及消费者隐私以及国家安全问题，这对贸易政策制定无论是在理论上还是在实证上都提出了挑战。在本书的后续章节，我们会对这些问题做更为详尽的介绍。

（二）贸易方式数字化

其一，沟通方式数字化。借助高新数字技术，改变产品与服务的企业、客户以及平台之间的互动方式，使得贸易供求双方跨越时空的限制进行直接沟通成为可能。

其二，传输方式虚拟化。针对数字贸易中的数字化产品与服务，供给方能够通过网络虚拟平台向客户传输数字产品或提供数字服务，优化数字产品与服务供需双方的交易方式。

其三，支付方式电子化。客户在收到数字化产品与服务，或是实体货物后，不需要向供货商支付实体货币，可以直接通过电子商务平台支付相应的报酬，实现支付方式电子化。

数字技术使得跨境电商平台成为新的贸易参与者。平台的介入一是降低了企业进入国际市场的沉没成本,企业不需要在国外建立营销渠道就可以进入国际市场;二是为消费者提供产品信息,通过平台,消费者能够更容易地了解产品信息,从而降低搜寻成本;三是对产品的质量进行筛选,从而可以降低买卖双方信息不对称程度。

(三)贸易主体多元化

数字技术为发展中国家的企业或是各国的中小企业等弱势群体提供参与全球贸易的机会,改善传统贸易模式下大企业主导贸易的问题,降低市场中的信息不对称问题,在市场中营造更为公平的竞争环境,同时,消费者能够通过更广泛的渠道接触新商品和更方便的服务(González,2018)。值得注意的是,不同经济体信息技术基础设施与相关技能存在差距,因此,数字基础设施较为落后的国家将无法参与数字贸易,从而加剧了数字贸易中参与国之间的收益不平等(Fortanier 和 Matei,2018)。

(四)贸易壁垒复杂化

随着贸易主体、方式和贸易对象的数字化,贸易壁垒也会出现新的表现形式。第一,本地化措施,包括要求数据服务器位于国内、要求本地内容或者技术的政策。一国通过采取本地化政策,虽然能够保护国内企业发展,维护国家安全,但会对国外相关行业企业的发展产生负面影响。第二,跨境数据流限制。各国政府不断加强对跨境数据流的限制,增加了跨境数据流的传输成本和时间,从而加剧了企业数字贸易的不确定性。第三,知识产权保护。数字内容提供商的知识产权保护是全球数字贸易发展的关键因素,但在数字经济的经济形态下,对知识产权进行保护的困难增加(Williamson 等,2013)。

第二节 跨境电商与“引力方程”

基于同质化企业的国际贸易理论有一个经典的结论,即产品间更高的替代弹性会放大贸易壁垒对双边贸易流的影响(Krugman,1980)。该结论的经济学含义是显而易见的:产品的替代性越强,消费者对价格和地理距离越敏感,国际贸易的距离弹性也就越大。然而,大量的经验证据表明,对于替代弹性较大的差异化产品而言,其距离弹性通常是高于同质化产品的。因此,传统的引力模型实际上是存在扭曲的,Chaney(2008)称之为“扭曲的引力模型”(distorted gravity)。为了对传统贸易理论的预测进行纠正,Chaney(2008)引入了企业异质性以及出口固定成本,从而弥合理论与现实之间的缺口。

由于引入了固定贸易成本和企业异质性,Chaney 模型增加了一个新的贸易边际:扩展边际。当运输成本变化时,国际贸易的调整会体现在两个方面。一方面,每个在位出口企业会调整出口规模(集约边际);另一方面,出口企业的集合也会发生变化(扩展边际)。Chaney(2008)证明,替代弹性对两个边际的影响是相反的:更大的替代弹性使集约边际对贸易壁垒的变化更为敏感,但使扩展边际对贸易壁垒的变化不那么敏感。在企业生产率服从帕累托分布的前提下,后者的影响占主导地位。

本节首先介绍距离对线下贸易的影响,然后将其拓展至线上贸易的情况,探讨电子商务时代国际贸易的距离弹性有何变化。

一、线下贸易的引力模型:Chaney(2008)

(一)消费者偏好

假设存在 N 个潜在的不对称国家,每个国家的生产仅需要劳动 1 种要素。国家 n 的人口规模为 L_n。消费者通过消费 H+1 部门商品实现效用最大化,其中部门 0 提供同质化商品,其余 H 部门则由连续的差异化商品构成。假设代表性消费者购买 q_0 单位 0 部门商品以及 $q^h(\omega)$ 单位 h 部门商品 ω 的效用函数为:

$$U \equiv q_0^{\mu_0} \prod_{h=1}^{H} \left(\int_{\Omega_h} q^h(\omega)^{\frac{\sigma_h - 1}{\sigma_h}} \mathrm{d}\omega \right)^{\frac{\sigma_h}{\sigma_h - 1} \times \mu_h} \tag{8-1}$$

式中:$\mu_0 + \sum_{h=1}^{H} \mu_h = 1$ 且 $\sigma_h>1$ 表示 h 部门内任意两种商品的替代弹性;μ_h 表示对部门 h 的支出份额。

我们假设 $H>1$,从而可以比较不同部门间的产品差异化程度。

1. 贸易壁垒和技术

假设部门 0 可以进行自由贸易且被用作计价单位,在生产过程中遵循规模报酬不变原则:n 国 1 单位劳动可以生产 w_n 单位 0 商品,对应 n 国工资为 w_n。每个国家在人口规模(L_n)和生产率(w_n)方面存在差异。在国际贸易往来中,存在两种贸易成本:可变成本与固定成本。其中,可变成本表现为货物的冰山运输成本:如果将 1 单位 h 部门商品由 i 国运输至 j 国,则仅有 $1/\tau_{ji}^h$ 单位可以到达 j 国,其余部分则消耗在运输过程中。这就意味着 τ_{ji}^h 越大,可变成本越高。此外,如果 i 国 h 部门企业商品想要出口至 j 国,还需要支付 f_{ij}^h 单位固定成本。

在技术方面,我们假设所有国家拥有相同的技术水平。由于固定成本的存在,差异化部门的企业出口呈规模报酬递增状态,部门内每个企业抽样得到随机的生产率 φ,因此 i 国 h 部门生产率为 φ 的企业,生产 q 单位商品并将其出口至 j 国的总成本为:

$$C_{ij}^h(q) = \left(\frac{w_i \tau_{ij}^h}{\varphi} \right) q + f_{ij}^h \tag{8-2}$$

假定企业是价格的设定者。给定需求函数是等弹性的,则商品在目的国 j 市场上的最优售价为:

$$p_{ij}^h(\varphi) = \frac{\sigma_h}{\sigma_h - 1} \times \frac{w_i \tau_{ij}^h}{\varphi}$$

参照 Helpman 等(2004)的做法,我们假设企业生产率服从帕累托分布。这样做一是

为了简化计算,二是因为帕累托分布能很好地拟合美国企业的生产率分布:

$$P(\tilde{\varphi}_h<\varphi)=G_h(\varphi)=1-(\varphi)^{-\gamma_h},\varphi\geqslant 1 \tag{8-3}$$

式中:γ_h 为形状参数,满足 $\gamma_h>\sigma_h-1$。

γ_h 可以用来测度部门内企业间的差异化程度:γ_h 越大,表示企业同质化越严重,更多的产出集中在规模较小、生产率较低的企业。

我们假设在每个国家的差异化部门中,潜在进入者的数量与 w_nL_n 成比例,因此规模越大、越富裕的国家进入者越多,这一研究假设有助于简化分析。企业产生净利润后需要再分配:假设存在一个全球基金,每位劳动者持有其中的 w_n 份股份。该基金负责收集企业净利润,并按照持股份额重新分配给每位劳动者。

2. 对差异化商品的需求

j 国消费者的总收入 Y_j,包括劳动收入(w_jL_j)以及全球基金的股息收入($w_jL_j\pi$),其中 π 为每股股息收入。给定企业设定的最优价格和消费者需求,可得 i 国 h 部门生产率为 φ 的企业出口至 j 国的规模:

$$x_{ij}^h(\varphi)=p_{ij}^h(\varphi)q_{ij}^h(\varphi)=\mu_hY_j\left(\frac{p_{ij}^h(\varphi)}{P_j^h}\right)^{1-\sigma_h} \tag{8-4}$$

式中:P_j^h 表示 j 国 h 部门价格指数。

当 k 国 h 部门中仅有 $\varphi>\bar{\varphi}_{kj}^h$ 企业才可以出口至 j 国时,P_j^h 和每股股息收入 π 的表达式如下:

$$P_j^h=\left[\sum_{k=1}^N w_kL_k\int_{\bar{\varphi}_{kj}^h}\left(\frac{\sigma_h}{\sigma_h-1}\times\frac{w_k\tau_{kj}^h}{\varphi}\right)^{1-\sigma_h}\mathrm{d}G_h(\varphi)\right]^{\frac{1}{1-\sigma_h}} \tag{8-5}$$

$$\pi=\frac{\sum_{h=1}^H\sum_{k,l=1}^N w_kL_k\left(\int_{\bar{\varphi}_{kl}^h}\pi_{kl}^h(\varphi)\mathrm{d}G_h(\varphi)\right)}{\sum_{n=1}^N w_nL_n} \tag{8-6}$$

式中:$\pi_{kl}^h(\varphi)$ 表示 k 国 h 部门生产率为 φ 的企业出口至 l 国的净利润,表示为 $\pi_{kl}^h(\varphi)=[p_{kl}^h(\varphi)-c_{kl}^h(\varphi)]q_{kl}^h(\varphi)-f_{kl}^h(\varphi)$;$\frac{w_k\tau_{kj}^h}{\varphi}$ 为企业的边际成本。

后文中我们将研究的焦点放在 h 部门,为简化起见,省略上标 h。其他部门的分析与此类似。

(二)异质性企业的出口决策

对企业而言,给定其他企业的生产与出口决策和消费者偏好,企业决定出口目的国以及在每个出口目的国的销售价格。需要指出的是,企业是否进入某一特定市场取决于其预期该市场的竞争程度,而市场竞争程度转而又决定了哪些企业可以进入该市场。

1. 生产率门槛

低效率企业进入国际市场时,其较低的利润水平不足以抵消出口固定成本,因此只有部分国内企业可以出口至国际市场,我们称之为出口企业集。这一集合会随着目的国市场特征的变化而变化。已知 i 国生产率为 φ 的企业出口至 j 国的利润为:

$$\pi_{ij}^{h}(\varphi)=\frac{\mu}{\sigma}Y_{j}\left(\frac{\sigma}{\sigma-1}\frac{w_{i}\tau_{ij}}{\varphi}\frac{1}{P}\right)^{1-\sigma}-f_{ij}^{h}$$

令 $\pi_{ij}^{h}(\varphi)=0$,得到 i 国企业出口至 j 国的生产率门槛 $\bar{\varphi}_{ij}$:

$$\bar{\varphi}_{ij}=\lambda_{1}\left(\frac{f_{ij}}{Y_{j}}\right)^{\frac{1}{\sigma-1}}\frac{w_{i}\tau_{ij}}{P_{j}} \tag{8-7}$$

式中:λ_1 为常数,表示为 $\lambda_{1}=\frac{\sigma}{\sigma-1}\left(\frac{\sigma}{\mu}\right)^{\frac{1}{\sigma-1}}$。

我们假设贸易壁垒足够高,从而有 $\forall k,l,\bar{\varphi}_{kl}>1$。

2. 均衡价格指数

到目前为止,我们仍然假定价格指数是给定的,然而 P_j 也会根据目的国特征发生变化。由于前文中我们假定工资和潜在的进入者数量是外生给定的,因此 i 国能够出口至 j 国的企业集仅取决于目的国 j 的特征。将生产率门槛 $\bar{\varphi}_{ij}$ 代入价格指数式(8-5),可以得到均衡条件下的价格指数:

$$P_{j}=\lambda_{2}\times Y_{j}^{\frac{1}{\gamma}-\frac{1}{\sigma-1}}\times\theta_{j} \tag{8-8}$$

式中:λ_2 为常数①;Y 为世界产出,由 N 个国家产出加总得到;Y_j 为国家 j 的产出;θ_j 为 j 国与世界其他国家的贸易距离,表示为 $\theta_{j}^{-\gamma}\equiv\sum_{k=1}^{N}(Y_{k}/Y)\times(w_{k}\tau_{kj})^{-\gamma}\times f_{kj}^{-\left(\frac{\gamma}{\sigma-1}-1\right)}$。

3. 均衡条件下的出口规模、生产率门槛以及利润水平

单个企业的出口规模取决于生产率、贸易壁垒、总需求、企业面临的竞争者以及价格。将式(8-8)中的价格指数 P_j 分别代入需求函数和生产率门槛,可以求解企业层面出口规模 $x_{ij}(\varphi)$ 、生产率门槛 $\bar{\varphi}_{ij}$、产出 Y_j 和每股股息收益 π:

$$\begin{cases}x_{ij}(\varphi)=\begin{cases}\lambda_{3}\times\left(\dfrac{Y_{j}}{Y}\right)^{\frac{\sigma-1}{\gamma}}\times\left(\dfrac{\theta_{j}}{w_{i}\tau_{ij}}\right)^{\sigma-1}\times\varphi^{\sigma-1}, & \varphi\geqslant\bar{\varphi}_{ij}\\ 0 & ,\quad\varphi<\bar{\varphi}_{ij}\end{cases}\\ \bar{\varphi}_{ij}=\lambda_{4}\times\left(\dfrac{Y}{Y_{j}}\right)^{\frac{1}{\gamma}}\times\left(\dfrac{w_{i}\tau_{ij}}{\theta_{j}}\right)\times f_{ij}^{1/(\sigma-1)}\\ Y_{i}=(1+\lambda_{5})\times w_{i}L_{i}\\ \pi=\lambda_{5}\end{cases} \tag{8-9}$$

① $\lambda_{2}=\left(\frac{\gamma-(\sigma-1)}{\gamma}\right)\left(\frac{\sigma}{\mu}\right)^{\frac{\gamma}{\sigma-1}-1}\left(\frac{\sigma}{\sigma-1}\right)^{\gamma}\left(\frac{1+\pi}{Y}\right)$。

式中：λ_3、λ_4、λ_5 为常数。①

将企业层面数据加总，就可以得到 i 国 h 部门出口至 j 国的总规模 X_{ij}^h。至此我们得到命题 8-1。

命题 8-1

i 国 h 部门出口至 j 国的总规模 X_{ij}^h 可以表示为如下形式。显然，X_{ij}^h 是市场规模（Y_i，Y_j）、工人生产效率（w_i）、可变及固定成本（τ_{ij}^h，f_{ij}^h）以及 j 国与世界其他国家贸易距离（θ_j^h）的函数。

$$X_{ij}^h=\mu_h\times\frac{Y_i\times Y_j}{Y}\times\left(\frac{w_i\tau_{ij}^h}{\theta_j^h}\right)^{-\gamma_h}\times(f_{ij}^h)^{-\left(\frac{\gamma_h}{\sigma_h-1}-1\right)} \tag{8-10}$$

（三）贸易的集约边际与扩展边际：替代弹性

本部分主要探讨替代弹性的变化如何影响贸易壁垒对扩展边际及集约边际的作用。

首先，我们令 ζ、ξ 分别表示可变成本和固定成本的贸易弹性，即 $\zeta\equiv-\frac{\mathrm{dln}\ X_{ij}}{\mathrm{dln}\ \tau_{ij}}$，$\xi\equiv-\frac{\mathrm{dln}\ X_{ij}}{\mathrm{dln}\ f_{ij}}$。接下来，我们将两种贸易壁垒对出口规模的影响分别拆解为集约边际与扩展边际。其中，集约边际表示每个在位出口企业出口规模的变化，而扩展边际表示出口企业集的变化，例如当贸易成本下降时，部分相对低效率的企业、新企业开始进入国际市场。对双边出口规模 $X_{ij}=w_iL_i\int_{\bar{\varphi}_{ij}}x_{ij}(\varphi)\mathrm{d}G(\varphi)$ 进行全微分，得到如下表达式：

$$\begin{aligned}\mathrm{d}X_{ij}=&\left(w_iL_i\int_{\bar{\varphi}_{ij}}^{\infty}\frac{\partial x_{ij}(\varphi)}{\partial\tau_{ij}}\mathrm{d}G(\varphi)\right)\mathrm{d}\tau_{ij}-\left(w_iL_ix_{ij}(\bar{\varphi}_{ij})G'(\bar{\varphi}_{ij})\frac{\partial\bar{\varphi}_{ij}}{\partial\tau_{ij}}\right)\mathrm{d}\tau_{ij}\\&+\underbrace{\left(w_iL_i\int_{\bar{\varphi}_{ij}}^{\infty}\frac{\partial x_{ij}(\varphi)}{\partial f_{ij}}\mathrm{d}G(\varphi)\right)\mathrm{d}f_{ij}}_{\text{集约边际}}-\underbrace{\left(w_iL_ix_{ij}(\bar{\varphi}_{ij})G'(\bar{\varphi}_{ij})\frac{\partial\bar{\varphi}_{ij}}{\partial f_{ij}}\right)\mathrm{d}f_{ij}}_{\text{扩展边际}}\end{aligned}$$

当贸易成本下降时，每个在位出口企业（$\varphi>\bar{\varphi}_{ij}$）的出口规模增加（$x_{ij}$增加），这是集约边际的变化。与此同时，更低的出口贸易成本以及随之而来的更高的企业利润会吸引新的、相对低效率的企业进入出口市场（$\bar{\varphi}_{ij}$下降），这是扩展边际的变化。

继续整理，得到可变成本的贸易弹性以及对不同边际的影响：

$$\zeta\equiv-\frac{\mathrm{dln}\ X_{ij}}{\mathrm{dln}\ \tau_{ij}}=\underbrace{(\sigma-1)}_{\text{集约边际}}+\underbrace{[\gamma-(\sigma-1)]}_{\text{扩展边际}}=\gamma$$

---

① $\lambda_3=\sigma\lambda_4^{1-\sigma}$，$\lambda_4=[\sigma/\mu\times\gamma/(\gamma-(\sigma-1))\times1/(1+\lambda_5)]^{\frac{1}{\gamma}}$，$\lambda_5=\frac{\sum_{h=1}^{H}\left(\frac{\sigma_h-1}{\gamma_h}\right)\frac{\mu_h}{\sigma_h}}{1-\sum_{h=1}^{H}\left(\frac{\sigma_h-1}{\gamma_h}\right)\frac{\mu_h}{\sigma_h}}$。

显然,当可变贸易成本增加时,σ 会放大其对集约边际的影响($\sigma-1$ 是 σ 的增函数),但削弱其对扩展边际的影响($[\gamma-(\sigma-1)]$ 随 σ 的增加而减小)。加总后 σ 对两种边际的作用相互抵消,此时有 $\frac{\partial\zeta}{\partial\sigma}=0$。

类似地,固定成本的贸易弹性以及对不同边际的影响可以表示为:

$$\xi \equiv -\frac{\mathrm{dln}\,X_{ij}}{\mathrm{dln}\,f_{ij}} = \underbrace{0}_{\text{集约边际弹性}} + \underbrace{\frac{\gamma}{\sigma-1}-1}_{\text{扩展边际弹性}} = \frac{\gamma}{\sigma-1}-1$$

由此可以发现当固定成本变化时,σ 不影响集约边际,但会削弱其对扩展边际的影响$\left(\frac{\gamma}{\sigma-1}-1\text{ 随 }\sigma\text{ 的增加而下降}\right)$。加总得到 σ 对固定成本的贸易弹性的影响是负的,即 $\frac{\partial\xi}{\partial\sigma}<0$。由此我们得到命题 8-2。

命题 8-2

替代弹性(σ)对可变成本的贸易弹性(ζ)不存在影响$\left(\frac{\partial\zeta}{\partial\sigma}=0\right)$,但对固定成本的贸易弹性($\xi$)的影响是负的$\left(\frac{\partial\xi}{\partial\sigma}<0\right)$。

直观的解释如下:当产品间差异化程度很高(对应 σ 很小)时,消费者对每种商品的需求不受或较少受贸易成本的影响。换言之,贸易壁垒对企业集约边际的影响较小,这也是 Krugman(1980)主要的研究结论。但替代弹性对扩展边际的影响要复杂得多。当 σ 很小时,不论生产率高低,每家出口企业因为其产品的独特性都可以在激烈的国际市场竞争中占据一席之地。当贸易成本下降时,生产率较低的企业也开始进入出口市场,并且由于产品差异化程度较大,这部分新进入企业也可以占据较大的市场份额。因此,当 σ 很小时,贸易壁垒的变化会极大地影响扩展边际。

综上,本部分结合理论分析解释了为什么替代弹性对贸易的集约边际和扩展边际的影响是相反的。更大的替代弹性使得集约边际对贸易壁垒的变化更加敏感,但使扩展边际对贸易壁垒的变化不敏感。那么,σ 对两种边际的净影响是怎样的呢?根据命题 8-2 可知,在企业生产率服从帕累托分布的研究假设下,扩展边际的影响占据主导地位,即总体而言,较大的替代弹性会削弱贸易壁垒对贸易流的影响。

二、线上贸易与扭曲的引力方程(Feng and Wang,2020)

本部分引入线上贸易的关键特征,并探讨距离对跨境电子商务的影响。厂商和消费者的行为及时间设定如下:首先,M 家企业通过支付 F 单位固定成本进入市场,抽样得到初始生产率 φ。给定初始生产率 φ 后,假定每家企业仅参与线上销售。相应地,消费者也只通过线上消费:给定总商品种类或企业数量后,消费者为每件线上浏览的商品支付搜索成本 e,并从中挑选出最优的 m 件商品进入其消费集。最后,进入消费集的商品生产商决定最优的生产数量和价格,消费者决定最优的消费数量。

(一)消费者偏好

假设存在 N 个潜在的非对称国家,每个国家的生产仅需要劳动 1 种要素。国家 j 的人口数量为 L_j 且每人仅能提供 1 单位劳动。消费者通过消费 $H+1$ 部门商品实现效用最大化,其中部门 0 提供同质化商品,其余 H 部门则由连续的差异化商品构成。[①] 代表性消费者的效用函数由两阶段组成:首先,消费者在每部门内选择最优的商品种类 m_j^h 进行线上浏览。然后,给定消费集,消费者决定集合内每种商品最优的消费数量 $q_{ij}^h(\omega)$。具体地,j 国代表性消费者购买 q_0 单位部门 0 商品以及 $q_{ij}^h(\omega)$ 单位从 i 国($i=1,2,\cdots,N$)出口至 j 国的 h 部门商品 ω 的效用函数为:

$$U \equiv q_0^{\mu_0} \prod_{h=1}^{H} \left(\sum_{i}^{N} \int_{\omega \in \Omega_{ij}^h} \left(\frac{q_{ij}^h(\omega)}{e_{ij}^h(\omega)} \right)^{\frac{\sigma_h - 1}{\sigma_h}} \mathrm{d}\omega \right)^{\frac{\sigma_h}{\sigma_h - 1} \times \mu_h} \tag{8-11}$$

式中:Ω_{ij}^h表示 h 部门由 i 国出口至 j 国的所有商品集合;$\mu_0 + \sum_{h=1}^{H} \mu_h = 1$ 且 $\sigma_h>1$ 表示 h 部门内任意两种商品的替代弹性。

$e_{ij}^h(\omega)$表示消费者为了解商品属性需要花费的搜索成本,满足如下形式:

$$e_{ij}^h(\omega) = [p_{ij}^h(\omega)]^{\alpha} (1-sm_j^h)^{-\beta} \tag{8-12}$$

式中:$\alpha>0$ 用来测度商品排名效用(ranking effect)的大小:我们假设所有线上商品均按照价格由低到高排列,因此价格低的商品总是优先呈现给消费者,对应较低的搜索成本。$m_j^h = \sum_{i=1}^{N} m_{ij}^h$,表示 h 部门的商品种类,包括 j 国本国生产(m_{jj}^h)以及从其他国家进口(m_{ij}^h)的所有商品集合。s 为常数项且 $s>0$。

相对于垄断竞争条件下消费者效用函数的设定,式(8-11)的不同之处体现在以下两个方面:首先,本部分中的效用函数捕捉到了消费者线上消费的主要特征:面对数量繁多的商品种类,消费者不会在了解全部商品以后才决定最优的消费集和消费数量,而是倾向根据特定的商品描述进行定向搜索,体现为式(8-12)中消费者纳入消费集的最优的商品种类的上限 $1/s$。其次,与我们通常观察到的现象一致,大企业的销售业绩往往更突出(Armstrong 等,2009;Armstrong 和 Zhou,2011)。本部分假设消费者线上浏览时,价格低的商品总是优先呈现给消费者,即其搜索成本更低。这就意味着在均衡状态下,生产率更高的企业,其商品更易进入消费集。如前所述,我们称这一现象为“排名效应”。

给定商品 ω 进入消费者最优的消费集,那么根据效用最大化可以计算从 i 国出口至 j 国的 h 部门商品数量(q_{ij}^h)和规模(x_{ij}^h):

---

① 为了使商品差异化不同的部门间可比,这里假设 $H>1$。

$$q_{ij}^{h}=\mu_{h}Y_{j}\left(p_{ij}^{h}\right)^{-\sigma}\left(\frac{e_{ij}^{h}}{P_{j}^{h}}\right)^{1-\sigma}$$

$$x_{ij}^{h}=p_{ij}^{h}q_{ij}^{h}=\mu_{h}Y_{j}\left(\frac{p_{ij}^{h}e_{ij}^{h}}{P_{j}^{h}}\right)^{1-\sigma} \tag{8-13}$$

式中：Y_j 表示 j 国消费者总收入；$P_j^h=\left[\sum_{i=1}^{N}w_iL_i\int_{\omega\in\Omega_{ij}^h}\left(p_{ij}^he_{ij}^h\right)^{1-\sigma}\mathrm{d}w\right]^{\frac{1}{1-\sigma_h}}$，表示 j 国 h 部门价格指数；$p_{ij}^he_{ij}^h$ 表示包含销售价格和搜索成本的实际商品价格。

（二）厂商生产

假设部门0的商品在生产过程中遵循规模报酬不变原则：i 国1单位劳动可以生产 w_i 单位0商品，对应 i 国工资为 w_i。在贸易成本方面，本部分假设仅存在可变成本 τ_{ij}^h（例如运输成本）：i 国在 j 国销售的每单位差异化商品 h，需要从 i 国出口 τ_{ij}^h 单位。需要说明的是，本部分借鉴 Fan 等（2018）的做法，假设线上销售情形下不涉及固定成本（f_{ij}^h），即 $f_{ij}^h=0$。因此，生产率为 φ 的 i 国企业，生产 q 单位 h 部门商品并且将其出口至 j 国的总成本为：

$$c_{ij}^h(q)=\left(\frac{w_i\tau_{ij}^h}{\varphi}\right)q \tag{8-14}$$

给定式（8-14）中的成本函数，如果企业生产的商品在消费者的消费集中，那么该企业的净利润 π_{ij}^h 可以表示为：

$$\pi_{ij}^h(\varphi)=p_{ij}^h(\varphi)q_{ij}^h(\varphi)-c_{ij}^h=p_{ij}^h(\varphi)q_{ij}^h(\varphi)-\left(\frac{w_i\tau_{ij}^h}{\varphi}\right)q_{ij}^h(\varphi)-f_{ij}^h$$

根据企业利润最大化，计算得到最优的商品价格 p_{ij}^h：

$$p_{ij}^h(\varphi)-\frac{w_i\tau_{ij}^h}{\rho^h\varphi} \tag{8-15}$$

式中：$\rho^h\equiv\frac{\eta^h}{\eta^h+1}=\frac{(\alpha^h+1)(\sigma^h-1)}{(\alpha^h+1)(\sigma^h-1)+1}$。

最后，本部分借鉴 Chaney（2008）的做法，假定企业生产率服从帕累托分布，累积分布函数为 $G_h(\varphi)=1-(\varphi/b_h)^{-k_h}$。其中 $\varphi\geqslant b_h$，k_h 为形状参数，满足 $k_h>(\alpha+1)\times(\sigma_h-1)$。值得一提的是，$k_h$ 可以用来衡量企业异质性程度：k_h 越小，表示企业生产率的抽样越分散，企业间差异化程度越大。

本部分首先计算企业进入消费集的生产率门槛，然后计算均衡条件下两国双边贸易流的大小。为了简便起见，后文中我们省略了上标 h。

1. 生产率门槛

给定线上商品按照价格由低到高排列以及价格与企业生产率一一对应的关系，那么消费者确定消费集中最优的商品种类等价于选择企业生产率门槛 $\overline{\varphi}_{ij}$：只有 $\varphi_{ij}>\overline{\varphi}_{ij}$ 的企业才可以进入消费集。$\overline{\varphi}_{ij}$ 的大小需要满足以下两项要求：第一，消费集中来自不同国家的商

品边际效用相同;第二,总进口商品种类不多于消费集。整理得到:

$$\frac{q_{ij}}{e_{ij}}=\frac{q_{zj}}{e_{zj}} \tag{8-16}$$

$$m_j = \sum_{i=1}^{N} m_{ij} = b^k \sum_{i=1}^{N} M_i \left(\bar{\varphi}_{ij}\right)^{-k} \tag{8-17}$$

式中:M_i 为外生变量,表示 i 国企业数目。

将式(8-12)、式(8-13)和式(8-15)中 e_{ij}、q_{ij} 和 p_{ij} 的表达式分别代入上式,重新整理得到生产率门槛的表达式如下:

$$\frac{\bar{\varphi}_{ij}}{\bar{\varphi}_{zj}}=\frac{w_i\tau_{ij}}{w_z\tau_{zj}} \tag{8-18}$$

$$\bar{\varphi}_{ij}=b\left(M\theta_M\right)^{\frac{1}{k}}\left(m_j\right)^{-\frac{1}{k}}\left(w_i\tau_{ij}\right) \tag{8-19}$$

式中:M 表示所有国家加总的企业数目;$\theta_M=\sum_{z=1}^{N}\frac{M_z}{M}\left(w_z\tau_{zj}\right)^{-k}$ 表示以企业数量加权的双边可变贸易成本,可以看作 j 国与世界的贸易距离(Chaney,2008)。

由于 w_i 是外生的,M 和 τ_{ij} 可以由数据直接观测到,因此只要 m_j 是已知的,就可以计算 $\bar{\varphi}_{ij}$ 的大小。为此,我们将式(8-18)和式(8-19)重新代入效用函数式(8-11),然后根据效用最大化,即可计算消费集中最优的商品种类 m_j,表示为:

$$m_j=\frac{1}{s}\times\frac{k-\eta}{k\beta(\sigma-1)+k-\eta} \tag{8-20}$$

此时将式(8-20)代回式(8-19)即可计算 $\bar{\varphi}_{ij}$ 的大小:

$$\bar{\varphi}_{ij}=b\left(\frac{1}{s}\times\frac{k-\eta}{k\beta(\sigma-1)+k-\eta}\times\frac{1}{M\theta_M}\right)^{-\frac{1}{k}}\left(w_i\tau_{ij}\right) \tag{8-21}$$

2. 均衡价格指数

要计算双边贸易规模,还需要了解价格指数的大小。为此,我们将式(8-20)和式(8-21)代入 P_j 得到:

$$P_j=\lambda_2\left(\theta_M\right)^{\frac{\eta-k}{k(1-\sigma)}}\left(\theta_Y\right)^{\frac{1}{(1-\sigma)}} \tag{8-22}$$

式中:λ_2 是常数①;$\theta_Y=\sum_{i=1}^{N}\frac{Y_i}{Y}\left(w_i\tau_{ij}\right)^{-k}$,与前文中 θ_M 类似,是以产出加权的可变贸易成本。

3. 双边贸易规模

将 $\bar{\varphi}_{ij}$、m_j 和 P_j 分别代入需求函数,可以得到企业由 i 国出口至 j 国的贸易规模:

$$x_{ij}^h(\varphi)=\begin{cases}\lambda_3(\mu_h Y_j)\times(w_i\tau_{ij})^{-\eta}\times\theta_M^{\frac{k-\eta}{k}}\times\theta_Y^{-1}\times\varphi^{\eta}, & \varphi\geqslant\bar{\varphi}_{ij}^h\\ 0, & \varphi<\bar{\varphi}_{ij}^h\end{cases} \tag{8-23}$$

---

① $\lambda_2=(b\rho)^{-(\alpha+1)}\left(\frac{k}{k-\eta}\right)^{\frac{1}{1-\sigma}}\left(\frac{k\beta(\sigma-1)}{k\beta(\sigma-1)+(k-\eta)}\right)^{-\beta}\left(\frac{1}{s}\times\frac{k-\eta}{k\beta(\sigma-1)+(k-\eta)}\right)^{\frac{\eta-k}{k(\sigma-1)}}M^{\frac{\eta-k}{k(1-\sigma)}}Y^{\frac{1}{1-\sigma}}$。

其中：$\lambda_3=\rho^{\eta}\left(\frac{k\beta(\sigma-1)}{k-\eta+k\beta(\sigma-1)}\right)^{\beta(\sigma-1)}\lambda_2^{\sigma-1}$。

将 i 国出口至 j 国的所有企业加总，即可得到 i 国至 j 国的总出口规模 X_{ij}：

$$X_{ij}=w_iL_i\int_{\bar{\varphi}_{ij}}^{\infty}x_{ij}(\varphi)\mathrm{d}G(\varphi)=\mu_h\times\frac{Y_i\times Y_j}{Y}\times\frac{(w_i\tau_{ij})^{-k}}{\theta_Y}\tag{8-24}$$

由此我们发现，双边出口规模 X_{ij} 与国家规模（Y_i 和 Y_j）正相关，但与工资水平（w_i）、可变贸易成本（τ_{ij}）以及国家 j 与世界的贸易距离（θ_Y）负相关。与 Chaney（2008）研究结论不同的是，我们发现在线上消费的情形下，固定成本不影响双边贸易规模的大小。

（三）贸易的集约边际与扩展边际：地理距离

本部分我们考察了地理距离如何影响出口规模的集约边际与扩展边际。

首先，对式（8-24）进行全微分得到可变贸易成本 τ_{ij} 对总出口规模 X_{ij} 的影响可以分为两种边际：集约边际与扩展边际。其中，前者表现为当 τ_{ij} 下降时，每个在位出口企业的出口规模增加（x_{ij} 增加），后者则表现为更低的出口贸易成本以及随之而来的更高的企业利润会吸引新的、相对低效率的企业进入出口市场（$\bar{\varphi}_{ij}$ 下降）。

$$\mathrm{d}X_{ij}=\underbrace{\left(w_iL_i\int_{\bar{\varphi}_{ij}}^{\infty}\frac{\partial x_{ij}(\varphi)}{\partial\tau_{ij}}\mathrm{d}G(\varphi)\right)\mathrm{d}\tau_{ij}}_{\text{集约边际}}-\underbrace{\left(w_iL_ix_{ij}(\bar{\varphi}_{ij})G'(\bar{\varphi}_{ij})\frac{\partial\bar{\varphi}_{ij}}{\partial\tau_{ij}}\right)\mathrm{d}\tau_{ij}}_{\text{扩展边际}}$$

令 $\zeta\equiv-\frac{\mathrm{dln}\ X_{ij}}{\mathrm{dln}\ \tau_{ij}}$ 表示可变成本的贸易弹性，则有：

$$\zeta=\underbrace{\eta}_{\text{集约边际}}+\underbrace{k-\eta}_{\text{扩展边际}}=(\alpha+1)\times(\sigma-1)+k-(\alpha+1)\times(\sigma-1)=k\tag{8-25}$$

式（8-25）揭示了可变贸易成本变化对贸易规模及其不同边际的影响：当可变贸易成本变化时，替代弹性 σ 会放大其对集约边际的影响但缩小其对扩展边际的影响。但从总体来看，两种影响相互抵消，因而有 $\partial\zeta/\partial\sigma=0$，即在线上贸易的情形下，可变成本的贸易弹性不受产品间替代弹性的影响。

最后，我们令 $\tau_{ij}=D_{ij}^{\gamma}$ 以考察地理距离 D_{ij} 对双边贸易规模的影响。具体地，地理距离的贸易弹性可以表示为 $\xi=-\frac{\mathrm{dln}\ X_{ij}}{\mathrm{dln}\ D_{ij}}=-\frac{\mathrm{dln}\ X_{ij}}{\mathrm{dln}\ \tau_{ij}}\frac{\mathrm{dln}\ \tau_{ij}}{\mathrm{dln}\ D_{ij}}=k\times\gamma$。此时，$\partial\xi/\partial\sigma=0$。这就意味着在线上贸易的假设下，当消费者采用固定样本搜索方式且企业出口的固定成本较低时，引力模型中地理距离的系数为常数，不再随替代弹性的大小而变化。

命题 8-3

线上贸易的距离弹性与产品替代弹性（σ）无关。

本章小结

随着新一轮科技革命和产业变革加快推进，数字贸易应运而生。数字技术在变革传统贸易方式、拉动全球经济增长的同时，也引发了经济学家对地理距离与国际贸易这一经典命题的重新思考。根据本章的分析，我们得到如下结论：

1. 数字贸易包括数字货物贸易、数字服务贸易和跨境数据要素贸易3部分内容。

2. 数字贸易与传统贸易的差异主要表现在贸易标的数字化、贸易方式数字化、贸易主体多元化和贸易壁垒复杂化等4个方面。

3. 当前的机构和个人尚未对数字贸易形成统一的概念,但是主要形成了两类标准,即美国标准和OECD、WTO和IMF公认的标准。我国通用的概念更贴近第二类标准。

4. 基于同质化企业的国际贸易理论发现,产品间更高的替代弹性会放大贸易壁垒对双边贸易流的影响。

5. 引入固定贸易成本和企业异质性后,更高的替代弹性使得集约边际对贸易壁垒的变化更加敏感,但扩展边际对贸易壁垒的变化不敏感。当企业生产率服从帕累托分布时,后者的影响占据主导地位。因此,更高的替代弹性会削弱贸易壁垒对双边贸易流的影响。

6. 进一步引入线上贸易后,当消费者采用固定样本搜索方式且企业出口固定成本较低时,地理距离对双边贸易流的影响与产品替代弹性无关。因此,数字贸易中,地理距离仍然是影响国际贸易的重要变量。

思考题

1. 数字贸易都包括什么内容?
2. 数字技术会如何影响贸易的标的物、贸易模式?
3. 在数字时代,距离对国际贸易的影响会增强还是减弱?
4. 数字贸易与传统贸易相比有何不同之处?
5. 数字贸易的监管和规制与传统贸易有何不同?

即测即评

本章参考文献

1. Armstrong M, Zhou J D. Paying for Prominence. Economic Journal, 2011, 121(556): 368-395.

2. Armstrong M, Vickers J, Zhou J D. Prominence and Consumer Search. RAND Journal of Economics, 2009, 40(2): 209-233.

3. Burdett K, Judd K L. Equilibrium Price Dispersion. Econometrica, 1983, 51(4): 955-969.

4. Chaney T. Distorted Gravity: the Intensive and Extensive Margins of International Trade. American Economic Review, 2008, 98: 1707-1721.

5. Fortanier F, Matei S. Towards A Handbook on Measuring Digital Trade: Status Update. Thirty-First Meeting of the IMF Committee on Balance

of Payments Statistics, BOPCOM-18/07, 2018.

6. González J L. Digital Trade and Market Openness. OECD Trade Policy Papers, No. 217, OECD Publishing, 2018.

7. González J L, Jouanjean M A. Digital Trade: Developing A Framework for Analysis. OECD Trade Policy Papers, No. 205, OECD Publishing, 2017.

8. Krugman P. Scale Economies, Product Differentiation, and the Pattern of trade. American Economic Review, 1980, 70(5): 950-959.

9. Stigler G.The Economics of Information. Journal of Political Economy, 1961, 69(3): 213-225.

10. Williamson I A, Pearson D R, Aranoff S L, et al. Digital Trade in the U.S. and Global Economies, Part 1.USITC Publication No. 4415, 2013.

第九章
媒体经济学

"电视机比食物更重要!"

——Abhijit Banerjee 和 Esther Duflo《贫穷的本质:我们为什么摆脱不了贫穷》

媒体(media)在人们的生活中扮演着越来越重要的角色。报刊、电视、网站等各式各样的媒体产品不仅占据了人们大量的闲暇时光,也极大地改变了人们的办公方式和商业模式,影响着生活的方方面面。随着越来越多的人将大部分空闲时间投入媒体产品的消费中,闲暇时光的支配很大程度上决定了人的生活品质与福利水平。我们可以毫不夸张地说:媒体产品的质量以及媒体市场的运行效率极大地影响着许多人的生活质量。2019年的诺贝尔经济学奖得主 Abhijit Banerjee 和 Esther Duflo 在非洲国家摩洛哥的一个偏远乡村做调研时,曾经问了一位名叫 Oucha Mbarbk 的先生这样一个问题:"如果你有了钱你会做什么?"他回答说:"我会买更多的食物。"他们继续追问:"如果你有更多钱呢?"回答是"那就买更美味的食物"。正在此时,这两位经济学家注意到他的家中有一台电视和一台 DVD 机。这两位经济家非常好奇,为什么他们在缺衣少食的情况下还省吃俭用买这些"没用"的东西。Oucha 大笑道:"电视机比食物更重要!"媒体在人们生活中的重要性由此可见一斑。

本章结构安排如下:第一节对媒体和媒体市场的功能、特性进行概况介绍;第二节分析数字技术对媒体市场的影响;第三节介绍媒体市场管制(包括兼并和价格管制)对广告商、媒体和消费者等方面的影响。

第一节　媒体市场导论

一、媒体的功能与产品属性

媒体在社会中发挥着怎样的重要功能呢?其一,媒体是社会流行文化的重要孕育者和传播者。以电视为例,电视节目尤其是黄金时段的热门节目,很容易成为人们茶余饭后的谈资,甚至可能引发全国范围内的广泛讨论。其二,媒体是人们了解时事新闻与政治事件的主要渠道。报道方式上微妙的差异,就可能引导不同的舆论走向,影响公众立场与行为,甚至进一步影响一国政治格局。其三,广告宣传对于新产品的更新换代至关重要。因此,媒体行业对一国福祉的重要性,远不止于其在 GDP 上的账面价值。

然而,在过去很长一段时间里,媒体市场一直被经济学家忽视。虽然媒体内容的传播也依赖于市场上生产与交换的物质实体(如电视机、收音机等),但媒体产品与传统意义上的产品有着显著差异。

第一,媒体产品是一种"公共品"(public goods),个人对媒体产品的消费不会影响其他人消费该产品的能力(非竞争性)。

第二,由于媒体特有的教育教化功能,媒体被许多国家政府视作"优质物品"(merit goods)。其带来的社会效益大于消费者的个人福利,因此能得到来自政府的公共支出支持。

第三,广告融资(advertising finance)是媒体产品与媒体市场的重要组成部分,也是许多媒体公司的主要营收渠道。广告商需要通过媒体宣传他们的商品,吸引潜在的消费者,媒体公司则需要广告商的资金支持来制作更优质的媒体内容。媒体产品的收入渠道主要分为用户支付(如杂志定价、收费电视)和广告融资两类,媒体产品根据收入来源不同可以分为纯广告融资产品、纯用户支付产品和混合收入产品。

二、媒体的市场结构与绩效

广告商与媒体受众的同时参与使得媒体市场成为典型的双边市场。一边是媒体受众(如观众、读者),另一边是希望通过广告吸引潜在消费者的广告商。决定广告数量及节目类型的平台企业(如广播公司、报社)则是协调双边的媒体。媒体面向两种不同类型的买家销售联合产品从而获取利润:媒体公司将媒体产品本身出售给广告商,用以宣传其商品,而媒体内容则出售给媒体受众(如观众、读者等)。

(一)媒体市场定价特征

作为典型的双边市场,媒体行业与传统市场经济存在很大差异。在传统竞争市场中,低于边际成本的定价被认为是不合理的,甚至可能被怀疑企业有掠夺性动机甚至倾销之嫌。但在双边市场中,这样的定价策略却很常见,原因很简单:为了吸引一边客户更多地参与市场,平台可以对一边的客户(观众)采取低于边际成本的定价策略,而从另一边的客户(广告商)中盈利。这种定价策略可以视作一边客户(广告商)给予另一边客户(观众)的补贴,但这并不意味着观众从广告商处获取了更多的利益。恰恰相反,往往是享受低价的一方为对方提供了更多经济利益,这也解释了为什么广告商愿意提供这种形式的补贴。

(二)媒体内容的定位

由于广告商对潜在客户的需求,媒体产品的定位会倾向于迎合广告目标受众的喜好。

在向广告商推销浏览量时,媒体公司往往将目光聚焦于什么可以吸引受众,而不是内容对受众的价值。以电视为例,广告商的支付意愿取决于潜在消费者的价值和数量,而不同节目吸引的观众类型与观众规模不同。因此,广告商实质上左右着自由市场体系下电视节目的供给。这与奉行消费者主权原则的传统产品市场截然不同。

在传统的产品市场中,消费者凭借其货币购买力拥有了不容撼动的选择权。攫取最大利润这一动机驱使生产商尽可能地提供贴近消费者喜好的产品,消费者的需求被很好地满足。在这种市场结构下,消费者的偏好对企业决策有决定性的作用。

但在以广告融资为主要收入来源的媒体市场中,消费者主权受到压制,其发挥的选择作用由直接变为间接。媒体平台之所以关心消费者喜欢观看什么节目,主要是为了赚取消费者的关注度,而这正是广告商的需求所在。媒体平台将这种关注度出售给广告商,变现获得收入。此时,消费者的选择权是间接的,不同群体的关注度也会被广告商赋予不同的权重,广告商更青睐那些容易受到广告影响从而改变其购买行为的消费者。即使所有受众都被一视同仁,受双边市场互动所产生的外部性影响,媒体市场也会发生其他形式的"扭曲"。

但是,如果平台有权对用户收取订阅费(subscription pricing),媒体节目的定位就能更多地考虑消费者整体的喜好,从而削弱由广告引起的产品定位偏误。支付订阅费赋予了消费者对媒体产品的决定权,订阅费越高,决定权越强。当然,订阅费上升意味着要损失一部分受众和广告客户。当广告需求疲软时,均衡情况下的节目定位会比较极端,以此逃避相似性引起的价格竞争,此时媒体市场的产品多样性更强;当广告需求很大时,广告对节目定位的扭曲显著,这将导致节目定位差异最小化,所有节目都倾向于迎合广告目标受众的喜好。

(三)媒体内容的种类

广告商希望吸引尽可能多的观众,而观众排斥广告。这就意味着,当媒体平台面临着提高广告水平(增加广告数量)时,广告收入增加与观众流失之间的权衡。因此,一般来说,媒体内容中承载的广告越多,观众对媒体产品的兴趣也就越低,即广告商的存在对观众产生了负外部性。

特别是在数字媒体市场,这种负外部性就表现得更为明显。其原因是,纸质版读物上的广告很容易跳过,对阅读的干扰不像电视、广播的插播广告或网站的弹出广告那么强。有的广告甚至可以为读者带来正效用,比如在专业性较强的报刊上适时地宣传相关产品,为有需求的读者提供了有效信息。在这种情况下,市场表现将截然不同:如果读者对广告有需求,那么会出现正面螺旋效应(positive spiral)——广告商倾向于选择消费者更喜欢的杂志投放广告,而投放的广告进一步吸引了消费者。这种正面螺旋效应很可能使得某家媒体平台的市场势力不断扩张,最终形成垄断。而报刊等传统媒体市场都会或多或少地向读者收取费用,更倾向于提供差异化的产品。

三、偏好异质性与媒体内容选择：体裁重复与公共最低选择[①]

媒体市场上不同消费者群体的偏好结构差异明显。不同地区、不同性别、不同年龄阶段、不同职业类型、不同民族的受众，可能有着截然不同的偏好。例如，在电视市场上，小朋友喜欢动画片，年轻人喜欢娱乐节目，中年人偏爱社会新闻，而老年人可能更喜欢戏曲和电视剧……

媒体体裁选择的两个突出问题是：体裁重复与公共次优选项。

（一）体裁重复

体裁重复（duplication of genres）是指在竞争市场中，由于竞争性平台关心的是受众数，就会导致这样的结果：流行体裁受到多数平台的追捧，而少数消费者所关心的体裁却没有平台提供。以广告融资为主的电视市场为例，市场上可供应的频道数是有限的（spectrum constraints）。假定所有观众都是单属消费者（single-homing consumers），即消费者只能观看一种节目，观众间的喜好不完全一致，平台关心的是观众数量——这就是他们能为广告商“生产”的关注度。假设电视市场上各个频道间相互竞争，这些频道要么播放足球比赛，要么播放芭蕾舞表演，而观众只观看一个频道。假设 90%的观众喜欢足球节目，剩下 10%的观众喜欢芭蕾舞表演。如果没有喜欢的节目，他们就不看电视。当市场上有两个相互竞争的电视频道时，它们都会选择播放足球节目，各获得 45%的观众（假设两个频道完全相同，观众被平分）。当市场上有 3 个频道时，它们依然都会播放足球节目，各获得 30%的观众。以此类推，直到市场上电视频道数达到 9 个，芭蕾舞节目才有可能被播放。对第 9 个出现的频道而言，播放芭蕾舞节目和播放足球比赛都会为它带来 10%的观众。

但是，如果所有频道都被一个垄断性平台运营，体裁重复问题就不会再发生。垄断公司关心的是所有频道的观众总数，没有理由在不同的频道播放相同的节目。因此，在分析电视市场中的公司合并时，需要区分频道的数目和竞争性公司的数目。

在两个平台运营单一频道的例子中，Steiner（1952）[②]证明，只要满足如下条件，则两家频道的节目体裁就会重复：

$$\frac{v_{\mathrm{A}}}{2}>v_{\mathrm{B}} \tag{9-1}$$

式中：$i=\mathrm{A},\mathrm{B}$ 表示节目 i 的观众群体；v_i 表示节目 i 的商业价值。

体裁重复问题损害了媒体市场的效率，是媒体市场中常见的一种市场失灵。在这种市场结构下，垄断优于竞争，平台合并和垄断是这种市场失灵的解决方式之一。当市场规

① 本部分主要参考《媒体经济学手册》（Handbook of Media Economics）的第 6 章。
② 本部分参考了 Steiner（1952）。

模发展到足够大时,更小众的节目偏好也能得到满足,但此时依然存在无效率的体裁重复现象。

以上分析建立的前提是,在媒体市场的消费者为单属消费者,且广告商能在多个平台投放广告。此时,每一个平台在把自己的用户送达给广告商时都具有垄断势力。扩大讨论范围,假设存在同时在多个频道观看心仪节目的观众,多属消费者的加入带来了广告商之间的相互竞争。假设多属消费者的定价为零,且多属消费者比例为 s,在两个频道相互竞争时,出现重复节目的条件是:

$$\frac{v_A(1-s)}{2}>v_B \tag{9-2}$$

与式(9-1)相比,式(9-2)成立要求更高。此时,节目重复的可能性降低了。多属消费者的出现可能改善资源配置,但如果广告之间的替代性较弱,那么对资源配置的优化能力将大打折扣。

(二)公共次优选项

观众们在无法收看其最喜欢的节目时,都会退而求其次,不约而同地选择某个节目作为替代,这个被多数观众选择的节目就是观众的公共次优选项(lowest common denominator, LCD)。继续使用前文的例子。假设 90%的观众将足球节目作为首选,10%的观众将芭蕾舞表演作为首选。如果无法收看到最钟爱的节目,所有人都会选择观看第三类节目——真人秀。此时,如果市场上只有一家垄断平台,它将只运营一个频道并且播放真人秀(LCD)。此时,合并和垄断不再能提高市场运行效率,反而可能适得其反。在存在 LCD 时,垄断平台将只经营一个频道,播放 LCD 节目(Beebe,1977)。[①] 当市场上频道数很少时,LCD 节目会占上风,甚至出现重复现象。此时,电视频道(平台)数目的增加会丰富电视节目的种类。

假如首选是戏剧、新闻和体育节目的观众各占 1/3,当首选不能实现时,这三类观众都会选择情景戏剧。现在,如果有两个频道提供情景戏剧,那么这两个频道会占领整个市场。如果频道数目超过 3 个,这时候就会有频道选择观众的首选节目。

公共次优选项与市场规模有关。当市场规模较小时,市场上只能容纳一个垄断企业,该垄断企业会选择公共次优选项。当市场规模较大时,人群最多的消费群体的最优选项就会首先得到满足,于是产生了正的组内网络效应。

四、消费者的偏好外部性[②]

当市场上生产者面临高固定成本时,消费者能否在市场上消费自己喜欢的产品,不仅

---

① 本部分参考了 Beebe(1977)。

② 本部分参考了《媒体经济学手册》(Handbook of Media Economics)的第 1 章。

取决于他们自己的选择与偏好，也受市场上其他消费者偏好的影响，即“偏好外部性”(preference externalities)。根据消费者偏好不同，偏好外部性可分为内部偏好外部性(within-group preference externalities)与交叉偏好外部性(across-group preference externalities)。偏好外部性之所以在媒体市场中很常见，原因有二：

第一，媒体产品往往具有很高的固定成本。引进一类新的媒体产品有着相对较高的固定成本——相关设备、调研、策划与执行都需要大量资金的支持。因此，想要引入新的媒体产品类型迎合一部分受众的偏好，需要有足够强的产品需求和足够大的消费者规模来支持。

第二，在媒体市场上，广告融资是主要甚至唯一的收入来源。如果广告需求疲软，媒体产品将供应不足。因此，市场产品定位会倾向于那些为广告商所青睐的消费者，这部分消费者的偏好与需求会被优先考虑甚至起到决定性作用。偏好外部性的作用形式取决于与市场规模相关的固定成本以及市场上的产品数量。

（一）固定产品种类

下面我们借助 Hotelling(1929)①对偏好外部性进行说明。在这个市场上存在三类主体：媒体、消费者和广告商。媒体的收入来源是订阅费和广告费。市场上有两类消费者，每类消费者的偏好是不同的。

假设报纸市场上存在两类消费者群体：W 和 B。其中，W 类消费者根据偏好均匀连续地分布在区间[0,1]上，密度为f_w；B 类消费者根据偏好均匀连续地分布在区间[z,z+1]上(见图 9-1)，其中 $z\in[0,1]$，其密度为f_b。广告商数量为 A，每名广告商都愿意为获得一个 W 读者支付 w，为获得一个 B 读者支付 b。我们称 w 和 b 为消费者的“广告价值”。令任何类型消费者购买报纸的可能性为 $D(p+t|x-x_n|)\in[0,1]$，该概率函数随参数单调递减。其中，p 为报纸价格，t 为从理想产品到实际产品间转移的运输费率，x 为消费者理想的报纸内容定位，x_n 为报纸内容的空间定位。

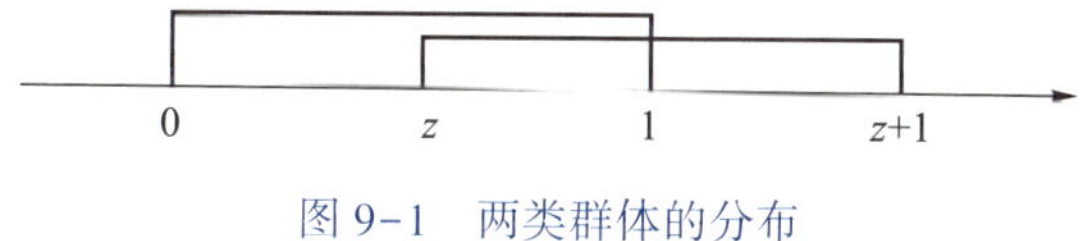

图 9-1 两类群体的分布

报纸的利润表达式为：

$$\pi(x_1)=(p+wA)f_w\int_0^1 D(p+t|x-x_1|)\mathrm{d}x+(p+bA)f_b\int_z^{z+1} D(p+t|x-x_1|)\mathrm{d}x$$

如果报纸市场上两类消费者的个体广告价值($w=b$)和规模都相同($f_w=f_b$)，且只存在一家报纸。根据利润最大化的一阶条件可知，该报纸会将媒体产品定位在两类消费者整体偏好的中心位置$(z+1)/2$。

更现实的情况下，两类消费者的经济价值并不相同，不妨令 $w>b$。将经济价值大的消

① 本部分参考了 Hotelling(1929)。

费者 W 称为优势消费者,价值相对较小的消费者 B 称为弱势消费者。可以证明:

命题 9-1

①如果只有一家垄断媒体,且该平台只能提供一种体裁的内容,则优势消费者数目越多、消费者之间经济价值差距越大,弱势消费者所受的市场偏见就越大;②如果市场上存在两家竞争性企业,且每家企业可以自主选择媒体体裁,则兼并可以减少产品重叠度,增加产品的差异化程度。

需要指出的是,企业兼并的实际影响与福利效应取决于市场特征,尤其是 LCD 产品是否存在。当 LCD 产品存在时,垄断企业会只提供次优类型,从而以最小成本占领全部市场。这也是我们考察、研究反垄断措施的重要依据之一,在后面章节中会进一步详细介绍。

(二)内生产品种类

在上述分析中,我们假设媒体内容的种类是外生给定的。因此,前面的分析适用于短期情形。在长期,产品的种类是内生的。令 M 表示媒体市场的消费者总数,F 表示每种产品的进入成本,n 表示进入市场的产品(媒体企业)数目,s 表示单个媒体对消费者的吸引力。那么,在 logit 模型中可以把消费者的决策分为两个阶段:第一阶段,消费者决定是否观看媒体内容,不观看任何媒体的效用为 0;第二阶段,给定消费者选择观看媒体内容,消费者决定媒体的类型。第二阶段,产品 i 的消费者占比为:

$$\mathbb{P}_i=\frac{\mathrm{e}^s}{1+n\mathrm{e}^s} \tag{9-3}$$

自由进入意味着企业获得的预期收益与进入成本相等,令每个消费者对媒体支出水平为 w,自由进入条件为:

$$wM\mathbb{P}_i=F \tag{9-4}$$

则进入市场的产品数量为:

$$n=\frac{wM}{F}-\mathrm{e}^{-s} \tag{9-5}$$

根据式(9-5)可知,媒体种类 n 是市场规模 M 的增函数。平均而言,每个消费者对媒体市场的支出为 $\sum_{i=1}^{n}\mathbb{P}_i=\frac{n\mathrm{e}^s}{1+n\mathrm{e}^s}$,参与消费的消费者总支出为$\frac{Mn\mathrm{e}^s}{1+n\mathrm{e}^s}$。因此,消费者数目越大,市场上的产品越多,从而总消费支出也越多。每个消费者的盈余与 $\ln(1+n\mathrm{e}^s)$ 成正比,消费者越多,产品种类越多,消费者福利也就越高。此外,若进入成本 F 是恒定的,因为 $\frac{\partial n}{\partial M}=\frac{w}{F}$ 为常数,M 与 n 的关系几乎呈线性。①

① 需要指出的是,在现实中,大市场对设备、场地、劳动力等要素质与量的要求更高,因此进入成本通常是和市场规模正相关的。在市场越大的情况下,进入成本 F 越高,n 增加的速度会越慢。

由于外部性的存在，市场均衡时的媒体产品数量与社会最优产品数量间存在差异。社会总剩余是消费者剩余、广告盈余和公司利润的总和。令 w 为广告商愿意为每个观众支付的金额，M 为观众总数，$\mathbb{P}_0$ 为消费者不收看的概率，则社会总剩余(SS)为：

$$SS=M\ln(1+ne^s)+wM(1-\mathbb{P}_0)-nF \tag{9-6}$$

其中，$1-\mathbb{P}_0=\dfrac{ne^s}{1+ne^s}$。令 $Z=(1+ne^s)$，则社会总剩余最大化的媒体种类满足：

$$Mwe^s+ZMe^s-Z^2F=0 \text{ 或 } Z=\frac{Me^s+\sqrt{M^2e^{2s}+4FMwe^s}}{2F}=1+ne^s \tag{9-7}$$

前文已经证明，自由市场进入条件下的均衡产品数量为 $n=\dfrac{wM}{F}-e^{-s}$。对比两种产品数可知，即使当消费者对广告商的价值为零($w=0$)，为使得社会福利最大化，产品数也可能为正。但在市场均衡(自由进出)时，如果消费者的广告价值足够小，则市场上不会有公司提供媒体产品。正因为如此，媒体产品通常被认为是一种优质物品(merit goods)，政府可以通过公共支出鼓励相关媒体平台发展。

命题 9-2

若媒体内容可以给消费者带来正效用，则政府需要对媒体内容提供平台进行补贴。反之，若媒体内容会给消费者带来负效用，则政府需要对媒体内容提供平台进行征税。

（三）组间外部性+内生产品种类

假设广播市场上有两类消费者和两种对应的节目类型。$s>0$ 表示己方类型节目对听众的吸引力，对方类型节目的吸引力为$-s$。n_w 和 n_b 分别表示 W 型和 B 型的广播公司数，M_W 和 M_B 表示 W 型和 B 型消费者的数目。运用 logit 模型，一个 W 型听众收听任意一个 W 型广播的可能性为：

$$\mathbb{P}_W^W=\frac{e^s}{1+n_we^s+n_be^{-s}} \tag{9-8}$$

收听任意一个 B 型广播的可能性为：

$$\mathbb{P}_B^W=\frac{e^{-s}}{1+n_we^s+n_be^{-s}} \tag{9-9}$$

类似地，$\mathbb{P}_W^B=\dfrac{e^{-s}}{1+n_be^s+n_we^{-s}}$，$\mathbb{P}_B^B=\dfrac{e^s}{1+n_be^s+n_we^{-s}}$。其中，$n_w$ 和 n_b 由两类媒体公司的自由进入条件决定。令两类消费者的媒体支出为 w 和 b，则自由进入条件为：

$$\mathbb{P}_B^W wM_W+\mathbb{P}_B^B bM_B=F \text{ 和 } \mathbb{P}_W^W wM_W+\mathbb{P}_W^B bM_B=F$$

第二节 数字技术与媒体市场[①]

一、数字技术对媒体市场的影响

数字媒体有三种类型:第一种是传统媒体的线上形式(如《纽约时报》);第二种是纯在线媒体(如澎湃新闻);第三种是纯线上平台(如今日头条)。前两种类型有完整的编辑队伍以及原创为主的信息来源,而纯线上平台则是从其他媒体收集信息。数字技术对媒体市场的影响体现在以下方面。

(一)数字媒体平台对内容供给的影响

互联网的兴起使得不同类型的传统媒体有了收敛聚合的趋势。比如,传统媒体中,报刊主要以文本呈现,电视节目则以视频形式呈现,但在数字媒体平台上,一个网站可以同时提供文字和视频报道,融合了报刊与电视两种媒体产品。这不仅仅是一个"标签"问题,更重要的是,不同的媒体类型受到不同规章制度的约束,而媒体聚合对现有的制度提出了新要求。此外,互联网的存在使得不同媒体间的相互替代性大大提升,竞争更为激烈。

虽然传统媒体正不断调整其商业模式,积极与互联网时代相适应,但新的市场参与者也逐渐崭露头角。网络运营商和软件公司等大型平台通过信息整合与内容供给者签订特定合同,扮演传播者的角色。这种信息聚合没有编辑方针(editorial policies)的指导,而是在算法和用户反馈的基础上进行内容规划。很多互联网平台并非一开始就扮演信息整合者的角色,但在日复一日的运营中逐渐发挥了这个作用。例如,Facebook 已经逐渐成为一些用户的个性化杂志,为用户推送他们订阅的内容。YouTube 作为短视频平台,起初只是单纯的娱乐工具,如今也逐渐发展成为具有媒体性质的信息传播者。

(二)数字媒体对用户消费媒体内容的影响

根据全球网络指数(Global Web Index)的数据,互联网已经成为许多国家媒体消费的主要渠道。诚然,电子纸、计算机和手机的技术确实发生了巨大进步,但从经济学的角度来看,这并不是数字技术对媒体市场的本质影响。重要的是,用户对于数字媒体的消费行为与消费报刊、广播、电视等传统媒体产品是有所不同的,具体表现如下:①多属消费虽然也是电视市场消费中的常见属性,但对以广告融资的数字媒体而言,这种现象更为普遍,对互联网环境下媒体竞争的影响也更为重要。②数字媒体用户通常通过在搜索引擎上搜索相关内容获取信息。因此,搜索引擎的搜索结果是否存在偏见,以及这会如何影响市场

---

① 本节主要参考《媒体经济学手册》(Handbook of Media Economics)的第 10 章。

结果,就成为重要的研究问题。③消费者在数字媒体消费中变得更为活跃,角色与地位也发生了质的转变。用户不再简单地扮演“接受者”,他们可以通过评论或推荐的方式提供用户反馈,从而影响内容的进一步传播,化身为媒体环境的管理员。他们还可以是内容的创作者和新闻的发布者,其上传的图片或视频都可能成为新闻内容。过去人们认为,媒体与通信的一大关键区别在于,媒体的信息传播是单向的,从一个发布者流向许多接收者(观众、读者等)。但在数字媒体平台上,这种差异逐渐淡化。一方面,数字媒体平台促进了双方的互动,用户也可能成为新闻的发布者;另一方面,用户可以通过选择受众(比如仅好友可见),将内容有针对性地向部分人发布。

(三)数字媒体平台促进广告与媒体内容的匹配

大部分数字媒体的收入来源主要是广告,包括展示广告(display advertising)、搜索式广告(searching advertising)等。前者与传统媒体上的广告很相似。在传统媒体中,广告与媒体内容通常是无关的(虽然有一些小众杂志上的广告可能针对性较强,与杂志内容有一定的相关性)。但在互联网上,平台可以针对媒体内容发布相关的广告,从而影响媒体与广告商的竞争。例如,互联网广告的靶向性使得潜在消费者不多的小公司也有动力针对目标群体进行广告宣传并从中获利。小公司更为积极地参与广告市场,这一现象被称为互联网广告的“长尾假说”(long-tail hypothesis)。[①] 这种效应不仅对广告价格和潜在消费者不多的小公司的广告强度有影响,还影响了线上与线下媒体之间的互动。

(四)数字媒体可以实现用户与广告的直接匹配

数字媒体为我们拉开了大数据时代的序幕,技术的不断发展与更新使得大量用户数据与信息唾手可得。媒体可以追踪用户并锁定广告的目标受众,切断广告与媒体内容的联系。用户追踪会影响到媒体市场的运行。例如,在广告和产品价格不变的情况下,用户追踪越到位,广告便越有效,广告商从中获利,网站的广告收入也会随之提升。用户追踪还会加剧广告商之间的竞争。通过数据分析锁定的消费者更难抵制广告的诱惑,因为这些广告迎合了他们的潜在需求与偏好。此外,为了获得更多的广告收入,数字媒体平台希望能尽可能留住用户,避免用户流失或转移。这将激励其不断产出更优质的媒体内容。因此,用户追踪也影响了媒体内容的产出。

大数据服务也为数字媒体平台带来了第三种收入来源:除了用户为内容付费,广告商为广告投放付费,数字媒体平台还能出售有价值的用户数据与信息。广告商可以利用这些数据重新瞄准目标市场,增加特定用户对广告的关注度,从而更有效率地进行广告宣传。

(五)数字技术使得数字媒体产品的固定成本和可变成本大幅下降

电子报纸、杂志等数字媒体产品的边际成本(过去主要包括印刷、分发费用)更是接

---

① 本部分参考了 Anderson(2006)。

近为0。固定成本下降主要有两个原因:一方面,数字化产品不再需要打印与分配,使得固定成本下降;另一方面,数字化扩大了产品市场,使得局部性产品可以推广至全国甚至全世界。

二、数字技术对媒体内容的影响[①]

由于观众的注意力和能力是有限的,他们无法阅读所有的信息和新闻。因此,媒体(特别是数字媒体)扮演着信息看门人(gatekeeper)的角色。这些媒体决定了哪些信息、多少信息会出现在新闻媒体上。

(一)媒体平台与信息超载[②]

数字媒体平台有能力去收集有关用户偏好的数据,从而为用户量身定制并选择新闻,这使得数字媒体的看门人角色变得尤为突出。下面我们给出一个关于数字媒体看门人角色的模型。

不妨设有 n 位新闻提供者,每个新闻提供者提供一种相应的新闻(假设新闻提供者是连续的,不受整数限制)。令 $\theta \in [0,n]$ 为新闻的类型,可用来衡量新闻价值与吸引力,θ 越大,新闻价值与吸引力越小。类型为 $\theta \in [0,n]$ 的新闻提供者可获得广告收益 $\pi(\theta)$,$\pi'(\theta)<0$。用户浏览新闻 $\theta \in [0,n]$ 的效用为 $s(\theta)$,$s'(\theta)<0$。

用户的注意力是有限的,因此他们能关注到的新闻总量受注意力范围(attention span)φ 的限制。这意味着当新闻总量超出了 φ 时,用户就会从所有新闻中随机选出 φ 种新闻来看。用户可以自行决策 φ 的大小。若 $\varphi \leqslant n$,则每一条新闻被读者看到的概率为 φ/n;若 $\varphi>n$,读者会阅读所有新闻。

设收集一条新闻的成本为 κ,那么零利润自由进入条件意味着 $(\pi(n)\varphi)/n=\kappa$。该条件决定了均衡的新闻数目,并可以写出 n 的表达式:$n(\varphi;\kappa)$。

用户随机选取 φ 条新闻的成本记为 $C(\varphi)$,$C'(\varphi)>0$。于是,给定 $\varphi \leqslant n$,消费者的效用最大化问题为:

$$\max_{\varphi} \frac{\varphi}{n}\int_0^n s(\theta)\,\mathrm{d}\theta - C(\varphi) = \varphi S^e(n) - C(\varphi)$$

式中:$S^e(n)=\dfrac{1}{n}\displaystyle\int_0^n s(\theta)\,\mathrm{d}\theta$。

效用最大化的一阶条件为:$S^e(n)=C'(\varphi)$,由此可以解出 $\varphi=C'^{-1}(S^e(n))$。将该式与新闻提供者的零利润条件 $(\pi(n)\varphi)/n=\kappa$ 联立,可解得均衡时市场上提供的新闻总数 n^* 与注意力范围 φ^*。显然,进入成本 κ 越低,市场上提供的新闻越多。当进入成本足够小时,总有 $\varphi^*(n^*)\leqslant n^*$ 成立(取极端情况,当进入成本为零时,新闻提供者的数目会无限增

① 本部分参考了《媒体经济学手册》(Handbook of Media Economics)的第10章。

② 本部分参考了 Anderson 和 De Palma(2009)。

加,而用户能浏览的新闻总是有限的)。因此,新闻提供成本过低时,新闻数量很难被有效控制,这可能导致市场信息超载(information overload)。

命题 9-3

随着新闻生产成本下降,信息超载问题会更为严重。

(二)媒体市场的新成员——新闻汇总者(news aggregators)[①]

新闻汇总者(如 Google News)为人们提供了一种新的新闻获取渠道,也直接影响到了媒体之间的竞争。新闻汇总者本身并不生产新闻,它只是把每种新闻中报道质量最高的挑选出来放在一起。例如,Google News 中对富人征税的新闻来自《纽约时报》,对美国从阿富汗撤兵的报道来自美国国家公共广播电台(NPR),对通货膨胀的报道来自 Fox Business。对于每一类新闻,新闻汇总者都会对所有媒体的报道进行筛选,从中挑选出质量较高的报道,将这些最优质的新闻报道汇总在一起,从而提高了其新闻的整体质量。但这种筛选与汇总并不能"讨好"所有用户。不同媒体平台的风格迥异,而有些读者可能特别偏好某个媒体平台。此时,新闻汇总者的"粗暴"筛选会给这些读者带来偏好错配。下面我们通过一个正式的模型来介绍新闻汇总者的角色和作用。

1. 模型设定

假设新闻种类连续地分布在区间[0,1]。这个集合中的每一类新闻都只有两种状态:优质或劣质。假定市场上有两家新闻媒体平台和一家新闻汇总者。新闻汇总者可以在媒体平台间进行新闻整合。访问媒体平台的用户首先会进入媒体网站的首页,然后只阅读网站中的优质新闻(但劣质新闻仍然会被提供)。假设两家新闻媒体平台提供的新闻类型分别位于区间[0,1]的两个端点,其中平台 1 在 0 端,平台 2 在 1 端。媒体平台可以自行决定它要提供的优质新闻的类型集合 $I_i=\{x\in[0,1]\mid i$ 平台提供的新闻 x 是优质的$\}(i=1,2)$。此外,$q_i=\mu(I_i),i=1,2$ 为平台 i 提供的优质新闻种类的总量测度。

除了在新闻报道质量上的垂直化差异(vertical differentiation),两家新闻媒体平台还存在风格上的水平化差异(horizontal differentiation)。用户对于媒体风格或政治倾向的偏好在[0,1]上均匀分布。对于一个处在位置 x 的用户,如果他只看平台 1 的新闻,他会有 τx 的负效用;如果他只看平台 2 的新闻,他会有 $\tau(1-x)$ 的负效用。为了帮助大家理解,我们可以把两个乘数 x 和 $1-x$ 理解为用户偏好与平台风格的偏离程度。τ 则表示这种偏离所带来的单位效用损失,或称差异化参数(differentiation parameter)。

用户选择平台 1 的效用为:$v_1(x)=q_1-\tau x$;选择平台 2 的效用为:$v_2(x)=q_2-\tau(1-x)$。在没有新闻汇总者的情况下,用户所面临的选择是离散的:要么选择平台 1,要么选择平台 2。

---

① 本部分参考了 Jeon 和 Nasr(2016)。

同时,媒体平台从广告中获取收益。在这里,我们假设平台的收益与用户在平台所花的时间成正比。也就是说,广告价格与其曝光(exposure)程度成正比,而曝光程度与用户使用时间成正比。此外,我们还假设用户点进网页后至少停留 1 单位的时间(从大量劣质新闻中识别优质新闻的时间成本),而网站中的优质新闻让他们愿意停留更久。新闻优质程度每增加一单位能让用户在该网站多花费 δ 单位时间。于是,对于只在平台 1 上看新闻的用户,他会花费 $1+\delta q_1$ 的时间。每一位用户每花费一单位时间可以为媒体平台带来广告收益 A。这时,我们假设使用平台 1 的用户数量为 D_1,则有:

$$D_1=\Pr\{v_1 \geqslant v_2\}=\Pr\left\{x \leqslant \frac{q_1-q_2+\tau}{2\tau}\right\}=\frac{q_1-q_2+\tau}{2\tau}$$

在上面的分析中,我们看到,每一个媒体平台所提供的所有内容是打包在一起卖给消费者的。因此,只要媒体平台提供的优质新闻总量不变,平台上新闻类型与劣质新闻数量并不会影响消费者的效用和消费决策。

假设提供高质量新闻的成本函数 $C(q)$ 是单调递增凸函数,而提供低质量新闻的成本为 0。不妨设 $C(q)=cq^2$,且 $2c>\delta A/\tau$。那么,在没有新闻汇总者的情况下,平台 1 的利润为:

$$\pi_1(I_1)=AD_1[1+\delta\mu(I_1)]-C[\mu(I_1)]$$

在没有新闻汇总者的情况下,两家新闻媒体平台同时选择它们的高质量报道集合 I_i。用户从两家媒体平台中选择一家浏览,但不能同时浏览两家媒体平台(否则就要考虑 I_i 之间的交集关系),故而对于一家媒体平台给定测度 q_i,它选择报道哪些种类的新闻是无关紧要的。

在这种情况下,我们可以证明,两家媒体平台的高质量报道的决策是策略替代的:如果竞争媒体平台增加了它高质量新闻的报道,那么另一家媒体平台的最优反应就是减少高质量新闻的报道。不妨考虑平台 1,将平台 2 的 q_2 视作外生给定,那么:

$$\pi_1(I_1)=AD_1[1+\delta\mu(I_1)]-C[\mu(I_1)]=A\frac{q_1-q_2+\tau}{2\tau}(1+\delta q_1)-cq_1^2$$

根据利润最大化问题可以得到媒体平台 1 的最优反应:

$$q_1^*=\frac{A}{2\tau}\frac{1}{2c-\delta A/\tau}(1+\tau\delta-q_2\delta)$$

显然,为保证媒体平台 1 愿意提供新闻,必须有 $2c>\delta A/\tau$。另外,q_1 与 q_2 是负相关的。这个结论表明,在没有新闻汇总者的情况下,两家媒体在争夺报道高质量新闻内容种类的竞争关系上是策略替代的,而不是策略互补的。

此外,由于两家媒体平台是对称的,那么 $q_1^*=q_2^*$,我们可以求得:

$$q_1^*=q_2^*=\frac{A}{2}\frac{1/\tau+\delta}{2c-\delta A/2\tau}$$

这时可以注意到,差异化参数 τ 越大,q 就越小。即每一个媒体愿意报道的高质量新闻数量就变少(当然可以发现此时利润也会更高)。τ 可以理解为消费者之间的水平差异,也可以理解为两家媒体平台风格的水平差异。这个结论表明:在没有新闻汇总者的情况下,媒体与媒体之间风格差异化程度越大,它们就越不需要通过提高质量的方式来进行竞争。

2. 引入新闻汇总者

上面已经考察了没有新闻汇总者情况下媒体平台之间的竞争。下面考虑新闻汇总者的存在会对媒体平台之间的竞争产生什么影响。注意到,新闻汇总者使得多属消费者成为可能,即用户可以同时浏览多个媒体平台的新闻,而不像之前那样必须在各个媒体间做出单一选择。此时,对于媒体平台而言,它们提供的优质新闻的类型不再无关紧要了——平台间优质新闻的重叠会影响市场结果。例如,如果两家媒体平台 $I_1 \cap I_2 = \varnothing(\mu(I_1 \cap I_2)=0)$,即它们提供的优质新闻类型完全不同,我们称这种情形为最大差异化策略(maximum differentiation strategy)或专业化策略(specialization strategy)。反之,如果两家媒体平台的优质新闻出现最大程度的重叠(一家媒体平台的优质新闻被另一家媒体平台完全包含),则 $\mu(I_1 \cap I_2)=\min\{\mu(I_1),\mu(I_2)\}$,这种情形被称为最小差异化策略(minimum differentiation strategy)或最大重叠策略(maximal overlap strategy)。

在新闻类型离散的情形下,假设一共有六种新闻类型,我们用一个六维向量来表示一家媒体平台所有新闻的报道质量。这个六维向量的每一个分量代表一类新闻的报道,对于一家媒体平台,如果该类新闻被高质量地报道,那么其新闻质量向量的对应分量就取1,否则取0。具体地,若平台1新闻质量向量为(1,0,1,1,0,0),而平台2的新闻质量向量为(0,1,0,1,1,0),新闻汇总者可以对两个平台的新闻进行比较与整合,具体方法为将两个平台新闻质量向量的每一个分量逐一比较:如果不相等,则取大(如1和0,取1);如果相等,则取均值(如1和1,取1,含义是两家媒体报道质量相同的同类新闻都有1/2的概率被新闻汇总者选取)。最终,新闻汇总者提供的新闻质量向量为(1,1,1,1,1,0)。

接下来,我们回到新闻类型连续的情况。对于消费者而言,新闻汇总者既提供了更高质量的新闻,却也会给消费者带来更多偏好不一致的损失(对于位置 $x \neq 1/2$)。具体地,假定当某类新闻被两家媒体同质地报道时,消费者会等可能地选择其中一种。那么,在有新闻汇总者的情况下,处于位置 x 的用户的效用为:

$$v_{12}(x)=\mu(I_1 \cup I_2)-\eta_1 \tau x-\eta_2 \tau(1-x)$$

在这里,η_i 表示平台 i 高质量新闻所占的比重。

$$\begin{aligned}\eta_i &= \mu(I_i)-\mu(I_1 \cap I_2)+(1/2)[\mu(I_1 \cap I_2)+1-\mu(I_1 \cup I_2)] \\ &= \mu(I_i)+(1/2)[1-\mu(I_1 \cup I_2)-\mu(I_1 \cap I_2)] \\ &= \mu(I_i)+(1/2)[1-\mu(I_1)-\mu(I_2)]\end{aligned}$$

式中:$\mu(I_i)-\mu(I_1 \cap I_2)$ 表示只有平台 i 报道的高质量新闻种类数;$\mu(I_1 \cap I_2)$ 表示两个平台都报道的高质量新闻种类数;$1-\mu(I_1 \cup I_2)$ 表示两个平台都不报道高质量内容的新闻种类数。

重新整理后得到:

$$v_{12}(x)=\mu(I_1\cup I_2)-\mu(I_1)\tau x-\mu(I_2)\tau(1-x)-\frac{\tau}{2}[1-\mu(I_1)-\mu(I_2)]$$
$$=\mu(I_1\cup I_2)-\frac{\tau}{2}-[\mu(I_2)-\mu(I_1)]\tau\left(\frac{1}{2}-x\right)$$

根据上式可知，消费者购买新闻汇总者提供的新闻所获得的效用包括两个部分：$\mu(I_1\cup I_2)$表示产品质量，$\frac{\tau}{2}+\tau\left(\frac{1}{2}-x\right)[\mu(I_2)-\mu(I_1)]$表示偏好不一致所导致的效用损失。当$\mu(I_2)>\mu(I_1)$时，新闻汇总者会更多地报道媒体平台2提供的新闻，这种偏离损害了$x<1/2$用户的效用。位于$x=1/2$的用户对两类媒体的偏好无差异，因此，不存在偏好不一致问题。

对于$x<1/2$的用户，其选择消费新闻汇总者的条件是$v_{12}(x)>v_1(x)$，即：

$$\mu(I_1\cup I_2)-\mu(I_1)>[1+\mu(I_2)-\mu(I_1)]\tau\left(\frac{1}{2}-x\right)$$

这个不等式的左边是新闻汇总者带来的新闻质量改善（新闻汇总者提供的高质量新闻种类数减去媒体平台1提供的高质量新闻种类数），右边是由于新闻汇总后偏好不一致加剧所增加的损失（相对于原本的单属，多属使用户承受更多风格或立场偏好不一致导致的效用损失）。这也就是新闻汇总者带来的两种相反的效应，而只有质量改善的效应大于偏好错配的效应时，用户才会选择使用新闻汇总者。

不等式的左边可以整理为$\mu(I_1\cup I_2)-\mu(I_1)=\mu(I_2)-\mu(I_1\cap I_2)$。显然，新闻汇总者带来的质量提升与两家媒体内容的交集负相关。也就是说，给定每家媒体提供的高质量新闻的总数不变，两家媒体提供的优质新闻重叠度越低，用户对新闻汇总者的需求越大。反之，如果两家媒体的内容是完全重叠的，则新闻汇总者也就不需要存在了。

命题 9-4

存在一个临界点$x^*<1/2$，使得对于$x\in[0,x^*)$的消费者选择媒体平台1，位于$x\in[x^*,1-x^*]$的消费者选择新闻汇总者，位于$x\in(1-x^*,1]$的消费者选择媒体平台2。其中x^*满足$\mu(I_1\cup I_2)-\mu(I_1)>\tau\left(\frac{1}{2}-x^*\right)[(1+\mu(I_2)-\mu(I_1)]$，即：

$$x^*=\frac{1}{2}-\frac{\mu(I_1\cup I_2)-\mu(I_1)}{\tau[1+\mu(I_2)-\mu(I_1)]}=\frac{1}{2}-\frac{\mu(I_2)-\mu(I_1\cap I_2)}{\tau[1+\mu(I_2)-\mu(I_1)]}$$

命题9-4的一个重要推论是：当存在新闻汇总者时，媒体内容重叠度的提高总是可以增加单个媒体平台订阅用户的数量$\left(\frac{\partial x^*}{\partial\mu(I_1\cap I_2)}>0\right)$。进一步地，在合理的参数范围内，我们可以得到命题9-5：

命题 9-5

新闻汇总者的出现会导致媒体内容重叠。

三、互联网对消费者行为的影响[①]

互联网对消费者行为的一个重要影响在于:消费者可以由单属转向多属,并且可以选择在每一类内容上所花的时间。

在互联网出现之前,消费者通常是单属的。以电视市场为例,消费者只能在几个频道中选择一个频道的节目观看:一个人不可能既看 a 频道又看 b 频道。此外,受到电视节目播放时间段的限制,在时间上,消费者的选择也是被动的。因此,消费者必须在相应的时间选择一个电视节目观看。

但互联网给了消费者更大的自由空间,人们可以自由地进行多属消费。在网络上,他可以既访问 a 媒体的网站又浏览 b 媒体的网站(相对于电视频道之间的互斥性而言,两个网站之间切换的时间几乎可以忽略不计)。因此,消费者可以在不同网站间连续地配置自己的浏览时间(混合策略)。

因此,基于互联网对于消费者行为的这一影响,我们给出下文的模型,用于分析多属的消费者行为以及其对媒体内容、媒体平台的影响。

假设有两家媒体平台,即平台 1 和平台 2。每家平台的内容分别处于[0,1]上的某个位置。不妨假定平台 1 提供的内容位置为 α,而平台 2 提供的内容位置为 $1-\beta$,$\alpha \leqslant 1-\beta$。如果用户是单属的,即只能订阅一个平台,那么对于一个位置为 x 的消费者而言,由于与内容偏好不一致所造成的损失就会是 $g(|x-\alpha|)$ 或 $g(|1-\beta-x|)$。其中 $g(x)$ 是关于偏好差异的效用损失函数,$g'(x)>0$。如果用户是多属的,那么消费者可以在两个平台提供的内容中选取一个组合来消费(类似于一种混合策略),即:

$$\omega\alpha+(1-\omega)(1-\beta), \quad 0 \leqslant \omega \leqslant 1$$

式中:ω 是消费者分配在平台 1 的时间比例;$1-\omega$ 是消费者分配在平台 2 的时间比例。

我们假设内容与用户偏好不一致造成的效用损失为二次函数形式的,即:

$$[\omega\alpha+(1-\omega)(1-\beta)-x]^2$$

消费者均匀地分布在线段[0,1]上,且消费者效用函数为:

$$v(p_1,p_2,\alpha,\beta,x)=u_0-[\omega\alpha+(1-\omega)(1-\beta)-x]^2-\omega p_1-(1-\omega)p_2$$

式中:u_0 是使用平台的总效用;p_i 是观看平台 i 一单位时间的价格。

消费者根据效用最大化和自己的位置 x 选择最优的 ω,即 $\omega(x)$。效用最大化问题的一阶条件为:

---

① 本部分参考了 Hotelling (1929), Anderson 和 Neven(1989)。

$$\omega(x)=\frac{2(1-\beta-x)(1-\alpha-\beta)+p_2-p_1}{2(1-\alpha-\beta)^2}$$

为保证 $0\leqslant\omega\leqslant 1$,必须有下列条件成立:

$$\alpha+\frac{p_2-p_1}{2(1-\alpha-\beta)}\leqslant x\leqslant 1-\beta+\frac{p_2-p_1}{2(1-\alpha-\beta)}$$

而对于 $x<\alpha+\frac{p_2-p_1}{2(1-\alpha-\beta)}$,$\omega=1$;对于 $x>1-\beta+\frac{p_2-p_1}{2(1-\alpha-\beta)}$,$\omega=0$。这样,我们就可以加总出平台 1 的总需求:

$$D_1=\alpha+\frac{p_2-p_1}{2(1-\alpha-\beta)}+\int_{\alpha+\frac{p_2-p_1}{2(1-\alpha-\beta)}}^{1-\beta+\frac{p_2-p_1}{2(1-\alpha-\beta)}}\omega(x)\mathrm{d}x=\frac{1+\alpha-\beta}{2}+\frac{p_2-p_1}{2(1-\alpha-\beta)}$$

命题 9-6

如果我们限定 $\alpha,\beta\in[0,1]$,则两个媒体平台会选择差异最大化,即 $\alpha=\beta=0$。而如果对 α,β 不做限定,则有 $\alpha=\beta=-\frac{1}{4}$。

从社会福利最大化的角度来看,当 $\alpha=\beta=0$ 时,社会福利达到最大。因此,如果不对媒体内容定位加以限制,企业会“过度差异化”。根据标准的 Hotelling 模型,在消费者单属情况下,社会最优的结果是 $\alpha=\beta=-\frac{1}{4}$。因此,无论是从企业行为还是从社会最优的结果来看,多属都会导致媒体内容的差异化。

四、互联网对广告策略的影响:定制广告策略与定向广告策略[①]

本部分分析互联网对于媒体广告策略的影响。广告对于消费者了解产品信息至关重要。广告策略是否有效的一个重要因素是广告能否被潜在消费者看到,若不被看到,广告就很难带来需求的增加。如果对特定媒体内容感兴趣的读者也恰好是产品的潜在购买者,这时的广告更为有效。我们把这种使得广告与媒体内容相匹配的策略称为“内容匹配”(content matching)。

接下来,我们通过一些例子对此进行说明。考虑一个本地的书店,该书店可以在本地报纸投放广告,也可以在全国性的报纸投放广告。此时,由于本地的读者更可能从该书店购买图书,因此,把广告投放在本地的报纸收益率更高。相反地,如果该书店把广告费投入全国性的报纸就会带来浪费。类似地,化妆品广告投放在女性杂志上通常会比投放在计算机杂志上更为有效,一家运动服装制造商的广告投放在电视体育节目中比在喜剧节目中更有效。但是,在传统媒体中,这种定制策略的程度和有效性较为有限。

① 本部分参考了 Athey 和 Gans(2010)。

（一）定制广告策略与定向广告策略的定义

在进行这一部分的分析之前，有必要对定制（tailoring）广告策略与定向（targeting）广告策略的概念进行区分。

定制广告策略指的是，媒体选取与平台放送内容一致的广告来投放，以此来确保广告的内容与其平台观众的偏好一致，以避免广告推送给不会对产品感兴趣的人。举个例子，体育媒体平台的观众一般都是体育运动爱好者，那么平台就可以选取一些体育用品的广告来投放，此时消费者更可能被广告吸引从而购买广告中所宣传的体育用品。再比如说，对天津市的美食频道而言，尽管全国观众都能收看这个频道，但其主要观众群体还是天津本地人，因此它更可能选择天津本地餐厅的广告来投放，而不太可能投放外地餐厅的广告。因此，这种定制广告策略也被称为“内容匹配”。

随着互联网技术的发展，平台不仅可以根据内容来投放广告，还能根据消费者的特征来投放广告，这就是定向广告策略。简单地说，定向广告策略指的是媒体直接将广告推送给与之相匹配的用户。比如，一个网络美食频道计划投放全国各地餐馆的广告。那么，在个性化推荐技术的支持下，它就可以针对观众定向投放广告，直接将广告与用户匹配起来，将天津餐馆的广告只推送给天津用户，而上海餐馆的广告只推送给上海用户。类似地，一个报道多种新闻的数字媒体平台，可以对浏览不同新闻的用户推送相应产品的广告。这两个都是定向广告策略的例子，直接通过定向推送而非修改内容以迎合观众的手段，将广告与用户直接匹配起来。

这两种策略在数字媒体与传统媒体中的应用情形是不同的。数字媒体相较于传统媒体的一个很大的区别在于，数字媒体的技术条件允许普遍采用定向广告策略，而传统媒体会更多地采用定制广告策略。当然，这不是说传统媒体不能采用定向广告策略。比如一个只在本地发行的报纸，其广告就是只定向给本地观众的。但是，传统媒体的定向往往只是区域与地方意义上的“定向”，主要利用了地方媒体的区域性。而对于面向全局（global）的媒体，定向广告通常并不可行。因此，数字媒体的技术可以使定向广告策略的应用更普遍。

（二）定制广告策略与定向广告策略的比较

我们接下来就要对比定制广告策略与定向广告策略。我们的模型基于 Athey 和 Gans（2010），主要是从广告服务的供给端（媒体平台）比较定制广告策略与定向广告策略的区别，没有考虑广告服务需求端（需要借助广告进行产品宣传与推广的厂商）的生产、利润等问题。此外，在这个模型中，我们按照地区划分用户群体，但其中的逻辑也适用于更广泛的情形。

有 M 个地区，地区 m 属于集合$\{1,\cdots,M\}$，每个地区有 N 个消费者和 1 个本地媒体，即总共有 M 个本地媒体以及 1 个全局性媒体 g。消费者只能在本地媒体和全局性媒体中选择一个访问，每个消费者的选择都基于自己的偏好。具体地，在一个本地市场 m 中，有 N 个消费者，其中 $n_{l,m}$ 个消费者选择访问本地媒体，$n_{g,m}$ 个选择访问全局性媒体。消费者的偏好是外生给定的，因此市场份额也是外生给定的（市场份额即 n/N）。接下来给出一个对称性条件：

条件（S）：本地媒体和全局性媒体的市场份额在不同地区间是相同的（$n_{l,m}=n_l, n_{g,m}=n_g$）。

这意味着，不同地方媒体的 $n_{l,m}/N$ 都相等，而全局性媒体在每一个地方的 $n_{g,m}/N$ 也都相等。因此，在条件（S）下，我们可以用 n_l 表示每个本地媒体在当地的消费者数量，而 $n_g=N-n_l$。

对于每个广告商 i 而言，他们的业务也仅限于当地。因此，他们不在乎广告对于外地消费者的推送次数。同时，我们规定，每个广告只需要一次推送就能给消费者留下足够深刻的印象，重复推送没有意义。媒体平台会追踪每位消费者的广告浏览情况，以确保每个广告商的广告只向他们推送一次，避免无效的重复推送。此外，在基准模型中，我们还做出以下假设：

条件（CV）：单个消费者对于广告商的价值 v_i 不会随着消费者数量的变化而变化。

这个条件的含义可以用一个例子来解释。假设每一个看到广告的消费者会购买价值为 p 的广告产品，而产品的边际成本为 c_i（可能包括广告成本及生产的单位成本），那么在这种简化的情形下，每个消费者的广告价值都是 $v_i=p-c_i$。因此，这个条件（CV）实际上是要保证边际成本不变且厂商的规模扩张不受约束，边际收益不变，因此厂商有动机去做更多广告，直到每一个消费者都被覆盖。否则，广告数量的扩张便可能有上限，就好比一个很小的饭馆不需要做许多广告让全中国的人都去它那里吃饭，因为其业务规模受其体量限制。

假定 v_i 从[0,1]中抽取，v_i 服从分布 $F(v_i)$。对于每一个媒体 $j\in\{l_1,\cdots,l_M,g\}$，它可以选择对于单位消费者投放的广告总量 a_j，其中，$j=l_M$，表示该媒体为地区 M 的本地媒体，$j=g$ 表示全局性媒体。我们假设广告商通过竞拍的方式来竞争刊登广告的机会，以获取广告空间（AD space），即竞拍 a_j 数量的广告位，价高者得。定义 v_j 为边际广告商价值（marginal advertiser value），只有价值大于等于 v_j 的广告商才可能获得广告空间（只有消费者的广告价值大于等于 v_j 时，广告商才愿出价 v_j 来获取广告空间），则由下式可求出这个 v_j：

$$1-F(v_j)=a_j$$

其中，$1-F(v_j)$ 为广告商价值大于等于 v_j 的概率。给定 a_j，等式成立时市场出清，从而可以求出该边际价值 v_j。在这里，$1-F(v_j)$ 即为广告的需求函数，a_j 则为无弹性的供给，上式可以理解为固定配给下的供需匹配。

接着，我们来求解条件（CV）与条件（S），即基准模型下广告市场的均衡。首先，对于供给端，每一个媒体可以选择为单位消费者供给多大的广告空间 a_j。p_j 为媒体 j 的推送价格，即向广告商收取的价格。需要注意的是，条件（CV）意味着媒体之间的决策是彼此独立的，每个媒体的广告策略不会受别的媒体策略的影响。① 因此，每个媒体只关注自己的广告空间决策，各个媒体的决策无关。

---

① 如果没有条件（CV），当一个媒体的广告做得太多，导致整个市场再新增广告的成本变得很高时，其他媒体选择不做那么多的广告就会是最优策略，因而其他媒体的决策势必与该媒体的决策不独立。

只有当 $\theta_j v_i \geqslant p_j$ 时，广告商才会从一个媒体购买一次推送。其中，θ_j 是一个广告吸引目标受众的概率，v_i 表示广告给广告商 i 带来的单位价值。对于每一个地方媒体 l，由于其内容是为当地消费者定制的，也只为地方消费者所消费，故而 $\theta_l=1$。相比之下，对于全局性媒体 g，由对称性条件(S)可知，$\theta_g=1/M$。对于目标受众为地方消费者的广告商 i 而言，为了吸引全局性媒体受众中所有的地方消费者而在全局性媒体上推送广告的利润为 $n_g v_i-Mn_g p_g$（为了全部覆盖本地的全局性媒体消费者，广告商需要投放 Mn_g 的广告，因为 $\theta_g=1/M$）。

基于此，我们可以给出基准模型的第一个结论。

命题 9-7

给定条件(S)和条件(CV)，当全局性媒体无法采取定向广告策略时，其从单个消费者身上所赚取的利润和那些本地媒体所赚取的单位利润是一样的。定向广告策略可以把广告费和利润提高至 M 倍。

证明：注意到广告商购买推送的概率为 $\Pr\{v_i \geqslant p_j/\theta_j\}=1-F(p_j/\theta_j)$，这也就是对广告的需求。对于地方 m 的媒体 l，当广告需求与供给相等时，其广告价格 $p_{l,m}$ 也就确定，即：$1-F(p_{l,m})=a_{l,m}$ 或者 $p_{l,m}=F^{-1}(1-a_{l,m})$。于是地方媒体的利润为：

$$\pi_{l,m}=\max_{a_{l,m}} a_{l,m}F^{-1}(1-a_{l,m})$$

对于全局性媒体 g，由对称性条件(S)可知：

(1) 在无法采取定向广告策略的情况下，任意广告推送给地区 m 消费者的概率为 $\theta_g=1/M$，因此，某个地区的广告商愿意购买广告的概率为：$\Pr\left\{\frac{v_i}{M}>p_g\right\}=[1-F(Mp_g)]$。由于一共有 M 个地区，因此，购买全局性广告的广告商数目为 $M\Pr\left\{\frac{v_i}{M}>p_g\right\}=M[1-F(Mp_g)]$，由此得到 M 个地区对全局性广告的总需求为：

$$M[1-F(Mp_g)]=a_g \text{ 或 } p_g=\frac{1}{M}F^{-1}\left(1-\frac{a_g}{M}\right)$$

于是全局性媒体的利润为：

$$\pi_g=\max_{a_g}\frac{a_g}{M}F^{-1}\left(1-\frac{a_g}{M}\right)$$

显然，这两个最大化问题实质上是一样的，且满足 $Ma_l^*=a_g^*$ 和 $Mp_g^*=p_l^*$（加“ * ”表示利润最大化的解）。全局性媒体和本地媒体的利润是相等的，即 $(1/M)a_g^*F^{-1}(1-(1/M)a_g^*)=a_l^*F^{-1}(1-a_l^*)$。

该结论的经济学含义如下：当全局性广告无法进行定向推送时，广告吸引某个地区消费者的概率是 $1/M$。正因如此，全局性广告的推送费也是局部性广告的 $1/M$，即 $p_g^*=p_l^*/M$。虽然全局性广告的价格是局部性广告的 $1/M$，但是由于全局性广告覆盖的范围更广，全局性媒体的利润与地方性媒体的利润是相同的。

(2) 在全局性媒体可以采取定向广告策略的情况下,给定全局性媒体的广告总数量为a_g',每个地区的广告数目为 a_g'/M,人均广告费 p_g'满足:$\Pr\{v_i>p_g'\}=a_g'/M$,从而有:

$$p_g'=F^{-1}\left(1-\frac{a_g'}{M}\right)$$

此时,全局性媒体的总利润为:

$$\pi_g'=\max_{a_g} a_g F^{-1}\left(1-\frac{a_g}{M}\right)=M\pi_g^*$$

证毕。

第三节 市场结构与媒体规制[①]

一、媒体市场兼并

媒体市场中存在两个群体:广告商和消费者(观众/读者/听众)。而媒体平台则是连接着两个群体的中介,它一方面向消费者提供媒体内容,另一方面为广告商刊登广告并收取广告费。

媒体公司可根据融资渠道大致分为三类:纯广告融资、纯用户订阅支付、混合收入。其中,广告融资媒体平台向广告商提供潜在消费者。因为广告商愿意接触尽可能多的消费者,从而产生了从消费者端到广告商端的正向网络效应。而广告商对消费者端的影响则取决于消费者对广告的态度:如果消费者不喜欢广告(这在电视和广播市场更为常见),那么从广告商到消费者就会产生负外部性;相比之下,杂志市场上的读者可能喜欢广告,因而此时从广告商到消费者就存在正外部性。

(一)背景:单边市场兼并的价格和数量效应

保持产品特性、成本和商品数量等因素固定不变,单边市场中兼并的价格效应通常是显而易见的。我们考虑这样一种情况:市场上仅存在由订阅费(无广告)资助的两家报纸。根据标准经济理论预测,在其他条件相同的情况下,两家报纸在消费者眼中越接近替代品,企业利润越容易降低。为了从竞争对手那里窃取业务,每家报纸都有动机设定较低的订阅价格。而且报纸间的替代性越强,则价格越低。如果两家报纸兼并(或者合作定价),所有者将内部化"商业窃取效应"(business-stealing effect)。因此,产品订阅价格将毫无疑问地上涨。

接下来,我们分析单边市场中兼并可能产生的福利效应。[②] 首先,考虑兼并后潜在的

① 本节参考了《媒体经济学手册》(Handbook of Media Economics)的第 6 章和第 7 章。

② 本部分参考了 Farrell 和 Shapiro(1990)。

价格上涨。假定可提供的产品成本不发生变化,那么生产替代品的公司之间的兼并总是会导致更高的价格。但如果兼并后边际成本大幅度降低,那么就会抑制价格上涨。

其次,兼并还可能导致公司之间生产的再配置。如果兼并导致产出在企业之间重新配置,就会影响行业的平均生产成本。特别地,如果兼并的两家企业是低生产成本企业,那么,在兼并之后,这两家企业的产量降低、价格上升,而非兼并的公司会生产得更多。这是一种从低生产成本企业向高生产成本企业的生产再配置。这就解释了为什么大企业之间的兼并会降低总福利,而小企业(高成本企业)之间的兼并则会促使资源从小企业向大企业转移,从而增加总福利。

(二)双边市场与单属消费者

在有关双边媒体市场的开创性论文中,Anderson 和 Coate(2005)假定消费者只能选择一个媒体平台,即消费者是单属的。但广告商是多属的且在所有平台上投放广告。①

我们考虑两个由广告资助的电视频道之间的竞争,并假设广告对观众来说是一种"打扰"(nuisance)。电视频道通过播放尽量少的广告进行竞争,从而达到吸引观众的目的。我们发现在这种情况下,转向垄断(即两个电视频道之间的兼并)会导致更多的广告。下面我们给出证明。

考虑消费者对这两个电视频道(媒体平台)的偏好异质性,我们用 $q=(q_1,q_2)$ 来刻画这种偏好的差异,q_i 表示电视频道 i 给消费者带来的总效用,假设 q_1 和 q_2 是独立同分布的,且累积概率分布函数为 $F(\cdot)$。当 $q_1-\gamma n_1>q_2-\gamma n_2$ 时,单属消费者选择频道 1;当 $q_1-\gamma n_1<q_2-\gamma n_2$ 时,消费者选择频道 2。其中 $\gamma>0$ 代表广告的负效用,$n_i>0$ 代表频道 i 上的广告强度。

令 ω 表示每一个消费者给媒体带来的广告收入,频道 1 的利润为:

$$\pi_1=\omega\Pr(q_1>q_2+\gamma n_1-\gamma n_2)n_1=\omega\left\{\int_0^\infty[1-F(q_2+\gamma n_1-\gamma n_2)]\mathrm{d}q_2\right\}n_1$$

类似地,频道 2 的利润为:

$$\pi_2=\omega\Pr(q_1<q_2+\gamma n_1-\gamma n_2)n_2=\omega\left\{\int_0^\infty F(q_2+\gamma n_1-\gamma n_2)\mathrm{d}q_2\right\}n_2$$

在兼并前,频道 1 的利润最大化的广告投入强度满足 $n_1^o=\mathrm{argmax}\,\pi_1$;兼并后,满足 $n_1^m=\mathrm{argmax}\,\pi_1+\pi_2$,对应的一阶条件为:$\dfrac{\partial\pi_1}{\partial n_1^m}+\dfrac{\partial\pi_2}{\partial n_1^m}=0$。其中:

$$\frac{\partial\pi_2}{\partial n_1}=\omega\gamma f(q_2+\gamma n_1-\gamma n_2)n_2$$

由于 $\dfrac{\partial\pi_2}{\partial n_1}>0$,即在频道 1 投放广告会增加频道 2 的利润。兼并后,利润最大化条件有

① 本部分参考了 Anderson 和 Coate(2005)。

$\frac{\partial \pi_1}{\partial n_1^m}<0$ 成立。对比兼并前利润最大化条件为$\frac{\partial \pi_1}{\partial n_1^o}=0$,由于边际收益递减,即$\frac{\partial^2 \pi_1}{\partial n_1^2}<0$,我们得到结论:$n_1^m>n_1^o$。即在单属消费者情形下,兼并会导致更多的广告。

该结论与对垄断市场标准分析结论其实是不谋而合的。对于消费者而言,媒体平台中的广告是消费该媒体所付出的一种成本。对媒体平台而言,一方面广告的负效用使它们损失了部分消费者,另一方面却直接地为它们带来收益。在兼并之前,两家媒体平台会降低广告数量以赢得消费者,这就是"竞争瓶颈"效应。而在两家媒体平台兼并之后,"竞争瓶颈"效应消失了,于是平台上的广告数量增加。

命题 9-8

如果消费者是单属的,则媒体平台兼并会增加广告数量。

(三)双边市场与多属消费者①

本部分考虑双边市场与多属消费者的情形。考虑两个由广告资助的电视频道(媒体平台)$i=1,2$,并且广告商是同质的。

当且仅当 $q_i-\gamma n_i>0$ 时,消费者才会观看频道 i。这意味着如果 $q_1-\gamma n_1>0$ 且 $q_2-\gamma n_2<0$,消费者将对频道 1 单属。而如果 $q_i-\gamma n_i>0(\forall i=1,2)$,那么该消费者是多属的。如果 $q_i-\gamma n_i<0$, $\forall i=1,2$,那么消费者将不会观看任何一个频道。请注意,与单属框架(Anderson 和 Coate,2005)相反,一个频道的观众数量 i 不会随着竞争对手广告量的增加而增加。

假设 q_i 的累积概率分布函数为 $F(\cdot)$,于是 $\Pr(q_i>\gamma n_i)=1-F(\gamma n_i)$,其中 $\Pr(q_i>\gamma n_i)$ 代表消费者观看频道 i 的概率。频道 1 上的单属消费者只观看频道 1 而不观看频道 2,因此可得单属于频道 1 和频道 2 的消费者比例:

$$P_1=\Pr(q_1>\gamma n_1)\Pr(q_2\leqslant\gamma n_2)=[1-F(\gamma n_1)]F(\gamma n_2) \text{ 和}$$

$$P_2=[1-F(\gamma n_2)]F(\gamma n_1)$$

多属消费者的比例为:

$$P_{12}=\Pr(q_1\geqslant\gamma n_1)\Pr(q_2\geqslant\gamma n_2)=[1-F(\gamma n_1)][1-F(\gamma n_2)]$$

频道 1 和频道 2 的利润分别为:

$$\begin{aligned}\pi_1 &=\omega P_1 n_1+\frac{\omega}{2}P_{12}n_1\\ &=\omega\left\{[1-F(\gamma n_1)]F(\gamma n_2)n_1+\frac{1}{2}[1-F(\gamma n_1)][1-F(\gamma n_2)]n_1\right\}\\ &=\frac{\omega}{2}[1-F(\gamma n_1)]n_1[1+F(\gamma n_2)]\end{aligned}$$

① 本部分参考了 Ambrus 等(2016)。

$$\pi_2=\omega P_2 n_2+\frac{\omega}{2}P_{12}n_2$$
$$=\omega\left\{[1-F(\gamma n_2)]F(\gamma n_1)n_2+\frac{1}{2}[1-F(\gamma n_1)][1-F(\gamma n_2)]n_2\right\}$$
$$=\frac{\omega}{2}[1-F(\gamma n_2)]n_2[1+F(\gamma n_1)]$$

兼并前,频道 1 利润最大化的广告投入强度满足 $n_1^o=\arg\max\ \pi_1$。兼并后满足 $n_1^m=\arg\max\ \pi_1+\pi_2$,对应的一阶条件为:$\frac{\partial\pi_1}{\partial n_1^m}+\frac{\partial\pi_2}{\partial n_1^m}=0$。由于$\frac{\partial\pi_2}{\partial n_1}=\frac{\omega}{2}n_2[1-F(\gamma n_2)]\gamma f(\gamma n_1)>0$,与单属消费者情况相同,将兼并后利润最大化条件$\frac{\partial\pi_1}{\partial n_1^m}<0$与兼并前利润最大化条件$\frac{\partial\pi_1}{\partial n_1^o}=0$对比,由于边际收益递减,我们得到 $n_1^m>n_1^o$。即在多属消费者情形下,兼并也会导致更多的广告。

为了比较单属和多属情况的差异,我们来看一个特例。假定消费者对媒体平台的偏好 q 服从均匀分布,且累积概率分布函数为 $F(q)=\frac{q}{Q}$,$q\in[0,Q]$。

(1) 在消费者单属情况下,频道 1 和频道 2 的利润分别为:

$$\pi_1^s=\omega\frac{1}{Q^2}\left\{\int_0^Q[Q+\gamma n_2-\gamma n_1-q_2]dq_2\right\}n_1=\omega\frac{1}{Q}\left[\frac{1}{2}Q+\gamma n_2-\gamma n_1\right]n_1$$
$$\pi_2^s=\frac{1}{Q^2}\omega\left\{\int_0^Q(q_2+\gamma n_1-\gamma n_2)dq_2\right\}n_2=\omega\frac{1}{Q}\left[\frac{1}{2}Q+\gamma n_1-\gamma n_2\right]n_2$$

兼并前频道的最优广告数量为 $n_{1s}^o=\frac{1}{2\gamma}\left(\frac{1}{2}Q+\gamma n_2\right)=\frac{1}{2\gamma}Q$,兼并后的频道利润为:

$$\pi_m^s=\pi_1^s+\pi_2^s=\omega\frac{1}{Q}\left\{\frac{1}{2}Q(n_1+n_2)-\gamma(n_1-n_2)^2\right\}$$

对其求一阶偏导数可以得到:

$$\frac{\partial\pi_m^s}{\partial n_1}=\omega\left[\frac{1}{2}-\frac{1}{Q}2\gamma(n_1-n_2)\right]>0 \text{ 和 } \frac{\partial\pi_m^s}{\partial n_2}=\omega\left[\frac{1}{2}+\frac{1}{Q}2\gamma(n_1-n_2)\right]>0$$

为了避免广告数出现无穷大的情况,我们假定广告数目存在一个上限 $\bar{n}$,由此得出结论:当消费者偏好服从均匀分布时,频道兼并会导致广告数量达到其上限 $\bar{n}$。

(2) 若消费者是多属的,则频道 1 和频道 2 的利润函数分别为:

$$\pi_1=\frac{\omega}{2}\left(1-\frac{\gamma n_1}{Q}\right)n_1\left(1+\frac{\gamma n_2}{Q}\right) \text{ 和 } \pi_2=\frac{\omega}{2}\left(1-\frac{\gamma n_2}{Q}\right)n_2\left(1+\frac{\gamma n_1}{Q}\right)$$

由两个频道各自的利润最大化问题可知,兼并前每个频道所选择的广告数目为 $n_1^o=\frac{1}{2\gamma}Q$。

兼并后的利润为 $\pi_m^D=\frac{\omega}{2}\left(1-\frac{\gamma n_1}{Q}\right)n_1\left(1+\frac{\gamma n_2}{Q}\right)+\frac{\omega}{2}\left(1-\frac{\gamma n_2}{Q}\right)n_2\left(1+\frac{\gamma n_1}{Q}\right)$,利润最大化的一

阶条件为 $0=\frac{\partial \pi_m^D}{\partial n_1}=\frac{\omega}{2}\left(1+\frac{\gamma n_2}{Q}\right)\left(1-\frac{2\gamma n_1}{Q}\right)+\frac{\omega}{2}\left(1-\frac{\gamma n_2}{Q}\right)n_2\frac{\gamma}{Q}$，由对称性可得：

$$n_D^m=\frac{1}{\gamma}\sqrt{\frac{Q}{3}}$$

假定 $n_D^m<\bar{n}$，我们可以得出命题 9-9。

命题 9-9

如果消费者是多属的，则媒体平台兼并也会增加广告数量，但广告数量的增加幅度要小于消费者单属的情况。

（四）半合谋的影响

半合谋（semi-collusion），是指媒体平台在广告市场上选择合谋（collusion），但在消费者市场上竞争。半合谋可能使所有参与者（消费者、广告商和媒体平台）受益，且在该种情形下，兼并可能降低双边市场中的价格。

Dewenter 等（2011）考虑一个具有连续广告商和两家报纸的代表性消费者框架，并假设消费者是广告爱好型消费者（本部分的主要结论对广告厌恶型消费者仍然成立）。因此竞争性报纸试图过度刊登广告以从竞争对手处吸引消费者。这对报纸从广告市场方面获得的利润产生了负面影响。因此，与双方在市场上竞争的结果相比，如果两家报纸合谋来选择广告水平，则广告量会下降，而广告价格会上涨。在其他条件相同的情况下，合谋看似将损害消费者和广告商的利益。然而，由于现在广告市场对报纸来说变得更加有利可图，他们将有更大的动力来吸引读者并将其卖给广告商。因此，为使读者人数增加，即使广告量已然下降，报纸也会大幅降低订阅价格。因此，消费者从两家报纸在广告市场上的合谋中获益。这反映了一种普遍的经济逻辑，即市场一侧市场支配力的增加往往会降低市场另一侧的价格。

更为有趣的是，与单边市场中的逻辑预期形成鲜明对比，广告商也可能从中获益。这是因为尽管合谋所导致的广告价格上涨会损害广告商的利益，但广告商也会因此接触到更多的读者。如果后一种效应占主导地位，则使所有市场参与方都受益的结果就会出现。这也是许多国家允许报纸在广告市场上合谋的原因所在。

在半合谋的市场结构下，兼并会损害消费者利益。原因显而易见：当报纸不再在读者市场上竞争时，订阅价格会上涨。但是，如果报纸在广告市场中的合谋所带来的福利收益足够大，那么半合谋下的兼并可能比无限制的竞争要好。

二、媒体市场的价格管制

如前所述，媒体市场是双边的，既向受众提供内容以换取订阅费，又向广告商提供受众以换取广告费。这种双边结构以及这两种资金来源的相对重要性对媒体市场的价格、广告水平、节目选择、质量和福利等方面都具有重要意义。

（一）垄断：一个基准模型

以电视市场为例，广播公司的决策是多维的，包括：观看节目的价格（或更普遍的收费结构）、节目中的广告强度、节目的质量和节目类型。而法规、竞争条件和技术限制可能影响广播公司的这些决策。例如，传统的无线广播技术要求观众必须在信号覆盖范围之内，因此根据内容的直接定价可能并不可行。此外，法规可能限制广告的强度，而技术进步也可能允许观众跳过广告。公共服务广播公司（PSB）可能面临新闻节目质量、类型或中立性的限制。我们将在接下来的讲述中讨论其中的一些因素。

我们假设一个垄断的广播公司有一个内容（单个频道或单个节目）提供给观众。观众从该内容获得的效用记为 v，观众对内容的价值是异质性的。所有观众对广告强度的态度都是同质的。如果他们对广告强度为 a 的内容支付 p，则他们所支付的总价格为：

$$P=\delta a+p$$

在大多数情况下，观众不喜欢会造成干扰的广告，因此我们合理地假设 $\delta \geqslant 0$，δ 表示广告给消费者带来的干扰的边际影响。对电视内容估值为 v 的观众将在 $v \geqslant P$ 时观看该内容，我们用观看需求函数 $x(P)$ 表示 $v \geqslant P$ 的观众数量。

假设一个广播公司展示 a 条广告，它从广告商那里获得的人均收入为 $r(a)$（我们假设这是一个凹函数）。因此，广播公司从每位观众处得到的总收入为：

$$R=p+r(a)$$

总收入 R 和总价格 P 之间的关系将取决于订阅费用 p 是否被允许使用。如果可以使用，那么对于任何总价格 P，我们有 $P=\delta a+p$ 和 $R=p+r(a)$，因此 $R=P+r(a)-\delta a$。对于任意给定的总价格 P，广播公司将相应地选择能最大化收入的广告强度 a^*。因此：

$$a^* = \arg\max_a r(a)-\delta a$$

需要注意的是，a^* 是使广播公司和观众的联合剩余最大化的广告强度，它忽略了广告商自身的盈余。广告商的利润通常会随着广告强度 a 的增加而增加，但广播公司基于对双边市场剩余的联合考虑，会选择对广告商而言偏低的广告水平。在某些情况下（当 $r'(0) \leqslant \delta$ 时），广告的均衡水平为零，因此广告对观众的负效用大于观众对任意一个广告商的价值，这也解释了为什么很多话剧中没有插入广告。否则，为使观众愿意容忍其中的广告，广播公司不得不相应地调低订阅价格作为货币补偿。付费电视体制总收入与总价格之间的关系是：

$$R_{pay}(P)=P+r(a^*)-\delta a^* \tag{9-10}$$

其中，从观众端收取的费用会直接转化为广播公司的收益。

相比之下，在免费电视体制（$p\equiv 0$）中，观看节目的代价就是忍受广告（$P=\delta a^*$），总收入是关于总价格的凹函数，由式（9-11）给出：

$$R_{\text{free}}(P)=r(a^*)=r\left(\frac{P}{\delta}\right) \tag{9-11}$$

如果监管对广告强度设置了上限，观众收看节目的总价格 P 也有了相应的上限。由于付费电视市场上广播公司有定价权，不难证明，$R_{\text{free}}\leqslant R_{\text{pay}}$。若不然，则与 R_{pay} 是付费电视市场上广播公司的最大收益矛盾（它们也有权在付费制度中设置 $p=0$，此时 $P=\delta a^*$，$R_{\text{free}}=R_{\text{pay}}$）。其直觉是：在付费电视体制中，广播公司有两种手段从观众那里获取收入，而在免费电视体制中，它只有一种手段。因此在付费电视体制中广播公司可以更有效地获取收入。两种收费方式下的平均每位观众收入可由图 9-2 表示。

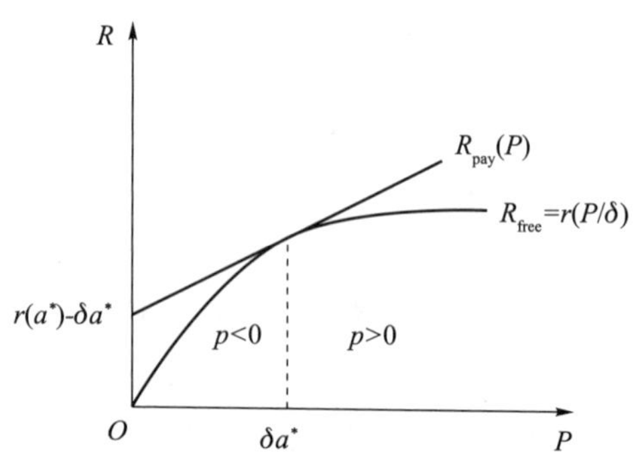

图 9-2 两种收费方式下的平均每位观众收入的比较

当观看的总成本 P 低于 δa^* 时，与之关联的订阅费 p 是负数。“负价格”可以理解为广播公司为吸引观众而对其支付的某种“补贴”。当“负价格”不可行时，如果 $P\geqslant\delta a^*$，收入函数继续以式（9-10）的形式表示；若不然，广播公司只能设置 $p=0$，此时其收入函数与式（9-11）中的 R_{free} 相同。由于 r 是一个凹函数，因此当 $P\geqslant\delta a^*$ 时，$r'\left(\frac{P}{\delta}\right)\leqslant\delta$ 且单调递减，即 $R'_{\text{pay}}(P)>R'_{\text{free}}(P)$，$R_{\text{pay}}(P)$ 的增速快于 $R_{\text{free}}(P)$，显然 $R_{\text{pay}}(P)/R_{\text{free}}(P)$ 随 P 增加而增加。因此，付费电视体制提供的收入不仅绝对值大于免费电视体制，而且随着收费的增加，这种差距会进一步加剧。

为简单起见，假设广播公司将媒体内容（电视节目）推送给观众时，不会产生额外成本。令 $x(P)$ 表示价格为 P 时市场上的观众数量，则广播公司的总收入为：

$$\pi_c=x(P)R(P) \tag{9-12}$$

可以证明，付费电视体制中的总价格 P 略高于免费电视体制，因此付费电视体制中的观众处于一种更劣质的处境。具体证明如下：

令下标为 c 的变量表示免费电视体制（$p\equiv0$）下的变量，则总收入为：

$$\pi_c=x(P_c)R(P_c)=x(P_c)[P_c+r(P_c/\delta)-P_c]=x(P_c)r(P_c/\delta),P_c/\delta=a_c$$

总收入最大化的一阶条件为：

$$\frac{\partial\pi_c}{\partial P_c}=x(P_c)+[P_c+r(a_c)-\delta a_c]x'(P_c)+\frac{1}{\delta}[r'(a_c)-\delta]x(P_c)=0$$

令下标为 u 的变量表示付费电视体制下的变量，则总收入为：

$$\pi_u=x(P_u)R(P_u)=x(P_u)[P_u+r(a_u)-\delta a_u]$$

付费电视体制下 π_u 关于 P 的一阶条件为：

$$\frac{\partial\pi_u}{\partial P_u}=x(P_u)+[P_u+r(a_u)-\delta a_u]x'(P_u)=0$$

我们用反证法证明。假设 $P_c \geqslant P_u$，即免费电视体制下的总价格更高。由付费电视体制下总收入最大化可知，$x(P_u)+[P_u+r(a_u)-\delta a_u]x'(P_u)=0$。考虑到函数的凹性，此时一定有 $x(P_c)+[P_c+r(a_c)-\delta a_c]x'(P_c)<0$，又由于$\frac{\partial \pi_c}{\partial P_c}=0$，故 $r'(a_c)-\delta>0$，$a_c^*<a_u^*$，两边同乘 δ 可得：

$$P_c=\delta a_c^*<\delta a_u^*<\delta a_c^*+p=P_u$$

与假设冲突，故 $P_c<P_u$，付费电视体制中的总价格略高于免费电视体制的总价格得证。

接下来我们证明：

命题 9-10

免费看电视会导致更多的广告（$a_c^*>a_u^*$）。

与上述证明思路相同，我们也采用反证法。若 $a_c^*\leqslant a_u^*$，则 $r'(a_c)-\delta>0$，于是，在 $P=\delta a_c$ 处有 $r'(a_c)-\delta>0$ 和 $x(a_c)+[P+r(a_c)-\delta a_c]x'(a_c)>0$，因此，广播公司会增加广告数量直到 $a_c^*>a_u^*$。

上述结论的经济学含义是显然的：如果不允许广播公司收订阅费，那么广告公司唯一的收入来源就是广告费，这就导致广播公司增加广告强度。因此，广告商通常更喜欢免费电视体制。

事实上，订阅费对消费者剩余的影响是不确定的。在拥有订阅费定价权时广播公司的最终收入更高，而某些节目也只有在向观众收费的情况下才有利可图。因此，虽然收视费减少了给定电视节目下的消费者剩余，但也能为观众带来更多样的节目类型。如果这种多样化对消费者而言足够有价值，他们反而可以从付费电视体制中获得更高的消费者剩余。

在付费电视体制中，一旦考虑到广播公司的反应，广告规避技术的广泛传播和引入往往会损害消费者的利益。在没有广告规避技术的情况下，广播公司选择总价格来最大化总收入（$x(P)(P+r(a^*)-\delta a^*)$）。广告规避技术的介入相当于让广播公司在 $a=0$ 的条件下最大化收入 $x(P)P$，此时广播公司将提高定价（与 $a^*>0$ 时相比）。由于观众不喜欢广告，当技术允许时，规避广告是一种占优策略。但这种行为会对整个观众群体产生负面的外溢效应：广告收入减少迫使广播公司转向消费者端，提高订阅价格以弥补广告端的损失。因此，在这个简单的框架中，广告规避技术会导致囚徒困境：如果广告规避技术不可行，所有观众都会过得更好。当然，在纯粹由广告资助的制度中，广告规避技术对媒体市场的影响无疑是灾难性的。

命题 9-11

广告规避技术使得媒体公司只能通过订阅费来赚取利润，一旦禁止收取广告费，为了维持市场的存在，消费者不得不支付更高的订阅费。

（二）寡头垄断：一个自然扩展

前述的基本模型独立地考虑了单个广播公司，并未考虑竞争对手的反应。当我们开始考虑一个广播公司的选择对竞争对手的影响时，一些未涉及的问题随之出现。同样以电视市场为例，假设有两个广播公司：广播公司 A 和广播公司 B。我们假设，在节目播放时段，观众只能观看其中一个广播公司所提供的内容（或者两个都不看）。如果两家广播公司设定的总价格分别为 P_A 和 P_B，假设广播公司 A 获得了 $x_A(P_A,P_B)$ 位观众，广播公司 B 获得了 $x_B(P_B,P_A)$ 位观众。接下来，如式(9-12)中所展示的，给定竞争对手的总价格是 P_j，广播公司 i=A，B 选择它的总价格以此最大化：

$$x_i(P_i,P_j)R(P_i)$$

其中，R 是采用 R_{pay} 还是 R_{free}，主要取决于向观众直接收费是否可行。在广播公司的理论模型中，对 x_i 的通常设定是对称的 Hotelling 需求模型。具体表现形式如下：

$$x_i(P_i,P_j)=\frac{1}{2}-\frac{P_i-P_j}{2t}$$

在这里，t 是"运输成本"参数，该参数反映了产品与消费者偏好的偏离对消费者效用的损失程度。在这个框架中，需要注意的是总价格是策略性互补的，且广播公司对于其竞争对手所设定的总价格的最佳反应是该价格的递增函数。特别地，如果以价格上限（在付费电视体制中）或广告上限（在免费电视体制中）的形式仅对一家广播公司施加不对称的监管，这将导致不受监管的竞争对手在价格或广告水平上也相应地减少。

在这种特殊情况下，价格 P 的对称均衡满足：

$$\frac{R'(P)}{R(P)}=\frac{1}{t} \tag{9-13}$$

在付费电视体制中，$R(P)=P+r(a^*)-\delta a^*$，其导数为 $R'(P)=1$，通过式(9-13)可得 $R(P)=t$，因此付费电视体制中有 $t=P+r(a^*)-\delta a^*$，可以得到观众的均衡收视费用为：

$$p=t-r(a^*)$$

如果 $t>r(a^*)$，则收视费用为正；如果 $t\leqslant r(a^*)$，那么处于均衡状态的公司就不会直接向观众收费，其结果与免费电视体制相同。

在免费电视体制中 $R(\delta a^*)=R(P)=r(a^*)$，因此 $r'(a^*)=\delta R'(a^*\delta)=\delta R'(P)=\delta$，又由 $p=0$ 得 $r(a^*)=t$，因此均衡广告强度满足：

$$\frac{r'(a^*)}{r(a^*)}=\frac{\delta}{t}$$

由于 R_{pay}/R_{free} 随 P 的增加而增加（上文已证明），对其求导可推得 $R'_{pay}/R_{pay}\geqslant R'_{free}/R_{free}$。令 $k_p=R'_{pay}/R_{pay}$、$k_f=R'_{free}/R_{free}$，且由于边际增长率递减，可认为 $\frac{\partial k_p}{\partial P}<0$ 和 $\frac{\partial k_f}{\partial P}<0$。由式(9-13)得，无论何种体制下，均衡时有 $k_p^*=k_f^*=\frac{1}{t}$。当 $P_{pay}=P_{free}$ 时，一定有 $k_p\geqslant k_f$。若假设 P_{pay} 已达到均衡水平，则相应地，有 $P_{pay}>P_{free}$。因此式(9-13)意味着付费电视体制

中观众支付的总价格高于免费电视体制,因此该寡头垄断模型中,观众在广告资助制度下的状况会更好。此外,$r(\cdot)$的凹性意味着免费电视体制中的均衡广告强度要大于付费电视体制。

(三)内容选择:一个自然扩展

在媒体市场,市场失灵的主要原因在于广告是唯一的商业资金来源。广告资助电视的主要问题在于,一个节目是否有利可图不单单取决于观众喜欢该节目的程度,有些能大幅提升社会福利但相对小众的节目很可能不会被媒体提供。允许媒体平台收取订阅费一定程度上可以缓解这个问题,即广播公司可以从观众处提取剩余,这激励着它们去积极提供那些迎合观众支付意愿(WTP)的节目。

为了说明这一点,假设观众的效用不会因广告而折损($\delta=0$),且广告商愿意为每位观众向广播公司支付 r。假定不同节目的受众规模 n 和所对应受众的支付意愿 v 各不相同。节目 i 的观众数量为 n_i,保留价格为 v_i,固定成本为 F_i。如果广播公司只能从中提供一个节目,在无法对内容收费的情况下,广播公司将选择广告价值最高的内容。节目 i 的广告价值为 n_ir-F_i。然而,如果广播公司可以收取订阅费,那么它会对观众收取保留价格,并且选择最大化总收入 $n_i(r+v_i)-F_i$ 的节目。

由于后一种选择考虑了观众剩余,它对社会总福利的贡献可能更大。如果有一种节目类型(如公共次优选项)对大多数人来说比没有好,而且制作成本很低(n_i 较大,而 v_i 和 F_i 较小),那么广播公司在免费电视体制中也会提供这种节目。而其他一些节目就可能只有在付费电视体制下才会存在。

此外,付费电视体制的选择也会影响节目质量。假设广播公司可以对节目质量进行选择,且制作质量为 q 的节目的固定成本为 $C(q)$。观众对于质量为 q、观看总价格为 P 的节目需求为 $x(P|q)=qX(P)$,需求量随着质量 q 的增加而增加。由此可推知,广播公司的总利润为:

$$x(P|q)R(P)-C(q) \tag{9-14}$$

其中,R 采用 R_{pay} 或者 R_{free},取决于向观众直接收费是否可行。

在直觉上,当被允许对观众征收更高的价格时,广播公司会提高节目的质量。例如,在免费电视体制下,考虑一项对广告强度设置上限的监管政策。在节目质量保持不变的情况下,这一政策肯定会让观众受益,因为该政策降低了他们支付的有效价格。但与此同时,这一政策减少了单位观众为广播公司带来的广告收入,故而降低了广播公司提升节目质量的意愿。因此,该项监管政策对观众福利的整体影响可能是负面的。同样,在付费电视体制中,一旦考虑到公司的节目质量对低价格的反应,规定价格上限的监管政策效果可能适得其反。最后,从免费电视体制向付费电视体制的转变过程中,如果节目的质量保持不变,该转变会损害观众的利益。但如果把公司可能提高质量的因素考虑进去,该转变可能让观众受益。

另一个令人担忧的问题是竞争性广播公司可能对节目进行抄袭或模仿,而垄断的广播公司则可能有更强的动机提供多样化的节目。例如,考虑一个相当极端的情况,即每个观众只考虑观看一种类型的节目,若这个类型不存在,他宁愿关掉电视而不是选择观看任何其他节目。为了说明这一点,假设只存在两种类型的频道(A 和 B),两种频道分别拥有 n_A 和 n_B 位观众,平均观众剩余分别为 v_A 和 v_B。为了简单起见,假设节目成本为零,并且不存在广告对观众的负效用。那么,拥有两个频道的垄断广播公司将在两个频道分别提供两类节目,以最大化其观众数量(这对免费电视体制和付费电视体制均成立)。而在依赖广告赞助的市场中,如果两个频道分别由独立的竞争性广播公司提供,它们则可能都会提供观众较多的热门节目,且这种竞争更有可能引发“模仿”或“抄袭”等行为。

一般的原则是,当广播公司直接向观众收取内容费用时,它们有动机对内容进行差异化,以避免价格竞争。当竞争对手无法进行价格竞争时,广播公司就会倾向于将节目类型收敛到 Hotelling 线的中间,以争取最大的市场份额。

(四)模型的经济学含义

前述模型以电视市场为例,详述了免费电视体制(广告费)和付费电视体制(广告费和订阅费)的差异性,其结论亦可推演于媒体市场。总结如下:

1. 价格和福利

在垄断和寡头垄断的情况下,付费电视(pay TV)对观众征收的总价格(订阅价格加上广告的负面效用)高于广告电视(AD TV)。因此,在所提供的内容确定的条件下,观众和广告商在付费电视体制下福利水平更低,而广播公司在此制度下的情况更好。

2. 内容选择

由于盈利能力的提高,广播公司在付费电视环境中倾向于提供更多内容。此外,在免费和付费内容都可获得的情况下,免费频道(free channels)将提供公共次优选项节目,付费节目将提供小众节目。故付费电视体制有助于促进媒体市场产品的差异化。

3. 质量和监管

最佳质量随着总价格的增加而增加(由此可推断在付费市场中价格和质量都应该更高),规定价格或广告水平上限的法规可能降低产品质量和消费者剩余。

本章小结

技术的更新迭代孕育了多样化的媒体产品,也将有别于传统媒体的新型媒体市场引入大众视野中。毋庸置疑,媒体在现代社会中扮演着越来越重要的角色。从以报刊、电视为主的传统媒体,到互联网时代下现代化的数字媒体;从媒体产品的特征属性,到媒体市场的规制结构;从媒体受众与广告商,再到连接双边的媒体平台……本章借助理论分析与模型构建,抽丝剥茧,层层深入,逐渐揭开了媒体经济学的神秘面纱。根据本章的分析,我们得到如下结论:

1. 媒体市场是一种典型的双边市场,一端是消费媒体内容的受众,一端是借助媒体宣传产品的广告商。媒体平台扮演着中介角色,向双方买家联合销售产品。

2. 在固定成本较高的媒体市场中,媒体消费者的异质性偏好具有很强的偏好外部性,其表现形式与福利影响依赖于市场具体结构。

3. 在媒体市场消费者偏好异质性的作用下,“体裁重复”与“公共次优选项”是媒体产品定位的两个突出问题,与之相关的市场假设直接影响了研究者对媒体平台决策与市场绩效的分析。

4. 数字技术的发展猛烈地冲击了传统媒体市场。数字媒体从内容供给、用户消费及广告策略等方面影响了媒体市场的表现,带来了信息超载等问题,也引入了如新闻汇总者、多属消费者等新角色。

5. 从反垄断视角出发,兼并与垄断对社会福利的总效应不可一概而论。有关广告与价格上限的监管制度也并不一定是有效率的。政策制定者需要提前考察并充分了解具体的市场结构与特征后再有针对性地分析部署,才能充分利用媒体的社会价值、有效提高社会福利。

思考题

1. 基于本章第一节模型设定,试证明:公司合并后,两家媒体公司提供的媒体内容会更为分散和多样化。

2. 基于本章第三节双边市场与多属消费者部分的模型设定,试证明:若消费者对媒体平台的偏好参数 q 服从均匀分布,且累积概率分布函数为 $F(q)=\dfrac{q}{Q}, q\in[0,Q]$ 的条件下,多属消费者情况下媒体平台兼并引致的广告数量的增加幅度小于消费者单属的情况。

3. 试证明:媒体平台要么选择专业化策略,即 $\mu(I_1\cap I_2)=0$,要么选择最小差异化策略,即 $\mu(I_1\cap I_2)=\min\{\mu(I_1),\mu(I_2)\}$。

4. 试用逆推法证明本章命题 9-6:在单边市场情况下,媒体在内容上会最大化差异以最大化自己的利润,但也会导致在媒体内容选择上与用户福利相悖。

5. 根据本章第二节的内容,设 Hotelling 区间为 $[0,1]$,平台 1 提供的内容位置为 α,而平台 2 提供的内容位置为 $1-\beta$,且不失一般性 $\alpha\leqslant 1-\beta$,并限定 $\alpha,\beta\in[0,1]$,消费者对内容的偏好均匀分布于 $[0,1]$ 上,具体位置为 x。市场是单边的,消费者是多属的,消费组合中分配在平台 1 的时间比例为 $\omega(x)$,偏好不一致造成的效用损失为 $[\omega\alpha+(1-\omega)(1-\beta)-x]^2$。设 $p_2=2p_1=1$。请根据命题 9-6 的结论,计算最优化选择下,$\omega(x)$ 的形式与媒体平台 1 和媒体平台 2 的总需求 D_1、D_2。

6. 如果不同的媒体平台属于不同的国家,作为一国的政策制定者,你会从哪些角度去权衡相关贸易政策的制定?请基于对媒体市场的认识谈一谈你的思考与理解。

即测即评

本章参考文献

1. Ambrus A, Calvano E, Reisinger M. Either or Both Competition: A "Two-Sided" Theory of Advertising with Overlapping Viewerships. American Economic Journal: Microeconomics, 2016, 8(3): 189-222.

2. Anderson S P, Coate S. Market Provision of Broadcasting: A Welfare Analysis. Rev. Econ. Stud., 2005, 72: 947-972.

3. Anderson S P, Palma A D. Information Congestion. RAND Journal of Economics, 2009, 40(4): 688-709.

4. Anderson S P, Neven D J. Market Efficiency with Combinable Products. European Economic Review, 1989, 33(4): 707-719.

5. Athey S, Gans J S. The Impact of Targeting Technology on Advertising Markets and Media Competition. American Economic Review, 2010, 100(2): 608-613.

6. Beebe J H. Institutional Structure and Program Choices in Television Markets. The Quarterly Journal of Economics, 1977, 91(1): 15-37.

7. Dewenter R, Haucap J, Wenzel T. Semi-Collusion in Media Markets. International Review of Law Economics, 2011, 31(2): 92-98.

8. Farrell J, Shapiro C. Horizontal Mergers: An Equilibrium Analysis. American Economic Review, 1990, 80(1): 107-126.

9. Hotelling H. Stability in Competition[J]. The Economic Journal, 1929, 39(153): 41-57.

10. Jeon D, Nasr N. News Aggregators and Competition among Newspapers on the Internet. American Economic Journal: Microeconomics, 2016, 8(4): 91-114.

11. Steiner P O. Program Patterns and the Workability of Competition in Radio Broadcasting. The Quality Journal of Economics, 1952, 66(2): 194-223.

第十章

数字经济与劳动力市场

“种豆南山下，草盛豆苗稀。晨兴理荒秽，带月荷锄归。道狭草木长，夕露沾我衣。衣沾不足惜，但使愿无违。”

——陶渊明《归园田居·其三》

自工业革命大机器生产时代以来，有组织、有计划的企业组织正式成为人类生产的主要力量。个体作坊和“自我雇佣”似乎已经消失在了历史的尘埃当中。然而，在过去 20 年中，“自我雇佣”这种就业模式在多数发达国家再度兴起，且其形成机理发生了根本性的变化。传统文献往往把“自我雇佣”同农业、贫穷和落后等名词联系在一起。与传统的模式不同，这些新兴的“自我雇佣”职业通常是同在线销售网站、手机 App 等平台捆绑在一起的，进而形成了所谓的零工经济(gig economy)。

另一种新的就业模式是居家办公(work from home, WFH)。你不需要见到你的老板，也不需要和你的合作伙伴进行面对面的交流，只需要通过计算机和 E-mail 就能够顺利完成工作。居家办公的出现一方面消弭了工作与生活之间的缝隙，另一方面则实现了就业地和居住地的分离。

本章结构安排如下：第一节对在线劳动力平台的运行机制与分类，以及零工经济、居家办公等概念进行介绍。第二节讨论平台与劳动者法律关系的界定以及由此产生的影响。第三节考察信息通信技术进步与零工经济比重的关系。第四节研究居家办公对城市房价、人口和就业等方面的影响。第五节分析居家办公的工资决定机制，以及监督技术进步对工资不平等的影响。

第一节　在线劳动力平台：运行机制与分类

在线劳动力市场通常被定义为依托互联网平台实现劳资双方交换工作与报酬的市场。随着在线劳动力平台的兴起，劳动者的就业方式、工作习惯、工作时间与薪酬结构等正在经历剧烈的改变。在平台的推动下，劳动力的供需关系突破了时空限制进而促进零工经济的兴起与居家办公的出现。

劳动力市场的数字化将传统劳动力市场中“企业-员工”的合同雇佣制度转变为“平台-个人”的委托代理制度。平台的存在扩大了在线劳动力市场中劳动服务的涵盖范围，使得雇主、劳动者与平台运营人员得以突破时间与地理的限制，传递信息、交流互动，从而提高生产效率。如图 10-1 所示。

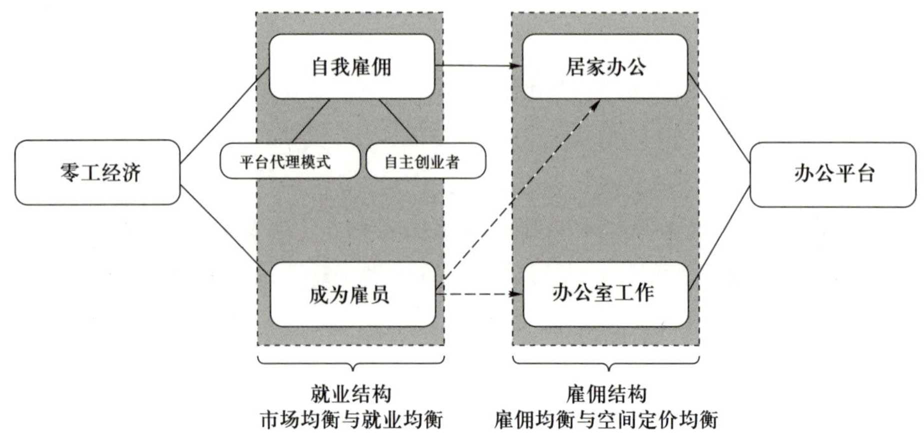

图 10-1 数字经济与劳动力市场

一、在线劳动力平台的运行机制

在线劳动力市场的参与主体主要分为雇主、劳动者与平台。平台是连接雇主与劳动者的媒介，雇主与劳动者通过平台完成劳动任务。在线劳动力平台的运行机制主要分为三个步骤：

第一步，任务的发布与搜寻。一方面，雇主在线上劳动力网站上进行注册，提供公司名称、公司地址、公司法人、联系方式等基础信息。而当雇主需要发布任务时，可以直接通过在线劳动力市场发布职位信息，包括对任务的具体描述、工作的所属类别、工作的预计交付日期以及双方签订的合同类型，并对雇主的薪酬支付结构、违约条款等进行明确的规定。例如，在我国，以猪八戒网为代表的在线劳动力平台，任务的收入由雇主直接制定，劳动者只能接受收入，并按时完成工作。另外，也有平台允许雇主按照劳动者的工作时间长度支付工资。在此情况下，雇主需要说明劳动者预计完成任务的周数与每周的时长。另一方面，承包商或是劳动者同样需要在网站上进行注册，设置个人资料，其中包括劳动者的姓名、联系方式和地理位置，以及教育背景、职业技能和工作经验，这些都是雇主选择承包商的参考条件。另外，劳动者在平台工作的反馈分数也会丰富工人的简历，为承包商提供参考。

第二步，劳动任务的供需匹配。首先，基于雇主在劳动力平台发布的工作信息，劳动者依据自身的工作经验与具备的技能自主选择是否进行竞标。其次，雇主依据劳动者的网上简历获取信息，包括劳动者自己填写的专业技能与工作经验，以及平台自动生成的线上合同数量与评价反馈分数，并进行评估。最后，平台通过对每类数据进行赋值，计算每位竞标者简历所得的分数，并通过筛选机制选择满足雇主要求的一位或几位承包商（Galperin 和 Greppi，2017）。

第三步，任务的完成与在线评价。第一，劳动者接到任务后，依据与雇主签订的合同远程按时完成工作，并通过平台提交给雇主，雇主则通过平台支付费用。当前，世界大多数在线劳动力平台会在线上交易完成时抽取雇主支付给劳动者的固定比例的薪酬作为部分收入来源。第二，在每一项任务完成时，雇主需要根据不同的标准为劳动者的任务完成质量进行评估计分，这一分数则作为之后劳动者在线上劳动力市场中竞标的参考标准。

与此同时，不同的线上劳动力平台会对线上服务交易参与者的行为进行差异性规定，从而使得平台在任务的发布与搜寻、供需匹配和任务的完成与在线评价等流程中产生异质性运行机制。例如，在平台对劳资双方雇佣前是否进行互动的要求方面，部分平台不建议雇主与劳动者在雇佣前进行互动，而另一部分平台则鼓励双方在雇佣前进行谈判。

另外，具备不同用工模式和管理强度的平台，其运行机制同样存在差异。若平台为“众包”模式，在线劳动力平台的主要职能为连接雇主与劳动者，其仅会对劳动服务的结果进行控制，平台的管理强度较弱；若平台为按需服务模式，则劳动者在平台中完成结构化、碎片化、即时化的劳动服务任务，平台会兼顾劳动过程与劳动结果，在这一情况下，平台的管理强度较大。

二、零工经济

零工经济被定义为利用信息与通信技术促进劳动服务供需双方的匹配，灵活完成雇主的短期工作的市场集合。通过定义可以发现，与传统的全日制用工形式不同，零工经济以时间较短的任务为基础（Broughton 等，2016）。

（一）零工经济工作形式的分类

数字经济对劳动力市场的影响可以体现在短期劳动任务中，并催生了零工经济。因此，零工经济中的工作形式与在线劳动力平台的用工模式分类相对应，分为“众包劳动”（crowd worker）和“按需服务”（service on demand）两种工作形式（Stewart 和 Stanford，2017）。对于众包劳动的用工模式，劳动者通过数字平台进行竞标、完成工作，零工经济中数字技术的使用将全球范围内的雇主与劳动者相连接。对于按需服务的用工模式，劳动者既需要通过在线平台完成短期的碎片化任务，也需要完成涉及现实世界的工作。众包可以简单理解为“赏金猎人”的模式，委托人发布任务，劳动者在平台上承接任务；按需服务则是委托者和代理商直接交易，跨越了平台这一交流媒介。例如，美团等外卖平台就属于众包模式，而地摊经济就是我们所说的按需服务模式。

基于劳动者不同的工作经历与工作状态，可以将零工经济中的劳动者分为四类：一是进入零工经济前在传统劳动力市场工作，而之后成为自由职业者的劳动者；二是进入零工经济前在传统劳动力市场工作，但当前处于过渡时期的劳动者；三是已有工作，但同时出于提高收入的目的,在线上劳动力市场中完成相关行业短期工作的劳动者;四是几乎可以被认为没有工作经历的工人,诸如学生、家庭主妇等。

(二)零工经济发展的积极影响

在劳动者方面,第一,零工经济降低线上劳动者进入劳动力市场的准入门槛,为劳动者尤其是重心在家庭的女性等劳动者群体提供更多的工作机会,减少失业率。第二,零工经济的工作具有高度的灵活性与自由度,劳动者能够充分利用自身的空余时间完成雇主的任务,并获得额外的收入。第三,劳动者除了能够从更多渠道获得收入之外,也能够通过零工工作获取学习机会,发展新技能。

在雇主方面,零工经济对企业的促进作用主要体现在成本降低上。一方面,企业选择弹性的用工方式,在完成任务的基础上,避免为零工劳动者承担社会保障、带薪休假等责任,降低人力成本与管理成本。另一方面,通过线上劳动力平台,有效提高企业的招聘效率,并能够从世界范围内选择更具竞争力的,且在技能和偏好方面相匹配的潜在优质零工劳动者,降低招聘成本。

(三)零工经济发展的消极影响

第一,零工经济存在损害劳动者权利的可能性,如失业保险、劳动补偿等方面,增加工作的不稳定性。其中,不具备丰富工作经历的劳动者为零工经济中的弱势群体,在工作中很难维护自身的利益。

第二,由于雇主与劳动者仅通过平台在短期工作中进行联系,劳资关系的双方关系并不密切,劳动者对雇主品牌的忠诚度较低,这对企业的长久发展产生抑制作用(Donovan等,2016)。

三、居家办公

居家办公是指劳动者受雇于某用人单位,但以自己的家庭为主要工作场所,并借助信息通信技术实现远程协作,而非在企业内部办公(Olson,1989)。近年来在世界范围内蔓延的新冠肺炎疫情使得众多企业员工均被迫居家办公,只能通过手机或计算机进行工作,但这种态势并不见得会因为疫情的遏制而出现逆转。

劳动者是否选择居家办公受到多重因素的影响。在外部因素方面,有企业管理、工作性质、技术支持等因素,如若企业不允许劳动者在家远程进行工作,从事的行业使得劳动者无法居家办公或是当地的信息通信技术、基础设施建设不完善,均会限制雇员的居家办公行为。在内部因素方面,不同类型的群体对居家办公持有不同的态度,这也会影响劳动者的选择,受教育水平越高、收入水平越高、越年轻的员工越倾向于居家办公。

(一)居家办公的积极影响

对劳动者而言,居家办公会从地理限制、成本节约、生活满意度三个角度产生积极作用。首先,劳动者居家办公时通过互联网技术与其他部门人员和企业进行沟通交流,突破地理距离的限制,使得劳动者能够远程完成各项任务(Golden,2008)。其次,居家办公的劳动者不需要往返于企业和家之间,从而节约了通勤成本、汽车损耗和交通时间等,减少劳动者在金钱与时间上的支出。最后,劳动者居家办公不需要遵循企业的办公时间,其依据家庭内部事项和适合自身的工作节奏安排工作,工作时间具有弹性。与此同时,居家办公时劳动者可以选择合适的工作地点,提高了工作的舒适度。这实现了劳动者在工作、家庭和休闲之间的平衡,显著提高了劳动者的工作满意度。在此基础上,契合劳动者生活方式能够有效促进劳动者工作效率的提高。简而言之,通过居家办公,劳动者能够进入距离更远的劳动力市场,扩大职业发展的空间。对企业而言,劳动者居家办公能够降低各类成本,包括企业的场地租赁、办公用品、管理费用等日常支出,这会进一步提升企业的盈利能力。

(二)居家办公的负面作用

居家办公会抑制劳动者的工作效率。一是,由于劳动者在家可能面临多种琐事或是无法自我约束,劳动者居家办公的效率会有所降低。二是,由于数字技术的发展差异和工作时间的差异,劳动者通过信息技术的沟通可能产生沟通不畅的问题。这对企业也会产生类似的消极影响,劳动者工作效率下降和部门沟通不顺畅均会加大企业管理劳动者的难度。

第二节 平台与劳动者的法律关系界定

平台和劳动者之间是雇佣关系还是代理关系?劳动者究竟是平台的雇员(employee)还是独立承包商(independent contractor)?这既是一个关系到无数平台和劳动者切身利益的现实问题,又是数字经济规制的重大理论问题。如果平台和劳动者之间是雇佣关系,那么平台就要按照《中华人民共和国劳动法》等法律法规,为劳动者提供最低工资、社会保险以及带薪休假等福利。这显然会大大增加平台的人力成本支出,削减它们的利润,但是对劳动者来说这些福利意味着更稳定的工作和更好的待遇。

平台和劳动者之间是否存在雇佣关系本质上是企业的边界问题。本节通过引入平台这一新兴的市场势力,探讨新兴平台企业的经营模式(代理模式、雇佣模式、混合模式)的最优选择,进而试图考察政府对平台和劳动者的法律关系界定所可能产生的影响。

一、平台的经营模式

平台的经营模式主要可以分为雇佣模式(employment mode)、代理模式(agency mode)和混合模式(hybrid)。在雇佣模式中,平台决定服务质量;在代理模式中,劳动者决定服务质量;在混合模式中,平台和劳动者各自决定一部分服务质量。

雇佣模式就是我们最熟悉的传统经营模式,劳动者是平台组成的一部分,平台必须为劳动者提供最低工资、社会保险以及带薪休假等福利。而代理模式就类似于最初的平台经济，平台只提供交流的场所但不约束平台上人员的行为。但是随着大数据时代的到来，平台发现约束平台上的人、收取租金、抽取广告费等手段可以赚取高额的利润。平台与劳动者的关系逐渐转向了混合模式。混合模式的设定就更加接近于现实的世界。类似于美团外卖的经营模式。服务的水平基本由劳动者自行决定，但是平台又不是完全不做约束。服务水平部分由商家决定，部分由注册的劳动者提供。平台会发布标准的任务，决定注册的商家，评定商家和骑手的信用等级等，以及自动规划路线、最短送达时间、最远送达地点等。注册的劳动者则决定其与顾客的联系频度、对顾客的服务态度，以及给顾客提供的菜品质量、车内环境等。

假定劳动者在平台经营所产生的收入 $R=R_k(x)$ 取决于努力水平 x，注意这里的 k 仅代表生产方式。当 x 由平台决定时，$k=f$；当 x 由工人决定时，$k=w$。无论是平台还是工人，决定 x 后都会面临相同的成本函数 $C(x)$。为简化分析，假定 $R_f(x)=R_w(x)=\beta x$，$C(x)=\frac{1}{2}x^2$。在这里，β 可以理解为市场规模。

定义利润函数为：$\pi_k\equiv R_k(x_k)-C(x_k)$。其中，$x_k\equiv\arg\max\limits_x\{R_k(x)-C(x)\}>0$ 是所有满足利润最大化的劳动水平。

现实生活中，如果劳动者没能接受一份工作，他可能找到更好的工作，因此劳动者找不到工作时会拥有一个期望收益 u_o，我们称这个期望收益为外部选择(outside option)。为了分析简化，我们令 $u_o=0$。①

假定平台拥有全部的谈判势力，即劳动者只能接受平台发出的合同或者放弃，则平台支付给劳动者的工资为：

$$(1-t)R+W,t\in[0,1]$$

其中，合同的条件(W,t)完全由平台决定。由于劳动者面临流动性以及借贷约束，因此，固定工资 W 是非负的②，这样确保平台不会收取劳动者固定的费用。

假定在雇佣模式下运作，平台必须支付福利成本 B，而平台为了支付福利成本需要承担成本 $F(F>B)$。所以，只有当劳动者的收益大于其外部选择($\pi_w>0$)时，代理模式才会存在。

二、三种模式下平台与劳动者的收益

对于平台与劳动者的关系，考虑如下的分类方式：

(1) 正确分类(correct classification)。当平台控制服务水平时，政府将其划为雇佣模

---

① 关于 $u_o=0$：外部选择权的本质即是劳动者对薪资的一个期望值。薪资可以理解为一个相对的概念，假定满足生活必需品的消费为0，那么外部选择权的期望就可以是0。

② 平台不能向劳动者收取固定的费用，因此 $W\geqslant0$。为了利润最大化，平台会尽可能地少支付给劳动者固定工资，因此 $W\leqslant0$。在均衡时就满足 $W=0$。

式(必须提供固定福利);当劳动者决定服务水平时,政府将其划为代理模式。

(2) 雇佣模式误设(employment misclassification)。劳动者控制服务水平(代理模式),但政府把其划为雇佣模式(所有的公司都必须给员工提供固定的福利)。

(3) 代理模式误设(agency misclassification)。平台控制服务水平(雇佣模式),但政府把其划为代理模式(所有的公司都不用给员工提供固定的福利)。

平台与劳动者的博弈顺序如下:①平台发出合同,设定服务的控制权和工资条款;②劳动者决定是否接受合同;③如果劳动者接受合同,则履行合同。

为了研究法律关系界定的影响,我们首先讨论每一种就业模式下对应的平台和劳动者的收益。

(1) 雇佣模式。在雇佣模式下,平台决定服务水平 x,此时平台为劳动者提供固定福利 B,但不向劳动者分配利润,即 $t=1, x=x_f$。此时劳动者的收益为 B。进而平台获得 π_f-F 的利润。如果平台不提供固定福利,则平台的利润为 π_f。其中,$\pi_f=\max\limits_x \beta x-\frac{1}{2}x^2$。则由利润最大化问题可知:

$$x_f=\beta, \quad \pi_f=\frac{1}{2}\beta^2 \tag{10-1}$$

(2) 代理模式。代理模式与雇佣模式的根本区别有两个方面:其一,在代理模式下,劳动者控制服务水平 x,并获得 $(1-t)<1$ 份额的收益,而平台可以选择抽成比例 t。其二,平台不需要为劳动者支付固定福利补贴成本 F。于是,劳动者选择 x 并最大化如下效用函数:

$$u_w(t)=\max_t(1-t)R(x)-C(x)=(1-t)\beta x-\frac{1}{2}x^2$$

根据劳动者的效用最大化问题可得 $x_w(t)=(1-t)\beta$,将其代入效用函数和利润函数①可得:

$$u_w(t)=\frac{(1-t)^2}{2}\beta^2, \quad \pi_w(t)=\frac{\beta^2}{2}(1-t^2) \tag{10-2}$$

所以,劳动者获得的全部收益等于可变利润、固定福利与固定工资之和:

$$TR_w=u_w(t)+B=\frac{(1-t)^2}{2}\beta^2+B$$

此时,劳动者留在平台工作的条件为 $u_w(t)+B\geqslant 0$,即工作获得的收益大于外部选择收益。因此平台面临的利润最大化问题为②:

$$\max_t t(1-t)\beta^2 \tag{10-3}$$

利润最大化问题的解为:

$$t_w=\frac{1}{2}, R_{f\max}(t_w)=t_w(1-t_w)\beta^2=\frac{\beta^2}{4}, \quad \pi_f(t_w)=\frac{\beta^2}{4} \tag{10-4}$$

① 注意,利润函数为 $\pi=\beta x-\frac{1}{2}x^2$,效用函数为 $u(x)=(1-t)\beta x-\frac{1}{2}x^2$。

② 根据平台的利润函数为 $(1-t)R+W$,以及假定 $W=0$ 计算得到。

劳动者获得的工资为 $u=u_w(t_w)+B=\frac{\beta^2}{8}+B$。

三、最优化选择

通过比较雇佣模式和代理模式下平台的利润不难发现，在正确分类的情况下，平台选择代理模式的充分必要条件是 $\pi_f-F=\beta^2/2-F<\pi_f(t_w)=\beta^2/4$ 或 $\beta^2/4<F$，由此得到命题 10-1。

命题 10-1

（正确分类）当且仅当 $\beta^2/4<F$ 时，平台偏好代理模式（平台模式）。

经济学含义：雇佣模式与代理模式的本质区别在于：在雇佣模式下，平台拥有服务的控制权，因此，服务水平 x 的投入是利润最大化的，但平台需要支付更高的福利费用；在代理模式下，员工的融资约束问题使得平台无法对劳动者收取固定费用，因此平台只能通过抽成来获得利润。

简言之，雇佣模式下的可变利润高，但是固定成本也高；代理模式下的可变利润低，但固定成本也低。因此，当经营平台所需要支付的固定成本（福利成本）较高，或者市场规模（β）较小时，平台会选择代理模式。

接下来，我们探讨这两种错误分类机制的影响。回想一下，当政府总是将平台当作代理模式（代理模式误设）时，或者总是将平台当作雇佣模式（雇佣模式误设）时，就会出现错误分类。我们将依次考虑每类监管制度的影响。

命题 10-2

代理模式误设：①若 $\beta^2/4>F$，则平台在“正确分类”下偏好雇佣模式，则“代理模式误设”下平台继续选择雇佣模式，平台的利润增加，劳动者工资不变、福利增加；②若 $\beta^2/4<F$，则平台在“正确分类”下偏好代理模式，代理模式误设导致企业转向雇佣模式，平台利润增加，福利增加。

现在考虑雇佣模式误设相对于正确分类的影响。

命题 10-3

雇佣模式误设：①若 $\beta^2/4>F$，则平台在“正确分类”下偏好雇佣模式，则“雇佣模式误设”下平台继续选择雇佣模式，平台的利润增加，劳动者工资不变、福利不变；②若 $\beta^2/4<F$，则平台在“正确分类”下偏好代理模式，雇佣模式误设导致企业转向雇佣模式，平台利润降低，劳动者薪资增加、福利降低。

第三节 信息通信技术与零工经济[①]

零工经济中的人被称为自由职业者或自我雇佣者(self-employment),他们自行生产、出售商品并赚取利润,进而购买公司生产的标准化的生活必需品以维持最基本的生活。与之相对应,我们把在企业中工作的劳动者称为雇员或员工(employee)。在上一节的分析中已指出,平台是零工经济进行的重要依托。但是否通过平台来寻找工作机会并非是零工经济的主要特质。

本节我们将从"风险转移"的角度来重新审视零工经济,并考察信息通信技术对零工经济比重的影响。相对于传统的雇佣模式而言,微观个体抗击风险的能力弱,而被企业雇用意味着决策权的丧失。

令经济体中自由职业者占比为 ρ_{SE},公司雇员的比例为 $1-\rho_{SE}$。假定产品销售出去的概率为 λ,其中,λ 的大小取决于信息基础设施水平。信息基础设施水平越高,则产品越容易销售出去。自由职业者提供数量为 q_s 的产品,其对应的效用函数为如下形式:

$$v^{SE}=\max_{q_s}2\lambda\ (pq_s)^{\frac{1}{2}}-q_s \tag{10-5}$$

式中:pq_s 为收入水平且提供一单位产品的边际成本为 1。

由效用最大化可知,自由职业者的产出水平和效用水平分别为 $q_S=\lambda^2p$ 和 $v^{SE}=\lambda^2p$。

若劳动者选择在企业就业,令企业招聘人数为 V,招聘需要付出的成本为 kV^2,且产品成功销售时企业为劳动者支付工资 we,而产品无法销售出去时,企业给劳动者支付的工资为 d,于是企业的利润函数为:

$$\begin{gathered}\Pi=\max_{V,w,e,d}V[\lambda(p-w)e-(1-\lambda)d]-kV^2\\ \text{s.t. }[2\lambda w^{\frac{1}{2}}e^{\frac{1}{2}}+2(1-\lambda)d^{\frac{1}{2}}-l]\geqslant v^{SE}\end{gathered} \tag{10-6}$$

式中:v^{SE}表示自由职业者的预期效用。

显然,由于劳动者是风险规避的,给定劳动者的预期效用,成本最小化的支出水平是令 $d=we$,于是企业的目标函数可以改写为:

$$\Pi=\max_{V,w,e}V(\lambda p-w)e-kV^2\quad \text{s.t. }(2w^{\frac{1}{2}}e^{\frac{1}{2}}-e)\geqslant v^{SE} \tag{10-7}$$

根据上式可知,若劳动者在企业就业(被雇用),其效用水平为$(2w^{\frac{1}{2}}e^{\frac{1}{2}}-e)$。此时,选择在企业工作的收益在于劳动者可以把销售风险转移给企业。然而作为代价,需要把生产的决策权交给企业,也就是说劳动者的生产数量由企业决定。

对劳动者的参与约束重新整理后得到:

$$\Pi=\max_{V,w,e}V\left[\lambda pe-\frac{1}{4}(e+v^{SE})^2\right]-kV^2\quad \text{s.t. }we=\frac{1}{4}(e+v^{SE})^2 \tag{10-8}$$

---

① 本部分借鉴了 Denderski 和 Sniekers(2019)。

关于劳动者努力程度(e)和空缺岗位(V)的一阶偏导数为:

$$e=2\lambda p-V^{SE} \tag{10-9}$$

$$V=\frac{1}{2k}\left[\lambda pe-\frac{1}{4}(e+v^{SE})^2\right]=\frac{1}{2k}[\lambda p-v^{SE}]\lambda p \tag{10-10}$$

式(10-9)表明,劳动者的努力程度(e)与企业产品销售出去的概率正相关,与其外部选择 v^{SE}负相关,因为当劳动者外部选择较高时,激励员工努力工作的成本就较高。

劳动力市场出清意味着,企业的招聘人数等于劳动力的供给人数,即 $V=1-\rho_{SE}$,其中,ρ_{SE}表示经济体中自由职业者的比例。对劳动力市场出清条件重新整理后可得:

$$\rho_{SE}=1-\frac{1}{2k}(1-\lambda)\lambda^2p^2 \tag{10-11}$$

根据式(10-11),我们可以得到如下命题:

命题 10-4

自由职业者的比例与信息基础设施水平 λ 呈 U 形关系,即存在信息基础设施的临界点 $\bar{\lambda}=2/3$,使得当信息基础设施水平较高($\lambda>\bar{\lambda}$)时,有$\frac{\partial\rho_{SE}}{\partial\lambda}>0$;当信息基础设施水平较低($\lambda<\bar{\lambda}$)时,有$\frac{\partial\rho_{SE}}{\partial\lambda}<0$。

为了理解命题 10-4 的经济学含义,我们令 $p=1$,因此式(10-10)可以改写成 $V=\frac{1}{2k}[\lambda+e]\lambda$,对该式取对数后求偏导数可得:

$$\frac{\mathrm{dln}\ V}{\mathrm{d}\lambda}=\frac{1}{\lambda^2+e\lambda}\left(2\lambda+e+\lambda\ \frac{\partial e}{\partial\lambda}\right) \tag{10-12}$$

由式(10-12)可知,信息通信技术的改善,一方面通过提高企业销售产品的概率提高企业的就业人数,但另一方面提高了自由职业者的预期收益,从而增加企业的成本,并阻碍企业规模扩大。不难发现,当 λ 比较高时,企业招聘成本上升幅度更大,从而降低企业的规模,并提高自由职业者的比例。

第四节 在线劳动力市场与城市经济[①]

互联网和通信技术的发展使得一部分工作可以在家完成,从而出现了居家办公(WFH)。本节探讨居家办公对空间经济布局的影响。居家办公这种新的工作形式使得工作地点和居住地点分离。因此,那些在高生产率城市拥有工作的劳动者,现在可以迁移

① 本节分析参考了 Brueckner 等(2021)。

到物价低廉的城市居住。

我们首先考虑一个劳动者是同质的但城市的生产率是异质性的模型。由于劳动者可以选择在低工资、低生产率的城市居住，高生产率城市的房价会下降。接下来，我们允许城市宜居程度存在差异，劳动者会选择居住在高宜居度城市而同时保持其在低宜居度城市的工作。此时，高宜居度城市的房价会上升。在这个存在居家办公的模型中，城市间的工资依然会趋同，但人口与就业之间不再具有必然的联系。

一、居家办公的城市内效应

我们可以通过一个简单的“单中心城市模型”来说明 WFH 的城市内效应。在该模型中，工作地点到市中心（CBD）的距离 x 越远，每平方米的住房价格 p 就越低。

令 t 表示每年每公里的通勤成本，于是，对于与市中心距离为 x 的居民而言，每人每年的通勤成本为 tx。WFH 的引入意味着通勤成本 t 下降，此时劳动者不必固定时间、固定次数地往返市中心，只需要偶尔去公司即可。长期来看，城市人口的重新分布带来更低的通勤成本、空间扩张和中心密度降低，从而导致住房价格梯度的绝对值下降。

下面我们考虑一个简单的模型。假定考虑一条线段，每个地点住房供给数量和人口数量都是固定不变的，且居民均匀地分布在这条线段上。若消费者与城市中心的距离为 x，所获得的消费者效用为：

$$U(x)=\frac{w(x)}{p(x)}$$

式中：$w(x)=w_0-tx$ 表示在地点 x 居住扣除通勤成本后的工资水平；$p(x)$ 表示该地点的房价水平。

在均衡状态，每个地点的效用水平相等，即 $U(x)=U$。假定房地产是一个卖方垄断市场，于是可以得到每个位置的房价：$p(x)=\frac{1}{U}(w_0-tx)$。由于 $p'(x)=-t/U<0$，显然，当城市间存在通勤成本时，距离市中心越远，房价越低。而当城市间通勤成本为 0 时，房价为常数，与区位无关。

二、居家办公的城市间效应

考虑两个城市：$i=\text{K},\text{T}$。两个城市面积相同，且居住总人口为 $2\overline{N}$。城市 i 的工资水平为 $w(L_i,\alpha_i)=\alpha_i/L_i$。其中，参数 α_i 与劳动者的生产率相关，生产率越高工资也就越高，设 $\alpha_\text{K}>\alpha_\text{T}$；$L_i$ 为劳动力雇佣量，劳动力供给越高，工资也就越低。如果没有 WFH，那么该城市的劳动力雇佣量等于其人口数量 N_i。两个城市的宜居程度是有差异的，且假定城市提供的服务水平 A_i 不同，不妨设 $A_\text{K}>A_\text{T}$。因此，城市 K 是一个高生产率、高宜居度城市。

消费者效用为拟线性效用函数形式：

$$u(e_i,q_i,A_i)=A_i+e_i+v(q_i)$$

式中：q_i 为住房面积；$v(q_i)$为住房的拟线性效用函数；e_i 为非住房消费。

令 p_i 为单位面积住房价格，城市 i 中消费者面临的预算约束为 $e_i=\frac{\alpha_i}{N_i}-p_iq_i$。所以城市 i 中消费者的效用函数可以重写为 $u_i=A_i+\frac{\alpha_i}{N_i}+v(q_i)-p_iq_i$。其中 $H(N_i)=\max\limits_{q_i} v(q_i)-p_iq_i$ 代表住房净效用。由于人口增长会带来房价上涨，在住房面积不变的条件下，人口越多，房价越高，消费者的住房净效用越低。因此，住房净效用是随着人口的增长递减的。为了简化计算，假定 $H(N_i)=\frac{1}{N_i}$，则效用函数可以写成如下形式：

$$u_i=A_i+\frac{\alpha_i+1}{N_i} \tag{10-13}$$

在人口流动的均衡状态，两个城市消费者的效用是相等的，则由式(10-13)可知，在非 WFH 情况下，人口流动的均衡条件为：

$$A_N+\frac{\alpha_N+1}{N_K^*}=A_T+\frac{\alpha_T+1}{N_T^*} \quad (\text{非 WFH}) \tag{10-14}$$

式中：上标的星号代表非 WFH 条件下的均衡值。

根据式(10-14)，城市人口规模与城市生产率 α_i 和宜居程度正相关。由于 $A_K>A_T$ 和 $\alpha_K>\alpha_T$，所以均衡时 $N_K^*>N_T^*$，即城市 K 的人口比城市 T 多，即宜居的城市和生产率高的城市会吸引更多的人口。但是随着城市 K 的规模逐渐扩大，其与城市 T 的房价的差距也逐步扩大($p_K^*>p_T^*$)。由于不能居家办公，因此，城市的人口规模和就业规模是相等的，$N_i^*=L_i$。

下面来讨论引入 WFH 后的影响。因为劳动者可以突破居住地的限制，在任意的城市工作，均衡时意味着两地的工资是无差异的，即$\frac{\alpha_K}{L_K}=\frac{\alpha_T}{L_T}$，其中 L_i 代表各地劳动力的就业人数。注意到引入 WFH 后，劳动力的雇佣水平不再受到城市人口规模的限制，因此$\tilde{N}\neq L_i$。将均衡时的工资约束代入式(10-14)中，我们就得到了 WFH 条件下的均衡，即：

$$A_K+\frac{1}{\tilde{N}_K}=A_T+\frac{1}{\tilde{N}_T} \quad (\text{WFH}) \tag{10-15}$$

式中：$\tilde{N}_K$、$\tilde{N}_T$ 分别为 WFH 均衡条件下城市 K、T 的人口数量。

由于 $A_K>A_T$，我们依然有城市 K 人口数量更多的结论，即$\tilde{N}_K>\tilde{N}_T$。由于城市间的工资水平相同，劳动力的区位选择主要取决于城市的宜居程度和房价。

居家办公的引入导致居住人口和就业人口不一致，其中，就业人口的分布主要取决于城市生产率 α_i，而居住人数则取决于城市的宜居程度 A_i。

重写式(10-14)和式(10-15)，比较非 WFH 和 WFH 条件下均衡条件的区别：

$$A_K-A_T+\frac{1}{(N_K^*)}-\frac{1}{(N_T^*)}=\frac{\alpha_T}{N_T^*}-\frac{\alpha_K}{N_K^*} \quad (\text{非 WFH}) \tag{10-16}$$

$$A_K - A_T + \frac{1}{\tilde{N}_K} - \frac{1}{\tilde{N}_T} = 0 \quad (\text{WFH}) \tag{10-17}$$

从式(10-16)和式(10-17)可以得出如下结论:

若 $w(N_K^*, \alpha_K) > w(N_T^*, \alpha_T)$,则有:

$$\tilde{N}_K < N_K^* \tag{10-18}$$

也就是说,工资较高的城市在引入居家办公后人口规模会下降。具体地,如果城市 K 的工资较高,那么,在引入居家办公后,城市 K 的人口规模会下降。原因是居家办公的引入意味着工资均等化,因此,城市 K 的工资优势消失。

那么,接下来的问题是:在非 WFH 条件下,哪个城市的工资水平更高?根据式(10-14)可知,城市 i 的工资水平与该城市的宜居程度(A_i)负相关,与该城市的生产率水平(α_i)正相关。接下来我们讨论两种可能的情形。

情形Ⅰ:两个城市宜居程度相同($A_K = A_T$),但城市 K 生产率更高($\alpha_K > \alpha_T$)。此时,在非 WFH 条件下,城市 K 的工资水平更高。因此,在 WFH 条件下,本地人口可以迁移到房价较低的外地,但同时保有城市 K 的工作岗位,于是城市 K 的人口下降,即 $\tilde{N}_K < N_K^*$(见图 10-2)。

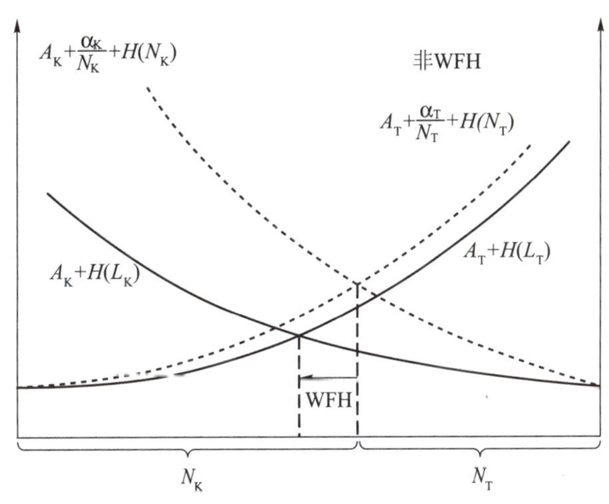

图 10-2 城市居住人口变动($A_K = A_T, \alpha_K > \alpha_T$)

对于就业人口而言,在非 WFH 条件下,$\tilde{L}_K = \tilde{N}_K$。此时,城市的就业人口由两个因素决定:一是工资水平;二是房价水平。为了研究引入 WFH 对城市就业人口的影响,我们先从两个城市人口平均分布的情况开始分析,此时由于城市 K 的工资更高(因为 $\alpha_K > \alpha_T$),因此,人口向城市 K 流动。但随着城市 K 人口规模的扩大,房价上升,从而劳动者收入水平降低。

在引入 WFH 后,人们在找工作的过程中,只需要考虑工资差异,而不用担心人口迁移带来房价上涨。因此,在 WFH 条件下,城市 K 的就业人口增加,工资水平下降(见图 10-3)。

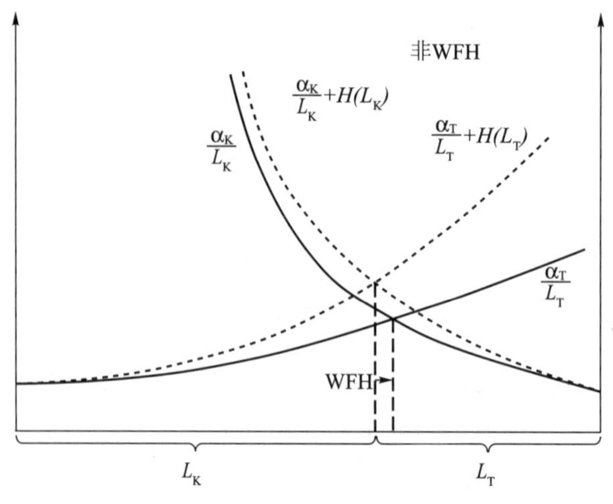

图 10-3 就业人口变动($A_K=A_T$,$\alpha_K>\alpha_T$)

情形Ⅱ:两个城市的生产率相同($\alpha_K=\alpha_T$),城市 K 更宜居($A_K>A_T$)。此时,在非 WFH 条件下,竞争会导致城市 K 的工资水平更低。因此,在 WFH 条件下,由于工资水平相同,城市 K 的人口增加,即$\tilde{N}_K>N_K^*$(见图 10-4)。

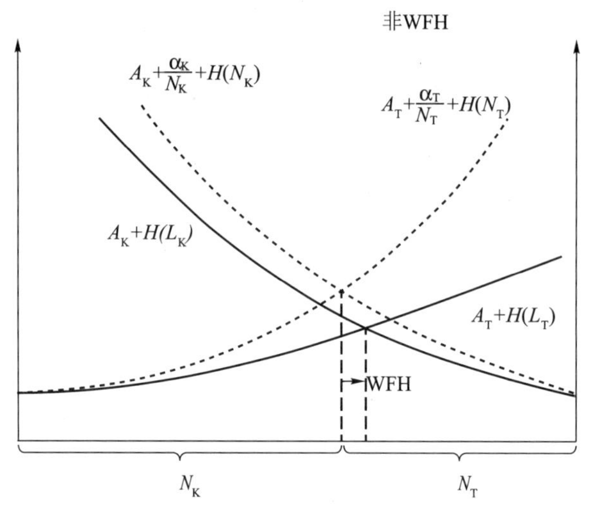

图 10-4 城市居住人口变动($A_K>A_T$,$\alpha_K=\alpha_T$)

对于就业人口数量,在非 WFH 条件下,$\tilde{L}_K=\tilde{N}_K$,这就使得城市 K 的人口和就业规模较大,但工资水平更低,即 $w_K^*<w_T^*$。在引入 WFH 之后,城市 K 的工人会在城市 T 寻找工作,因此,城市 T 的就业人口上升,工资下降。而城市 K 就业人员减少,工资水平上升。因此,$\tilde{w}_K>w_K^*$,$\tilde{L}_K<L_K^*$(见图 10-5)。

综上所述,当城市 K 在服务水平以及生产率两方面都有优势时,引入 WFH 对于空间均衡的影响是不确定的。特别地,有:

(1) 如果城市 K 仅在生产率上有优势,那么引入 WFH 后城市 K 的居住人口数量和

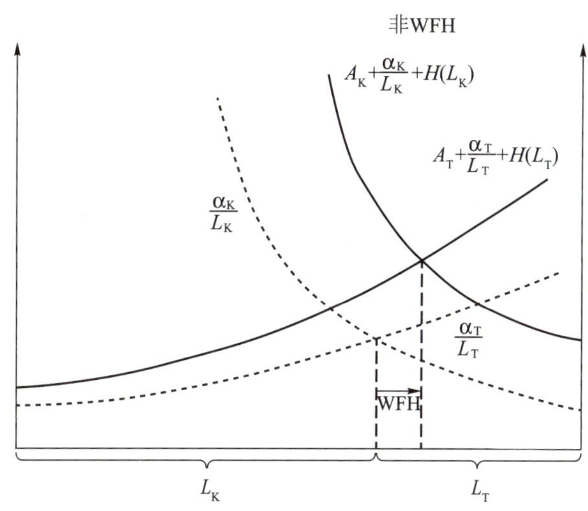

图 10-5　就业人口变动($A_K>A_T$,$\alpha_K=\alpha_T$)

房价下降,城市 T 的房价和人口上升。城市 K 的就业人口增加,工资水平下降。

(2) 如果城市 K 仅在宜居程度上有优势,引入 WFH 后城市 K 的居住人口数量和房价都会上升;城市 T 的人口数量和房价都会下降。城市 K 的就业人口减少,工资水平上升。

上述结论与我们的直观感受是吻合的。人们总是偏好在宜居和低房价的城市居住,在高工资的城市工作。当无法异地办公时,高宜居地会吸引人口和就业的流入,从而推高房价,但工资水平降低。而居家办公的引入,则吸引人们在外地(高工资地区)重新寻找工作,居住人口则进一步流入,房价也会被推高。因此,对于那些主要依靠“宜居”吸引人口的城市而言,会出现居住人口与就业人口比值上升($N_i\uparrow$,$L_i\downarrow$),房价和工资均会上涨($p_i\uparrow$,$w_i\uparrow$)。在这样的城市,你会看到居民楼林立,却看不到工厂。

然而,对于那些主要依靠高生产率吸引人口的城市而言,居家办公的引入会导致居住人口下降,但就业人数增加($N_i\downarrow$,$L_i\uparrow$),房价和工资水平也下降($p_i\downarrow$,$w_i\downarrow$)。在极端的情况下,这些拥有高生产率的城市将会演变成“无人工厂型”城市。在这里,你能听到隆隆的机器声,却看不到街市上的行人。①

三、居家办公与小城市的衰败

如果没有 WFH,小城市将不可避免地走向衰落。引入 WFH 后,城市 T 的房价和人口规模都能有所提高,进而延缓城市衰落的趋势。通过 WFH,小城市反倒可以利用其房价较低的优势吸引一部分为逃离高房价而从发达地区迁移而来的劳动力。就中国目前的形势而言,大城市中许多中等收入的劳动力会选择在邻近的不发达城市定居,但保留在发达

① 请注意,在上面的分析中,我们假定生产率是外生的。实际上,生产率一方面取决于地理位置、基础设施等外在条件,另一方面也受到集聚经济的影响。因此,城市的生产率通常是和人口规模正相关的。当存在集聚经济时,人口显然不会无限地流出,因为这会使高生产率城市的优势荡然无存。

城市的工作(上海的工作者在宁波定居,北京、天津的工作者在河北定居等)。随着技术的发展和进步,居家办公成为新的潮流之后,大城市人口拥挤、房价居高不下的情况可能得到改善。

第五节 居家办公与工资不平等①

允许员工居家办公能够降低办公室成本,但需要解决对员工进行监督的难题。同时,员工也需要解决在家工作效率低下的问题。得益于电子邮箱、视频会议和移动通信设备的发展,监督员工居家办公变得更加容易,员工在家工作的效率也因此提高。为此,很多企业开始允许员工居家办公。而对于员工而言,即使赚取更少的工资,员工仍然愿意在家中工作。本节将要讨论信息通信技术的进步会如何影响居家办公的成本和收益,并探讨监督成本对工资不平等的影响。

一、居家办公的工资决定机制

假定存在两类员工:办公室员工和居家办公员工。当员工在办公室工作时,公司能够完全了解工人的生产率。我们总是假定员工努力工作时能够带来更高的预期产出,即:

$$\int Y \cdot f(Y \mid E_H)\,dY > \int Y \cdot f(Y \mid E_L)\,dY$$

令 $E \in \{E_H, E_L\}$ 代表员工的努力程度,且当 $E = E_H$ 时,即当员工努力工作时,期望产出为 $\bar{Y}$。

$$\bar{Y} = \int Y \cdot f(Y \mid E_H)\,dY$$

其中,产出水平 Y 是一个随机变量,其分布由函数 $f(Y|E)$ 给出,即产出的分布取决于员工的努力程度。对于办公室员工而言,公司能够完全地了解其努力程度,因此会根据期望产出为办公室员工支付固定工资 $w(\bar{Y})$。

假定产出分布的似然比函数 $\frac{f(Y|E_L)}{f(Y|E_H)}$ 关于 Y 是单调递减的,其经济学含义为员工越努力,则平均产出越高。为方便理解,我们考虑离散产出分布的情况。具体地,令 $Y \in \{Y_H, Y_L\}$,令 $\rho > 1/2$, $f(Y_H|E_H) = \rho$ 且 $f(Y_H|E_L) = 1-\rho$,则此时显然有下面的不等式成立:

$$\frac{f(Y_L|E_L)}{f(Y_L|E_H)} = \frac{\rho}{1-\rho} > \frac{1-\rho}{\rho} = \frac{f(Y_H|E_L)}{f(Y_H|E_H)}$$

对于居家办公员工,其效用取决于工资、工作地点和努力程度。其中,由于企业无法完

---

① 本部分分析参考了 White(2019)。

全监控居家办公员工的努力程度,因此其工资取决于其产出水平 $w(Y)$。令 $L\in\{L_H,L_O\}$ 表示员工的办公地点,L_H 表示居家办公,L_O 表示在办公室办公,$v(w(Y),E_H,L_H)$ 表示居家办公的员工的效用水平。

对于居家办公员工而言,工资必须满足两个约束条件:参与约束(participation constraint)和激励相容约束(incentive compatibility constraint)。

参与约束,是指居家办公员工的效用水平必须高于办公室员工的工资水平,即:

$$\int v(w(Y),E_H,L_H)f(Y|E_H)\mathrm{d}Y\geqslant v(w(\bar{Y}),E_H,L_O)\quad(\text{参与约束})$$

激励相容约束,是指最优的工资合约必须使得员工不偷懒,即努力的效用水平高于偷懒的效用水平:

$$\int v(w(Y),E_H,L_H)f(Y|E_H)\mathrm{d}Y\geqslant\int v(w(Y),E_L,L_H)f(Y|E_L)\mathrm{d}Y\quad(\text{激励相容约束})$$

对于企业而言,我们假定公司支付给居家办公员工严格低于办公室员工的工资,这是因为居家办公的生产效率严格低于办公室办公的生产效率。令居家办公给企业带来的损失为 C,则企业的参与约束满足:

$$\int w(Y)f(Y|E_H)\mathrm{d}Y+C\leqslant w(\bar{Y})$$

于是,企业的成本最小化问题可以表述如下:

$$\begin{aligned}&\min_{w(Y)}\int w(Y)\cdot f(Y|E_H)\mathrm{d}Y\\&s.\ t.\ \int v(w(Y),E_H,L_H)f(Y|E_H)\mathrm{d}Y\geqslant v(w(\bar{Y}),E_H,L_O)\\&\qquad\int v(w(Y),E_H,L_H)f(Y|E_H)\mathrm{d}Y\geqslant\int v(w(Y),E_L,L_H)f(Y|E_L)\mathrm{d}Y\\&\qquad\int w(Y)f(Y|E_H)\mathrm{d}Y+C\leqslant w(\bar{Y})\end{aligned}\tag{10-19}$$

上述问题的拉格朗日函数为:

$$\begin{aligned}L=&\int w(Y)\cdot f(Y|E_H)\mathrm{d}Y\\&+\lambda\left\{\int v[w(Y),E_H,L_H]f(Y|E_H)\mathrm{d}Y-v[w(\bar{Y}),E_H,L_O]\right\}\\&+\mu\left\{\int v[w(Y),E_H,L_H]f(Y|E_H)\mathrm{d}Y-\int v[w(Y),E_L,L_H]f(Y|E_L)\mathrm{d}Y\right\}\\&-\eta\left[\int w(Y)f(Y|E_H)\mathrm{d}Y+C-w(\bar{Y})\right]\end{aligned}\tag{10-20}$$

式中:λ 是劳动力的影子价格;μ 是监管雇员努力的影子价格;η 是允许员工居家办公带来的生产率损失。

上述委托-代理模型的一阶条件为:

$$\eta-1=\lambda\frac{\partial v[w(Y),E_H,L_H]}{\partial w(Y)}+\mu\left(\frac{\partial v[w(Y),E_H,L_H]}{\partial w(Y)}-\frac{\partial v[w(Y),E_L,L_H]}{\partial w(Y)}\frac{f(Y|E_L)}{f(Y|E_H)}\right)\tag{10-21}$$

如果效用是拟线性的,即消费者效用可以表示为 $U[w(Y),E_H]+g(L_H)$ 的形式,则此时有$\frac{\partial v[w(Y),E_H,L_H]}{\partial w(Y)}=\frac{\partial v[w(Y),E_L,L_H]}{\partial w(Y)}$,式(10-21)可以简化为:

$$\frac{\eta-1}{v'[w(Y),E_H,L_H]}=\lambda+\mu\left(1-\frac{f(Y|E_L)}{f(Y|E_H)}\right) \tag{10-22}$$

在式(10-22)中,$\mu\left(1-\frac{f(Y|E_L)}{f(Y|E_H)}\right)$可以理解为“信息租”,即由于无法对员工进行监督,而不得不为员工支付更高的工资。因此,在这里我们把 μ 等同于监督成本。

式(10-22)要求 $\eta>1$。由于员工居家办公会增加企业的经营成本,这一部分必须从员工的工资中扣除。η 可以理解为为了弥补员工居家办公给企业带来的效率损失所需要扣除的部分。

二、监管成本与工资差距

随着技术的进步,公司监管员工努力的成本会降低。对式(10-22)关于 μ 求偏导数有:

$$\frac{-1}{v'[w(Y),E_H,L_H]}\cdot v''[w(Y),E_H,L_H]\cdot\frac{\partial w(Y)}{\partial\mu}=(-1+\eta)^{-1}\left(1-\frac{f(Y|E_L)}{f(Y|E_H)}\right) \tag{10-23}$$

式中:$v'[w(Y),E_H,L_H]>0$,$v''[w(Y),E_H,L_H]<0$。

假定当产出水平足够高($Y>Y^*$)时,总是有$\frac{f(Y|E_L)}{f(Y|E_H)}<1$成立。于是根据式(10-23)我们有如下结论:若 $Y>Y^*$,有$\frac{\partial w(Y)}{\partial\mu}>0$;若 $Y<Y^*$,有$\frac{\partial w(Y)}{\partial\mu}<0$(见图 10-6)。因此,随着监督成本降低,工资差距缩小。

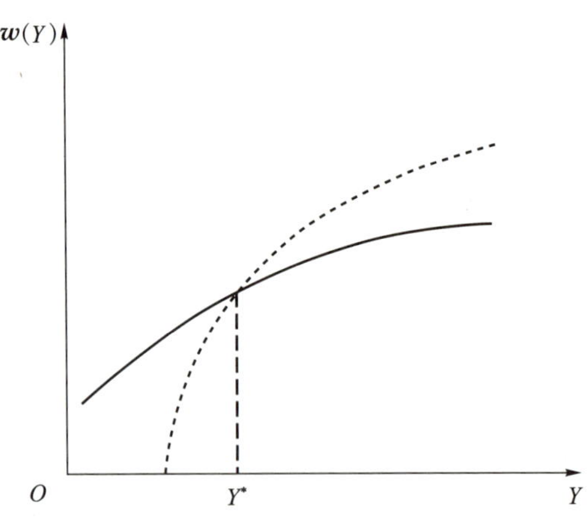

图 10-6 监督成本与工资分布 $w(Y)$

监督成本下降也会降低居家办公员工的“信息租”，从而降低平均工资。在办公室办公的“工资溢价”可以表示为：

$$\text{工资溢价}=\frac{w(\bar{Y})}{\int v[w(Y),E_{\mathrm{H}},L_{\mathrm{H}}]f(Y\mid E_{\mathrm{H}})\mathrm{d}Y}$$

由此得到命题 10-5。

命题 10-5

监督成本下降会降低居家办公的“工资溢价”，从而缩小组间工资差距。与此同时，组内工资差距也会缩小。

本章小结

数字技术的发展导致了零工经济、居家办公和在线办公等新型就业模式，劳动力组织模式的改变不仅会影响生产效率，而且也会影响城市人口和就业的重新布局，从而影响空间经济布局和经济发展。但与此同时，新的劳动力组织模式也带来新的法律问题。根据本章的分析，我们得到如下结论：

1. 平台对劳动力通过搜寻、匹配和在线评价机制，提高劳动力配置效率。

2. 雇佣模式与代理模式（平台模式）重要区别是，在雇佣模式下，企业拥有服务的控制权，但企业需要支付更高的福利费用。而在代理模式下，员工的融资约束问题使得企业无法对员工收取固定费用，因此平台企业只能通过抽成来获得利润。

3. 与雇佣模式相比，劳动者可以自主选择服务质量，但也要承担由此带来的风险。

4. 信息通信技术进步会降低劳动者自我雇佣的风险，从而促进零工经济的形成。

5. 居家办公会为劳动者带来更多的休闲，但也会降低工作效率；对企业而言，允许居家办公在节约办公成本的同时，也不得不面对监督成本所导致的委托-代理问题。

6. 居家办公实现了人们居住和就业地点的分离，于是，人们在低房价和高宜居度的城市居住，而在高工资的城市就业。因此，居家办公的引入会降低城市间工资差距。

7. 数字技术能够降低居家办公的监督成本，并减少工资不平等。

思考题

1. 在正文当中为了简化计算我们假定外部选择权为 0，现实生活中不同的人的外部选择权存在相当大的差异。本题要求在正文模型的基础上对模型进一步扩展，讨论外部选择权不为 0 情况下的公司和劳动者的选择约束。

(1) 假定 $u_o \neq 0$。公司为劳动者以成本 F 提供固定福利 B。对比外部选择收益和固定福利,我们可以猜测如果公司提供的固定福利高于劳动者的期望收益,那么即便是不努力工作劳动者也可以获得足够赡养自己和家人的收入,那么企业就无法正常生产获得利润,进而倒闭,无法继续提供固定福利 B。根据以上的叙述,请写出固定福利和外部收益的关系。(用不等式表达)

(2) 企业提供固定福利的成本为 F,但实际上劳动者对于福利的评价 B 却掌握在自己手中。例如企业花费 3 000 元组织团建,但反映在雇员层面却认为该福利的价值近乎为 0。如果我们认为所有的老板都是理性的,那么他就不会再提供这样愚蠢的福利。请写出 F 与 B 之间的关系。

(3) 在外部选择权 u_o 不为 0 的条件下,代理模式中劳动者获得的收益为 π_w,公司获得的收益为 π_f。请问:代理模式下不需要支付固定福利,那么公司和劳动者选择代理模式的条件是什么?如果公司被要求必须为代理模式下的雇员提供固定福利,那么他们选择进入的条件又是什么?

(4) 在雇佣模式下,公司除了支付固定福利还要支付固定工资 W。劳动者的效用函数、利润函数不变,请你写出固定工资的约束,注意劳动者只有获得足以抵补外部选择收益的全部收益时才会正常工作,但是公司会尽可能地减少支付固定工资。支付固定福利和固定工资后,采用雇佣模式的公司的利润为多少?

(5) 请结合正文中的注释解释即使是在外部收益不为 0 的条件下固定工资在均衡时是束紧的。

(6) 写出在束紧约束条件下,公司利润最大化的条件。

2. 在式(10-13)中,我们给出了住房净效用和人口之间的显式函数关系,但实际上只要满足 $\frac{\partial[v(q_i)-p_i q_i]}{\partial N_i}<0$ 的函数关系都可以作为 $H(N_i)$。令 $H(N_i)=\frac{1}{N_i^2}$,请证明式(10-15)。

3. 本题对劳动力与空缺职位的匹配与平台的关系做一些深入的讨论。令劳动力市场上对于公司职位的需求为 A,市场中公司职位的空缺为 V。没有匹配到工作的人会成为自由职业者。它们之间的关系由匹配函数给出:$M=M(A,V)=A^u V^{1-u}$。假定匹配函数是一个严格凹函数,严格单调递增,且规模报酬不变,而且匹配函数的弹性系数为常数(变量的具体含义请参见表 10-1)。定义 ϕ 为弹性系数,$\phi=-\frac{\theta\zeta'(\theta)}{\zeta(\theta)}$,请写出 $\zeta(\theta)$ 与 θ 的具体表达式。

表 10-1 劳动力市场匹配相关变量和参数含义

变量	θ	$\zeta(\theta)$	$\mu(\theta)$
定义	$\frac{V}{A}$	$\frac{M}{V}$	$\frac{M}{A}$
经济学含义	劳动力需求与劳动力供给的比率	劳动力需求与供给匹配成功的概率	每个求职者找到工作的概率

即测即评

本章参考文献

1. Broughton A, Gloster R, Marvell, et al. Experiences of Individuals in the Gig Economy. Department for Business, Energy and Industrial Strategy, 2016.

2. Brueckner J, Kahn M E, Lin G C. A New Spatial Hedonic Equilibrium in the Emerging Work from Home Economy?. NBER Working Papers, 2021.

3. Denderski P, Sniekers F. Broadband Internet and the Self-employment Rate: A Cross-country Study on the Gig Economy. Discussion Papers in Economics, 2019.

4. Donovan S A, Bradley D H, Shimabukuro J O. What Does the Gig Economy Mean for Workers?. CRS Report for Congress, R44365, 2016.

5. Galperin H, Greppi C. Geographical Discrimination in Digital Labor Platforms. SSRN Electronic Journal, 2017, 1: 1-42.

6. Stewart A, Stanford J. Regulating Work in the Gig Economy: What are the Options?. Economic and Labour Relations Review, 2017, 28(3): 420-437.

7. White D R. Agency Theory and Work from Home. Labour, 2019, 33(1): 1-25.

第三部分

数字经济的驱动要素

第十一章 人工智能与机器人

"这是一个最好的时代,也是一个最坏的时代。"

——查尔斯·狄更斯《双城记》

人工智能(AI),是计算机学科的一个重要分支,由 McCarthy 于 1956 年在达特茅斯(Dartmouth)会议上正式提出,如今被人们称为世界三大尖端技术之一。2019 年《政府工作报告》中首次提出拓展"智能+"。在新一轮科技革命和产业变革的浪潮中,人工智能从感知和认知两方面模拟人类智慧,赋予机器学习以及推断能力。随着 5G 通信技术、物联网以及云计算的快速发展,世界进入新的"智能化"阶段。中国的优秀企业也在不断进行"智能化"转型。人工智能对世界经济和人民生活产生了极其深刻的影响,有望成为真正改变现有人类社会生产生活的科学技术。因此,我们产生了这样的好奇:人工智能到底是什么?人工智能的出现会对就业产生不利的冲击吗?人工智能是否能够促进经济增长?本章将会对以上问题一一进行解答。

本章结构安排如下:第一节介绍人工智能的定义与当前发展状况。第二节主要探讨人工智能与人的关系,包括决策权的分配和人工智能对劳动力市场的影响。第三节研究人工智能对经济增长的潜在影响。

第一节 人工智能的定义①

《牛津英语词典》将人工智能定义为计算机系统的理论和发展能够执行通常需要人类智慧的工作。《米里亚姆-韦伯斯特词典》则将其定义为有模仿人类智能行为能力的机器。Legg 和 Hutter(2007)认为人工智能是在各种环境中能完成目标任务的代理。现阶段,人工智能的最新进展是在预测技术方面取得的进步,其中预测是指通过获取已知信息生成新信息的能力。

目前,大多数人工智能研究和应用来自一个被称为机器学习的领域。许多机器学习

① 本节参考 Agrawal 等(2019)。

的工具在统计和数据分析方面有着悠久的历史,并且作为预测和分类的工具被经济学家和应用统计学家熟知。

虽然许多预测技术早已出现,但最近在计算机速度、数据收集、数据存储和预测方法本身等方面的提升改变了人工智能在计算机科学领域的研究。在 20 世纪 60 年代和 70 年代,人工智能的研究主要是基于规则的符号逻辑。这一套系统在高度受控的环境中引导工厂机器人成为非常好的棋手。然而,到了 20 世纪 80 年代,基于规则的专家系统显然无法处理许多复杂的非人工环境,这导致了“人工智能的冬天”(Markoff,2015)。

在过去的 10 年里,一种不同的人工智能方法快速发展。其主要想法是编写计算机程序,让计算机从示例数据或经验中“学习”。在缺乏预先确定决策规则的情况下,数据驱动的预测方法可以执行许多脑力劳动。例如,人类擅长识别熟悉的面孔,但我们很难解释和编纂这一技能。机器学习将姓名数据与面部图像数据联系起来,通过预测哪些图像数据模式与哪些姓名相关联来解决这个问题。因此,该技术是预测技术的巨大进步。换句话说,最近的一系列技术引发了人们对人工智能兴趣的复苏,这些技术从传感器、图像、视频、打字笔记或任何其他可以用比特表示的东西中收集数据,并借此来填充丢失的信息、识别对象或预测接下来会发生什么。

人工智能所提及的预测到底是什么呢?下面以放射科医生的具体工作流程为案例做简要说明。他们先拍摄影像,对影像进行特征描述和分类,然后对其做出基本评估(如“不排除肿瘤可能性”),并将评估结果返还给医生。这在本质上其实是一项预测性任务,即告知医生可能性。由此医生们可以给出合适的治疗方案。

上述的这种预测正是机器想要提供的。举个例子,机器也许会提供如下有差别的诊断:根据王先生的资料和检查成像,肝脏中的肿块有 66.6%的概率是良性的,33.3%的概率是恶性的,0.1%的概率是不存在的。而在此之后要判断是否需要采取一些干预手段。如在无创检查中发现了潜在的肿瘤,是否应进行成本高但更准确的侵入性检查。无创检查的作用是判断是否应该放弃侵入性检查。在这方面,如果机器提高了预测准确度,它将减少使用侵入性检查。也就是说,这将让医生对自己的诊断更加有信心。

第二节 人工智能与人的关系

一、人工智能与人的决策[①]

人工智能,也就是通常意义上的自动化,是指在工作和决策中用机器替代人。然而,在实践中,人工智能通常用来辅助人的工作与决策。决策通常会涉及难以数字化的因素和对预测很重要的先验知识。即使人工智能在一定程度上降低了预测成本,但是这些先

① 本节参考 Athey 等(2020)。

验的知识则是人工智能无法处理的,这正是人工智能的不足之处。我们关注的问题是:到底是人拥有决策权?还是人工智能拥有决策权?

从表面上看,编程得到的人工智能可以规避风险,不仅可以除去开发相关的固定成本,而且不存在显著的努力成本,因此更容易控制和符合委托人的利益。以上特点使人工智能成为理想的决策者。然而,能否为人工智能提供“正确”的目标仍然是一个挑战,这需要定义和数字化主要目标。在某些情况下,尤其是当人工智能的数据存在缺陷时,人工智能的选择可能没有人的决策准确。

我们可以考虑两个案例:自动驾驶长途卡车和帮助筛选求职者的人工智能。委托人和代理人(司机或招聘经理)可能对最佳行动的意见不一致。一个人类司机可能想在高速公路上开得更快,这样途经他们朋友家时可以去吃午饭。招聘经理可能基于民族或性别进行歧视。在此情况下,如果人工智能总是能够为委托人做出最优的决策,那么人工智能总是最优的。然而,当人工智能出错(要么是因为它的训练有偏误,要么是因为一些相关信息不可数字化)时,以某种方式将人工智能和代理人的知识结合起来可能更好。例如,人类司机能够更好地处理与建筑相关的异常街道,招聘经理能够观察到申请人简历以外的特征。

本部分采用 Aghion 和 Tirole(1997)的权力模型(model of authority)来研究人与人工智能的交互作用。其中,委托人在做决策时要选择到底是给人还是人工智能决策权。通过该模型,我们试图回答如下问题:人工智能的引入如何影响人类的努力?当人工智能预测良好时,人类是否会过度减少努力(如开车时睡着)?人工智能或人类什么时候有权做出最终决定?统计预测意义上更好的人工智能对一个组织来说一定是更有利的吗?

令 P 表示委托人,其决定决策权如何分配。H 为(人类)代理人,其需要花费精力去了解一组项目预期价值的信息。假定存在三个项目,这三个项目给 P 与 H 带来的收益分别是:

$$(\alpha B, b), (B, \beta b), (-K_{\mathrm{P}}, -K_{\mathrm{H}}), \alpha, \beta \in (0,1]$$

显然,委托人更加偏好项目 2,而代理人则更加偏好项目 1。如果代理人选择了项目 2,委托人的收益为 B,代理人的收益为 βb。如果代理人选择项目 1,则委托人和代理人的收益分别为 αB 和 b。

此外,还存在一个收益为(0,0)的中性项目。当$(-K_{\mathrm{P}}, -K_{\mathrm{H}})$足够小时,P 和 H 都倾向于选择中性项目,而不是盲目选择。

假定一开始项目的收益类型是未知的,则代理人必须付出努力才能了解项目的类型。通过付出努力成本 $g(e)$,代理人可以准确判断项目收益类型的概率为 e,判断失误的概率为$1-e$。$g(e)$的具体形式为:

$$g(e) = \frac{1}{1+\gamma} e^{1+\gamma}, \quad \gamma > 0$$

若委托人 P 拥有能力为 E 的人工智能,则委托人可以在不需要任何额外花费的情况下,以概率 E 获得项目的收益信息。

事件发生的顺序如下：首先，委托人分配决策权，人工智能或者代理人获得最终决策权；其次，代理人选择付出努力的程度；再次，无决策权方向决策权方汇报子项目的收益；最后，决策权方选择项目。

（一）决策权的分配

代理人持有决策权时，委托人和代理人的预期收益分别为：

$$u_P = e\alpha B + (1-e)EB \tag{11-1}$$

$$u_H = eb + (1-e)E\beta b - g(e) \tag{11-2}$$

式(11-1)、式(11-2)表示代理人以概率 e 得到项目信息，并实施其偏好的项目。代理人无法了解项目信息的概率为 $1-e$，此时将根据人工智能的建议选择项目。

人工智能持有决策权时，委托人和代理人的预期收益分别为：

$$u_P = EB + (1-E)e\alpha B \tag{11-3}$$

$$u_H = E\beta b + (1-E)eb - g(e) \tag{11-4}$$

式(11-3)、式(11-4)表示如果人工智能能够得到项目收益信息，则委托人将实施他们更偏好的项目。然而，如果只有代理人得到收益信息，委托人将接受代理人推荐的项目。

令 $\hat{e}_H$ 表示代理人获得决策权时代理人自身的努力程度，$\hat{e}_{AI}$ 是人工智能获得决策权时代理人的努力程度。通过对式(11-2)、式(11-4)求一阶条件可以推导出：

$$(1-E\beta)b = g'(\hat{e}_H) \tag{11-5}$$

$$(1-E)b = g'(\hat{e}_{AI}) \tag{11-6}$$

由于 $\beta<1$，即 $g'(\hat{e}_H)>g'(\hat{e}_{AI})$，所以 $\hat{e}_H>\hat{e}_{AI}$。这可以理解为当人工智能拥有决策权时，由于人工智能经常做出选择，代理人很容易“在方向盘上睡着”。即使当代理人拥有决策权时，如果人工智能是一个有吸引力的后盾（也就是说，随着 β 的增加，人工智能推荐的项目与代理人更加一致），那么代理人也减少了努力的动力。因此，随着人工智能质量 E 的上升，代理人的努力会由此下降，也就是说两者是替代品。

不难证明，委托人会将决策权交给人工智能而不是人的充分必要条件是：

$$\frac{1-E}{1-E\dfrac{1}{\alpha}} \geqslant \frac{\hat{e}_H}{\hat{e}_{AI}} \quad 或 \quad E \geqslant \alpha\left(\frac{\hat{e}_H/\hat{e}_{AI}-1}{\hat{e}_H/\hat{e}_{AI}-\alpha}\right) \tag{11-7}$$

只有当 α 足够小时或 E（人工智能的效率）足够高时，人工智能当权才是最优的。当 $E>\alpha$ 时，人工智能当权总是最优的，这是因为委托人与代理人之间存在极强的不一致性，就算让人当权去决策也不如不完美的人工智能做出的最终决策有利可图。

当采用 $g(e)=\dfrac{1}{1+\gamma}e^{1+\gamma}$ 的具体函数形式时，式(11-7)会变成：

$$\frac{1-E}{1-E\dfrac{1}{\alpha}} \geqslant \left(\frac{1-E}{1-E\beta}\right)^{\gamma} \tag{11-8}$$

给定 $E<\alpha$，当 $\gamma\to1$ 时，式(11-8)变成 $\alpha\beta\leq1$。因此，只要成本的努力弹性(effort elasticity of cost)(γ)不是太高，让人工智能做决策就是最优的。

综上所述，委托人在分配决策权时要考虑人工智能选择项目的可信度(E)、激励工人努力工作的难度(γ)以及委托人与代理人利益的一致性程度($\alpha\beta$)。当委托人与代理人之间不一致，或者代理人激励成本过高时，委托人会选择让人工智能来决策。当代理人的努力更为重要时，委托人会将决策权交给代理人。

(二)采用何种性能的人工智能：水平高的？ 还是低的？

本部分分析委托人使用的最优机器人性能质量(E^*)，当人工智能获得项目收益信息的概率增加时，代理人所花费的努力就会减少，这降低了委托人 P 的收益。这是因为他降低了在人工智能不了解项目收益情况下的收益。这种可能性是否意味着委托人 P 会选择部署一个性能低于技术可行性的人工智能？

在人工智能有决策权时，委托人 P 收益关于 E 的一阶条件为：

$$\frac{\mathrm{d}u_{\mathrm{P}}}{\mathrm{d}E}=(1-\hat{e}_{\mathrm{AI}}\alpha)B+\frac{\mathrm{d}\hat{e}_{\mathrm{AI}}}{\mathrm{d}E}\alpha(1-E)B \tag{11-9}$$

在代理人有决策权时，委托人 P 收益关于 E 的一阶条件为：

$$\frac{\mathrm{d}u_{\mathrm{P}}}{\mathrm{d}E}=(1-\hat{e}_{\mathrm{H}})B+\frac{\mathrm{d}\hat{e}_{\mathrm{H}}}{\mathrm{d}E}(\alpha-E)B \tag{11-10}$$

当 α 足够小，或者 $\left|\dfrac{g'(\hat{e}_{\mathrm{AI}})}{g''(\hat{e}_{\mathrm{AI}})(1-\hat{e}_{\mathrm{AI}})}\right|\leq1$ 时，委托人通常会偏向 E 更高的人工智能。这也就是说，如果委托人 P 和代理人 H 在项目上没有足够一致，或者 E 的改进与 H 的努力没有太大影响，那么好的人工智能对代理人激励的影响不会超过代理人 H 从使用该人工智能中获得的好处。在此情况下，委托人会选择更好的人工智能。值得注意的是，当存在目标不一致，且会对代理人的激励产生不利影响时，委托人可能不会喜欢更好的人工智能。

当采用 $g(e)$ 的具体函数形式，并假设 $\gamma=1$ 且 $b=1$。委托人 P 在代理人 H 和人工智能有决策权时的收益分别为：

$$u_{\mathrm{P,H}}(E)=(1-E\beta)\alpha B+E^2\beta B=\alpha B+\beta BE(E-\alpha) \tag{11-11}$$

$$u_{\mathrm{P,AI}}(E)=EB+(1-E)(1-E)\alpha B=\left[1+\left(\frac{1}{\alpha}-2\right)E+E^2\right]\alpha B \tag{11-12}$$

令 E_{H} 和 E_{AI} 分别表示代理人和人工智能拥有决策权时，人工智能的最优使用强度。由于 u_{P} 与 E 之间呈 U 形关系，因此最优的人工智能使用强度要么为 0，要么为 1。

具体地，当代理人拥有决策权时，且当 $E=\alpha/2$ 时，委托人的收益降至最低 $u_{\mathrm{P,H}}$。且 $u_{\mathrm{P,H}}(0)=\alpha B<u_{\mathrm{P,H}}(1)=(1-\beta)\alpha B+\beta B$，因此，当 $E=\alpha/2$ 时，人工智能的使用强度越高，委托人的收益越高。反之，若 $E\neq\alpha/2$，则人工智能的使用强度越低，委托人的收益越低。

而当人工智能拥有决策权时，$u_{\mathrm{P,AI}}(0)=\alpha B<u_{\mathrm{P,AI}}(1)=B$，且当 $E=\dfrac{1}{2\alpha}-1$ 时，$u_{\mathrm{P,AI}}(E)$

达到最低。显然,若 $\alpha>\frac{1}{2}$,总是有 $\frac{\partial u_{P,AI}(E)}{\partial E}>0$ 成立。而若 $\alpha<\frac{1}{2}$,则会出现两种情况:当 $E>\frac{1}{2\alpha}-1$ 时,$\frac{\partial u_{P,AI}(E)}{\partial E}>0$;反之,当 $E<\frac{1}{2\alpha}-1$ 时,有 $\frac{\partial u_{P,AI}(E)}{\partial E}<0$。

因此,可以看出即使在人工智能有决策权时,委托人也不一定都偏向更好的人工智能。事实上,委托人可能更喜欢低水平的人工智能。因为,当人工智能可以进行完美的预测时,委托人 P 会给予它决策权。但是当人工智能不完美时,委托人 P 可能更喜欢降低人工智能的可靠性,以此来鼓励代理人付出更多的努力。

综上所述,到底是将决策权交给代理人,还是将决策权交给人工智能?这需要权衡人工智能的一致性和激励代理人努力的成本。当委托人与代理人难以达成一致,或者激励代理人努力的成本过高时,将决策权赋予人工智能是更好的选择,此时人工智能将以低成本替委托人做出满意的决策。而当决策更需要代理人付出自身努力时,委托人会将决策权交给代理人。

进一步地,如果委托人可以选择人工智能的强度,委托人会选择使用高水平的人工智能还是低水平的人工智能呢?可以这样说,当委托人和代理人难以达成一致,或者人工智能的水平不会影响代理人愿意付出的努力,在这两种情况下,委托人会选择高水平的人工智能。但是当人工智能自身水平不够,委托人会选择降低人工智能的水平来激励代理人更加努力。

二、人工智能对劳动力市场的影响[①]

过去 20 年见证了人工智能和机器人技术的重大进步。人工智能在提高生产效率的同时,也将改变世界各地的就业。越来越广泛的任务和就业岗位正在被机器和计算机来代替。Pew Research Center 的一项调查发现,人们对自动化和其他技术存在高度的焦虑,这凸显出人们对其影响的普遍性担忧。那么,自动化尤其是人工智能和机器人技术是如何影响劳动力市场的呢?是否会让人们陷入失业的恐慌呢?如果负面影响真的存在,我们该如何破局呢?

我们以 Acemoglu 和 Restrepo(2018)的模型为基础,引入基于任务(task-based)的方法搭建基本模型。假定生产函数采取如下形式:

$$\ln Y=\int_{N-1}^{N}\ln y(x)\,\mathrm{d}x \tag{11-13}$$

式中:Y 表示总产出;$y(x)$ 表示任务 x 的产出,任务 $x\in[N-1,N]$。

$$y(x)=\begin{cases}\gamma_L(x)l(x)+\gamma_M(x)m(x) & x\in[0,I]\\ \gamma_L(x)l(x) & x\in(I,N]\end{cases} \tag{11-14}$$

① 本部分参考 Acemoglu 和 Restrepo(2018)。

式中：$l(x)$是生产任务 x 所需要的劳动力；$m(x)$是生产任务 x 所需要的机器；$\gamma_L(x)$是任务 x 中劳动力的生产率，为 x 的增函数；$\gamma_M(x)$是任务 x 中机器的生产率。

假设$\frac{\gamma_L(x)}{\gamma_M(x)}$是 x 的增函数，那么随着 x 增大，劳动力的相对生产率（比较优势）会增加。

在式（11-14）中，当任务 $x\in[0,I]$，任务是可自动化的，需要劳动力和机器一起进行生产；当 $x\in(I,N]$，任务是非自动化的，只需要劳动力进行生产。为了简化分析，我们假设劳动力的供给 L 和机器的供给 K 是固定且无弹性的。

在均衡状态下，要求企业选择成本最小化的方式去生产每个任务，使得劳动力和资本市场出清。其中，均衡的工资率是 W，均衡的机器成本（租赁率）是 R。

为了简化分析，我们提出以下假设：

$$\frac{\gamma_L(N)}{\gamma_M(N-1)} > \frac{W}{R} > \frac{\gamma_L(I)}{\gamma_M(I)} \tag{A1}$$

第一个不等式$\frac{\gamma_L(N)}{\gamma_M(N-1)}>\frac{W}{R}$表示新任务增加时，总产出也会增加。第二个不等式$\frac{W}{R}>\frac{\gamma_L(I)}{\gamma_M(I)}$意味着任务$[N-1,I]$将由机器生产。

均衡下的总产出为：

$$Y=B\left(\frac{K}{I-N+1}\right)^{I-N+1}\left(\frac{L}{N-I}\right)^{N-I} \tag{11-15}$$

$$B=\exp\left(\int_{N-1}^{I}\ln\gamma_M(x)\,dx+\int_{I}^{N}\ln\gamma_L(x)\,dx\right) \tag{11-16}$$

这里值得说明的是，在式（11-15）中，自动化的程度取决于 I，而创造新任务则由 N 表示。

通过式（11-15），劳动力需求可以表示为：

$$W=(N-I)\frac{Y}{L} \tag{11-17}$$

通过式（11-17）可以推导出总产出中劳动力收入占比：

$$s_L=\frac{WL}{Y}=N-I \tag{11-18}$$

以上是基本模型，下面我们正式进入自动化，即人工智能对劳动力市场影响的分析。

（一）替代效应（displacement effect）

我们将自动化(广延边际上的自动化)定义为用资本生产的一系列任务的扩张。当资本足够便宜和有效率时，自动化将会用资本替代原有的劳动力。这种替代产生了替代效应。替代效应降低了对劳动力的需求和均衡的工资水平。

我们用模型说明替代效应，自动化（广延边际上的自动化）是 I 的变化，我们将式

(11-17)对 I 求导,得到:

$$\frac{\mathrm{dln}\ W}{\mathrm{d}I}=\underbrace{\frac{\mathrm{dln}(N-I)}{\mathrm{d}I}}_{\text{替代效应}<0}+\underbrace{\frac{\mathrm{dln}(Y/L)}{\mathrm{d}I}}_{\text{生产率效应}>0} \tag{11-19}$$

可以看到式(11-19)等号右边的第一个分式表示替代效应,其值为负,第二个分式表示生产率效应,其值为正。在没有生产率效应时,自动化会降低劳动力需求,因为它直接替换了之前需要工人的任务。事实上,在生产率效应有限的情况下,自动化仍旧会降低对劳动力的需求和工资。

(二)抵消效应(countervailing effects)

替代效应的存在并不意味着自动化总是会减少劳动力需求。事实上,纵观历史,存在多个时期,自动化扩大了劳动力需求,甚至提高了工资。因此,也存在着众多令自动化对劳动力市场产生积极影响的因素。

1. 生产率效应(productivity effect)

通过降低生产任务的成本,自动化可以提升非自动化工作中对劳动力的需求(Acemoglu 和 Restrepo,2018)。特别是自动化用资本替代了劳动,因此,在边际上,使用资本去完成某项工作比使用劳动力更加便宜。这降低了使用自动化进行生产的商品和服务的价格,使得家庭实际上更加富裕,并增加了其对所有商品和服务的需求。

生产率效应可以通过以下两种互补的方式表现出来。首先,可能扩大正在经历自动化的相同行业的劳动力需求。一个很好的例子是:银行引入自动柜员机对银行出纳员就业的影响。随着自动柜员机迅速普及,这些新机器能够执行以前由劳动力执行的更昂贵的任务。其次,这又大大降低了银行的成本,鼓励银行开设更多分支机构,提高了分支机构对出纳员的需求,扩大了银行出纳员的就业。

生产率效应也会引起实际收入增加,从而使得家庭对所有产品产生更大的需求,包括那些没有经历自动化的产品。其他行业对劳动力的更大需求可能抵消自动化的替代效应。这方面最明显的历史例子来自美国和许多欧洲经济体对农业机械化的调整。农业进行机械化的调整降低了食品的价格,使得消费者实际收入提高,他们随后会消费更多的非农业产品。这一过程为许多最初被机械化淘汰的工人创造了新的就业机会。

生产率效应强调了一个重要观点,即提高生产率的技术往往会提高劳动力需求和工资。正如前文所述,生产率效应有两种互补的表现形式。第一种是在正在进行自动化的行业中增加对非自动化工作的劳动力需求。第二种是提高其他行业(没有过多自动化)对劳动力的需求。式(11-19)所示的生产率效应结合了这两种机制。

式(11-19)的另一个重要含义是,与人们普遍强调的取代劳动力的“卓越”和高生产率的新技术对劳动力市场的负面影响相反,劳动力真正的危险可能不是来自高生产率的新技术,而是来自“马马虎虎”的自动化技术,这些技术的生产率足以被采用并导致替代,但不足以产生强大的生产率效应。为了进一步阐述这一点并更好地理解自动化技术对生产率效应的影响,我们用下式表示生产率效应:$\frac{\mathrm{dln}(Y/L)}{\mathrm{d}I}=\ln\left(\frac{W}{\gamma_{\mathrm{L}}(I)}\right)-\ln\left(\frac{R}{\gamma_{\mathrm{M}}(I)}\right)>0$。通过假设 A1,我们可知这一表达式为正,且将采用新的自动化技术。因此,对劳动力需求的影响可以由式(11-19)写成式(11-20):

$$\frac{\mathrm{dln}\ W}{\mathrm{d}I}=\underbrace{-\frac{1}{N-I}}_{\text{替代效应}<0}+\underbrace{\ln\left(\frac{W}{\gamma_{\mathrm{L}}(I)}\right)-\ln\left(\frac{R}{\gamma_{\mathrm{M}}(I)}\right)}_{\text{生产率效应}>0} \tag{11-20}$$

在式(11-20)中,当 $\gamma_{\mathrm{M}}(I)/R\approx\gamma_{\mathrm{L}}(I)/W$ 时,替代效应会主导生产率效应,从而降低对劳动力的需求和劳动力工资,这也正是“马马虎虎”的自动化技术所面临的情况。与之相反,当 $\gamma_{\mathrm{M}}(I)/R\gg\gamma_{\mathrm{L}}(I)/W$ 时,自动化将充分提高生产率,从而提高对劳动力的需求和工资水平。

接下来转到自动化对劳动力收入份额的影响,通过式(11-18)可以推导出$\frac{\mathrm{d}s_{\mathrm{L}}}{\mathrm{d}I}=-1<0$。因此,无论生产率效应的大小如何,自动化总是会降低劳动力收入在国民收入中的份额。

2. 资本积累(capital accumulation)

自动化与生产资本密集度的增加有关,对资本的高需求触发了资本的进一步积累,资本积累进而提高了对劳动力的需求。这是英国在工业革命期间经济调整的一个重要渠道。在 20 世纪上半叶,美国面对农业机械化,也借助此渠道对经济进行了调整。因为在这两个时期,都存在快速的资本积累。

本部分讨论资本积累所产生的抵消力量。到目前为止的分析都假设经济有固定的资本供应可以用于新机器,即自动化技术。因此,在很大程度上,自动化程度的进一步提高增加了对资本的需求,从而增加了均衡租赁率(R)。这可以理解为自动化的短期效应。相反,随着这些技术在新的自动化任务中扩大影响,其中长期效应可能逆转。因为机器和劳动力是互补的,在就业水平 L 保持不变的情况下,资本存量的增加会提高实际工资,降低租赁率。式(11-20)表明,要素价格的这种变化使得生产率效应更大,对就业的影响更有可能是积极的。在极限情况下,如果资本积累将租赁率固定在一个不变的水平,生产率效应将始终主导替代效应。

3. 自动化深化(deepening of automation)

替代效应是由自动化在广延边际上产生的,这意味着资本扩张了生产的任务集。但是,如果技术进步提高了已经自动化任务的资本生产率,会发生什么呢?这显然不会产生额外的替代,因为在这些任务中,劳动力已经被资本取代。但它会产生我们已经指出的生产率效应。生产率效应会提高劳动力需求。我们将自动化技术在集约边际的进步称为自动化深化,因为它正在强化机器的生产性使用。

自动化深化的一个明显例证来自引入新机器来替代旧机器。例如,在美国农业中,用柴油拖拉机取代马力收割机,这既提高了生产率,也在农业任务中增加了有限的替代工人。根据对自动化深化潜在作用的描述,从 20 世纪 30 年代开始,农业生产率和工资迅速提高,这一时期正好是拖拉机取代马匹的时期。

自动化深化是另一个用来对抗替代效应的力量。在本部分的模型中，自动化深化是指，在已经自动化的工作中，机器生产率的提高，即在 I 以下的任务中 $\gamma_M(x)$ 的增加。为了以最简单的方式探索这种类型变化的含义，我们假设在所有自动化任务中，$\gamma_M(x)=\gamma_M$，且 $\mathrm{dln}\ \gamma_M>0$，而自动化的广延边际 I 没有变化。机器生产率的这种变化对均衡工资的影响可以通过 $\mathrm{dln}\ W=\mathrm{dln}\ Y/L=(I-N+1)\ \mathrm{dln}\ \gamma_M>0$ 得到。因此，自动化深化将倾向于增加对劳动力的需求，进一步抵消替代效应。

本部分在这里列出的三种抵消力量对于理解自动化的含义比单纯研究替代效应要更加丰富，以及在一定程度上回答了为什么自动化对劳动力市场不一定是负面影响。然而，替代效应有一个方面不太可能被这三种抵消力量中的任何一种抵消：自动化必然会使生产过程更趋向资本密集型，并倾向于提高生产率，从而降低劳动力收入在国民收入中的份额。直观地说，这是因为它需要用资本替代以前由劳动力完成的任务，从而将劳动力挤压成一组更窄的任务。如果像我们所说的那样，自动化已经持续了几个世纪，无论有没有这里列出的这种强大的抵消力量，我们都应该看到一个相当“非平衡”的增长过程，即自工业革命开始以来，劳动力在国民收入中的份额稳步下降。事实显然并非如此。这表明，还有另一股强大的力量使生产更趋向劳动密集型，以平衡自动化的影响。这也是我们在下一部分中所讨论的。

（三）复原效应（reinstatement effect）——新任务（new tasks）

自动化快速发展的时期通常会伴随着新的工作、行业的出现。例如，在 19 世纪的英国，各种新的行业和工作迅速扩展，从工程师、机械师、修理工、售票员到参与新技术引进和操作的经理。在 20 世纪初的美国，农业机械化提供了大量的就业岗位。这不仅仅是历史现象。正如 Acemoglu 和 Restrepo（2018）所记录的那样，从 1980 年到 2010 年，新工作和职业的引入和扩展解释了大约一半的就业增长。

基于任务的框架强调，面对快速自动化，创造新的劳动密集型任务（劳动相对于资本具有相对优势的任务）可能是平衡增长过程中最强大的力量。如果没有 19 世纪下半叶和 20 世纪对新工厂工作、工程、管理任务、会计和管理职业的工人的需求，就不可能雇用数百万离开农业部门和传统劳动密集型工作的工人。

就像自动化具有替代效应一样，创建新任务会产生复原效应。这样，新任务的创建有着相反的效果。它总是产生额外的劳动力需求，这就增加了劳动力收入在国民收入中的份额。因此，将技术进步与平衡增长路径联系起来的一个强有力的方法是通过创建新任务来平衡自动化的影响。

新任务的创建不是一个外生的、自主的过程，且不会与自动化、人工智能和机器人完全无关。这至少有两个原因：一方面，快速自动化可能内生地激励企业引入新的劳动密集型任务。在创建新任务之前，自动化降低了劳动力份额，可能还会降低工资，使得进一步的自动化利润更低，而对企业来说，为劳动力创造就业机会的新任务利润更高。另一方面，一些自动化技术平台，尤其是人工智能，可能促进新任务的创建。埃森哲的一份报告确定了在使用人工智能作为生产过程一部分的公司中出现的全新类别的工作。这些工作岗位包括“培训者”(培训人工智能系统)、“解释者”(向客户传达和解释人工智能系统的输出)和“维持者”(监控人工智能系统的性能,包括它们对现行道德标准的遵守情况)。

比资本积累和自动化深化的抵消效应更强大的是创造新的任务,在这些任务中,劳动力具有比较优势。这些任务既包括现有任务新的、更复杂的版本,也包括新任务的创建,这些都是由于技术的进步而成为可能的。就本部分的框架而言,新任务的创建对应于 N 的增加。N 的增加(新任务的产生)通过以下方式提高生产率:在假设 A1 下,$\frac{\mathrm{d}\ln Y/L}{\mathrm{d}N}=\ln\left(\frac{R}{\gamma_{\mathrm{M}}(N-1)}\right)-\ln\left(\frac{W}{\gamma_{\mathrm{L}}(N)}\right)>0$。更重要的是,新任务是通过产生抵消替代效应的复原效应来增加劳动力需求和平衡工资的,即式(11-21):

$$\frac{\mathrm{d}\ln W}{\mathrm{d}N}=\underbrace{\ln\left(\frac{R}{\gamma_{\mathrm{M}}(N-1)}\right)-\ln\left(\frac{W}{\gamma_{\mathrm{L}}(N)}\right)}_{\text{生产率效应}>0}+\underbrace{\frac{1}{N-1}}_{\text{复原效应}>0} \tag{11-21}$$

且由式(11-18)可知$\frac{\mathrm{d}s_{\mathrm{L}}}{\mathrm{d}N}=1$,表明新工作提高了劳动力收入占国民收入的份额。

综上可知,自动化确实通过替代效应对劳动力市场产生了潜在的负面影响。但是,它可以通过创造新的任务来平衡(以及生产率效应、资本积累和自动化深化,这往往会增加对劳动力的需求,但是它们通常不会将劳动力收入在国民收入中的份额恢复到自动化之前的水平)。然而,我们所描绘的图景也确实低估了调整所带来的挑战。快速自动化之后的经济调整可能比我们描述得更加痛苦。历史记录也凸显了调整的痛苦本质。英国工业革命期间新技术的迅速引入最终带来了劳动力需求和工资的上升,但这是在长期工资停滞、贫困扩大和恶劣生活条件之后发生的。在从工业革命开始到 19 世纪中叶的 80 年时间里,虽然英国经济经历着技术进步和生产率增长,但是工资停滞不前,劳动力收入份额下降。Allen(2009)称这种现象为“恩格尔停顿”(Engel's pause)。因此,不应假设快速自动化带来的劳动力市场变化的调整是一个无缝、无成本和快速的过程。究其根本,导致痛苦的原因有三个:

第一,最直接的是,自动化改变了现有工作的性质,工人从现有工作到新工作的重新分配是一个复杂且缓慢的过程。工人需要时间来寻找新的工作,工人从现有工作中被解雇可能造成当地或全国劳动力市场的萧条,进一步增加调整的成本。

第二,劳动力技能与工作所需技术间的不匹配。新工作往往需要新技能。但如果劳动力不具备这些技能,调整过程就会受到阻碍。更不幸的是,如果教育系统不能提供这些技能的培训,调整将受到极大阻碍。这不仅关系到调整的速度,还关系到新技术的潜在收益。如果某些技能是新技术的补充,它们的缺失将意味着这些新技术的生产率低于其他技术。因此,技能和技术之间的不匹配不仅减缓了就业和工资的调整,而且阻碍了潜在的生产率增长。

第三,过度自动化,这意味着自动化速度比社会期望的要快。当一个功利主义的社会规划者对资本和劳动力漠不关心时，市场会有使用机器的动机，从而进一步推动自动化。过度自动化不仅直接造成低效率，这种低效率加剧了资本和劳动力的错配，还可能通过浪费资源和取代劳动力来抑制生产率的增长。

所以，尽管人们越来越关注人工智能对未来工作的影响，辩论也越来越激烈，但经济学领域和大众的讨论缺乏一个令人满意的概念框架。本部分总结了一个可以帮助理解自动化的概念框架。本部分的框架是基于任务模型，其中自动化被概念化为代替它过去执行任务中的人工。这种类型的替换会导致直接的替代效应，减少劳动力需求。如果这种替代效应不能被其他经济力量抵消，它将减少劳动力需求、工资和就业。但是我们的框架也强调存在几种抗衡力量，包括自动化将降低生产成本，从而产生生产率效应，诱导资本积累，以及自动化深化（技术进步提高了机器在已经自动化的任务中的生产率）。我们的框架还强调，这些抵消力通常不足以完全平衡自动化的影响。特别是，即使这些力量很强，自动化的替代效应也往往会导致劳动力收入在国民收入中的比重下降。但是我们从技术和工业发展的历史中知道，尽管经历了几个快速自动化的时期，但增长过程或多或少是平衡的，劳动力收入在国民收入中的份额没有长期下降的趋势。我们认为这是因为另一种强大的力量正在平衡自动化的影响：新任务的创造。在这些任务中，劳动力具有比较优势，这有助于抵消替代效应。这些任务增加了对劳动力的需求，并倾向于提高劳动力收入份额。当它们与自动化齐头并进时，增长过程是平衡的，这也意味着劳动力的前景并不是黯淡的。

第三节　人工智能与经济增长[①]

人工智能可以被定义为“机器模仿人类智力行为”，如果人工智能允许越来越多的机器替代人类，那么会发生什么？一方面，人工智能可以用于产品和服务的生产过程，从而影响经济增长和收入分配。另一方面，人工智能可能改变我们创造新知识和新技术的过程，从而推动技术的不断进步。

本节探讨人工智能如何影响经济增长。我们要回答以下几个问题：①如果人工智能提高了商品和服务生产的自动化程度，它将如何影响经济增长？②当人工智能和自动化应用于“新知识”的生产时，人工智能对经济增长的影响会不同吗？③人工智能能否像一些经济学家预测的那样，推动增长率大幅上升，甚至出现奇点？在什么条件下会出现奇点，这些条件合理吗？

具体地，我们首先将人工智能引入商品和服务的生产中，发现自动化的发展会促进经济增长，且会引致稳定的资本份额和稳定的增长率。随后我们将 Baumol 成本病的观点引入 Zeira（1998）的自动化模型中，解释为什么农业和制造业经历了自动化，但是占 GDP 的

---

① 本节参考 Aghion 等（1997）。

份额在不断减少。接下来,我们在知识生产中引入了人工智能,发现人工智能会促进经济增长。最后,我们讨论了人工智能可能带来奇点,即经济在有限的时间内获得无限的增长。基本的发现是,完全自动化必然会导致上述爆炸式增长的场景。然而,有趣的是,人们甚至可以在不依赖完全自动化的情况下创造奇点,而且人们可以在不依赖智能爆炸本身的情况下做到这一点。但是,现实生活中仍然存在的一些客观因素,如自动化限制、创新极限等,使得奇点不可能实现。

一、用于生产和服务领域的人工智能与经济增长

过去150年的经济增长本质上是由自动化驱动的。工业革命使用蒸汽和电力自动化了许多生产过程,电器、晶体管和半导体延续了这一趋势。因此,从这个角度来看,人工智能只是这个过程的下一个阶段。这也允许我们利用历史经验来预测人工智能未来可能产生的影响,即带来经济增长。

(一)Zeira(1998)的自动化和增长模型

Zeira(1998)的模型为我们理解自动化对经济增长的影响提供了一个简单的框架。具体地,Zeira(1998)将生产函数定义为:

$$Y = AX_1^{\alpha_1}X_2^{\alpha_2}\cdots X_n^{\alpha_n},\ \sum_{i=1}^{n}\alpha_i = 1 \tag{11-22}$$

式中:X_i 表示中间品,Acemoglu 和 Autor(2011)则将其定义为任务。

尚未自动化的任务可以由人工一对一生产,即 $X_i=L_i$。一旦任务自动化,则可以由一个单位的资本来替代,即 $X_i=K_i$。如果总资本 K 和劳动力 L 被最优地分配给这些任务,生产函数可以表示为 $Y_t=A_tK_t^{\alpha}L_t^{1-\alpha}$。其中,$\alpha$ 可以被理解为自动化任务的总体份额和重要性。

接下来,将这一生产函数嵌入一个标准的新古典增长模型中,且该模型具有恒定的投资率。此时,α 为资本回报率(资本份额)。$y\equiv Y/L$ 的长期增长率为 $g_y=\frac{g}{1-\alpha}$,其中 g 是技术进步 A 的增长率。因此,当自动化增长时,资本回报率增长,从而长期增长率也会增长。

Zeira(1998)的模型帮助我们理解了工业革命以来的经济增长,但是其观点——经济增长率和资本份额会随着自动化一直增长与 Kaldor(1961)存在矛盾。Kaldor(1961)认为在一段时间里经济增长率和资本份额是相对稳定的,这一观点也通过20世纪的美国经济体现出来。Acemoglu 和 Restrepo(2018)采用 CES 函数,将自动化任务内生化,解决了这个问题。事实上,他们假设研究有两种不同的方向:一种是探索如何自动化已经存在的任务,另一种是探索新任务。在其研究中,α 反映了已经自动化的任务的比例。当发明新任务的速度和自动化已有任务的速度是一样快时,自动化任务的比例就可能是恒定的,从而产生稳定的资本份额和稳定的增长率。

（二）自动化与 Baumol 成本病（Baumol's cost disease）

农业在 GDP 或就业中所占的份额正接近于零，世界上许多国家的制造业也是如此。自动化增加了这些部门的资本份额，但是由此带来的收入增长则促使人们更多地把支出用于其他部门，从而使得资本总体占比趋于稳定。①

本部分通过拓展 Zeira（1998）、Acemoglu 和 Restrepo（2016），考察自动化对结构变迁的影响。假定总产出为 CES 函数：

$$Y_t = A_t\left(\int_0^1 X_{it}^{\rho}\mathrm{d}i\right)^{1/\rho},\quad \rho < 0 \tag{11-23}$$

式中：尚未自动化的任务可以由人工一对一生产，即 $X_{it}=L_{it}$。一旦任务自动化，则可以由一个单位的资本来替代，即 $X_{it}=K_{it}$。

模型的其余部分与新古典增长模型类似：

$$Y_t = C_t + I_t$$

$$\dot{K}_t = I_t - \delta K_t$$

$$\int_0^1 K_{it}di = K_t$$

$$\int_0^1 L_{it}di = L$$

其中，劳动力禀赋是固定的。

令 β_t 表示在日期 t 以前已经自动化的商品，我们假设资本和劳动力在任务之间是对称分配的。且生产函数为：

$$Y_t = A_t\left[\beta_t\left(\frac{K_t}{\beta_t}\right)^{\rho} + (1-\beta_t)\left(\frac{L}{1-\beta_t}\right)^{\rho}\right]^{1/\rho} \tag{11-24}$$

将式（11-24）化简后得到式（11-25）：

$$Y_t = A_t\left(\beta_t^{1-\rho}K_t^{\rho} + (1-\beta_t)^{1-\rho}L^{\rho}\right)^{1/\rho} \tag{11-25}$$

在均衡中，自动化商品占 GDP 的份额等于资本回报率：

$$\alpha_{Kt} = \frac{\partial Y_t}{\partial K_t}\frac{K_t}{Y_t} = \beta_t^{1-\rho}A_t^{\rho}\left(\frac{K_t}{Y_t}\right)^{\rho}$$

同理，非自动化商品占 GDP 的份额等于劳动力回报率：

$$\alpha_{Lt} = \frac{\partial Y_t}{\partial L_t}\frac{L_t}{Y_t} = (1-\beta_t)^{1-\rho}A_t^{\rho}\left(\frac{L_t}{Y_t}\right)^{\rho}$$

因此，自动化与非自动化产出的比例（资本和劳动力收入之比）满足：

$$\frac{\alpha_{Kt}}{\alpha_{Lt}} = \left(\frac{\beta_t}{1-\beta_t}\right)^{1-\rho}\left(\frac{K_t}{L_t}\right)^{\rho} \tag{11-26}$$

由于商品之间的替代弹性小于 1，因此有 $\rho<0$。从式（11-26）中可以看出，有两种基

① Baumol（1967）注意到某些部门相对于其他部门的生产率快速增长可能导致成本病，使增长缓慢的部门在经济中变得越来越重要。

本力量推动资本份额或者自动化经济份额的变化。首先,自动化产品比例 β_t 增加,会提升自动化产品在 GDP 中的份额,并增加资本份额(保持 K/L 不变)。其次,随着 K/L 上升,资本份额和自动化行业的价值占 GDP 的比例将下降。其背后的经济学含义是:由于资本和劳动在生产中是互补的,也就是替代弹性小于 1,此时,资本积累会导致自动化产品的价格相对于非自动化产品的价格下降,从而使这些商品的支出份额也下降。

但是,当经济中存在多个部门时,农业和制造业的自动化导致这些部门快速增长,反而会导致这些部门在 GDP 中的份额下降。原因是自动化带来生产率的增长,于是产出增加、价格下降。然而,由于部门之间的产品是互补的,制造业价格下降后,对产品的需求只是小幅增加,即需求增加的幅度小于价格下降的幅度。这就导致制造业产品供过于求,于是就业从制造业部门转向服务业部门。该结论也被称为 Baumol 成本病。

二、人工智能与知识生产

在前文中,我们将人工智能引入商品和服务的生产函数进行探讨。如果创新过程本身也可以自动化,那么结果会怎么样呢? 人工智能与新知识是如何相互影响的? 在本部分,我们将人工智能引入知识生产函数并研究人工智能是如何通过此渠道影响经济增长的。

以经济学的研究为例。从自动化和技术变革中受益的研究任务包括打印和分发论文、获取研究材料和数据、订购供应品、分析数据、解决数学问题以及计算均衡结果。在其他领域,人工智能还可以进行实验、测序基因组以及探索各种化学反应和材料。因此,人工智能可以用于科学研究并不仅仅是一种理论上的推测,而是一种现实的可能。

为了简单起见,假设商品和服务的生产函数只使用劳动力和知识,其生产函数为:

$$Y_t = A_t L_t$$

假设新知识的生产需要完成一系列的任务,其生产函数为:

$$\dot{A}_t = A_t^{\phi}\left(\int_0^1 X_{it}^{\rho}\mathrm{d}i\right)^{1/\rho}, \quad \rho < 0$$

假设 β_t 的任务已经自动化,由此,知识生产函数可以表示为:

$$\dot{A}_t = A_t^{\phi}\left(\beta_t^{1-\rho}K_t^{\rho} + (1-\beta_t)^{1-\rho}S_t^{\rho}\right)^{1/\rho} \equiv A_t^{\phi}F(B_tK_t, C_tS_t) \tag{11-27}$$

式中:$B_t \equiv \beta_t^{1-\rho/\rho}$;$C_t \equiv (1-\beta_t)^{1-\rho/\rho}$;$S_t$ 是被用于生产知识的研究人员。

(一)一次性自动化增长(one-time increase)

我们首先考虑 β_t 一次性增长的情况:β_t 固定在某个数值,然后经历一次增长。此时知识函数可以写成:

$$\dot{A}_t = A_t^{\phi}S_tF\left(\frac{BK_t}{S_t}, C\right) \sim A_t^{\phi}CS_t \tag{11-28}$$

式中:"~"表示与渐近成比例。

之所以可以写成式(11-28)的形式,是因为 $F(\cdot)$ 的替代弹性小于 1,而$\frac{K_t}{S_t}$是随着时间增长的,在这种情况下,CES 函数受其稀缺要素的限制(在此处为研究人员)。如果 $\phi<1$,自动化会产生水平效应,但长期增长率保持不变;如果 $\phi=1$(经典的内生增长),自动化一次性增长会提高长期增长率。

若替代弹性等于 1,则 $F(\cdot)$ 就会退化为柯布-道格拉斯生产函数。模型的结果与 Zeira(1998)模型的结果相同。若替代弹性大于 1,则该模型将实现爆炸性增长,收入在有限的时间内变得无限大。[①]

(二)持续自动化(continuous automation)

现在,我们来考虑一种特殊的情况。假定无法自动化的任务可以被自动化的比例为常数 θ,即$\frac{\dot{\beta}_t}{1-\beta_t}=\theta$。于是在长期,有 $B_t\to 1$,且:

$$g_C=\frac{\dot{C}_t}{C_t}=\frac{\mathrm{dln}\ C_t}{\mathrm{d}t}=\frac{1-\rho}{\rho}\frac{\ln(1-\beta_t)}{\mathrm{d}t}=-\frac{1-\rho}{\rho}\cdot\theta>0$$

在同样的逻辑下,知识函数可以写成:

$$\dot{A}_t=A_t^{\phi}C_tS_tF\left(\frac{BK_t}{C_tS_t},1\right)\sim A_t^{\phi}C_tS_t \tag{11-29}$$

在式(11-29)中,A 的增长率可以表示为 $g_A=\frac{\dot{A}_t}{A_t}=\frac{C_tS_t}{A_t^{1-\phi}}$,为了保证增长率为一个常数,等号右边的分子分母必须以相同的增长率增长,于是我们得到 $g_A=\frac{g_C+g_S}{1-\phi}$,其中,经济增长率与研究人员增长率同比例增长。

三、奇点(singularity)

到目前为止,我们已经考虑了商品和知识生产函数逐步自动化的影响,并展示了它如何潜在地提高经济增长率。但是许多经济学家认为,人工智能开启了一扇更极端的大门,使得经济增长率将出现爆炸性增长,即“技术奇点”。约翰·冯·诺依曼经常被认为是第一个提出技术奇点即将到来的人。Good(1966)和 Vinge(1993)则认为人工智能有可能通过不断地自我改进,最终超越人类的思维,实现在有限的时间内与无限智能相关的“智能爆炸”。

技术奇点是一种不同于稳态增长的增长模式。稳态增长,是指长期增长率为常数的

---

① 即使没有任何自动化,这也会发生。此时,研究型劳动力不是必要的投入,因为标准的资本积累足以产生爆炸性增长。

情况。一旦出现技术奇点,就意味着长期增长率不再是一个常数,而是随着时间而增长的。具体地,我们会探讨两种类型的技术奇点增长模式:类型Ⅰ爆炸性增长,即增长率无限制地增长,但在任何时间点上都是有限的;类型Ⅱ爆炸性增长,即在有限的时间内实现无限的产出。

接下来,我们提供了四个例子。前两个例子将我们之前的模型发挥到极致,并考虑如果一切都可以自动化会发生什么。也就是说,如果人类可以在所有任务中被人工智能取代会发生什么。第三个例子说明,即便没有实现完全自动化,也可能出现技术奇点。最后一个例子直接将"超级智能"视为通往奇点的路径。

(一)商品生产函数自动化

类型Ⅰ的奇点会出现在商品完全自动化的情形中。假设所有任务在 t_0 实现自动化,即生产函数变为:

$$Y_t = A_t K_t$$

其中,增长率本身随着 A_t 呈指数增长。

资本积累方程为:

$$\dot{K}_t = \bar{s} Y_t - \delta K_t$$

式中:$\bar{s}$ 为储蓄率;δ 为资本折旧率。

给定技术进步增长率 g_A,则产出增长率为:

$$g_Y = g_A + \bar{s} A_t - \delta,\ g_K = \bar{s} A_t - \delta$$

其中,产出增长率将随着 A_t 呈指数增长。

(二)知识生产函数自动化

如果完全自动化应用于知识生产而不是商品生产,这种加速就会更剧烈。事实上,我们可以证明存在一个类型Ⅱ的技术奇点,即收入在有限的时间内变得无限。

要了解这一点,需要考虑知识生产模型。其中产品生产使用知识和劳动,即 $Y_t = A_t L_t$。一旦所有的任务都可以自动化,则知识生产函数将变为:

$$\dot{A}_t = K_t A_t^{\phi}$$

特别地,如果令 $K_t = A_t$,则可以证明 $A_t = (A_0^{-\phi} - \phi t)^{-\frac{1}{\phi}}$,显然当 $t^* = A_0^{-\phi}/\phi$ 时,产出会趋于无穷大。

资本积累方程依然为 $\dot{K}_t = \bar{s} Y_t - \delta K_t$,则:

$$\frac{\dot{A}_t}{A_t} = \frac{K_t}{A_t} A_t^{\phi} \tag{11-30}$$

$$\frac{\dot{K}_t}{K_t} = \bar{s} L \frac{A_t}{K_t} - \delta \tag{11-31}$$

接下来我们证明如果出现技术奇点，则有$\frac{\dot{A}_t}{A_t}>\frac{\dot{K}_t}{K_t}$成立。这个结论可以通过反证法证明。如果$\frac{\dot{A}_t}{A_t}\leqslant\frac{\dot{K}_t}{K_t}$，则根据式(11-30)和式(11-31)，资本增长率会变为常数，而技术进步增长率却是随着时间增加的，因此，这就与$\frac{\dot{A}_t}{A_t}=\frac{\dot{K}_t}{K_t}$矛盾。

从式(11-31)来看，资本增长率随着时间的推移而上升，而式(11-30)则意味着知识增长率也随着时间的推移而上升。这两个增长率都在上升，那么唯一的问题是，它们上升的速度是否足以产生奇点？这个问题的回答是肯定的。我们通过一个特例进行说明，令$\delta=0$，$\bar{s}L=1$，那么将资本和知识的增长率相乘得到：

$$\frac{\dot{A}_t}{A_t}\cdot\frac{\dot{K}_t}{K_t}=A_t^{\phi}$$

又因为$\frac{\dot{A}_t}{A_t}>\frac{\dot{K}_t}{K_t}$，所以$\left(\frac{\dot{A}_t}{A_t}\right)^2>A_t^{\phi}$，即$\frac{\dot{A}_t}{A_t}>A_t^{\frac{\phi}{2}}$。这表明$A$的增长速度至少和$A_t^{\frac{\phi}{2}}$一样快，因为$A$的增速比$A_t^{\frac{\phi}{2}}$快，所以一定存在奇点。正如Romer(1990)所言，由于知识是非竞争性的，整体经济的特征是收益递增。一旦知识的生产完全自动化，这种不断增长的回报就会应用于可积累因素，然后导致类型Ⅱ爆炸性增长，即奇点。

（三）非完全自动化下的奇点

上面的例子考虑了商品生产和知识生产的完全自动化。在CES函数中，替代弹性小于1，我们要求所有任务都是自动化的。如果只有部分任务是自动化的，那么稀缺因素(劳动力)将占主导地位，增长率也不会呈爆炸性增长。在本部分，我们将说明，对于柯布-道格拉斯生产函数，只要有足够多的任务是自动化的，就会出现类型Ⅱ奇点。从这个意义上说，奇点甚至可能不需要完全自动化。

假设商品生产方程为：

$$Y_t=A_t^{\sigma}K_t^{\alpha}L^{1-\alpha}$$

资本积累方程为：

$$\dot{K}_t=\bar{s}LA_t^{\alpha}K_t^{\alpha}-\delta K_t$$

知识生产方程为：

$$\dot{A}_t=K_t^{\beta}S^{\lambda}A_t^{\phi}$$

式中：α是商品生产中自动化的部分，$0<\alpha<1$；β是知识生产函数中实现自动化的部分，$0<\beta<1$；S和L是固定不变的。

定义$\gamma=\sigma+\beta-(1-\varphi)-(1-\alpha)$，$\gamma=1$表示内生增长模型的情形，当$\gamma>1$时会出现技术奇点。值得注意的是，当出现技术奇点时，α和β都小于1，这意味着任务不是完全自动化的。

接下来,我们证明当 $\gamma>1$ 时会产生类型Ⅱ奇点。具体地,知识增长率为:

$$\frac{\dot{A}_t}{A_t}=S^{\lambda}\frac{K_t^{\beta}}{A_t^{1-\phi}} \tag{11-32}$$

资本增长率为:

$$\frac{\dot{K}_t}{K_t}=\bar{s}L^{1-\alpha}\frac{A_t^{\sigma}}{K_t^{1-\alpha}}-\delta \tag{11-33}$$

为简化分析,令 $\delta=0, S=1, \bar{s}L^{1-\alpha}=1$,那么将式(11-32)和式(11-33)相乘,即资本和知识的增长率相乘得到:

$$\frac{\dot{A}_t}{A_t}\cdot\frac{\dot{K}_t}{K_t}=\frac{K_t^{\beta}}{A_t^{1-\phi}}\frac{A_t^{\sigma}}{K_t^{1-\alpha}}$$

可以证明,若 $g_{At}>g_{Kt}$,则在长期,有 $A_t>K_t>1$,且技术进步增长率满足①:

$$\left(\frac{\dot{A}_t}{A_t}\right)^2>\frac{K_t^{\beta}}{A_t^{1-\phi}}\frac{A_t^{\sigma}}{K_t^{1-\alpha}}>\frac{1}{K_t}\frac{K_t^{\beta}}{A_t^{1-\phi}}\frac{A_t^{\sigma}}{K_t^{1-\alpha}}>\frac{1}{K_t^{1-\beta}}\frac{1}{A_t^{1-\phi}}\frac{A_t^{\sigma}}{K_t^{1-\alpha}}>\frac{1}{A_t^{1-\beta}}\frac{1}{A_t^{1-\phi}}\frac{A_t^{\sigma}}{A_t^{1-\alpha}}=A_t^{\gamma-1}$$

于是,$\frac{\dot{A}_t}{A_t}>A_t^{\frac{1-\gamma}{2}}$。因此,当 $\gamma>1$,增长率也会至少按照 A_t 的正幂次增长,即使是按这个速度增长也会有奇点。

(四)通过超级智能(superintelligence)产生奇点

超级智能是指分析问题、解决问题的能力全面超越人类的一种“虚拟代理”。之前,我们是在给定人类智力水平不变的情况下讨论自动化对经济增长和技术进步增长率的影响。如果所有的生产活动都不需要人才参与,人工智能的进一步发展是否会出现超级智能,使其智能水平不仅是远优于人类,而且能不断地自我改进和修复?

这个想法可以用上文提到的类似想法来建模。具体地,我们将任务分为两类:脑力任务和体力任务。用 $A_{\text{cognitive}}$ 定义在脑力任务中的生产率水平,并用 A_{physical} 定义在体力任务中的生产率水平。现在想象一下,有一个人工智能在努力改进自己,并取得进展:

$$\dot{A}_{\text{cognitive}}=A_{\text{cognitive}}^{1+\omega}$$

如果 $\omega>0$,那么自我完善的过程就会爆发,从而在有限的时间内产生无限的智能。

随着超级智能“认知能力”的改善,体力劳动的生产率也会增长,具体地,令体力劳动技术进步满足:

$$\dot{A}_{\text{physical}}=A_{\text{cognitive}}^{\gamma}F(K,L)$$

---

① 在理论上,技术进步增长率和资本增长率的关系可能是 $g_{At}>g_{Kt}$,$g_{At}<g_{Kt}$,或者相等。在这里我们只证明 $g_{At}>g_{Kt}$ 的情况。

那么很明显，当 $\gamma>0$ 时，体力劳动也会随着智能爆炸而爆炸。也就是说，超级智能可以找到方法大幅提高体力劳动的创新速度。在上述说明中，产出奇点将直接随着超级智能的出现而出现。

上述的四个例子表明了经济增长率可能快速增长，甚至出现奇点。但是仍然存在一些客观因素让这不可能实现。这些因素是人工智能无法解决的“瓶颈”。第一个瓶颈是非自动化环节。当生产的一些任务无法自动化时，就会出现这种瓶颈。人工智能能否最终完成所有重要的脑力任务，或者更普遍地实现人类智能，仍存在广泛争议。如果不是，那么增长率可能仍然会随着更多的自动化和资本密集度而提高，但不会出现奇点。第二个瓶颈是创新的极限。有研究表明，人类发现新技术的速度越来越慢了。如果创新速度最终会下降，那么也不会出现技术奇点。第三个瓶颈是 Baumol 成本病和自然法则。在现实中，总是有一些生产要素的供给是受到限制的，而这些生产要素对于生产过程来说又是不可或缺的。例如，虽然计算机的计算能力在以几何级数增长，但是电力部门的生产效率却并未发生重大的改变。因此，即便可以实现完全自动化和超级智能，产出的增长最终会由于资源的稀缺而陷入停滞。最后，抛开技术本身的限制，人工智能(以及超级智能)对生产率增长的积极影响，可能因为创造性破坏或缺乏创新激励而被抵消。

本章小结

人工智能是社会发展和技术创新的产物，已经成为新一轮科技革命和产业变革的核心驱动力，对世界经济和人民生活产生了极大的影响。根据本章的分析，我们得到如下结论：

1. 从委托代理角度来看，人工智能与委托人目标的一致性更高，但却难以因激励而付出额外努力。因此，当任务更需要代理人的额外努力时，将决策权交给代理人是上上策。

2. 当委托人与代理人难以达成一致，或者激励代理人努力的成本过高时，则应该由人工智能来完成这项任务。

3. 当委托人和代理人难以达成一致，或者人工智能的水平不会影响代理人的努力程度时，会选择使用高水平的人工智能。

4. 当人工智能的性能还不够成熟，或者会降低代理人努力的意愿时，委托人会选择较弱的人工智能来激励代理人付出更多的努力。

5. 人工智能确实可以替代一部分人工，并产生直接的替代效应，从而减少对劳动力的需求。

6. 人们总是会创造新任务。在这些任务中，劳动力具有比较优势，这有助于抵消替代效应，并增加对劳动力的需求和提高劳动力收入份额。

7. 在商品和服务的生产函数中，引入人工智能可以促进经济增长。

8. 在知识生产函数中，人工智能暂时或永久性地促进经济增长取决于是一次性自动化还是持续自动化。

9. “奇点”,即经济在有限的时间内获得无限的增长。其可以通过完全自动化实现,甚至在不依赖于完全自动化的情况下也能够实现。

思考题

1. 请推导并说明委托人何时会将决策权交给人工智能,此时代理人又会做出什么反应(从努力程度考虑)。

2. 请推导并说明人工智能对劳动力市场的影响。

3. 如何理解“劳动力真正的危险可能不是来自高生产率的新技术,而是来自‘马马虎虎’的自动化技术”?

4. 请用 CES 函数推导并解释 Baumol 成本病。

5. 请结合本章谈一谈你认为什么是奇点?在什么条件下会出现奇点?这些条件是否合理?

即测即评

本章参考文献

1. Acemoglu D, Autor D. Skills, Tasks and Technologies: Implications for Employment and Earnings//Handbook of labor economics. Amsterdam: Elsevier, 2011, 4: 1043-1171.

2. Acemoglu D, Restrepo P. The Race Between Man and Machine: Implications of Technology for Growth, Factor Shares, and Employment. American Economic Review, 2018, 108(6): 1488-1542.

3. Aghion P, Tirole J. Formal and Real Authority in Organizations. Journal of Political Economy, 1997, 105(1): 1-29.

4. Allen R C. Engels' Pause: Technical Change, Capital Accumulation, and Inequality in the British Industrial Revolution. Explorations in Economic History, 2009, 46(4): 418-435.

5. Baumol W J. Macroeconomics of Unbalanced Growth: the Anatomy of Urban Crisis. The American Economic Review, 1967, 57(3): 415-426.

6. Good I J. Speculations Concerning the First Ultraintelligent Machine. Advances in Computers, 1966, 6: 31-88.

7. Legg S, Hutter M. Universal intelligence: A Definition of Machine Intelligence. Minds and Machines, 2007, 17(4): 391-444.

8. Kaldor N. Capital Accumulation and Economic Growth//The Theory of capital. London: Palgrave, Macmillan, 1961: 177-222.

9. Markoff J. Machines of Loving Grace: The Quest for Common Ground Between Humans and Robots. New York: Ecco, 2015.

10. Romer P M. Endogenous Technological Change. Journal of Political Economy, 1990, 98(5, Part 2): S71-S102.

11. Zeira J. Workers, Machines and Economic Growth. The Quarterly Journal of Economics, 1998, 113(4): 1091-1117.

第十二章

数字货币与区块链

“存在还是灭亡，这是一个值得考虑的问题。”

——莎士比亚《哈姆雷特》

数字技术正在重新定义货币体系。在中国，微信和支付宝已经成为人们消费的主要支付方式。而且伴随分布式账本技术（distributed ledger technologies, DLT）和区块链（blockchain）技术的发展，数字货币时代已经到来。那么，区块链到底是什么？数字货币又有什么创新之处呢？货币数字化会为实体经济带来怎样的影响？让我们从货币的本质讲起。

货币的本质是信任。无论是从早期的贝壳、动物牙齿和贵金属，还是与我们更为接近的纸币，其本身并不能给人们带来直接的效用。人们之所以使用货币，是因为我们相信，这些货币可以用来兑换物品。在货币发展史上，人们之所以愿意持有贝壳、动物牙齿和贵金属，其一是因为不易腐烂，其二是因为具有稀缺性。可是如果一件东西既稀缺又不易腐烂，而且能得到人们的信任，那就必然会引发非生产性寻利。“信任”和“无寻利”之间的矛盾历来就是一大难题。因此，纸币从其产生之初就为其消亡埋下了隐患。回首人类历史上的多次经济危机，我们不难发现，危机的爆发往往与货币当局的违约密切相关。伴随科技进步所带来的经济快速增长、经济全球化、世界经济不平衡以及各国经济力量的此消彼长，维持币值的稳定变得越来越困难。

2007 年，肇始于美国的次贷危机以迅雷不及掩耳之势扩散到了欧洲和亚洲，进而演变成国际金融危机。2008 年，中本聪在互联网上发表了一本阐述去中心化的货币系统白皮书，即所谓的“比特币协议”。2009 年，比特币正式问世，并成为家喻户晓的名字。比特币问世与金融危机在时间点上的吻合绝非巧合。实际上，面对纸币体系的“信任危机”以及量化宽松所引起的货币超发预期，白皮书的出现为人们对中心化货币系统的信任缺失问题提供了一个替代性解决方案。从时间点上来看，加密货币的最早版本是 20 世纪 90 年代初由 David Chaum 所提出的 eCash 和 DigiCash。然而，直到 2008 年金融危机爆发，加密货币才真正引起人们的注意。

或许许多人认为比特币是一场革命，它为我们提供了一个不需要第三方信任背书的货币系统，但其汇率的波动幅度之大，使金融分析师和学者都颇感困惑。这种不稳定和不受当局控制的数字货币令中央银行和监管机构感到警惕。那么,以比特币为代表的民间加密货币将何去何从?货币数字化对实体经济会产生怎样的影响?对这些问题感兴趣的读者可以在本章一探端倪。

本章结构安排如下:第一节介绍货币数字化(the digitalization of money)与货币竞争,描述传统货币体系是如何设计的,定义什么是独立货币(independent currency),并讨论数字货币(digital currency)如何适应传统范式,使读者深入理解数字货币的意义。第二节将揭开区块链技术与以比特币(bitcoin)为代表的数字货币的面纱,介绍区块链的定义、共识(consensus)、区块链的三元悖论(blockchain trilemma)、比特币的内涵、比特币与区块链的联系、比特币的游戏规则。第三节将围绕央行数字货币(central bank digital currency,CBDC)展开,阐述货币主权与货币政策的重要性,介绍央行数字货币的类型、机制设计、好处与风险等。第四节介绍数字货币在电子商务(e-commerce)中的应用。传统货币系统是支付可逆的(payment reversibility),数字货币是支付不可逆的(payment irreversibility),那么不同的支付形式将如何影响买家与卖家的行为,即货币数字化如何影响实体经济?这一节将解开谜题。

第一节 货币数字化与货币竞争[①]

正在进行的数字革命和大型科技公司的崛起,使得货币的表现形式、功能、竞争方式以及国际化路径发生剧烈的转变。本节讨论数字货币的基本属性以及由此带来的影响,主要内容如下:

第一,数字技术会导致货币不同功能的分离,从而产生专业化于某种特定功能的货币,进而加剧专业化货币之间的竞争。例如,有些货币可能专门用于存储,另外一些货币则专门用于交易。

第二,数字货币的发行者会把货币的某些功能与数据收集和社交网络平台相捆绑。不同货币数字的可兑换性(convertibility)以及不同平台之间的互用性(interoperability),会成为各大数字货币发行者竞争的手段。由于货币是依赖于平台而不是国家,因此,可能产生超越国界的“数字货币区”(digital currency areas,DCAs),主权国家货币会被某一数字平台的货币取代,而不是被某发达国家的货币取代。

第三,数字货币以及其发行平台的一体化会导致私人货币(private currency)与法定货币(legal currency)之间的竞争。在数字经济时代,现金会消失,社交和经济平台将取代银行成为交易和支付中心。随着银行作用日渐式微,传统货币政策的传递渠道弱化。为了保持货币政策独立性,政府需要发行中央银行数字货币。

---

① 本节参考了 Cunha(2021)、Gans 和 Halaburda(2015)以及 Brunnermeier 等(2019)。

一、无现金社会和数字货币

货币的发展历史揭示了一个无可争辩的模式:几个世纪以来,货币逐步不依赖于实物形式,货币的票面价值越来越脱离其自身价值(不妨对比黄金的自身价值与纸币的自身价值)。

(一)无现金社会

21 世纪以来,我们正走向最终的非实物货币经济——数字经济,而以下三个方面正在颠覆全球格局,加速这一时代的到来。

第一,用户要求更快、更简单、更高效、更安全和普遍可访问的支付服务,这些只有数字化才能实现。用户的需求导致了在电子商务交易中借记卡和信用卡的强化使用,并催生了电子钱包和非接触式支付等新技术。反过来,这也促进了新的非银行机构(如支付宝、微信、PayPal、Apple Pay)的进入,这些参与者拥有公认的品牌和足够的规模,具有传统银行机构不具备的优势,并在零售支付系统中保持寡头垄断地位。金融科技初创企业和移动网络运营商作为支付服务提供商,与传统商业银行展开竞争,并获得了显著的市场份额。

第二,零售支付系统的数字化加强了这一作用,并对以现金为主要形式的货币产生了替代效应。在发达经济体中,对现金需求的减少是显而易见的,在瑞典等一些国家尤为明显。从 2007 年到 2018 年,瑞典流通中的现金数量减少了一半。

第三,加密货币(尤其是比特币)的巨大成功,吸引了媒体的广泛报道以及越来越多的个人和机构投资者的关注,其中一些人支持存在法定货币的替代货币,这些替代货币(私人货币)不受政府监管。他们创造了区块链,为非法定货币的发行、管理和交易提供了理想的平台。自从 2008 年中本聪发表有关比特币的论文以来,加密货币市场以惊人的速度扩张。

以上三方面加速了数字经济时代的到来,推动我们走向无现金社会。无论是民间组织还是中央政府,都在积极引入和发展新的货币形式——数字货币。

(二)数字货币及类型

如今,数字货币的使用似乎比纸币更方便。这种便利性体现在人们消费时选择更多地使用信用卡和借记卡而非现金。此外,市场上有各种创新的货币支付系统,其中很多都是建立在手机、互联网和数字储值卡等平台上。PayPal、Apple Pay、谷歌钱包、支付宝、微信等数字货币支付系统都出现了持续且快速的增长。数字货币支付系统的推广使得支付更加快捷、灵活和创新。那么,数字货币是什么呢?

数字货币(digital currency)是指以数字货币形式存在的资产①,是价值的数字化表示,

---

① 国际清算银行(BIS)的定义。

是电子货币形式的替代货币(alternative currency)。数字货币不依托纸币或硬币等物理形式,而是基于节点网络和数字加密算法而存在。

演变至今,数字货币主要分为以下几类。

1. 央行数字货币

央行数字货币由各国央行发行,以国家信用为担保,与一国纸币具有同等法律地位,通过与一国法定货币一比一兑换实现价值锚定。如我国正在筹备的数字人民币(e-CNY),现已完成在深圳、苏州、雄安新区、成都等代表性地区的试点测试工作。央行数字货币就是基础货币,是央行直接发行的“数字债务”,效力等同于现金,本质是电子化的法定货币,具有“法偿性”。这类数字货币的用途是支付、转账,一般无投资功能。

2. 可信任机构的数字货币

可信任机构的数字货币属于私人(个人或机构投资者)数字货币,由企业发行,以企业的信用背书,通过与法定货币或其他有价值的资产按比例兑换实现价值锚定,货币价格相对稳定。比如微信、支付宝、Tether公司推出的泰达币(USDT)、Facebook公司推出的Libra等。其中,USDT是与一种法定货币(美元)等值挂钩的稳定币;Libra是与一篮子法定货币(美元、欧元、日元、英镑、新加坡元)按比例挂钩的稳定币①,旨在成为便捷、低费用、无国界的货币。这类数字货币是企业的负债,由于企业存在违约、无法偿还债务的可能,因此不具有“法偿性”。其主要用途是支付、转账。

3. 一般加密数字货币

一般加密数字货币属于私人数字货币,由去中心化的网络发行或管理,被特定社区成员接受与使用,没有政府或企业的信用背书,法律地位不明确。比如比特币、莱特币、狗狗币等。这类数字货币的价值锚定不是基于法定货币或有价值的资产,而是买卖供求,因此常被用于投资、投机。例如,比特币的价格波动大,市场价值十分不稳定。

二、货币体系和独立货币

为了理解数字货币的意义,我们首先介绍传统货币体系的设计,进而定义什么是独立货币,并讨论如何把数字货币纳入传统的货币体系中。

(一)货币体系

从实物货币到信用货币,从“有形”货币到“无形”货币,经过数千年的发展,虽然货币的形态发生了翻天覆地的变化,但货币的发行仍需基于国家信用。② 传统上,货币体系通

---

① 稳定币是一种加密货币,其价格旨在与加密货币、法定货币或大宗商品等资产锚定,或通过第三方调控货币供应量的方式,实现货币价格的相对稳定。

② 所谓国家信用,不是对货币发行机构或者政府的信用,而是基于整个国家可交换的社会财富。维持货币币值的相对稳定(维持货币信用、国家信用),要求一国的货币总量与该国的社会财富总量相匹配。

常会选择盯住一个“锚”①,货币体系中的任何支付工具最终都与固定数量的“锚”挂钩。“锚”可以有多种形式,如商品、贵金属或者纸币。在金本位制下,“锚”是黄金:政府发行的每一单位货币可以兑换一单位黄金。在布雷顿森林体系下,美元可以合法地兑换成黄金,所有其他货币都与美元挂钩,因此整个国际货币体系的“锚”仍是黄金。从1971年至今,国际货币体系中的信用货币是美元。在信用本位下,货币发行者发行的货币得到市场的认可主要有以下两种方式:

(1) 货币发行者提供完全、无条件的兑换。在可兑换制度下,货币(不论是否是独立货币)发行者做出具有法律约束力的承诺,以固定的汇率将该货币工具兑换成另一种支付工具。可兑换性有两个目的。第一,它有助于维持货币价值的稳定。可兑换货币的发行者实际上束缚了自己的“双手”。它必须基于另一种支付工具的储备额度来发行货币,如果它未能履行可兑换性的承诺,就有可能丧失对其资产的所有权。第二,可兑换制度允许一种支付工具复制另一种支付工具的价值储藏和记账单位属性。可兑换制度为不同类型的货币创造了统一性,通常被称为货币的统一性。银行是执行具有法律约束力的可兑换制度的典型例子。银行存款可兑换为同等数量的相应政府发行的法定货币,例如现金、准备金等。如果银行违约,它所发行的存款将停止流通,存款持有者将拥有对银行非流动资产的所有权。

(2) 在不完全可兑换时,货币发行者借助“后备”资产来支持货币工具的价值。这种方式允许发行者有更大程度的自由,发行者并不总是提供对发行货币的完全可兑换性。发行者可以借助发行或回购货币的方式来实现管理货币价值的目的。因此,发行者可以放弃原先设定的对另一种货币的汇率目标,同时又不会丧失对其资产的所有权。“后备”安排的典型案例是货币盯住制度。另一个例子是加密货币中的稳定币,其具体做法是通过调整其供应数量使得与官方货币的相对价值保持稳定,如泰达币就是与美元挂钩的。在以上两个例子中,偏离最初设定的汇率目标不会面临法律后果,因此管理汇率制度对货币发行者有利。

货币有两种主要形式:基于账户的货币和代币货币。这两种货币的关键区别在于付款的核实过程不同。具体分析如下:

(1) 基于账户的货币(account based money)。基于账户的货币系统,必须核实付款人的身份。因此,银行存款是基于账户的货币。如果银行能够确认付款人是账户持有人,那么从账户支付的款项就是有效的。如果银行错误地识别了付款人的身份,则由银行承担责任,并向账户持有人退款。

(2) 代币货币(token money)。在代币系统中,必须验证的是待支付货币的真实性。现金和硬币是已经存在了几个世纪的代币类型。在现金交易中,收款人只有在现金为真时才会接受付款。如果现金是伪造的,收款人实际上承担了损失。现代电子货币和加密货币也是代币。例如,要用支付宝进行交易,只需要与特定数字钱包相关的密码。人们不

① 货币体系围绕一个“锚”来运行。一个国家要有稳定的货币环境,必须有一个调整国内货币发行的参照基准。

会验证出示密码的人是否是钱包的真正主人。同样,交易加密货币时,付款人必须使用与特定代币相关联的“密钥”(key)签署交易,但无论谁出示该密钥,交易都是有效的。

(二)独立货币的定义

以官方货币计价的现金、准备金和银行存款,尽管具有截然不同的技术特征,但都是同一种货币的组成部分。而人民币和美元则显然是两种不同的货币,我们将其称为“独立货币”(independent currency)。如果一种支付工具不是现有货币的组成部分,那么它就是一种独立货币。如果以下两个条件成立,我们认为一组支付工具就构成了一种独立货币:

(1) 这组支付工具以同一记账单位计价。

(2) 货币体系内的各种支付工具可以相互兑换。

根据这个定义,以人民币计价的银行存款并非一种独立货币,因为银行存款的兑换在法律上是可执行且完全的。换言之,区分独立货币的一个因素是发行者的承诺能力。如果某货币为独立货币,则该货币的发行者随时可以取消其过去做出的任何可兑换承诺,因此泰铢、美元都是独立货币。非独立货币支付工具的发行者则必须信守承诺。当你在银行把现金换成银行存款,则银行会承诺银行存款到期时,你可以随时把现金取出来。一旦银行违背承诺,将丧失对其资产的所有权,银行就会破产。

从欧洲汇率机制①(ERM)向欧元过渡是几种独立货币合并为一种货币的例子。引入欧元之后,各国丧失了发行货币的能力,各国货币不再是独立货币。

根据独立货币的定义,很多数字货币实际上是独立货币。例如,Facebook 公司的 Libra 的基础篮子由许多官方货币组成,Libra 将以自己的记账单位计价,因此是独立货币。比特币、以太币等加密货币是独立货币,因为它们是独立的记账单位。

一些数字货币不是独立货币,但却能实现以前无法实现的价值转移功能。例如,现在有许多手机应用程序允许点对点的数字转账,而传统银行系统下的数字转账通常仅限于购物。这些应用程序,如中国的支付宝或肯尼亚的 M-Pesa,允许现有货币以一种新的支付工具形式流通,但它们的发行者在法律上有义务保证支付工具的完全可兑换性(支付宝为人民币,M-Pesa 为先令)。

三、货币竞争性质的变化

货币竞争是约束政府滥发货币的一种有效手段。数字技术深刻地改变了货币之间竞争的性质。

(一)货币竞争的两种形式

数字技术在克服传统竞争障碍的同时也引入了货币差异化的新维度,从而对竞争程

① 欧洲汇率机制于 1979 年创立,旨在约束欧洲货币汇率变动和实现欧洲货币稳定。

度产生正、反两方面的影响。因此,我们将货币工具之间的竞争区分为两种类型:

1. 全面货币竞争

在全面货币竞争的情况下,货币的竞争围绕"记账单位"的功能展开。竞争发生在以不同记账单位计价、不同价格体系和通货膨胀率的货币工具之间。只要允许私人发行货币(如在自由银行时代),货币可以像官方法定货币那样在国际上竞争,也可以在国内竞争。发行者发行的货币受到信誉、通货膨胀率稳定等目标的约束。

2. 局部货币竞争

在局部货币竞争的情况下,以同一记账单位计价的不同支付工具围绕"交换媒介"的功能展开竞争。货币工具之间的这种竞争在各国国内已经很普遍。例如,不同银行发行的存款相互竞争,并与电子支付工具(如数字钱包中的代币)竞争。为了提高效率,监管机构通常鼓励货币工具之间的竞争。

(二)货币的功能与传统货币的竞争

1. 货币的功能

传统上,货币被定义为具有记账单位、价值储藏和交换媒介功能的资产。这三个功能是为了克服不同的经济摩擦。

记账单位的出现是为了解决经济中多种商品相对价格的难题。在一个有 n 种商品的经济中,如果没有记账单位,则必须记录 $n(n-1)/2$ 个相对价格。以货币作为记账单位,则只需记录 n 个价格:每种商品的价格以记账单位直接表示。在某种意义上,它就像一种通用的语言。然而,更重要的是,由于人们通常签订的合同是用名义货币计价,记账单位的选择和货币政策规则会影响不完全市场中借款人与贷款人之间的风险分担。货币政策的变化会在借款人和贷款人之间重新分配资源。人们的认知能力是有限的,当存在多个记账单位时,人们可能选错记账单位,从而影响资源配置效率。因此,具有单一记账单位的货币体系在确保市场的有效运行和风险分担方面发挥着重要作用。

对价值储藏的需求源自经济主体无法承诺的未来的价值转移。例如,地主必须以某种方式补偿佃农的劳动。一种补偿方式是地主可以承诺在收获后把农作物产出的一部分给佃农,然而高昂的签约成本可能使得地主的承诺归于无效。一个替代性的方式是地主可以在佃农工作时付给佃农货币,让佃农可以随时购买农产品。然而,只有当佃农相信货币在未来会保值时,他们才会有动力去工作,否则货币工资反而会增加佃农的风险。在这个例子中我们看到,在一个价格稳定的经济体中,作为价值储藏的货币既是实现资产跨期转移的一种方式,也是保障合约履行的一份凭证。要顺利完成这两项任务,货币的价值必须是稳定的,否则就成了烫手山芋。如哈耶克所指出的,货币竞争的重点是提升价值储藏功能。

交换媒介的功能源于解决物物交换中的供求巧合难题。供求巧合是指,在没有货币的情况下,任何两个经济主体只有在都需要对方的物品时,才可能进行交易。随着生产越来越专业化,"供求巧合"就更为困难。例如,希望乘坐出租车的律师,只有在找到一个需要法律援助的出租车司机时才能打到车。然而,货币允许在没有供求巧合的情况下进行交易。当一个代理人(买方)想要另一个代理人(卖方)提供的商品或服务时,买方可以把钱转给卖方,以换取商品。人们对交换媒介的需求使得货币具有正价值。这一价值源于它在交易中的有用性:它可以用来与其他人进行交易,而非流动资产则没有这一功能。

2. 传统货币的竞争

由于网络效应和转换成本,传统货币之间缺乏竞争。具体原因如下:

(1) 货币的使用表现出强大的网络效应。对记账单位的需求会以与通用语言相同的方式产生网络效应。在一个人人都只说汉语的社会里,只会说俄语将很难与人交流。同样,在一个大家都习惯用人民币报价的社会里,使用卢布进行交易将是困难的。语言只随时间缓慢变化,而与语言不同,不同货币的汇率可能大幅波动。采用多种货币并跟踪它们的相对价值是困难的,因此一个经济体有足够的动机只流通一种货币。

(2) 转换成本①也会加强网络效应。在过去,由于转换成本很高,人们很难在不同的货币之间频繁转换,只能在特定的货币流通区进行贸易。传统上,货币不能有效竞争主要有以下原因。其一,在位的官方货币处于优势地位。一旦某个特定群体(通常是一国公民)采用了官方货币,即使新进入的货币在各方面都优于官方货币,也很难取代官方货币。只有在官方货币出现严重信任危机时,官方货币才有可能被取代。其二,即使在同时流通多种相互竞争的货币的历史时期,这种竞争也是混乱、无益的。例如,直到 19 世纪中叶,在大多数国家都是用各种奇怪、混乱的货币进行交易。

(三) 货币不同功能的分离与数字货币的竞争

1. 货币不同功能的分离

可兑换性导致了货币的价值储藏和交换媒介功能的分离。一个典型的例子是格雷欣法则②,主要适用于金银币。如果金、银两种货币之间的汇率是固定的,人们通常会储藏黄金,只用银币作为交换媒介。由于银币的流通速度较高,其价值体现在具有更大的流动性。在数字货币的世界里,想象两家科技公司发行可一对一兑换的数字代币。每家公司用自己的资产来为货币进行担保,资金实力雄厚的公司所发行的货币就成为更好的价值储藏手段,而另一家科技公司的货币将主要承担交换媒介的作用。换句话说,格雷欣法则也适用于发行者承诺货币之间可兑换的数字货币世界。

移动网络带来的转换成本的降低,加剧了货币属性的分离。当转换成本较低时,用户可以在货币之间无缝切换。于是,人们可以使用不同的货币来分别实现价值储藏、交换媒介和记账单位功能。例如,如果货币 A 具有更好的价值储藏功能,但却是一个很差的交换媒介,而货币 B 恰好相反,那么,用户将在不进行交易时持有 A,在他们需要执行交易的几毫秒前,将他们持有的一些货币 A 转换为货币 B。忽略汇率风险时,用户持有货币 B 不到

---

① 当消费者从一个产品或服务的供应商转向另一个供应商时所产生的一次性成本。

② 也称劣币驱逐良币法则。在实行金银双本位制条件下,由于金币的实际价值高于银币,实际价值高于法定价值的金币(良币)被普遍收藏起来,逐步退出市场,最终被驱逐出流通领域。实际价值较低的银币(劣币)则充斥市场。

一秒。因此,虽然货币 B 是一个糟糕的价值储藏手段,但对用户而言没有太大影响。在数字网络环境下,不同货币服务于不同目的,且都能蓬勃发展。

当货币主要作为价值储藏手段进行竞争时,由于转换成本和网络效应,这种竞争是有限的。随着货币属性的分离,货币可以自由地专攻某一功能。作为价值储藏的货币可以相互竞争,而充当交换媒介的其他货币则单独竞争。转换成本的减少和网络的外部性,使得这种沿着专业维度的竞争变得更加激烈。

2. 数字货币的竞争

在传统环境中,网络效应和转换成本都不利于货币竞争。然而,数字货币的竞争与传统货币的竞争有明显的区别。借助互联网,可以构建商业和社交数字网络平台。亚马逊和阿里巴巴凭借各自的平台,创建了一个完整的生态系统;Facebook 有一个 30 亿人互动的社交平台。一旦这些平台建立起来,信息就可以廉价且近乎即时地传播。借助现代技术,数字货币使得无摩擦、无中介的点对点交易成为可能。数字网络的这些特性削弱了传统环境中阻碍竞争的僵化因素。

首先,网络效应在传统环境中阻碍了货币之间的竞争,但在数字环境中却能增强竞争。当用户知道其他潜在用户都连接到一个公共支付网络时,网络的通信和交易系统能加速新货币信息的传播,也有助于新进入的货币被人们接纳和使用。因此,数字网络的结构减少了传统环境中存在的信息进入壁垒。

其次,转换成本在数字环境中更低,有利于数字货币之间的竞争。网络内点对点交易的技术消除了对第三方的需求,因此也消除了第三方在交易中收取的任何费用。用户可以设置他们的移动设备,在需要时自动执行货币兑换。移动应用程序将减少进行货币交易时对金融专业知识的要求。

最后,货币属性的分离会导致货币之间的竞争加剧。如果采用不同记账单位的两个代理人希望在数字网络上进行交易,数字技术可以很容易地将一个代理人的报价转换成另一个代理人所理解的单位,不需要双方在一个共同的账户单位上进行协调。因此,货币属性的分离允许用户从多种不同的货币中获得不同服务,减少了对单一货币的需求。

四、货币和支付平台的重新捆绑

数字平台对货币竞争有重要影响。相比普通货币,与平台捆绑的数字货币之间的差异更明显。除了在价值储藏、交换媒介和记账单位的货币功能上有所不同,不同平台提供的服务也有所不同。因此,数字货币就不仅仅是一种支付方式,而是货币与平台两者特性的结合。

(一)平台和数据

平台是消费者、商家和服务提供商在同一网络中互动的“生态系统”。与平台相关联的数字支付工具能有效地把传统货币的功能与平台的功能结合起来,带来货币的重新捆绑。[①] 平台背后的经济逻辑是平台能够利用已有的平台数据,进一步开发和优化平台活动。在平台上记录和共享的数据可以为用户定制服务、构建声誉系统或有效地将用户彼此匹配等。大型商业和社会平台,如亚马逊和阿里巴巴运营的平台,都具备上述功能。其中,数据的使用既产生规模经济,也产生范围经济。

支付功能对平台的价值和增长至关重要。在许多平台上,支付能主导所有其他活动。平台上的所有其他活动都依赖于支付,所有数据都通过支付产生。消费者必须同意平台的支付协议,才能获得平台提供的所有服务。服务提供商和应用程序开发商也需要稳健的支付系统,以保持其产品的持续竞争力。社会群体则可以通过在平台系统上彼此交换价值实现互利共赢。

基于支付的大型平台聚合了多种活动,拥有无可比拟的数据获取能力。平台所拥有的大数据优势不仅体现在数据的规模上,也体现在数据的多样性上:了解 100 万个随机个体的习惯比了解来自同一城市的 100 万个个体的习惯更有价值。一个基于支付体系的大型平台,由于其集中了各种各样的人群和活动,因此就成为收集数据的理想工具。其他类型的平台都比不上支付平台的信息收集能力。例如,当银行评估贷款申请人时,如果银行能够访问支付平台的数据,它就可以跟踪申请人的收支情况,包括消费的频率、地点和性质等数据。通过分析这些丰富的数据,银行可以非常精确地估计还款概率,这远超对申请人信用评分的预测准确性。事实上,平台产生的支付数据是用户偏好和行为的理想预测工具。毫不奇怪,商品定价、定向广告和推荐产品的算法都在基于支付的平台上蓬勃发展。

(二)货币的重新捆绑

在一个货币的不同功能被分离的世界,货币的传统属性,如其储藏价值的能力,并不是决定货币成功与否的关键因素。相反,一种货币的吸引力可能取决于平台的其他功能,如平台的信息处理算法、数据隐私政策以及交易服务等。货币竞争的本质是信息和网络服务的竞争。我们将这一假说称为货币的重新捆绑。

货币的重新捆绑对货币竞争有其他的影响。对于普通货币,大多数用户的偏好是相同的。所有用户都希望货币能被广泛接受,并安全地储存。然而,对于重新捆绑的数字货币,用户的偏好可能更加异质化。一些用户可能想要绝对的隐私保障,而另一些用户可能偏好更好地利用用户的数据以提供针对性服务的平台。鉴于数字货币的基本货币属性可以分离,数字结构网络带来的信息进入壁垒减少,货币之间的竞争将增加。因此,消费者偏好的异质性将激励货币发行者区分他们的产品,创造细分市场。不同的平台将迎合不同类型的消费者。

---

① 例如,支付宝、财付通分别通过电商平台交易和社交转账吸引强大的流量,成功进入支付市场,并凭借便捷的支付、丰富的平台服务占据支付市场的领先份额。

五、基于平台的市场结构

平台的出现带来了金融服务业产业组织的变化，随着平台交易数据的增长，数据所有权的归属和监管问题将引起越来越多的关注。平台所提供的服务多样性将导致平台发展为封闭的生态系统。

（一）金融服务业产业组织的变化

支付和数据在平台的中心地位可能导致当前金融服务业产业组织的形式发生变化。在现代经济体中，支付服务是银行的延伸服务。创建支付工具的动机源于银行对资金的需求。银行是支付系统中所有用户的联系中心。在许多国家，银行对金融活动的主导地位甚至延伸到提供保险和资产管理服务。金融体系以及消费者储藏价值和交换价值的方式，是围绕银行组织起来的。如图 12-1 所示，银行位于金融体系的顶端，而支付则处于较低的位置。

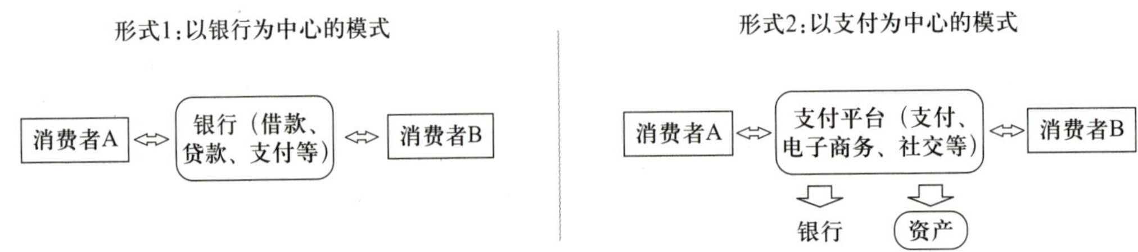

图 12-1　金融服务业产业组织的变化

在基于平台的经济中，这种等级制度可能被推翻。支付是平台的中心，所有其他活动都将围绕支付功能进行。消费者的联系中心是拥有平台的实体而不是银行。支付和保险等金融服务将从属于支付服务。在这种新型的金融体系结构中，银行等传统金融机构可能被支付系统的金融科技子公司取代。这种类型的产业组织已经在一些国家蓬勃发展。例如，在中国，蚂蚁集团旗下的“余额宝”已经成为全球最大的货币市场基金。

（二）数据所有权和监管

大型科技公司正在成为重要数据的中介。由此带来的一个担忧是：大公司在数据上的权力是否太大了？为了保护消费者隐私，欧盟已经出台《通用数据保护条例》（General Data Protection Regulation，GDPR）。如果数据中介参与支付系统各方面的服务，对隐私问题的担忧会进一步加深。

在不同货币系统下，拥有用户数据的主体是不同的。在当前的系统中，银行和信用卡公司拥有最大的交易数据访问权限。每当有交易进行时，银行或信用卡公司都能准确地看到交易发生的时间、地点和方式。这些数据主要用于用户的信用状况评分，决定贷款机构向不同用户放贷的利率。

在由数字平台主导的经济中,支付数据的所有权结构可能发生变化。具体可能出现两种情况。

第一种情况下,数字货币发行者成为货币市场的重要参与者,而银行也会介入其中。中国目前正是如此。支付宝和微信支付发行了大量的数字货币,并开发了允许向银行账户转账的应用程序。因此,数字货币发行者和银行都可以获得一些交易数据。

第二种情况将对数据所有权产生彻底的变更——大型数字货币发行者以在大型银行持有的存款来支持其货币,消费者完全持有数字货币,不再持有银行存款。此时,对数据所有权的影响是完全不同的。如果消费者只持有数字货币,那么数字货币发行者就扮演数据寡头的角色。银行如果不购买交易数据,将无法监控消费者的交易行为。在这种情况下,交易数据的主要价值将不是更有效地提供信贷,而是了解消费者的偏好。为了实现隐私保护和经济效率的权衡,政府部门可能需要出面对数据的收集和使用进行管制。

(三)互用性、可兑换性和特定平台的折扣奖励

消费者为了满足他们在日常生活中需要的各种商品和服务,就需要使用某一平台的货币。例如,人们生活中的很多交易,比如点餐、购买电影票、支付水电费等,都需要使用支付宝这种支付工具。

平台所有者也希望消费者的所有活动都使用其平台,以垄断消费者的数据。因此,平台所有者对与其他平台的互用性不感兴趣。也就是说,平台所有者希望创造"退出成本",使消费者转而使用另一个平台的货币或服务变得昂贵。然而,从经济效率的角度来看,由于不同平台在各类经济活动中所具有的比较优势不同,在不同的平台上安排不同的经济活动对于消费者而言是更为有利的。平台和消费者之间目标的冲突导致平台会通过提高"退出成本"来阻止消费者转向其他平台。

缺乏互用性可能对跨平台贸易造成过多的障碍。目前,一些大型平台已经表现出对互用性的抵制。例如,在肯尼亚,由于 Safaricom 和 Orange 等大型移动支付供应商拒绝整合其支付服务,政府不得不通过立法的方式促使支付供应商整合支付服务。

数字货币的可兑换性与平台的互用性一样重要。虽然一体化对货币系统的有效运作至关重要,但网络平台往往会创造分裂的市场。为了减少价值转移的摩擦,需要保证平台货币与官方货币之间的严格可兑换性。新用户可以将价值转移到不同平台中,而不必担心不同平台货币的价值稳定性。当现有用户需要与平台外的代理商进行交易时,他们可以很容易地按已知的汇率将持有的货币转移出平台。从某种意义上说,可兑换的逻辑与最优货币区(optimal currency areas,OCA)①的逻辑非常相似。但在这种情况下,需要考虑的分界线是数字网络的边界,而不是区域边界。

当货币与平台、数据服务捆绑时,货币之间的有效竞争可能尤为重要。可兑换性允许

① 最优货币区是一个经济地理概念,是指符合经济金融的某些条件的国家或者地区,相互之间建立紧密联系的货币制度,汇率互相盯住。区域内与区域外的国家之间的汇率则保持浮动。

货币基于它们提供的服务而不是发行者的声誉进行竞争。平台间货币的自由兑换使得新的、颠覆性的创新者因此而受益。

鉴于市场主导地位的价值,平台也可能采取短期有利于用户但长期不利于用户的激进扩张策略。一个平台可能试图与经济中的其他服务提供商达成交易以扩大业务。例如,一个平台可能与大型连锁店联合,当消费者在该连锁店使用平台的货币购物时可获得折扣。事实上,支付宝在中国正是这样做的。这些策略无疑会有助于平台的快速发展,但当平台变得日益重要,以至于用户无法再放弃它时,对用户的相关好处最终可能消失。

六、重塑国际货币体系

数字货币国际化的前景使得由各种官方货币支持的合成数字货币走向国际化成为可能,这可能对宏观经济产生深刻影响。过去几十年来,全球经济联系的加深使得美元成为一种稀缺资产,这也在客观上加剧了美国货币政策的跨国外溢。

(一)数字货币区

在数字世界里,经济互动将发生在我们称之为"数字货币区"(digital currency area, DCA)的边界内。我们将"数字货币区"定义为一个平台,在该平台中,用户使用特定于该平台的货币以数字方式进行支付和交易。所谓"特定"是指它拥有以下一个或两个特征:

第一,该平台使用自己的记账单位,而不是现有的官方货币。例如,Facebook 宣布推出的 Libra(天秤币)这个新的记账单位。其设计的宗旨就是制造一种可以代表一篮子货币的数字化货币。因此,这些类型的 DCA 是"充分的货币竞争"的产物。

第二,该平台运行一种支付工具,作为交换媒介,只能在平台内部使用。即使平台支持这一支付工具与官方货币的兑换,该支付工具也不能用于网络之外的交易和价值交换。当不同货币发行者的系统之间缺乏互用性时,就会出现这种情况。例如,在中国,腾讯和阿里巴巴都是拥有数亿用户的平台,但两者没有相互连接,不具有互用性。这些 DCA 是"局部货币竞争"的典型案例——它们依然以人民币作为记账单位和储藏手段,并没有创造新的记账单位。

根据如上定义,游戏《魔兽世界》中的货币,以及各个论坛中的"论坛币",都可以理解为 DCA。某些 DCA 的经济体量甚至超过一些国家或经济体的经济体量。例如,截至 2019 年年底,支付宝网络用户达到 8.7 亿,季度交易额达到 47.2 万亿元人民币(7 万亿美元)。

当平台用户使用同一种支付工具时,无论它是否以官方货币的记账单位计价,都会在平台内部形成强大的货币联系。平台内部的价格透明度越高,价格发现越容易,转换成其他支付工具的可能性越小,有时在技术上甚至不可能实现。这种货币联系的加强会进一步强化平台的吸引力和竞争力。由此,网络上曾经一度有人热议 Facebook 所发行的 Libra 最终替代主权货币的可能性。

数字货币区的悖论:人们可能认为,DCA 跨越国界扩张可能导致全球数字货币的出现。然而,DCA 的范围可能会受到监管框架的限制。在不同国家,与 DCA 相关联的数字平台可能以完全不同的方式处理数据,尤其是用户的隐私。由于欧洲、美国和中国使用不同的监管框架来处理隐私问题,某些数字支付网络可能只在有限的司法管辖区内可行。这可能是数字化的终极悖论。数字化具有打破壁垒和跨越边界的能力。但是,由于一些原因,它最终可能使国际金融体系更加分裂。

(二)数字货币国际化

数字货币国际化可以为现有货币国际化和国际货币关系转型提供新思路。概括地说,货币国际化有两种方式:一是作为价值储藏手段成为全球价值储备;二是作为交换媒介成为国际支付工具。从历史上看,这两种国际化路径实际上是重合的。如 Gopinath 和 Stein (2021)指出,人们在储备货币和计价货币上的决策是“互补性的”:如果你所有进口的产品都是以美元计价的,而且价格是黏性的,那么你也自然倾向于把美元作为储藏货币。反过来,如果所有国家都选择把美元作为储备货币,那么,在交易中采用美元计价的风险也是最低的。

然而,在 21 世纪,一种货币要想获得国际地位并被普遍使用,可以采取不同的路径和战略。在数字经济时代,有必要区别这两种类型的国际化方式。货币成为储备资产的要求很高,它意味着完全、无条件的可兑换性。然而,由于一国货币能否成为交易货币的关键取决于贸易中使用这种货币的比率,因此,数字网络可能成为货币国际化的一种新手段。数字网络为贸易开辟了新的可能性,并使交换媒介在国界之外流通。平台生态系统的封闭性进一步激励了以平台货币计价与开具发票。因此,数字化可能是某些货币成为国际化交换媒介的有力途径。

与此同时,其他国家可能因为跨境支付网络面临来自外币的更激烈的货币竞争。现有的跨境系统目前使用本国货币作为交换媒介和记账单位。然而,这种情况可能改变。如果有强大的数字网络支持,一国的法定货币甚至也可能逐步渗透到其他国家的经济中。大型网络的数字支付工具很容易跨越行政辖区并代替其他国家法定货币的记账单位。

值得注意的是,小型经济体(特别是那些国内通货膨胀率高或不稳定的经济体)由于缺乏大型网络,难以提供同样规模的网络效应,因此容易受到传统美元化和数字货币国际化的影响。而在经济或社会上对“数字货币区”更为开放的大型经济体则主要受到数字货币国际化的影响。如果一国公民经常使用数字平台进行交易,即使是货币稳定的经济体,也会受到数字货币国际化的影响。

(三)一种合成的国际货币

由于以多种官方货币计价的债务价值会随着合成货币的价值而波动,与几种不同的记账单位挂钩的合成国际货币可以弥补国际安全资产的短缺。然而,没有任何一种官方货币是绝对安全的,对于以合成货币计价的债务发行人而言,如果其资产以当地货币计价,则可能承担汇率风险。

如果国际贸易以合成货币的记账单位计价,贸易流的全球关联性也会降低。目前,国际贸易价格以美元计价,具有黏性,因此美国的经济冲击和货币政策在刺激或阻碍国际贸易方面有巨大的影响。在一个采用合成货币的世界里,美元的冲击对贸易的影响将下降。当然,合成货币会产生对其他基础货币冲击的溢出效应。然而考虑到不同国家面临的冲击具有一定的独立性,货币种类的多样化会抑制这些溢出效应。

第二节 区块链与比特币①

货币本身并不能直接给人们带来效用,但是却在用它身上刻着的数字记录着每个人所拥有的财富的多少。人们理想中的记账体系就像是忠实的“账房先生”,它不会玩忽职守,也不会作假。例如,全世界所有的银行系统拼在一起组成了一个庞大的账本,这个账本记录着每个人每一天所拥有的财富状况。

在中心化的货币体系下,银行就是账房先生。当你在购物时,你不需要拿着现金交给卖方,只要卖方相信他账上的钱增加了,交易就可以顺利进行。如果人们之间达成共识,你不需要真正持有货币,只需要告诉卖方“到账上去拿钱吧”,就可以获得对方提供的货物。类似地,作为卖方,只要你相信买方会按照约定从账上支给你一笔收入,你就愿意把商品交付给对方。

既然我们可以把银行体系看成一个账本,那么就意味着我们只需要账本上的数字就足够了,并不需要实体化的货币。然而,只有当所有人都相信这套账本的记录无误时,这套账本才会有用。换句话说,一套有效的账本必须能够有效地防止欺诈问题。

在比特币之前,所有的数字支付系统都依赖于一个可信的第三方(如银行)来跟踪所有支出的钱,并确保没有人可以多次支出同一笔钱,即双重支付问题通过验证中心化账本进行规范。在数字货币支付体系中,因为没有第三方的监督与管理,伪造数字货币完美副本的成本是低廉的②,这种伪造将允许人们多次使用同一数字货币,那么以比特币为代表的数字货币如何防范双重支付呢?

比特币的创新之处体现在它将交易信息记录在公开的区块链上(区块链即为“账本”),通过工作量证明的共识机制让伪造交易信息难以实现,成为第一个不需要可信第三方即可运行的数字货币,成功实现去中心化。值得一提的是,为数字货币构建一个去中心化的系统一直是密码学界的一个长期挑战,这至少可以追溯到20世纪80年代。之前的尝试侧重于密码学解决方案,认为这是一个纯粹的密码学问题。但比特币是第一个成功的,它将密码学工具与激励系统相结合,有效防止双重支付。本节将描述比特币系统是

① 本节参考了Haeringer和Halaburda(2018),Abadi和Brunnermeier(2018),Natarajan等(2017)。

② 数字货币支付体系中,交易信息由数字和字母组成,复制起来十分容易,因此伪造成本低。

如何实现上述目标的。

比特币及相关技术的复杂性,使得其在多数人的眼中显得很神秘。本节的目的是对这种新现象进行非技术性描述,回答一些常见问题,并揭穿一些围绕比特币和区块链技术的神话。

一、区块链

区块链(blockchain)为我们提供了一个去中心化的替代方案来维护记录,通过取代第三方信任机构,颠覆了传统的中心化模式。它如同14世纪意大利发明的复式记账法一样具有开创性。

具体而言,不同于传统依赖第三方信任背书的集中式账本(如银行系统),区块链不依赖第三方管理机构,而是通过共识机制与加密算法实现点对点传输。区块链的每一个节点(连接到区块链网络的计算机)既是服务端,也是客户端,在系统内自动且安全地验证和交换数据。用户的交易是基于对区块链协议的信任,而无须信任第三方。可见,区块链是一个分布式数据存储、不可篡改的账本(distributed ledger),具有自信任(self-sufficient)特征,即信息自我验证、传递与管理。区块链本质上是一种解决信任问题、降低信任成本的信息技术方案。

数字账本的核心问题是如何确保记账人及用户对记账的真实性达成共识(consensus)。而达成共识的前提是记账人有诚实记账的动机,即账本没有欺诈。这种动机可以通过三种方式实现。

(1) 外部惩罚。记账人可能因为不诚实的行为而面临外部惩罚,这可能是社会、商业或法律性质的惩罚。在这种情况下,账本不是“自信任的”(self-sufficient),外部惩罚机制的失败会导致账本的失败。传统的货币实际上是依赖外部惩罚来防止造假的。

(2) 租金损失。使用系统会给系统所有者带来收益(如“微信支付”的提现手续费),如果系统的用户在发现欺诈活动后放弃该系统,记账人会面临租金损失(系统收益)。

(3) 资源成本。像大多数去中心化的区块链一样,记账人可能面临记账的实体资源成本(如挖矿过程中的电力损耗),从事先的角度来看,不诚实的行为是无利可图的。

(一)区块链的组成部分

区块链作为一个数字账本(digital ledger),其中的信息(主要是交易信息、数据)按顺序记录在被称为区块(block)的数据结构中,区块拥有记账权,区块的顺序构成区块链。一个区块包括区块头、区块体以及哈希指针三个部分。

区块头(block header):包含上一个区块的哈希值(preHash)、本区块的哈希值(Hash)、时间戳(time stamp)。

区块体(block body):存储若干记录(交易信息、数据等)。

哈希指针(hash pointer):指向上一区块的位置,对区块中包含的信息进行排序。

哈希值与区块一一对应,是区块的唯一标识。区块链中的第一个区块,被称为创世块(genesis block),没有指针。

（二）共识机制

传统上,在中心化账本中,用户通过对记账人的信任来达成共识。用户要求记账人真实记录,但记账人有充分的理由与机会通过不诚实记账而获益。因此,这种系统中,需付给记账人足够的租金,以保证记账人诚实记账,此时账本本身才能产生信任(账本是“自信任的”)。除此之外,信任也可以来自外部机制,比如法律机构来惩罚欺诈行为,或者有商业关系来激励记账人保持其声誉。

区块链实现自信任需要有一套制度,维护系统的运作顺序与公平性,确定每一个区块的记账权,并对恶意危害者进行惩罚,对系统维护者进行奖励,即需要有“共识机制”。此外,系统中的用户可能面临相互冲突的账本(如区块链分叉,后文有详细介绍),这也使得共识变得更加重要。所谓的共识机制,是指区块链上利益不相干的所有记账节点进行投票并达成共识,遵循“少数服从多数”以及“人人平等”的原则,在短时间内完成交易信息的确认与写入。共识机制的目的之一是防止篡改,其本质是投票系统。

区块链作为一种按时间顺序存储数据的数据结构,可支持不同的共识机制,具体有工作量证明(proof-of-work,PoW)、权益证明(proof-of stake,PoS)等。

工作量证明被认为是最流行的区块链共识算法,它允许区块的任意记录人查看相互冲突的账本上的信息,并确认“正版”区块链(在区块链分叉部分有更具体的介绍)。匿名记录人(称为“矿工”)通过有效地对“正版”区块链进行投票来扩展该链,这需要消耗大量的计算机计算能力,造成资源浪费。此外,这种共识算法为了抑制不当行为,任何记录人改变真实状态的代价高昂,因此不需要对任何第三方的信任,是自信任的。

工作量证明最初是比特币使用的加密共识机制。工作量证明和挖矿是密切相关的概念。之所以称之为“工作量证明”,是因为网络需要巨大的处理能力。具体而言,挖矿过程中拥有强大电力和计算机计算能力的矿工会更容易挖到比特币,然而最终只能有一个矿工获得新区块的奖励,因此其他矿工的电力和计算机计算能力就被浪费了,造成大量资源的消耗。此外,为了增大挖矿的竞争力,有许多矿工集中起来组成“矿池”,这就让区块链更加中心化,而不是去中心化。

权益证明是试图消除工作量证明算法所带来的资源成本。这种共识算法与工作量证明的一个重要区别,是用“验证者”(validator)代替“矿工”(miner)。验证者并不是被完全随机选择的,要成为验证者,节点需要在网络中存入一定数量的货币“押金”作为权益。权益的份额大小决定了投票权的大小。

如果一个节点被选出来验证下一个区块,它将检查当中所有的交易是否有效。如果一切没问题,节点则通过该区块,区块将加到区块链中。作为奖励,该节点可获得该区块的交易费。

与工作量证明相比,权益证明根据参与者的“押金”选定新区块的所有者,因此就减

少了重复计算带来的资源浪费。同时,由于不存在"矿池",这样也更加去中心化。然而,权益证明也有缺点:

第一,如果你拥有了51%的"账币",那么就可以篡改交易记录,这就是所谓的"51%攻击"。尽管,随着"账币"的升值,要控制51%的"账币"是非常困难的,但是这并不能排除这种可能性的存在。

第二,权益证明在实现的同时也必须仔细挑选下一个"验证者"。这个过程并不是完全随机的,押金多的人被选中的概率更高。但同时,押金不能成为唯一的决定因素,因为这样会偏袒富人。富人验证后会更加富有,这就进一步增加了他们被选为验证者的概率。因此,随着时间的推移,财富越来越向少数人集中,甚至出现几个少数的参与人拥有51%"账币"的可能性。

第三,由于投票是没有成本的,所以只有设置"验证者投出冲突的票会受到惩罚"这一机制时,投票结果才是可靠的。现在,对验证者唯一的惩罚是"押金"。然而,如果参与人合谋产生"盗版"区块链的收益超过押金数目,"盗版"就变得无可避免。

综上所述可知,权益证明区块链需要外部的信任,因而不是自信任的。

(三)三元悖论

正如前文所提到的,激励记账人诚实记账的方式主要有三种:外部惩罚、租金损失或者实体资源的消耗。区块链也需要通过这三种方式来达成共识。接下来,我们说明,自信任、无租和资源高效三个条件不可能同时实现,从而构成所谓的"三元悖论"。比如PoW区块链是基于外部可验证的资源成本来达成共识。没有租金或资源成本的记账系统最终依赖外部信任来源,如PoS区块链。能够不耗费资源的账本,需要给予记账人租金,才能维持系统的自信任,如现在的银行系统(中心化账本)。任何数字账本都不可能同时做到:自信任(self-sufficient)、无租(rent-free)和资源高效(resource-efficient)。如图12-2所示。

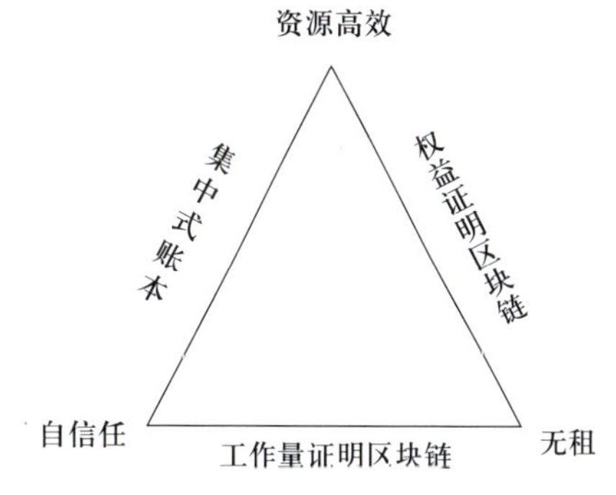

图12-2 区块链的三元悖论

二、比特币

(一)比特币是什么

比特币(bitcoin)作为一种去中心化的数字资产,基于区块链这一底层技术,采用工作量证明的共识机制,即计算机"挖矿"活动,完成有关比特币交易的账本记账。比特币是区块链的第一个应用,其交易信息都被记录在一个去中心化的账本(区块链)上面,每个区块记录不同的交易信息。

我们可以把比特币理解为一个数字货币系统,它涉及一种名为比特币的货币(带有小写的 b 和符号₿)和两类参与者:用户和矿工。比特币作为一个纯数字货币系统,不依赖于硬币或纸币的物理形式。用户是任何持有或接收比特币的个人或实体,而矿工是任何记录和验证交易的个人或实体。从用户的角度来看,比特币系统似乎与拥有银行账户的银行系统没有太大区别(尽管比特币系统的服务非常有限:我们只能进行存款和转账)。不过,如何验证和结算转账的细节是不同的,我们将在下文介绍。

(二)比特币钱包

要成为比特币系统的用户,我们需要建立一个账户,这有点像拥有一张带有密码的借记卡。我们可以在 bitaddress.org 或 blockchain.info 网站上轻松创建一个比特币账户。创建比特币账户后,我们将获得一串字符和一串数字。该字符串是比特币地址(bitcoin address),相当于借记卡号或银行账号,例如:

12c6DSiU4Rq3P4ZxziKxzrL5LmMBrzjrJX.

要将比特币发送给某人,我们需要该人的比特币地址、我们的比特币地址和我们的比特币私钥(bitcoin private key)。比特币私钥类似于借记卡的密码。比特币的私钥不是由几位数字组成,它是一个长得多的字符串,长度占 77 位。为了方便起见,这个数字通常用一串字符表示,类似于比特币地址。

比特币地址和比特币私钥共同构成了比特币钱包(bitcoin wallet)。请注意,在比特币术语中,我们不使用"账户"一词,而是使用"地址"(或"钱包")。所以现在我们都准备好了:用户拥有账号(比特币地址)和密码(比特币私钥),允许他们支出或收入比特币。请注意,与借记卡不同,用户可以拥有几乎无限数量的比特币钱包,可以为每笔交易创建一个新的比特币钱包。在创建比特币钱包时,不需要输入用户的真实信息,即比特币钱包是匿名的。

(三)比特币与区块链的联系

不依赖于第三方实体,比特币又是如何存储的呢?答案是:区块链。

区块链是一个计算机文件,更是一个账本,记录所有用比特币作为货币的交易。区块链上的交易以区块分组,区块的顺序构成区块链。这就是它名字的由来:交易的区块链。每当用户将比特币发送到另一个地址时,这笔转账交易就会存储在区块链中。与银行的账号不同,区块链是公开的:任何人都可以查看它。然而,区块链并不包含存储在其中的比特币地址所有者的名字等用户信息。

由于区块链只包含比特币地址,很多人认为它是一种匿名支付方式。但并非完全如此。计算机科学家已经表明,对区块链进行仔细分析,并将其中包含的信息与其他信息来源进行交叉引用,可能识别出某些用户。

如果想知道一个地址的余额,我们必须解析整个区块链来寻找这个地址,而余额是所有转入交易的总和减去所有转出交易的总和(我们不需要知道该地址的私钥)。现实中有很多网站为我们做了这件事,因此我们不需要下载整个区块链。在这些网站上,我们还可以轻松地将比特币从一个地址转入另一个地址。

全球有数以万计的计算机拥有区块链的副本,这些副本由被称为矿工的人维护。区块链副本的多重性在一定程度上增加了系统的安全性。由于区块链的每个副本都包含了比特币的所有钱包信息,因此不存在由于计算机发生故障而丢失信息的风险。然而,副本的多重性并不能保护区块链免受操纵和欺诈,我们将在之后介绍这一特性。

由于比特币是一个没有第三方信任背书的系统,因此持有的比特币并非完全安全——小偷只需要你的比特币钱包(比特币地址和比特币私钥)。这与信用卡或银行账户不同,它们通常有第三方提供的防盗与保险措施。更重要的是,如果一个用户丢失了他的比特币私钥,现在没有任何已知的方法可以恢复它,相应钱包里的比特币会永远消失。自 2008 年以来,大约已经丢失了 400 万个比特币。这不可能发生在普通银行账户上,丢失信用卡账号或密码的用户,在证明其身份后,可要求银行找回账号或签发新密码。

获取比特币最常见的方式是用某种已知货币(如欧元或美元)购买比特币。有许多网站(称为"交易所")就是为此目的而创建的。一旦你购买了比特币,交易所会将其发送到你的比特币地址。另一种获得比特币的方式是出售一些东西并以比特币的形式获得报酬。第三种获得比特币的方式是挖矿。

(四)挖矿

在比特币系统中,挖矿(mining)是一项双重活动:创造新的比特币和处理交易。

1. 构建区块

对于每个被添加到区块链中的区块,都由一个矿工率先构建该区块,并将其发送给所有其他矿工,发出"请将这个新区块添加到区块链中"的信息。比特币的一个重要特征是矿工之间存在竞争,以成为下一个区块的构建者。每当一个区块被添加到区块链上,都会产生新的比特币,并构成所谓的区块奖励,授予创建该区块的矿工。该矿工还将得到与该区块内交易相关的所有交易费用。

因为存在竞争,这意味着创建一个交易区块并不容易:仅仅创建一个交易列表并将其发送给其他矿工是不够的。将比特币发送到比特币地址需要通过互联网向比特币网络发送一条消息。经过一些简化,这些消息包含:①发送者(转出方、转账人)的比特币地址;②接收者(转入方、被转账人)的比特币地址;③转账的金额;④发送者支付给处理交易的矿工的费用,费用的金额由发送者决定(可以为零);⑤发送者的"签名"。

矿工对比尚未被处理的交易(不在区块链中的交易),他们可以选择将哪些交易纳入他们将创建的区块中。处理费用此时发挥作用:矿工对处理费用较高的交易更感兴趣。

对于已被选择的每笔交易,拥有区块链副本的矿工,首先检查交易是否有效。为此,矿工将解析区块链,并检查发送者的地址是否有足够的比特币进行交易。矿工还需验证发送者是否是比特币地址的所有者,这就是"签名"发挥作用的地方。签名是由私钥和交易信息生成的。加密工具是神奇的:它们可以验证签名是由与比特币地址相关的私钥生成的,但不需要知道具体的私钥信息。换句话说,签名允许矿工验证发送者,即确保发送者拥有与发送者的比特币地址相关联的私钥(因此很可能是地址的所有者)。签名不仅使用私钥,也需要交易信息,这意味着每笔交易的签名都会改变。因此,任何再次使用以前交易签名的交易将被理解为欺诈,并被矿工拒绝。

一旦某个矿工验证了交易的真实性并将其纳入自己的区块中,该矿工添加了一个新的特殊交易,其中包括给自己的区块奖励,即新创建的比特币(其金额由比特币协议规定)。当我们有一个新的区块,并准备将其添加到区块链中时,我们还缺少一个数字,这是"匹配"新区块与当前区块链所必需的。类似于两块拼图,新区块必须与当前区块链"兼容",否则其他矿工将拒绝把该区块添加到他们当前的区块链副本中。

这个数字作为矿工创建下一个区块的"谜题"的解,是很难用技巧解出的。唯一的方法是不断试错,一个接一个地尝试所有可能的数字,直到找到正确的数字(我们将在下一部分看到为什么它是困难的)。这个谜题取决于当前区块链和(潜在的)新区块中的信息。因此,知道前一个区块的解决方案并不能帮助我们找到下一个区块的解决方案。在矿工找到谜题的解决方案后,则挖矿成功,此时才能将新的区块添加到区块链中,这被称为工作量证明。

由于矿工别无选择,只能多次尝试直到找到正确的数字,因此找到解决方案需要耗费时间。比特币设定矿工找到解决方案的平均时间为 10 分钟。如果矿工足够幸运,有时只需要几秒钟,但有时可能需要 20 分钟或 30 分钟。

一旦某个矿工找到了谜题的解决方案,该区块就可以被发送给其他矿工。如果该矿工第一个宣布创建新区块,其他矿工将把该区块添加到他们的区块链副本中(在检查该区块包含授权交易和正确的解决方案后)。如果一开始所有矿工都有相同的区块链副本,并且都添加了相同的区块,那么他们区块链的新版本也都相同。

2. 挖矿失败

挖矿的一个重要特征是"失败"的矿工的努力都白费了。假设一个矿工 Alice,正在为一个区块工作(寻找谜题的解决方案),此时一个新的区块被宣布并被添加到区块链上。这意味着 Alice 在竞争中失败了。新添加的区块可能包含 Alice 想要处理的交易,所以 Alice 需要更新这些交易列表。此外,Alice 要解决的下一个区块谜题依赖于当前的区块链,由于当前的区块链已经发生了变化(增加了一个区块),Alice 正在解决的谜题不再是正确的谜题。因此,Alice 在旧谜题上付出的努力都白费了。

每当一个区块被添加到区块链上,竞争胜利的矿工除了获得他处理交易的附加费用外,还会获得区块奖励。这个奖励是"无中生有的"新的比特币。这也是发行新比特币的唯一方式。比特币的供应总量是固定的,总发行量为 2 100 万个。在系统建立之初,新区块的奖励是 50 个比特币。根据设计,奖励大约每 4 年减半。在 2018 年,奖励是 12.5 个比特币,在 2020 年 1 月左右会下降到 6.25 个比特币。2140 年 5 月左右,奖励将降至 0,即不再有新的比特币产生。此后,矿工唯一的收入来源是用户支付的处理交易的费用。可见,比特币是通过去中心化的算法机制自动发行,不依赖于第三方机构。比特币的设计机制如同现实世界的黄金生成机制，全球黄金的总储存量是固定的，黄金矿工通过挖矿将黄金挖出。

（五）比特币的游戏规则：激励机制

挖矿需要消耗电力，且需要对计算机的计算速度进行投资。近期用电量和所需投资均大幅增长。专门的挖矿计算机（比特币的专业矿机）要花费数千美元。据估计，在2017年年底比特币挖矿消耗的能源（电量）与丹麦消耗的能源一样多。为什么会发生这种情况？

这是因为矿工们觉得这样做是值得的。比特币系统的激励机制推动了挖矿的竞争。因为只有第一个找到解决方案的矿工才能获得新的比特币和费用，所以对矿工来说，投资于更强的计算能力，以快于其他矿工是值得的，这促使其他矿工也加快了投资步伐。“锦标赛”性质（获胜者获得全部奖励）的激励机制导致了矿工之间的军备竞赛。当比特币的价格上涨时，这种竞赛会更加激烈。到2017年年底，一枚比特币的价值约为16 000美元，挖矿的奖励约为20万美元。在如此高的赌注下，其潜在的回报值得投资一台强大的计算机。

因此，有更多的矿工拥有更强大的机器，消耗更多的能源。有趣的是，大部分的努力、投资和能源消耗都被白白浪费了。成千上万的矿工消耗能源寻找谜题的解决方案，但只有一位矿工能成为下一个区块的发起人，所有其他矿工所做的计算都不会进入区块链中。如果只是为了在区块链上记录交易，它可以用更少的资源来实现。那么，这样做是否有意义，或者这只是一个需要修正的系统缺陷？

事实证明，在比特币系统中，这种资源耗费的计算工作对维护比特币系统的安全发挥着重要作用，是系统自信任的基础。“失败”的矿工所做的所有计算努力都增加了获胜者的成本，这有助于防止双重支出。为了证明这一点，请想象以下情况。Zoe计划用她的比特币购买一辆自行车。为此，她需要向卖家转账一些比特币。此时，比特币从Zoe的地址转移到卖家的地址的交易记录将显示在区块链上。假设现在Zoe不诚实，她想拿回她的比特币，而且不把自行车还给卖家。为此，她需要从区块链中删除交易记录。在比特币的系统中，仅在她的区块链中改变这一点并不能帮她瞒天过海。其他矿工只能在他们的区块链副本中增加区块，他们不能删除或改写区块。Zoe需要做的是说服其他矿工，他们有一个错误的区块链副本，正确的副本是她构建的副本（碰巧与真正的副本相同，只是其中不包含她的交易）。

1. 区块链分叉

在区块链的语言体系中，当有两个或多个区块链相互竞争时，我们称之为区块链分叉（fork）。为什么其他矿工会接受用一个区块链替换另一个区块链？这是区块链的设计使然。有时不可避免地会有两个（或更多）不同版本的区块链。原因如下。

两个矿工，例如Alice和Bob，碰巧在大致相同的时间找到了他们正在处理的区块的解决方案。此外，因为是由每个矿工选择要处理的交易，所以很可能Alice和Bob的区块不完全相同,即他们不包含相同的交易。

由于互联网上的通信不是即时的,一些矿工会在收到 Bob 的区块之前收到 Alice 的区块,而另一些矿工会在收到 Alice 的区块之前收到 Bob 的区块。考虑一个矿工 Carol 先收到 Alice 的区块的情况。Carol 发现该区块有效,并将其添加到自己的区块链副本中。几秒钟后,Carol 收到 Bob 的区块。Bob 的区块的解决方案是在没有 Alice 的区块的情况下获得的。如果我们把 Alice 的区块添加到区块链中,Bob 的区块(及其谜题的解决方案)就不再兼容,就像把两块不适合的拼图拼在一起。所以 Carol 会拒绝将 Bob 的区块加入区块链。

此时,另一名矿工 Denis 也遇到了一个对称的问题。Denis 先收到 Bob 的区块,并将其添加到自己的区块链副本中。当 Alice 的区块在几秒钟后到达时,Denis 会发现它无效并拒绝。因此,现在我们有两个相互竞争的区块链副本:一个有 Alice 的区块,一个有 Bob 的区块。图 12-3 说明了这种情况。

图 12-3 两个相互竞争的区块链

在图 12-3 描述的例子中,原始区块链以编号为#4429、#4430 和#4431 的区块结束,其中#4431 区块是添加到该区块链的最后一个区块。我们可以看到,这些区块就像拼图一样拼接起来。图中区块的形状捕捉到这样一个事实:拼图成功需要新的区块与原区块链兼容(回顾一下,谜题的解决方案既取决于区块链,也依赖于正在处理的区块)。

Alice 和 Bob 的区块都可以被添加到区块链中,他们各自的解决方案使得将他们的区块添加到原始区块链中成为可能。然而,一旦我们添加了 Alice 的区块,就不能添加 Bob 提出的区块,它不适合新的区块链(Carol 的)。如果我们先添加 Bob 的区块,也会发生类似的情况。如果我们想在 Denis 的区块链的末尾添加 Alice 的区块,我们需要找到一个新的解决方案,使 Alice 区块的左边与 Bob 区块的右边相匹配。

这种情况大约每周发生一次。那么,对于图 12-3 而言,接下来会发生什么?显然,Alice 会尝试向 Carol 的区块链添加一个区块。她对 Denis 的区块链没有兴趣,因为 Alice 的区块奖励在 Carol 的区块链中有显示,但在 Denis 的区块链版本中却没有。同样的情况发生在 Bob 身上,他将在 Denis 的区块链上工作。至于其他矿工,他们是无动于衷的。一些矿工将在 Carol 的区块链上工作,另一些矿工将在 Denis 的区块链上工作。由于找到下一个区块谜题的解决方案所需的平均时间是 10 分钟,两个版本的区块链(Carol 的或 Denis 的)中迟早有一个会更长,即拥有更多的区块。比特币系统的惯例是矿工们总是专注于最长的区块链。这确保了从长远来看,对于哪一个是"真正的"区块链能达成共识。因此,更长的区块链将成为赢家,而其他版本的区块链将成为"孤儿"。

出现在区块链“孤儿”版本中,但没有出现在区块链“获胜”版本中的交易,并没有丢失。对于在该区块链上工作的矿工来说,该交易仍在尚未处理的交易池中。

由于区块链有时会分叉,所以大多数用户会等待出现几个区块后才认为一笔交易确实被记录在区块链上。当我收到了比特币,并且该交易记录在已添加的最后一个区块中,如果我尝试立即花掉它们,大多数用户会拒绝我的比特币。只有我的交易记录所在的区块后面出现六七个或者更多的区块时,他们才会接受我的比特币(惯例是等待至少 6 个区块,大约在交易处理后 1 个小时)。因此,比特币的支付并不是完全即时的。

2. 重写历史(交易)

让我们回到最初的问题:Zoe 用一些比特币买了一辆自行车,她想“抹去”她的交易记录。要做到这一点,她需要:

(1) 简单——找到交易所在的区块。

(2) 困难——重新构建没有她的交易的区块(从而需要再次解决谜题)。

(3) 极其困难——添加后来出现的区块(解决每个区块的谜题),并且速度足够快,使她构建的区块链变得比原来的区块链更长(因此其他矿工将切换到她的区块链版本)。

由第(3)点可见,黑客攻击比特币非常困难且成本高昂。当 Zoe 在她的区块链版本上构建区块时,其他矿工并没有闲着,他们继续在主区块链上工作。决定她攻击成功的概率是她计算机的计算能力与所有比特币矿工的总计算能力相比的份额。例如,如果有 10 000 个矿工,每个矿工都有相同的挖矿设备(挖矿计算机),那么每个矿工都有 0.01% 的计算能力。

如果 Zoe 只占总计算能力的一小部分,那么她极不可能比其他矿工更快地解决更多的谜题。更高份额的计算能力将增加成功的机会。拥有 50%的计算能力可以确保攻击者最终会建立一个更长区块链。但获得和运行这么大的计算能力是非常昂贵的,这相当于支付半个丹麦的电费!请注意,从技术上讲,伪造或重写交易并非不可能。但现实中不太可能发生,因为成本过于高昂,潜在的攻击者认为不值得这样做。

比特币的安全机制有两个有趣的特性,看起来似乎反直觉。首先,大量“失败”矿工的计算努力被“浪费”,但这使得比特币更安全地抵御攻击。其次,当比特币价格上涨时,也会使系统更加安全。要理解第一点,不妨假设攻击者(例如 Zoe)正在构建不同版本的区块链。请比较以下两种情况。

场景 A:除了攻击者,还有 10 个诚实的矿工(在“真正的/正版”区块链上工作的矿工)。也就是说,比特币网络上只有 11 个矿工。

场景 B:除了攻击者,还有 1 000 个诚实的矿工。

为了简单起见,我们假设两种情况下的每个矿工都配备了一台相同的挖矿计算机,即他们都有相同的名义计算能力。

在场景 A 和场景 B 中,无论攻击者是构建自己版本的区块链,还是继续在正版区块链上工作,正版区块链都将以大致相同的速度增长——平均每 10 分钟一个区块。这一特性被嵌入到比特币协议(bitcoin protocol)中。10 分钟的平均值是通过调整谜题的难度得到的。如果不调整谜题的难度,大量计算能力更强的矿工将一直寻找出谜题的解决方案,并随着计算能力的提高更快地挖掘新的比特币。为了保持新比特币的稳定发行速度(平均而言),比特币协议会定期调整挖矿难度。因此,谜题的难度取决于矿工的总数(参与挖矿的总计算能力)。

对于我们的攻击者来说,场景 A 和场景 B 之间有什么区别呢? 由于在场景 B 中有更多的计算能力参与挖矿,所以谜题的难度要大得多。这意味着对于独自在她的“盗版”区块链版本上工作的攻击者来说,相比场景 A,在场景 B 下寻找谜题的解决方案要花费更多的时间。因此,在场景 B 下,她成功构建更长的区块链的可能性要小得多。

在这两种情况下,对于每个区块,只有一个矿工在竞争中获胜。但重要的是,在场景 A 中只有 9 个“失败者”的计算努力白费了,而在场景 B 中有 999 个“失败者”,浪费了更多的计算工作。但“失败者”越多,谜题越难,区块链就越难被攻击,比特币也越安全。这就是为什么“浪费”的能源是维护比特币系统安全的一个关键因素。

这就引出了区块链的第二个特性:当比特币的价格上涨时,重写区块链历史变得更加不可能,且成本更高。更高价格的比特币意味着更有价值的挖矿奖励,因此更多的矿工会投资更多的计算能力来参与挖矿比赛。这增加了挖矿的总计算能力(以及与挖矿相关的总能源消耗),从而增加了谜题的难度。此时,要么攻击者的计算能力比例下降,攻击成功的概率降低,要么迫使攻击者获得并运行更多的计算能力,以维持她的计算能力份额,但这个代价很昂贵。

由此可见,创建盗版区块链同样是昂贵的。改写区块链几乎不可能成功,即使成功,也不会有更大的价值回报。

3. 安全与能源浪费

正如我们所见,分叉有意外分叉和故意分叉两种类型。因为区块链是一个分布式系统,因此意外分叉是区块链的自然组成部分。比特币使用工作量证明作为共识机制,保证了这个分布式账本的一致性。当同时出现多个区块链时,矿工都希望尽快解决多重性问题。要求遵循最长区块链的规则正是出于这一目的,它允许所有矿工在意外分叉时能顺利协调。

然而,对于故意分叉,上述的协调规则是不够的,因为攻击者会为欺诈交易创建一个更长的区块链。“分叉可以是无害的”这一事实有助于攻击者在不被认为是攻击者的情况下改写历史记录。然而,挖矿的昂贵性使得创建这种故意分叉不太可能发生,对攻击者来说是不值得的。

值得注意的是,计算机科学家正在寻找可替代的共识机制,既无须第三方的信任背书,也不造成浪费,同时能实现类似的安全性。然而,到目前为止,没有一种替代的共识机制能像比特币的工作量证明一样可靠。

所以,虽然挖矿会消耗大量的能源,且大部分能源被浪费了,但它是在没有可信第三方的情况下为实现系统安全所需付出的代价。在区块链与比特币中,它不是缺陷,而是系统成功运作的关键因素。

三、比特币会成为有效的货币吗

（一）比特币的劣势

（1）比特币价格不稳定。比特币的创建是为了引入一种新货币，但它真的是一种有用的货币吗？货币的关键作用是充当交换媒介。一个有用的交换媒介需要满足许多条件。其中之一是，我们期望一个优良的交换媒介在上一笔交易和下一笔交易之间保持其价值的稳定。如果一种“货币”正在经历恶性通货膨胀或价值的高度波动，那么它就不是真正有用的交换媒介。如果一辆自行车今天值 100 美元，明天值 1 000 美元，之后只值 20 美元，交易就不具有吸引力了。买家担心他们会多付，卖家则担心当他们使用这笔货币时，其购买力将远低于预期。一个解决方案是提高价格，但这将进一步排斥买家。在大多数国家，商品和服务的价格随着时间的推移而波动（通常是由于通货膨胀），但每天都相对稳定。

图 12-4 绘制了 2013—2020 年比特币的价格走势。由图 12-4 可知，在 2018 年以及 2020 年，比特币的价格非常不稳定，从而阻止了人们使用它作为交换媒介。

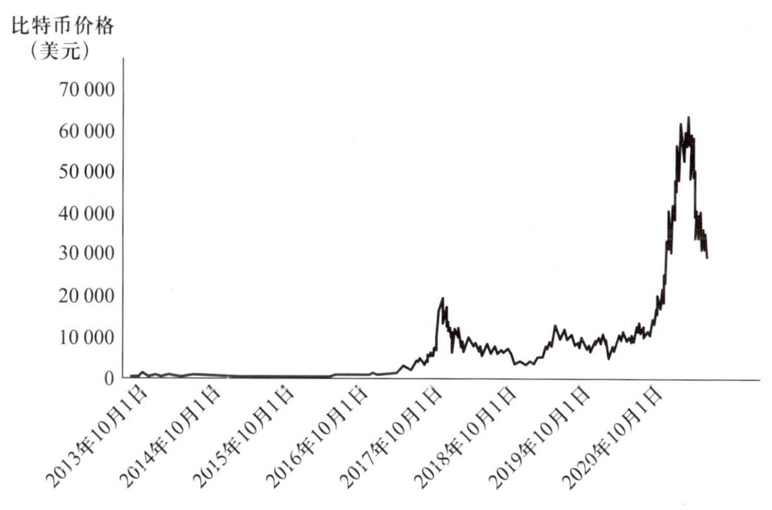

图 12-4　比特币收盘价（美元）

（2）用比特币支付不方便。就目前而言，使用比特币不像使用信用卡或一些手机配备的支付系统那样容易。此外，潜在用户往往表示，现有的支付方式很好地满足了他们的需求，他们认为没有理由采用新的支付方式。

（3）比特币的开采总量是固定的。从长远来看，这将产生通货紧缩。即物价不是上涨，而是下降的。对消费者来说，像“黑色星期五”那样物价一次性下跌是个福音，但如果物价持续下跌，就不见得是一件好事了。为了证明这一点，假设你有一笔月供 1 000 美元的抵押贷款。如果物价长期下降，你的工资也会下降，但月供不变。这意味着你的收入中用于偿还抵押贷款的份额不断增加。这同样适用于那些为投资而贷款的公司。通货紧缩的另一个影响是,消费者会尽可能地等待购买耐用品(如洗衣机),尤其是大件物品。如果每个人的想法都一样,就会抑制经济活动。

(4) 技术。比特币的交易是以区块为单位进行处理的,平均速度是每10分钟一个区块。根据设计,区块链中的一个区块不能超过一定的大小,这严重限制了比特币网络可以处理的交易数量:每秒钟最多只能处理7笔交易。相比之下,Visa平均每秒处理几千笔交易,每秒最多可处理56 000笔交易(这几乎是每天50亿笔)。

2017年,多次出现对比特币的交易需求超出系统能力的现象。在这种情况下,交易的处理可能会出现严重的延迟。用户可以通过向矿工支付更高的费用来确保他们的交易被更快地处理并纳入区块链中。于是,在2017年年底,比特币的交易费用增加了好几倍,每笔交易费用高达30美元。对于大多数交易来说,这比信用卡费用还要高。

(二) 比特币的优势

尽管如此,在某些情况下,人们可能更喜欢使用比特币进行交易。对他们来说,只有使用比特币才能获得某些好处,且超过了比特币在价值波动、支付不便和更高费用方面的损失。

首先,一些非法活动偏好使用比特币。非法交易(毒品、武器)、赌博或逃税是首要使用比特币的领域。对于参与此类活动的人而言,比特币的相对匿名性及其速度都更具有吸引力。

其次,一些合法活动也乐于使用比特币,如私人航空。在这些领域,买家和卖家希望实现相对的隐私保护与大额交易相结合,比特币更有吸引力。买家获得了更多的隐私保护,并且不受信用卡信用额度的限制。相比信用卡或电汇,卖家则能更快收到钱,并节省了信用卡费用。对于进行大量小额交易的卖家来说,情况有所不同。这种不对称来自一个有趣的事实,即信用卡费用是基于交易的价值,但比特币的费用只基于用户的紧迫程度。

最后,比特币的相对隐私保护和去中心化特点为生活在高度货币管制或存在政府干预银行账户风险的国家的人们提供了便利性,例如,当政府限制个人每天或每周的取款,或者当政府没收部分资产时。此外,尽管比特币的价格波动性大,但相比通货膨胀率非常高的货币,比特币可能更受欢迎。

第三节 央行数字货币①

一、货币主权与货币政策

数字货币提出了有关私人货币和法定货币之间竞争的新问题,这关系到法定货币的

---

① 本节参考了Brunnermeier等(2019),Gans和Halaburda(2015),Cunha等(2021)以及Auer和Böhme(2020)。

主权地位以及中央银行货币政策的有效性。

从历史上看,政府试图监管私人货币的一个原因是为了维持法定货币的主权地位,稳定金融系统。事实上,西方社会不受监管的私人货币往往被认为是有问题的。美国的自由银行(free banking)在美国和瑞士持续了不到 30 年。唯一实现一定程度稳定的例子是苏格兰,那里的自由银行盛行了一个多世纪。近年来,比特币等加密货币再次提出了无官方支持、私人发行的货币能否成功的问题。虽然加密货币尚未成为稳定的价值储藏手段,而且通常是低效的交换媒介,但它们已被用作国际交易的工具货币(特别是用于逃避资本管制)。

经济学家经常把无担保私人货币的失败归因于缺乏“财政锚”。一种无担保的私人货币面临着动态不稳定问题:如果人们相信在未来其他人不会接受它作为交换工具,它可能突然失去交易价值。这种不稳定性可能产生恶性通货膨胀,导致货币崩溃。相反,政府可以通过征税权来保证法定货币的价值。正如 Obstfeld 和 Rogoff(2017)的论述,政府可以通过税收筹集资源,并使用这些资源购买(即使是少量)货币,从而对价格水平设置严格的上限,排除了通货膨胀不断加速的可能。此外,政府的税收资源可以用来购买外汇储备,抵御挂钩货币的攻击。因此,由政府支持的法定货币不存在私人货币所面临的不稳定问题。

然而,过去关于无担保私人货币为什么会失败的观点,在今天可能不太适用,因为数字货币可能变得不容易失败。例如,加密货币可以以普通货币无法实现的方式进行大规模的国际交易或逃避资本管制。一些私人发行的货币还允许访问特定平台的自动支付协议(“智能合约”)或预测市场。最重要的是,除非有政府干预,否则平台所有者可以强制规定其货币是该平台的唯一货币形式,这将影响一国法定货币的主权地位。

私人货币的繁荣也引发了人们对货币政策的担忧。根据 CoinMarketCap 网站,截至 2021 年 5 月 5 日,有超过 9 500 种加密货币在 370 多个在线交易所交易,日交易量超过 2 130亿美元,加密货币的市值超过 2.2 万亿美元,其中比特币约占 45%。随着 Facebook 宣布在 2019 年推出 Libra(最初试图成为“无国界的货币”),全球政策制定者的担忧升级。正如《卫报》(2019 年 6 月)所报道的那样,一种将由一家拥有约 20 亿用户群的公司主导的货币引起了警觉:“哪怕只是取得一点成功,Libra 将把货币政策的大部分控制权从中央银行转移到这些私人公司。”

货币政策通常被认为是政府的一项职能,由私人发行者执行会是低效的。一个有权执行货币政策的实体会为自己的利益行事,这是新兴国家在主权债务市场面临的“原罪”的根源。大型数字货币的私人发行者同样会引发这样的担忧:如果允许私人发行者自由执行货币政策,它将有利于公司而不是公众。此外,提供紧急流动性是中央银行的一项基本职能。在以数字平台货币为中心的货币系统中,尚不清楚平台的所有者是否会提供最佳的紧急流动性。这些担忧为平台货币与法定货币之间执行互用性和可兑换性提供了充足的理由:可兑换性将约束发行者的货币政策,而与法定货币的互用性将允许中央银行直接提供紧急流动性。

上述力量导致各国和货币当局开始尝试引入一种新的数字货币形式——央行数字货币。其总体目标是利用数字技术的优势，保持对公民日常使用的货币的主权控制。

二、央行数字货币与我国的数字人民币

（一）央行数字货币及类型

央行数字货币狭义上可以理解为“法定货币+数字化”，是央行直接发行的“数字债务”，用于替代部分基础货币。目前正在探索的央行数字货币主要有两种类型：一是批发型央行数字货币；二是零售型央行数字货币。

批发型央行数字货币：由中央银行发行，用于中央银行与商业银行、清算所之间的交易，即面向银行间市场，基于区块链的底层技术去中心化，实现分布式记账，提高系统的安全性和效率。

零售型央行数字货币：由中央银行发行，可被所有人使用，主要用于对等支付和消费者向商家支付。

（二）央行数字货币的机制设计

央行数字货币的机制设计需要满足消费者对支付系统的需求。我们用“央行数字货币金字塔”的形式来表示，它将消费者的需求映射到中央银行的相关设计选择上，如图 12-5 所示的层次结构。在这个结构中，较低层次的设计选择为后续更高层次的设计选择提供依据。我们首先介绍四种主要的设计选择，正如“央行数字货币金字塔”的四层所示。图中左侧列出了消费者需求以及央行数字货币需要满足的六个相关特征。具体包括点对点电子现金支付、便捷地实时支付、弹性而稳健的运营、隐私保护与可控匿名、任何人都可以获取（金融普惠）、跨境支付。金字塔的右侧列出了相关的设计选择。

首先，消费者的首要需求是点对点电子现金支付，央行数字货币的设计需要满足这一特性。在发生危机事件时，人们更喜欢持有现金。今天，即使是喜欢以电子方式支付的消费者，在发生金融动荡时，他们也希望能将持有的电子货币转换为现金。如果未来现金不再被普遍接受，一场严重的金融危机可能扰乱日常的商业和零售交易，从而造成进一步的破坏。

其次，央行数字货币必须比当前的电子支付方式更方便，否则消费者不太可能采用它。高峰需求时间段，比如中国的“双十一”和美国的“黑色星期五”，对支付系统的稳定性提出了更高的要求，这意味着需要对央行数字货币相关的基础设施进行更多的投资。

这两种需求即像现金一样安全和便利，要求央行数字货币的基本设计需考虑如何在安全性与便利性之间取得平衡（见图 12-5 金字塔的最底层）。这种选择是由两个问题决定的：央行数字货币是对中央银行的债权，还是对商业银行（或私营机构部门）等中介机构的债权？中央银行和中介机构在日常支付中扮演的业务角色是什么？此时中央银行的运营架构有两种：单层或者双层。其中单层是指央行数字货币直接由央行向公众发放，双

层意味着中央银行先将数字货币以批发型的方式发放给中介机构,由中介机构与消费者对接,完成兑换赎回以及流通环节。

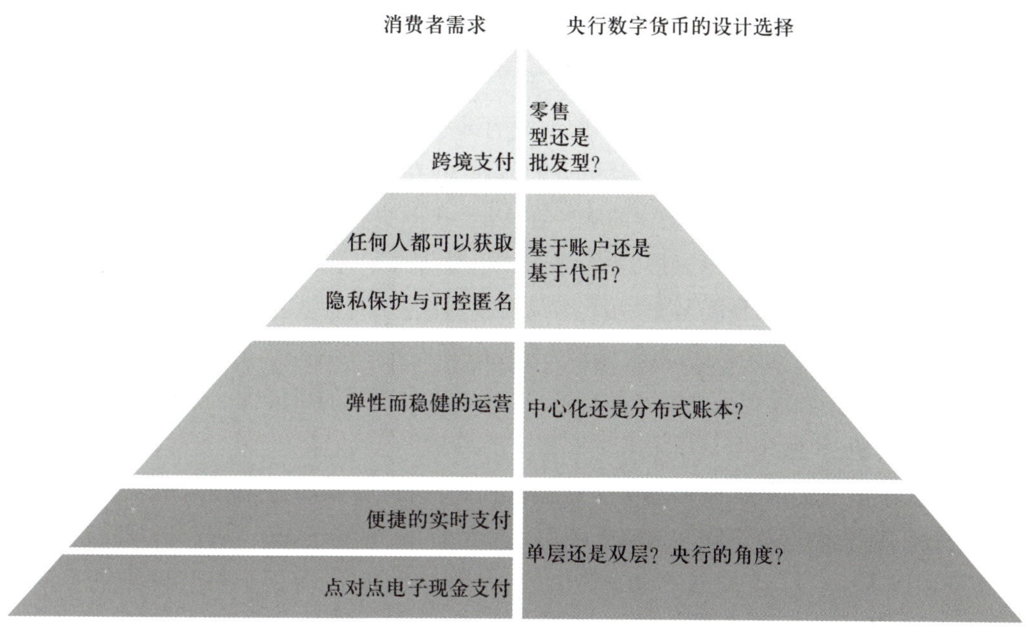

图 12-5 央行数字货币的金字塔设计结构

最后,消费者希望央行数字货币像现金支付一样安全,能弹性而稳健地运营。这意味着央行数字货币不仅不受中介机构破产的影响,而且免受中央银行技术故障的影响。可供选择的账本模式有两种,即中心化账本和分布式账本。由中央银行主导的单层运营体系通常采用中心化账本模式,由"央行+中介机构"合作的双层运营体系则采用分布式账本,此时的分布式账本不是完全去中心化的。

此外,消费者的另外两个需求是任何人都可以使用央行数字货币(金融普惠)和交易信息可控匿名(隐私保护)。从技术角度看,隐私保护与监管成本间存在着潜在的权衡。相关的设计选择体现在金字塔的第三层:对央行数字货币的访问是必须绑定身份系统(基于账户的技术),还是不需要身份识别的加密方案(基于代币的访问技术)。

消费者的最后一个需求是央行数字货币的跨境支付。在设计层面,既需要考虑是批发型还是零售型,也需要考虑是代币范式还是账户范式。这就是为什么这种设计选择属于金字塔的顶层。如果央行采取代币范式,即不需要账户及用户信息,此时海外用户与国内用户使用央行数字货币是无差异的,自然支持跨境支付。如果采取账户形式,央行数字货币在跨境应用方面可能需要整合批发功能。

(三)数字人民币

随着数字经济的发展,我国现金使用率明显下降。2019 年人民银行开展的中国支付日记账调查显示,手机支付、现金、银行卡的交易金额占比分别为 59%、16%和 23%,46%

的被调查者在调查期间未发生现金交易。[1] 数字经济的发展需要建设安全普惠的新型零售支付系统。

中国人民银行于2014年开始研究数字货币电子支付(digital currency/electronic payment,DC/EP),即我国的法定数字货币——数字人民币(e-CNY)。数字人民币采取“双离线支付”方式,即使没有网络也能完成支付。如今,数字人民币已完成在长三角、珠三角、京津冀、中部、西部、东北、西北等不同地区的试点工作,试点场景已超过132万个。我国央行数字货币已经走在全球研发及试点的前列,并在积极拓展应用前景。

数字人民币的机制设计是怎样的呢?在底层,我国央行数字货币采取的是“央行+商业银行”的双层运营架构。第二层,央行采取中心化账本,“获得许可”的商业银行可自行选择。第三层,由于现金是匿名交易的,容易滋生违法犯罪行为,比如洗钱等,我国的央行数字货币为了弥补现金交易的缺陷,采取“分级限额安排”的制度。日常小额支付可控匿名,保证信息安全,大额交易则需要核实身份,减少违法犯罪的可能性。第四层,小额跨境汇款采取零售型,大额跨境交易采取批发型。

数字人民币与支付宝、微信等电子钱包在扫码支付、转账功能等方面相近,但两者具有本质区别,即货币形式不同。数字人民币是代币货币,等同于M0,具有支付即结算的属性,零费用成本。支付宝、微信等电子钱包是基于账户的货币,等同于M1,网联、银联等中介参与交易结算,收取手续费。此外,数字人民币在没有网络时也能完成支付,而第三方支付平台不能实现。

(四)央行数字货币的好处与风险

央行数字货币的广泛应用带来了更深层次的好处,但也带来了一些风险。

1. 央行数字货币的好处

(1) 更高效、更安全的支付和结算系统。传统上,大多数西方国家由银行处理零售支付系统。然而,最近金融科技公司挑战商业银行的主导地位,改变了消费者的偏好和监管干预。非银行机构在金融领域的竞争日益激烈。由不受中央银行直接监管的第三方机构承担的交易支付金额不断增加,这可能威胁到主权货币的管控,并增大交易安全风险。由于消费者对更快、更便宜支付系统的偏好在一定程度上推动了这种变化,中央银行引入央行数字货币可以在当前的金融框架内提供足够的基础设施来满足消费者的偏好。

(2) 提高货币政策的可见度和透明度。中央银行数字货币的引入可以让中央银行更好地了解实时发生的交易,从而更有效地监测关键的金融数据。央行数字货币有助于保持中央银行和公民之间的直接联系(特别是在现金使用减少的情况下),这能加深公众对中央银行角色以及独立性的理解。

(3) 额外的货币政策工具。央行数字货币可以在设计时包含额外的功能,旨在改变

---

① 参考《中国数字人民币的研发进展白皮书》(2021年7月版)。

个人和企业对央行数字货币的短期需求,有利于央行逆周期地调节或促进消费和投资。例如有支出时间限制的货币——在限定的支出时间之后,货币会返回给发行者。数字货币也可以有一个内置的利率,这个利率可以是正的,也可以是负的,与当前的政策利率相等或不同。最值得注意的是,基于账户计息的央行数字货币缓解了货币政策的零下限约束,并在经济严重衰退和通货紧缩时期提高货币政策的有效性和施展空间。

(4) 打击黑色经济、洗钱和逃税。根据联合国的报告,全球一年的洗钱金额估计为全球 GDP 的 2%~5%,即 8 000 亿~20 000 亿美元的现值。许多非法活动的交易往往借助现金的匿名性。根据国际清算银行的报告,鉴于央行数字货币可以实现数字记录和跟踪,它有助于反洗钱和打击恐怖主义融资,并可能有助于减少非法的经济活动。代币形式与基于账户形式的央行数字货币可一起使用,小额交易可控匿名,大额交易需确认身份信息,对消费者而言有一定程度的隐私保护。可匿名转移的金额受到限制,将有效抑制大规模犯罪活动。

(5) 更多地包容无银行账户或银行账户不足的人。金融普惠是各国央行引入央行数字货币的重要动机之一。根据英格兰银行的报告,"央行数字货币提供的基本账户和电子支付系统可以助力金融普惠"。该机构认为这对"银行和支付系统不发达的发展中国家"更有意义。然而,即使在发达经济体,也远未实现金融普惠,特别是对于危机时期最需要帮助的个人而言。例如,截至 2020 年 5 月,1 400 万美国成年人没有银行账户,在等待数周或数月之后,他们才能收到 2019 年新冠疫情的救济支票。此外,他们往往会将支票价值的 1%至 10%支付给支票兑现者。使用央行数字货币的数字钱包将使救济资金分配效率更高、更公正。

(6) 积极的整体宏观经济影响。央行数字货币的广泛应用将降低支付系统的运行成本(减少在现金存储、运输和管理等方面的摩擦),提高其对运营风险(网络攻击、运营硬件故障)的抵御能力,减少逃税、腐败和非法活动,提高金融稳定性,降低私人垄断控制的成本,在现金使用结构性下降的情况下助力金融普惠。此外,央行数字货币通过取消部分准备金制度,对商业银行实施更好的管理制度,减少银行的脆弱性,以及降低政府救助"大而不倒"的机构的政治和经济激励,这将降低银行业的监管成本。总而言之,在支付系统中引入央行数字货币的好处可能溢出到整个经济中。

2. 央行数字货币的风险

(1) 冲击商业银行业务模式的风险。如果中央银行开始与商业银行争夺存款,向储户提供商业银行以外的无违约风险场所,那么大量的存款余额可能从商业银行账户转移到中央银行,这将对商业银行的资产负债表产生影响,从而影响它们可以为经济提供的信贷额度。这种"去中介化"也会影响商业银行履行基本的经济职能,如监督借款人的能力。此外,在某些央行数字货币的设计中,"了解客户"的职能可能落在中央银行身上,商业银行可能失去与消费者之间的宝贵接口。有人甚至警告:"使支付与商业银行存款分离,甚至会终止商业银行创造货币的能力。"

(2) 增加商业银行的系统性风险。如果中央银行开始与商业银行直接竞争,那么由于商业银行违约风险方面的优势，商业银行的流动性风险将会增加，从而可能造成金融不稳定。对商业银行的负面信心冲击可能导致其客户将银行存款转化为央行数字货币形式，从而加剧银行挤兑。银行挤兑可能削弱人们对商业银行的整体信心，进一步增加商业银行存款向中央银行存款转换，加速危机传递。

(3) 隐私风险。当前的支付方式提供了不同程度的隐私保护，从几乎完全匿名的实物现金交易到完全可追溯、受监管的银行账户。央行数字货币的设计应该在公共利益和个人隐私之间取得适当的平衡。数字货币的设计必须考虑“隐私问题”。目前的法规，特别是关于反洗钱的法规，阻止了完全匿名的电子支付。设定针对特定类型账户（金额、功能或预期用途等不同的账户）的特定应用程序，可以实现所需的平衡。然而，即使是隐私保护程度最高的账户，在创建账户时也可能需要一些最低级别的用户身份识别。

上面讨论的各种好处和风险并不是确定的。它们的实现取决于央行数字货币从经济和技术角度的设计以及消费者的使用率。

第四节 数字货币与电子商务[①]

一、电子商务发展现状

近年来，电子商务（e-commerce）蓬勃发展，对传统商务的发展提出了重大挑战。根据商务部的数据，2019 年全国电子商务交易额达 34. 81 万亿元，其中网上零售额 10. 63 万亿元，同比增长 16. 5%；电子商务从业人员达 5 125. 65 万人（见图 12-6）。

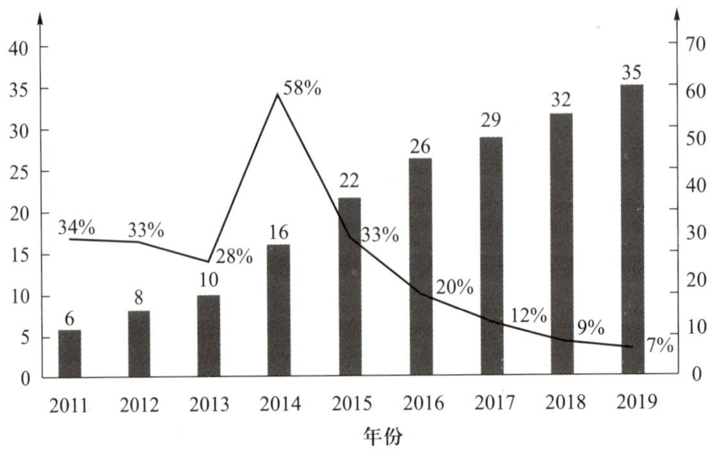

图 12-6 2011—2019 年中国电子商务交易额[②]

① 本节参考了 Jaag 和 Bach(2015)。

② 数据来源：国家统计局、商务部电子商务和信息化司。

从邮政运营商的角度来看,电子商务以包裹的形式向顾客递送服务,其兴起为包裹快递业务提供了诱人的增长机会。由于电子邮件和其他电子通信手段的替代,信件邮递、报刊发行等传统业务的需求下降,传统邮件投递走下坡路,电子商务的发展缓解了邮政运营商的尴尬处境。由此,我们可以透过邮政运营商的包裹快递业务在过去几年的表现来研究电子商务的发展态势(见图 12-7)。

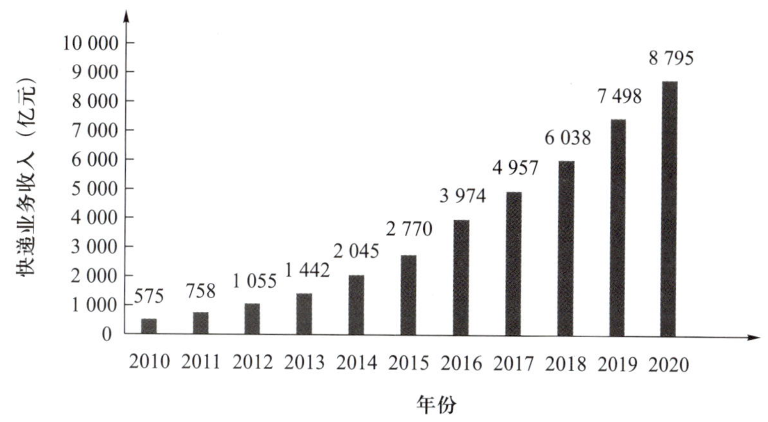

图 12-7 2010—2020 年我国快递业务收入变动情况①

传统商务在实体商店进行,买卖双方直接互动,付款和交货同时进行。相比之下,电子商务通过构建一个线上平台,让顾客与商家间接交易。传统商务与电子商务的一个关键区别在于电子商务实现了货款交付的时空分离。就商家而言,虚拟商品展示、购物篮、安全支付系统以及交付渠道的软件把展示、购物、收款等不同的环节分离开来。对顾客来说,只需要访问互联网即可实现网上购物,不需要挨家挨户跑实体店。此外,电子商务还能使生产商直接与顾客对接,无须零售商作为中间人。

二、数字货币对电子商务的影响

传统的线下交易,付款与交货同时发生,买卖双方都没有风险。线上交易,卖家面临着消费者不付款的潜在风险,买家面临着卖家交货失败的风险。这两种风险的影响取决于支付的可逆性。传统的电子商务支付系统是可逆的,消费者在收到商品之后可以撤销已有的付款,此时消费者无风险,由商家承担消费者不付款的风险。

数字货币与现金一样快捷、私密,能够将传统商务的优势带到电子商务中,并解决了线上商家面临的传统支付可逆的问题。具体而言,数字货币作为一种新颖的支付系统,不依赖于中心化机构,用户可以在没有金融中介的情况下自行发送和接收比特币。因此,有关比特币等数字货币的交易是不可逆的,消费者不能撤销付款,此时商家无风险,由消费

① 数据来源:中华人民共和国国家邮政局。

者承担交货失败的风险。数字货币将风险从付款的接收方(卖家)转移到了发送方(买家)。

Jaag 和 Bach(2015)认为,传统货币系统是支付可逆的,消费者在收到商品后可以撤销原有付款,这将损害商家的利益。数字货币支付的不可逆将风险从商家重新转移到消费者,然而消费者在付款后可能无法收到所购买的商品,这将损害消费者的利益。对于数字货币而言,虽然消费者可能面临损失,但由于线上商家有更强的动机发货并保障商品的质量,以维持其声誉,消费者受到损失的可能性很小。对于传统货币,消费者撤销付款却无惩罚,商家面临损失的可能性很大。因此,相比数字货币,传统货币交易的总风险更高。

在 Jaag 和 Bach(2015)的文章中,数字货币与传统货币的本质区别在于:在技术上,使用传统货币进行交易时商家有可能收不到货款,然而数字货币要求必须先付款后发货,从而使得商家可以规避风险。接下来,我们考虑一个线上商家,通过一个简单的模型阐述数字货币何时能够促进电子商务的发展。

假定消费者效用函数为:

$$u(q_{\text{on}},m)=m+\varphi\left(q_{\text{on}}-\frac{\beta}{2}q_{\text{on}}^2\right)$$

式中:m 为计价物商品的消费数量;q_{on} 为线上产品的消费数量;φ 为随机变量,衡量消费者与产品之间的匹配效率,也可以衡量消费者对产品信息的了解程度。

令 $\varphi=0$ 的概率为 $1-\rho$,$\varphi=1$ 的概率为 ρ。显然,若 $\varphi=0$,消费者会拒绝支付货款;若 $\varphi=1$,则消费者不会违约。

对于传统支付方式,由于消费者可以根据产品是否符合预期决定是否撤回货款,因此预算约束为 $\rho p_{\text{on}}q_{\text{on}}+m=I$,于是,根据效用最大化可以得到企业的需求函数为:

$$p_{\text{on}}^{\text{c}}=(1-\beta q_{\text{on}}^{\text{c}}) \quad 或 \quad q_{\text{on}}^{\text{c}}(p_{\text{on}}^{\text{c}})=\frac{1}{\beta}(1-p_{\text{on}}^{\text{c}})$$

假定消费者退款给企业带来的退款成本为 tq_{on},企业利润函数表达式为:

$$\pi_{\text{on}}^{\text{c}}=(\rho p_{\text{on}}^{\text{c}}-c_{\text{on}}-(1-\rho)t)q_{\text{on}}^{\text{c}}(p_{\text{on}}^{\text{c}})=\frac{1}{\beta}(\rho p_{\text{on}}^{\text{c}}-c_{\text{on}}-(1-\rho)t)(1-p_{\text{on}}^{\text{c}})$$

由利润最大化得到:

$$p_{\text{on}}^{\text{c}}=\frac{\rho+c_{\text{on}}+(1-\rho)t}{2\rho}和\ \pi_{\text{on}}^{\text{c}}=\frac{1}{\beta\rho}\left(\frac{\rho-c_{\text{on}}-(1-\rho)t}{2}\right)^2 \tag{12-1}$$

在采用数字货币后,消费者不得违约,于是预算约束为 $p_{\text{on}}q_{\text{on}}+m=I$,此时的需求函数表达式为:

$$p_{\text{on}}^{\text{d}}=\rho(1-\beta q_{\text{on}}^{\text{d}})或\ q_{\text{on}}(p_{\text{on}})=\frac{1}{\beta\rho}(\rho-p_{\text{on}})$$

企业利润函数表达式为:

$$\pi_{\text{on}}^{\text{d}}=(p_{\text{on}}^{\text{d}}-c_{\text{on}})q_{\text{on}}^{\text{d}}(p_{\text{on}}^{\text{d}})=\frac{1}{\beta\rho}(p_{\text{on}}^{\text{d}}-c_{\text{on}})(\rho-p_{\text{on}}^{\text{d}})$$

由利润最大化得到：

$$p_{\text{on}}^{\text{d}}=\frac{\rho+c_{\text{on}}}{2}\text{和 }\pi_{\text{on}}^{\text{d}}=\frac{1}{\beta\rho}\left(\frac{\rho-c_{\text{on}}}{2}\right)^2 \tag{12-2}$$

比较式（12-1）和式（12-2），不难发现，当 $t>0$，即企业需要承担退款成本时，$p_{\text{on}}^{\text{c}}>p_{\text{on}}^{\text{d}}$，$\pi_{\text{on}}^{\text{d}}>\pi_{\text{on}}^{\text{c}}$。因此，采用数字货币后，产品价格会下降；商户在线上销售的利润会增加。可见，采用数字货币能够促进电子商务的发展。

本章小结

正在进行的数字革命和大型科技公司的崛起，为彻底改变传统货币体系提供了可能。加密货币、区块链等技术的发展，可能会彻底改变我们的生活。本章为这些新现象提供了非技术性的描述。根据本章的分析，我们得到如下结论：

1. 数字技术会导致货币不同功能的分离，从而产生专业化于某种特定功能的货币，进而加剧“专业化”货币之间的竞争。数字货币的发行者有动机把货币的某些功能与数据收集和社交网络平台相捆绑。

2. 激励记账人诚实记账的方式主要有三种：外部惩罚、租金损失或者实体资源的消耗。任何数字账本都不可能同时做到“自信任”“无租”和“资源高效”，即所谓的“三元悖论”。

3. 传统集中式账本的运行依赖于第三方的信任背书。区块链则通过工作量证明、权益证明等共识机制，以去中心化的记账方式免除对单一实体的信任需求。

4. 数字货币以及其发行平台的一体化会加剧私人货币与法定货币之间的竞争。

5. 各国和货币当局开始尝试引入一种新的数字货币形式——央行数字货币。其总体目标是利用数字技术的优势，维持对公民日常使用的货币的主权控制以及中央银行货币政策的有效性。

6. 数字货币与现金一样快捷、私密，能够将传统商务的优势带到电子商务中，并解决了线上商家面临的传统支付可逆的问题。数字货币将风险从付款的接收方（卖家）转移到了发送方（买家）。相比传统货币交易，数字货币降低了整体的交易风险。

思考题

1. 列举货币的功能，分析货币不同功能分离的原因，并比较传统货币与数字货币在竞争形式上的区别。

2. 数字经济时代，支付功能和平台数据对平台的价值体现在哪些方面？支付和数据在平台的中心地位可能导致当前金融服务业的产业组织形式发生哪些变化？

3. 比特币为何会产生？比特币作为货币有用吗？

4. 说明消费者对支付系统的需求，以及央行数字货币对应的机制设计。

5. 比较私人数字货币和法定数字货币的异同。对于私人数字货币和法定数字货币之间的关系,你有怎样的理解?

即测即评

本章参考文献

1. Abadi J, Brunnermeier M. Blockchain Economics (No. w25407). National Bureau of Economic Research, 2018.

2. Auer R, Böhme R. The Technology of Retail Central Bank Digital Currency. BIS Quarterly Review, 2020, March: 85-100.

3. Brunnermeier M K, James H, Landau J P. The Digitalization of Money. Working Paper 26300, National Bureau of Economic Research, 2019.

4. Cunha P R, Melo P, Sebastião H. From Bitcoin to Central Bank Digital Currencies: Making Sense of the Digital Money Revolution. Future Internet, 2021, 13(7): 165.

5. Gans J S, Halaburda H. Some Economics of Private Digital Currency. NBER Chapters, 2015: 257-276.

6. Gopinath G, Stein J C. Banking, Trade, and the Making of A Dominant Currency. The Quarterly Journal of Economics, 2021, 136(2): 783-830.

7. Natarajan H, Krause S, Gradstein H. Distributed Ledger Technology and Blockchain. World Bank FinTech note No. 1, Working Paper, 2017.

8. Obstfeld M, Rogoff K. Revisiting Speculative Hyperinflations in Monetary Models: A Response to Cochrane. Working Paper, 2017.

第十三章

大数据的经济学分析①

“还是农业社会好哇。那个时候，一切都靠走路。上京赶考，几年不归，回来你说什么都是成立的。”

——刘震云《手机》

数据是数字经济的新“石油”吗？实际上，数据自古就存在。古代国家进行人口普查时，会收集关于臣民的信息，以方便征税。为了维持社会稳定，中国历朝历代一直重视粮价信息的收集，特别是到了清朝康熙年间，逐步形成了健全的粮价奏报制度。民国时期，银行在向农民发放贷款时，会查阅当地的登记资料，以了解其潜在借款人拥有多少土地。然而，在农业社会，大多数数据由于难以采集、存储和传输，数据的信息价值也很难挖掘出来，从而难以被广泛使用。

近年来，互联网、计算机和信息通信技术的快速发展极大地降低了收集和存储数据的成本。广泛的数字化导致更多的数据作为经济和社会活动的副产品而产生。而以人工智能和机器学习为代表的通用技术的迅猛发展则允许人们能够进行更高级的处理，推动了数据的广泛使用，例如自动驾驶汽车、实时语言翻译、医疗诊断、产品推荐和社交网络等。

那么，究竟什么是数据？数据与信息、想法有何区别？大数据的应用会如何改变生产技术？大数据所带来的隐私问题该如何解决？数据的产权应该如何界定？本章试图揭示这些问题的答案。

本章结构安排如下：第一节介绍数据与信息、想法的区别，分析数据的属性，以及数据市场面临的挑战；第二节建立一个两部门模型，分析数据产权归属的界定会如何影响产出、消费者隐私和社会福利。

---

① 本章内容参考了 Carriere-Swallow 和 Haksar(2019)，Jones 和 Tonetti(2020)。

第一节 数据与经济活动

一、数据与思想

信息(information)、数据(data)、想法(ideas)三者相互联系,但又有所区别。信息是指所有“非竞争性产品”的集合。想法和数据是信息的两种不同类型。根据 Romer(1990),想法是一类信息,它是一组用于制造经济商品的指令。而数据是信息的另一种形式,它包括诸如驾驶数据、医疗记录和位置数据之类的内容,这些数据本身并不是制作商品的指令,但在生产过程中可能仍然有用,对于产生新的想法也有帮助。我们可以把想法理解为生产函数,而数据则是生产要素。

接下来我们通过一些例子来帮助大家理解数据和想法的区别。考虑 100 万张关于猫、彩虹、孩子、建筑等的图片,并标明它们的主题。像这样的数据对于训练机器学习算法是非常有用的,但这些被标记的图片本身显然不是一个想法。1 000 个人的每小时心率的历史记录或一个人群的语音样本也是如此。在这个层面上,数据和想法显然是不同的。

不妨考虑自动驾驶汽车的过程。其本质是一种机器学习算法,它可以被认为是一个非线性回归的集合,试图预测一个司机会在各种传感器(包括摄像头、激光雷达、GPS 等)数据下采取什么行动。本例中的数据既包括传感器读数的收集,也包括专业的司机所采取的操作。非线性回归估计了大量的参数,以产生尽可能好的预测结果。一个成功的自动驾驶汽车算法(计算机程序),即是一个想法。在本例中,想法本质上是利用数据对非线性模型的参数进行估计的方法。数据和想法是不同的:软件算法是嵌入到未来的自动驾驶汽车中的想法;数据是用来产生这个想法的要素投入。

想法和数据可能不同的另一个维度是它们的排他性程度。一方面,在技术上,传输数据似乎比传输想法更容易。数据可以在互联网上按下按钮发送,而我们在教育上投入了许多资源来学习想法。另一方面,数据可以被加密。工程师换到新的工作时将带来知识;人们的移动和交流将传播想法。相比之下,数据有所不同,特别是当数据足够“大”时,可能更容易被管控,并使其具有高度的排他性。机器学习的“想法”是公开的,而输入机器学习算法的驾驶数据是保密的;每个公司都在收集自己的数据。

二、数据的经济特征

在技术层面,数据可以无限次使用。数据有以下三个经济特征。

首先,数据是非竞争性的。使用石油意味着其他人不能再使用它,但数据可以被许多人同时使用。当数据被广泛分享时,社会将从数据的分享中受益,因为更多的数据能提高效率和创新。虽然技术使数据的非竞争性成为可能,但政府和消费者决策会影响数据的使用。为了避免创造性破坏,企业不太有动力让竞争对手获得其收集的数据,因此,企业囤积数据的做法限制了市场竞争以及从数据中获得的社会利益。

其次,数据具有外部性(externality)。对数据的收集、共享和处理会影响到消费者的隐私,从而给他们带来成本。这意味着,一个缺乏足够消费者控制权的数据市场,数据收集者对他们收集的数据为所欲为,这可能导致过度的数据收集和隐私侵犯。如何界定数据市场参与者的权利和义务是一项政策上的挑战。

最后,数据只具有部分排他性(partially excludable)。虽然,计算机和互联网技术的发展便利了远程操作和数据传输,但在数据使用过程中必须不断地进行投资才能防止数据因网络攻击而丢失。进一步地,如果数据被限定只能在某个不联网的计算机上使用,则数据几乎可以实现"完全排他"。由于数据的外部性特征,数据收集者和处理者缺乏足够的动机投资于数据保护。此时,仅靠声誉的影响是不够的,所以采取必要政策措施才能确保敏感数据得到充分保护。

三、数据市场面临的挑战

数据的激增能带来效率和创新,为经济的增长提供了机会。结合数据的属性,在不影响其他目标的情况下实现经济增长的目标,我们面临四个日益严峻的挑战。

首先,数据市场是不透明的,太多的数据收集可能带来隐私问题。因此必须明确使用数据的权利和义务,市场才能有效运作,这些权利和义务的分配方式将影响增长和公平。

其次,现有企业由于有创造性破坏的风险,有囤积数据的动机,这可能扼杀竞争,并限制数据的广泛使用。因此,需要一系列政策来鼓励数据共享,从而促进竞争和创新。

再次,目前尚不清楚企业是否采取了足够的措施来保护其所持有的数据,这给经济的稳定性带来了风险,应采取措施确保所有市场参与者在网络安全方面进行充分的投资。

最后,跨境数据交易潜在收益是巨大的,但如果各国之间没有某种程度的协调,全球数据市场就有可能变得支离破碎。

第二节 建立两部门模型

本节将建立一个两部门模型。在第一部分是整个模型的经济环境设定,第二、三、四和五部分分别基于社会计划者(social planner)、企业拥有数据、消费者拥有数据三种不同的数据所有权,分析数据所有权的不同如何影响产出、消费与福利水平。

一、经济环境

假设经济中有两个部门,分别生产 x 产品和 y 产品。其中,x 产品作为计价物商品,生产和消费都面临完全竞争市场；y 产品面临垄断市场，由一家垄断企业生产和定价。经济中的总劳动为 $L=1$。

（一）消费者

代表性消费者的效用函数如下：

$$u=x+(1+q)y-\frac{1}{2}y^2-\frac{k}{2}s^2$$

式中：x 和 y 分别为消费者对 x 产品和 y 产品的消费量；s 为消费者分享数据的比率，$s\in[0,1]$；q 为 y 产品的质量，q 的大小取决于消费者分享给企业的数据比率。

直观理解，消费者分享的数据比率越高，企业 y 越了解消费者的偏好，可以根据消费者的偏好提供针对性的产品，因此提高了 y 产品的质量和消费单位 y 产品的效用。为了简化分析，令消费者分享的数据总量为 D，且 $q=\frac{D}{y}$。在分享数据时，消费者存在隐私忧虑，$\frac{k}{2}s^2$ 刻画数据分享给消费者带来的福利损失。参数 k 定义为隐私成本，衡量隐私与消费在消费者心中的权重。k 越大，相比消费，隐私对于消费者而言越重要。因此，消费者在分享数据带来的经济收益和隐私忧虑之间进行权衡。

（二）生产技术

计价物产品 x 使用规模报酬不变技术进行生产，且投入产出系数为 1。对于计价物产品，令 L_x 是 x 部门劳动投入，x 为产品供给，则 $L_x=x$。

对于 y 产品，令 L_y 表示 y 部门劳动投入，y 为产出，则：

$$L_y=f+ay$$

式中：$f>0$，是企业的固定成本；$a>0$，衡量企业的边际成本。

为保证 $s\in[0,1]$ 且经济体有正的产出，假定 $0<a<1$，$k>1$。

（三）劳动力市场和均衡工资

假设劳动力在 x 部门和 y 部门自由流动，则由劳动力市场出清可以得到：

$$L_x+L_y=L=1$$

我们将计价物 x 产品的价格标准化为 1，即 $p_x=1$。由于 x 为完全竞争市场，根据零利润条件，可以得到均衡的工资水平 $w_x=w_y=w^*=1$。

（四）数据市场

假设只有消费 y 产品才能生产数据，且一单位的消费仅生产一单位的数据作为副产品。定义 J 为生产的总数据，则有 $J=yL=y$。因此，消费者分享的数据量 D 可以表示为：

$$D=sJ=sy$$

二、社会计划者

社会福利最大化的目标函数如下：

$$\max_{\{x,y,s\}} u=x+(1+q)y-\frac{1}{2}y^2-\frac{k}{2}s^2$$

约束条件为：

$$q=s$$
$$L_x=x$$
$$L_y=f+ay$$
$$L_x+L_y=1$$

一方面，社会计划者希望消费者能提高数据分享比率 s，提高 y 产品的质量。另一方面，社会计划者在决定数据分享比率时，也需要权衡消费者的隐私成本。此外，社会计划者需要决定劳动力在 x 和 y 部门的分配，即决定 x 和 y 部门的产出。最优分配在命题13-1中给出。

命题 13-1

最优分配：

$$s=q=\frac{y}{k}=\frac{1}{k-1}(1-a) \tag{13-1}$$

$$y=\frac{k}{k-1}(1-a) \tag{13-2}$$

$$x=1-\frac{k}{k-1}a(1-a)-f \tag{13-3}$$

$$u=\frac{k}{2(k-1)}(1-a)^2+1-f \tag{13-4}$$

我们的外生参数有 k、a、f，分别为隐私成本、y 部门的边际成本和固定成本。由式(13-1)可知，数据分享比率 s 是关于隐私成本和 y 部门边际成本的减函数。隐私成本越高，相比消费，隐私对消费者越重要，数据分享比率越低。虽然分享数据可以提高产品质量，但产品质量提高对社会福利的影响取决于 y 部门的产出，y 部门的边际成本越高，产出就越低，从而会降低数据分享比率。

由式(13-2)可知，y 部门的产出是关于隐私成本和边际成本的减函数。直观理解，隐私成本越高时，消费者消费 y 产品和分享消费数据的潜在收益越低，x 产品对消费者而言越有吸引力，因此 y 部门的产出减少。y 部门的边际成本越高，消费者将消费的 x 产品越多，劳动力流入 x 部门，因此 y 部门的产出下降。

由式(13-3)可知，与 y 部门相反，x 部门的产出是关于隐私成本的增函数。由于 y 部

门的劳动投入为 ay,y 部门的劳动投入与 a 呈倒 U 形关系。为此,x 部门的产出与 a 呈 U 形关系:当 $a\in(0,1/2)$ 时,x 是关于 a 的减函数,此时随着 y 部门的边际成本的增大,y 部门的劳动投入增加,劳动力从 x 部门流入 y 部门。当 $a\in(1/2,1)$ 时,x 是关于 a 的增函数。

由式(13-4)可知,福利水平是关于隐私成本、y 部门边际成本和固定成本的减函数。在总劳动力约束条件下,这三种成本上升,都意味着产出和消费数量减少,带来效用水平下降。

三、企业拥有数据

本部分讨论企业拥有数据情况下的数据分享比率 s 和社会福利。

(一)消费者

消费者的收入由两部分组成:一是劳动收入;二是垄断企业 y 支付的股权收入。消费者需要决定 x 和 y 产品的消费数量。因此,代表性消费者效用最大化问题如下:

$$\max_{\{x,y\}} u=x+(1+q)y-\frac{1}{2}y^2-\frac{k}{2}s^2$$

约束条件为:

$$x+p_y y=1+\pi$$

式中:p_y 为 y 产品的价格;π 为消费者的股权收入。

基准产品 x 的价格被标准化为 1,即 $p_x=1$。根据效用最大化,可以得到:

$$p_y=1+q-y$$

上式为垄断企业 y 面临的反需求函数。y 产品的需求曲线向下倾斜。值得注意的是,由于企业拥有数据,因此消费者不决定数据分享比率 s。

(二)生产者

垄断企业 y 利润最大化问题如下:

$$\max_{\{y,s\}} \pi=p_y y-L_y$$

约束条件为:

$$p_y=1+q-y$$

$$L_y=f+ay$$

$$q=s$$

$$s\in[0,1]$$

当企业拥有数据所有权时,垄断企业只是从利润最大化的角度来决定数据分享比率 s,并不考虑消费者的隐私忧虑。此外,垄断企业 y 决定 y 产品的生产数量。

企业拥有数据时各变量的均衡结果可以表示为:

$$s=q=1$$

$$y=\frac{2-a}{2}$$

$$x=1-\frac{2-a}{2}a-f$$

$$p_y=\frac{2+a}{2}$$

$$\pi=\frac{(2-a)^2}{4}-f$$

$$u=\frac{3}{8}(2-a)^2-\frac{k}{2}+1-f$$

可以看到,此时数据分享比率 s 和产出 x、y 与隐私成本 k 无关。企业拥有数据时,不会考虑消费者的隐私成本,而是将所有数据用于提高产品质量。企业 y 的垄断利润是关于边际成本和固定成本的减函数。当边际成本上升时,企业 y 的定价更高。有关福利的结论与第二部分一致。

四、消费者拥有数据

我们接下来考虑消费者拥有数据产权的情况。消费者通过权衡分享数据带来的收益与隐私成本,选择出售的数据分享比率 s_c。企业 y 在创建时拥有零数据,但可以从消费者处购买数据。

(一)消费者

给定收入水平和产品质量,消费者决定 x 和 y 产品的消费数量和出售的数据分享比率 s_c。代表性消费者效用最大化问题如下:

$$\max_{\{x,y,s_c\}} u=x+(1+q)y-\frac{1}{2}y^2-\frac{k}{2}s_c^2$$

约束条件为:

$$x+p_y y=1+P_D s_c y+\pi$$

式中:p_y 为 y 产品的价格,消费者以 P_D 的价格向企业出售数据 $D_c=s_c y$;π 为消费者的股权收入。

请注意,消费者在决定 y 产品的消费数量时,需考虑消费量增加为其带来的数据销售收入。通过移项,消费者的预算约束可以整理为 $x+(p_y-P_D s_c)y=1+\pi$。由于消费能够产生数据,因此,数据分享比例的提高相当于消费者购买产品实际价格的下降。而当消费者的消费数量增加时,销售数据的收入也会增加。

根据效用最大化得到消费者的需求函数和数据出售比率:

$$y=\frac{1}{\left(1-\frac{P_D^2}{k}\right)}(1+q-p_y)$$

$$s_c=\frac{P_D y}{k}=\frac{P_D}{k-P_D^2}(1+q-p_y)$$

可见,消费者数据的分享比率 s_c 随着隐私成本 k 的增加而下降,随着企业产出 y 以及数据出售价格 P_D 增加而上升。

(二)生产者

给定数据的价格为 P_D,企业决定数据的购买比率 s_f 以及产出水平 y。企业利润最大化问题可以表示为:

$$\max_{\{y,s_f\}} \pi=p_y y-L_y-P_D s_f y$$

约束条件为:

$$p_y=1+q-\left(1-\frac{p_D^2}{k}\right)y$$

$$L_y=f+ay$$

$$q=s_f$$

企业对数据的需求弹性无穷大。通过企业利润最大化,求得企业购买数据的价格,以及企业的产出:

$$P_D=1 \text{ 和 } y=\frac{1-a+s_f-p_D s_f}{2\left(1-\frac{p_D^2}{k}\right)}$$

(三)消费者拥有数据时的均衡

假设数据市场出清,因此消费者出售的数据等于企业购买的数据,即 $s_c=s_f$。求得消费者拥有数据时的均衡为:

$$s^C=q^C=\frac{1}{2(k-1)}(1-a)$$

$$y^C=\frac{k}{2(k-1)}(1-a)$$

$$x^C=1-\frac{k}{2(k-1)}a(1-a)-f$$

$$p_y^C=1+\frac{2-k}{2(k-1)}(1-a)$$

$$\pi^C=\frac{k}{4(k-1)}(1-a)^2-f$$

$$u^C=\frac{3k}{8(k-1)}(1-a)^2+1-f$$

可以看到,与外生参数有关的结论与第二部分一致。消费者拥有数据的均衡结果与最优分配相似。我们将在第五部分,对比分析不同产权下的均衡结果。

五、不同分配方式的比较

在这一部分,我们研究数据所有权的分配机制对均衡结果的影响。我们比较消费者拥有数据、企业拥有数据以及社会计划者(最优分配)三种分配方式,分别用 c、f 和 sp 表示。当企业拥有数据时,会不会不考虑消费者的隐私而过度生产?当消费者拥有数据时,是否会因为隐私问题而限制产出,导致经济效率低呢?

三种分配方式下的数据分享比率和产品质量分别为:

$$s_{sp}=q_{sp}=\frac{1-a}{k-1}$$

$$s_f=q_f=1$$

$$s_c=q_c=\frac{1-a}{2(k-1)}$$

由于 $0<a<1,k>1$,因此,当企业拥有数据时,数据分享比率最高,$s_f=1$。企业拥有数据时,不会考虑消费者的隐私问题,因此将所有数据用于提高产品质量。社会计划者和消费者拥有数据时,两者的决策都会考虑隐私问题,$s_c<s_{sp}<1$。有趣的是,当消费者拥有数据时,均衡的数据分享比率低于社会最优分配,消费者出于保护隐私的目的,减少数据的分享。因此,消费者拥有数据时,社会效率低于社会最优分配。相比企业拥有数据,消费者拥有数据的分配结果更接近社会最优分配。

y 部门的产出和消费:

$$y_{sp}=\frac{k}{k-1}(1-a) \tag{13-5}$$

$$y_f=\frac{2-a}{2} \tag{13-6}$$

$$y_c=\frac{k}{2(k-1)}(1-a) \tag{13-7}$$

产品市场出清,因此产出等于消费。产出 y 是关于边际成本 a 的减函数。y 部门边际成本越大,y 产品的产出与消费越少。社会计划者和消费者拥有数据时,产出 y 是关于隐私成本 k 的减函数。当消费者更看重隐私时,y 产品的产出与消费减少。请注意,当企业拥有数据时,企业不会考虑消费者的隐私问题,因此企业的产出决策不取决于隐私成本 k。

比较式(13-5)和式(13-6)可知,企业拥有数据时的产出与社会最优产出的大小取决

于隐私成本 k。具体而言，当 $1<k<\frac{2-a}{a}$ 时，$y_{sp}>y_f$，企业拥有数据时的产出低于社会最优。直观理解，当隐私成本比较小时，社会计划者将提高数据分享比率，更多地生产 y 产品。然而，垄断企业 y 为了加成定价，会限制 y 的产出，以获取超额利润。当 $\frac{2-a}{a}<k$ 时，$y_{sp}<y_f$，社会最优的产出低于企业拥有数据时的产出。这是因为，当隐私成本不断上升时，消费者对 y 产品的需求下降；社会计划者会减少数据分享比率和 y 部门的产出，保护消费者的隐私。但当企业拥有数据时，企业决策不会考虑消费者的隐私问题，此时数据分享比率 $s=1$，y 部门会过度生产。

企业拥有数据时的产出与消费者拥有数据时的产出的大小比较同上。当 $1<k<2-a$ 时，$y_c>y_f$；当 $2-a<k$ 时，$y_c<y_f$。

比较式(13-5)和式(13-7)，消费者拥有数据时的产出低于最优分配，即消费者拥有数据是低效率的。为什么会这样呢？一方面，消费者拥有数据时，数据分享比率更低，减少了 y 产品的产出；另一方面，垄断企业为了加成定价，限制 y 产品的产出。

图 13-1 展示了三种数据产权制度安排下，y 部门的产出与隐私成本 k 的关系。在图 13-1 中产出为正要求 $0<a<1$，$k>1$。设定 $a=0.5$，$1.1<k<4$。

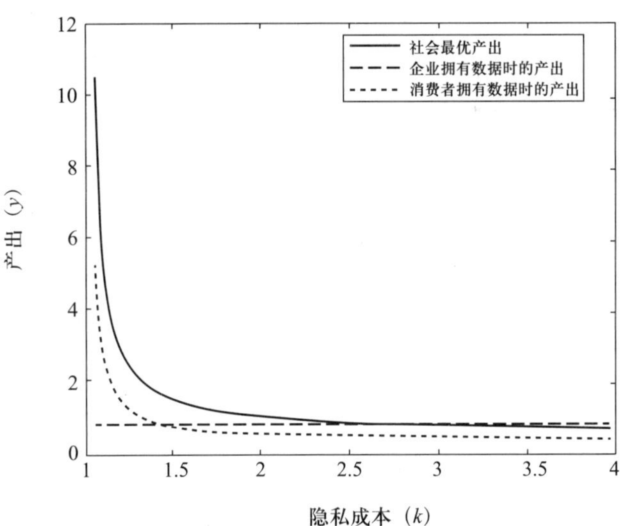

图 13-1　比较 y_{sp}、y_f 和 y_c

x 部门的产出和消费：

$$x_{sp}=1-\frac{k}{k-1}a(1-a)-f \tag{13-8}$$

$$x_f=1-\frac{2-a}{2}a-f \tag{13-9}$$

$$x_c=1-\frac{k}{2(k-1)}a(1-a)-f \tag{13-10}$$

由于劳动力市场出清，$x=1-ay-f$，因此三种分配方式下，x 部门的产出大小与 y 部门恰好相反。比较式(13-8)和式(13-10)，当消费者拥有数据时，x 部门的产出大于最优产出，即 $x_c>x_{sp}$。x_c 和 x_f 以及 x_{sp} 和 x_f 的大小均取决于隐私成本 k。当 $1<k<\frac{2-a}{a}$ 时，$x_{sp}<x_f$；当 $\frac{2-a}{a}<k$ 时，$x_{sp}>x_f$。比较式(13-9)和式(13-10)可知，当 $1<k<2-a$ 时，$x_c<x_f$；当 $2-a<k$ 时，$x_c>x_f$。

三种数据产权下，x 部门的产出具体可见图 13-2(请注意，当产出为正时，$0<a<1$，$k>1$。设定 $a=0.5$，$1<k<4$，$f=0.1$)。

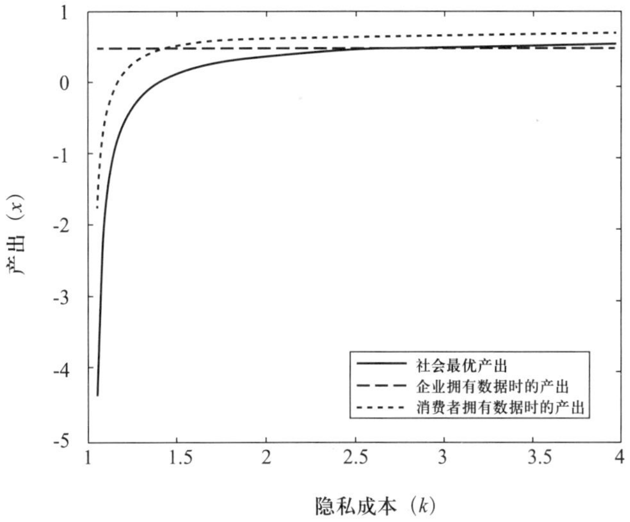

图 13-2 比较 x_{sp}、x_f 和 x_c

y 部门的价格与利润表达式可以整理为如下形式：

$$p_y^f=\frac{2+a}{2} \tag{13-11}$$

$$p_y^c=1+\frac{1-k}{2k-1}(1-a) \tag{13-12}$$

$$\pi_f=\frac{(2-a)^2}{4}-f \tag{13-13}$$

$$\pi_c=\frac{k}{4(k-1)}(1-a)^2-f \tag{13-14}$$

已知 $0<a<1$，$k>1$，比较式(13-11)和式(13-12)，有 $p_y^f>p_y^c$。这是因为，企业的定价取决于产品质量，当企业拥有数据时，数据分享比率和产品质量越高，产品的价格也就越高。

比较式(13-13)和式(13-14)可知，当 $\frac{(a-2)^2}{3-2a}<\frac{4}{3}<k$ 时，$\pi_f>\pi_c$；当 $0<k<\frac{(a-2)^2}{3-2a}$ 时，$\pi_f<\pi_c$。其原因是数据所有权对企业的利润存在两方面的影响：其一是支出效应；其二是

产品质量效应。支出效应是指，消费者拥有数据时，消费者会增加对差异化产品的支出以获得数据出让收入；产品质量效应是指，消费者拥有数据时会降低数据分享比率，从而降低差异化产品的利润。当隐私成本较高时，产品质量效应占主导，从而降低企业利润。而当隐私成本较小时，“支出效应”占主导，从而提高企业利润。

三种产权分配方式下对应的社会福利表达式如下：

$$u_{sp}=\frac{k}{2(k-1)}(1-a)^2+1-f \tag{13-15}$$

$$u_f=\frac{3}{8}(2-a)^2-\frac{k}{2}+1-f \tag{13-16}$$

$$u_c=\frac{3k}{8(k-1)}(1-a)^2+1-f \tag{13-17}$$

对于三种分配方式，u 都是关于隐私成本 k 和边际成本 a 的减函数。当 $k>1,0<a<1$ 时，$u_{sp}>u_c>u_f$ 成立。消费者拥有数据的分配方式最接近最优分配。具体可见图 13-3，其中 $a=0.5,1.1<k<4,f=0.1$。

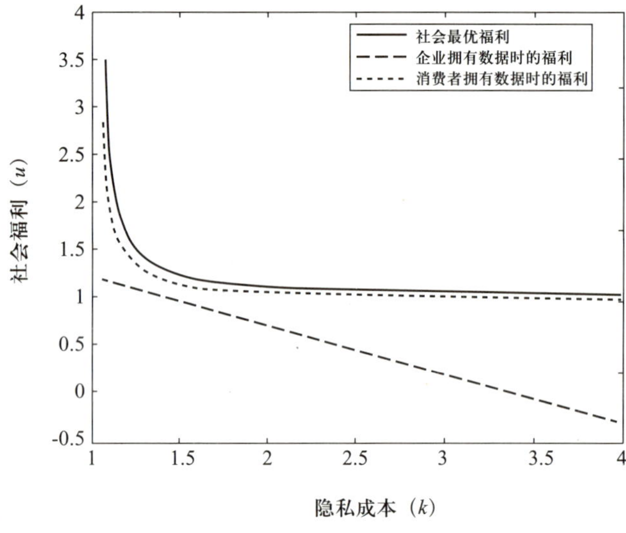

图 13-3 比较 u_{sp}、u_f 和 u_c

本章小结

数字技术的进步促使数据成为一种关键的生产要素。数据的所有权配置会对数据分享、产出和社会福利产生影响。根据本章的分析，我们得到如下结论：

1. 数据自古就存在。在农业社会，大多数数据由于难以采集、存储和传输，其信息价值也很难挖掘出来，从而难以被广泛使用。近年来，互联网、计算机和信息通信技术的快速发展极大地降低了收集和存储数据的成本。

2. 信息、数据、想法三者相互联系，但又有所区别。所谓信息，是指所有“非竞争性产品”的集合。想法和数据是信息的两种不同类型。

3. 数据具有非竞争性、非排他性和外部性的特点。在技术层面，数据可以无限次使用；对数据的收集、共享和处理会影响到消费者的隐私，从而给他们带来成本；在数据使用过程中必须不断地进行投资才能防止数据因网络攻击而丢失。

4. 数据的特殊属性意味着需要政府介入才能实现社会资源的最优配置。政府将权衡数据分享的收益和隐私成本。

5. 消费者拥有数据时，由于隐私成本的存在，消费者会降低数据的使用率，实现社会资源的次优配置。企业拥有数据时，企业不会考虑消费者的隐私成本，将过度使用数据。当隐私成本较高时，企业拥有数据能更大限度地增加其产出，但社会福利并不一定高。

思考题

1. 根据本章第二节第二部分的内容，请给出社会计划者情况下的最优数据分享比率、x 和 y 部门的最优产出、福利水平的具体推导过程。

2. 根据本章第二节第三部分的内容，请给出企业拥有数据时的最优数据分享比率、x 和 y 部门的最优产出、福利水平的具体推导过程。

3. 根据本章第二节第四部分的内容，请给出消费者拥有数据时的最优数据分享比率、x 和 y 部门的最优产出、福利水平的具体推导过程。

4. 对比社会计划者、企业拥有数据、消费者拥有数据三种情况下的数据分享比率、x 和 y 部门的最优产出、福利水平的差异，并从经济学角度给出分析与解释。

即测即评

本章参考文献

1. Carriere M Y, Haksar M V. The Economics and Implications of Data: An Integrated Perspective. IMF Unpublished Manuscript, 2019.

2. Jones C I, Tonetti C. Nonrivalry and the Economics of Data. American Economic Review, 2020, 110(9): 2819-2858.

读者意见反馈

为收集对教材的意见建议，进一步完善教材编写并做好服务工作，读者可将对本教材的意见建议通过如下渠道反馈至我社。

咨询电话 400-810-0598

反馈邮箱 gjdzfwb@ pub. hep. cn

通信地址 北京市朝阳区惠新东街 4 号富盛大厦 1 座　高等教育出版社总编辑办公室

邮政编码 100029